Library of
Davidson College

CHATEAUBRIAND
TODAY

MÉDAILLE COMMÉMORATIVE
Frappée par la Monnaie de Paris à l'occasion du Bicentenaire de la naissance de Chateaubriand

CHATEAUBRIAND TODAY

edited by

RICHARD SWITZER

Proceedings of the Commemoration
of the Bicentenary of the Birth of Chateaubriand, 1968

THE UNIVERSITY OF WISCONSIN PRESS
MADISON, MILWAUKEE, LONDON
1970

Published in the United States of America by
The University of Wisconsin Press
Box 1379, Madison, Wisconsin 53701

Published in Switzerland by
Librairie Droz S.A.
11, rue Massot, Geneva

Copyright © 1970 by Librairie Droz S.A., Geneva
All rights reserved

SBN 299-05690-2; LC 73-99000
Printed in Switzerland

CONTENTS

Foreword	7
Introduction	9
Chateaubriand and the Eighteenth Century	15
Robert SHACKLETON, Bodley's Librarian, Oxford	
Chateaubriand as a Constitutionalist and Political Strategist	29
Jean-Albert BÉDÉ, Columbia University	
Chateaubriand poète de la nuit	45
Jean-Claude BERCHET, Université de Paris	
Chateaubriand et le monument imaginaire	63
Michael RIFFATERRE, Columbia University	
Descriptions of Nature in Chateaubriand	83
B. F. BART, University of Pittsburgh	
Esquisse d'une psychanalyse orphique de la poésie	95
Manuel de DIÉGUEZ	
Laughter from Beyond the Tomb	105
Richard M. CHADBOURNE, University of Colorado	
Chateaubriand and the Fictional Confession	123
Gerald H. STORZER, " Brown University "	
Une définition de la mort dans les Mémoires d'Outre-Tombe	133
Linda CYPRES, Colorado State University	
Some Unexplored Aspects of the Illustrations of Atala: the Surenchères Visuelles of Girodet and Hersent	139
George LEVITINE, University of Maryland	
Chateaubriand and Hortense Allart: La Nuit d'Etampes	147
Lorin A. UFFENBECK, University of Wisconsin	
Chateaubriand the Poet	153
Richard SWITZER, University of Wisconsin	

Chateaubriand and Napoleon: History, Poetry or Both? 161
    Priscilla P. CLARK, University of Illinois at Chicago Circle

Itinéraire de Chicago à Jérusalem 169
    Morris SPRINGER, Roosevelt University

Chateaubriand, révolutionnaire politique 177
    Patricia Joan SIEGEL, Carleton College

The Poetics of Discontinuity in La Vie de Rancé 185
    Charles A. PORTER, Yale University

Chateaubriand and French Politics of the 1830's and 1840's 193
    Harry REDMAN, Jr., Tulane University

Chateaubriand, the Idea of Liberty, and Latin America 201
    A. Owen ALDRIDGE, University of Illinois

Chateaubriand dramaturge 215
    Fernande BASSAN, Wayne State University

Chateaubriand's American Reception (1802-1870) 221
    Charles LOMBARD, University of Illinois at Chicago Circle

Chateaubriand and the Philosophes 229
    Arnold AGES, University of Waterloo

Amours sauvages, Amours chrétiennes: Quelques prédécesseurs peu connus d'Atala 243
    Hélène MONOD-CASSIDY, University of Wisconsin

The Art of Autobiography in the Confessions of Jean-Jacques Rousseau: An Approach to Chateaubriand 253
    Merle PERKINS, University of Wisconsin

Raisons d'une fascination: Les instances du cœur chez Chateaubriand . . . 263
    Serge GAULUPEAU, Brown University

Adolescence in the Work of Chateaubriand 273
    Kathleen O'FLAHERTY, University College, Cork

The Ballad of Major André 283
    Roger WILLIAMS, San Francisco State College

American and English Influence on Chateaubriand: An Annotated Bibliography, 1950-1968 289
    Melvin ZIMMERMAN, York University, Toronto

FOREWORD

From the sixteenth through the twentieth of October, 1968, there took place at the University of Wisconsin, a commemoration of the two-hundredth anniversary of the birth of Chateaubriand. An American setting for the commemoration was particularly appropriate in view of the enormous role America played in both Chateaubriand's fiction and his non-fiction.

The congress was attended by scholars from England, Ireland, France, and Japan, as well as the United States. The proceedings of the colloquium bear testimony to the almost unbelievable presence of Chateaubriand in the literary world of today. The multiplicity of facets of Chateaubriand's career which were examined in the course of the meetings, the almost infinite relations and influences involving other authors and other countries, the weight of Chateaubriand's authority for today's reader and author, gave proof that the two hundred years since the birth of Chateaubriand have seen not only the development and consummation of a literary talent of the highest order, but also the solidification of a literary reputation and influence which go far beyond the bounds of his times and his national tradition.

This volume, together with the proceedings of similar congresses in France, Italy, Greece, and throughout the world, will form a fitting tribute to the writer so aptly termed " the enchanter ".

Special thanks must be given here to all those who made the Commemoration possible: The University of Wisconsin for the generous offering of facilities; the Lectures Committee of the University which supported a certain number of the speakers; the French Ministry of Cultural Affairs which made possible the visit of distinguished guests from France; the French Cultural services through their representatives in New York and Chicago for their help and advice in organizing the meeting; and finally the participants themselves who through their communications and spirited discussion served to bring success to the venture.

Madison, Wisconsin
July, 1969

INTRODUCTION

CHATEAUBRIAND AFTER TWO HUNDRED YEARS

1968 was not a vain anniversary. For many an author the two hundredth anniversary of his birth is the affair of a few aficionados, or a recognition from the historical point of view of the place the given author once held in the literary firmament. Such is certainly not the case with Chateaubriand. In spite of the brilliance of his career as it exploded into fireworks with the publication of *Atala* in 1801, to be concluded only by the no less spectacular *Memoirs* published after his death in 1848, Chateaubriand occupies today what is perhaps an even more solid position both historically and esthetically.

Chateaubriand might indeed be surprised by some of the interpretations put on his works today, but paradoxically the works of this man, so typical of his age, have nonetheless proven to have profundities unseen by his contemporaries and which invite almost endless interpretation by the critic of today.

It is noteworthy that several of the most perspicacious critics of today, as well as some of the novelists of the first rank in French fiction of the twentieth century, find endless stimulation in Chateaubriand's work, and have made of him one of the centers of their critical theories. Such men as Jean-Pierre Richard, Michel Butor, Julien Gracq, Marcel Jouhandeau, Julien Benda and many of those whose papers are represented in these proceedings, fall into this category.

On the surface, and it was largely on the surface that Chateaubriand was interpreted by his nineteenth-century readers, the work consists of a series of exotic paintings of primitive life, exotic life, religious life, separate or intermingled, all drawing their power from the magnificence of the paintings in a highly plastic sense. At the same time, the style of the author was recognized as a significant element of his art. Here the contemporaries, perhaps judging once again from the surface appearances, tended to find in Chateaubriand less an innovator than the accomplished master of the inherited traditions of centuries of French prose and poetry.

However, Chateaubriand's attraction can not be understood completely from a purely esthetic point of view. Added to these strictly literary questions was the fact of the author's existence as a person rather than an author. First, his political posts as ambassador and foreign minister allowed him to play a significant role in the direction of the world's affairs. For this reason, but also especially as a result of his enormous literary popularity, the social relations of Chateaubriand embraced all the worth-while people of an age. There is not a statesman, not a *grande dame* of society about whom he does not have views and opinions drawn from first-hand observation.

This personality which continues to fascinate the modern reader was often so entwined with the work that it becomes impossible to dissociate completely the two elements, which are nevertheless still of two different orders.

For the reader of today, however, a great deal more perspective is brought to bear on the work and on the man. What at first seemed simple and easily explained, now has become an inexhaustible mine of ideas and associations which are merely the points of departure for an elaborate and far-reaching interpretation. For example, a closer look at Chateaubriand shows the same principles of *mémoire inconsciente* that Proust was to utilize a hundred years later; it is simple to find there the same principles of association of ideas that the poets of the second half of the nineteenth century were to utilize so successfully: indeed the association of the names of Chateaubriand and Rimbaud has become all but common-place. In form, too, the prose poems of Chateaubriand come long before the recognized models of the genre. In all these cases, the contemporaries were insensitive to these qualities; they were unable to discern the truly great innovative character of much of Chateaubriand, and it remained for later generations to discover them in the works.

So too with style, in the largest sense, what once was considered simply as mastery has now been seen to be truly revolutionary. A largely neglected work of Chateaubriand, the *Vie de Rancé* has become to the present-day reader an absolutely astonishing bit of stylistic virtuosity which is utterly blinding in its innovation. The interplay of various styles, the sparks generated by the clashing of two opposed images, the incredible newness of certain combinations of word and phrase; all this provides a challenge to the older critic who would be satisfied to take as his measure of Chateaubriand's stylistic talent some of the early carefully equilibrated periods laden down with eighteenth-century logic and image. To a surprising extent, the *Rancé* can be likened to the mature works of certain composers—Verdi's *Falstaff* and Puccini's *Turandot*, for example—which artistically and technically go so far beyond their predecessors. Equally misunderstood by many of their contemporaries, these late operas suffered from the same kind of lack of comprehension that did not allow a true evaluation of the *Rancé* in the mid-nineteenth century.

With many " classical " authors studied today, whether by student or critic, the focus is narrow, the point well-defined. Such is not the case with Chateaubriand. His interest is so widespread, the possible points of view so extremely varied, that it becomes necessary to chose a perspective, to limit the terrain. Since individual tastes vary, these various perspectives fail to conform to a single norm. Thus it is that a colloquium such as the one represented by the following papers, is almost of necessity extremely diverse in its scope. The alternative would be a tightly-knit examination of an infinitely small aspect of the work. Chateaubriand, in the vastness of his scope, would not be served by such a limitation.

The areas of study do tend, however, to fall into certain broad categories, each attracting a lively attention from the critics. The first of these is literary history—history of ideas. Included with this category would be that group of studies dealing with influences and sources. Chateaubriand in relation to centuries other than his own, as a product of a previous century, as a forerunner of a later century, come under this heading. There is no denying the fact that Chateaubriand was intimately associated with his times. He was anything but a recluse, and all subjects were fit for his pen. He forms thus an ideal subject for the study of his times.

At the same time he was dealing with subjects so universal and so important, both from their intrinsic worth and from the added prestige of his reputation, that broader comparative studies are warranted. The endless complexities of French and European thought development as seen through Chateaubriand are thus the fit matter for numerous studies.

Often these studies can be surprising in their results. There is, for example, a hallowed tradition of a sharp division in the nature of Chateaubriand's work before and after 1800; the accepted idea is that the *Essai sur les révolutions* was strongly under the influence of the eighteenth-century *philosophes*, while the later works were all but totally exempt from these influences. Dr. Shackleton's paper, on the contrary, shows conclusively that the influence of the *philosophes* was in fact a longlasting influence which permeated the works written after the so-called religious conversion.

As with every author of world-wide reputation, Chateaubriand was so read and so imitated in both his own and foreign countries that the question of his influence on other authors is always a tempting subject. This too, is in the area of history of ideas and literary history. Such comparative studies are frequently most enlightening for both terms of the comparison.

Chateaubriand's role in history, *tout court*, as opposed to literary history seems lately to be attracting more and more attention. Perhaps some of this attention is due to the frequent coinciding of many of Chateaubriand's political views with those of present-day Gaullist politicians. This comes quite naturally as a logical development of a similar view of the French character held by the two statesmen, as is so clear in their writings and public pronouncements. But whatever the reason, Chateaubriand's political life remains hotly debated by the enemies and the supporters, both camps being as enthusiastic in their views as any of the literary partisans or detractors. In any case, it is obvious that an investigation of the political career, as indicated in several of the following papers, including particularly that of Professor Bédé, can be enlightening at once on the level of history and on the level of understanding the extremely complex personality that was Chateaubriand's. As final proof of today's interest in Chateaubriand's political writings, an anthology of these works appeared in 1967 (Armand Colin).

For an author whose vastness of concept was as great as Chateaubriand's, there is an inevitable temptation to deal with these vast concepts, on a broad scale, especially when it is a question of Chateaubriand in his relation to the other arts. Topics such as Chateaubriand and Music and Chateaubriand and art, while being in a sense on the level of literary history, are also extremely useful in revealing the many-sided psychology of Chateaubriand's character. A similar subject is to be found in an analysis of Chateaubriand in relation to some vast concept of another nature: Chateaubriand and America, for example, where the delineation of the perspectives can reveal an entire complex of attitudes applicable to any subject.

Frequently, the most satisfying approach to Chateaubriand is to take a single theme, a single point of view, following it through a given work or works. Here, too, the careful critic often finds results that were not suspected. Professor Chadbourne, for example, reveals in Chateaubriand a humour that the ordinary reader would scarcely suspect. At other times this limitation of scope works best in an intensive analysis of a very limited text, as is the case with Professor Bart's paper.

We have already touched on the question of style. The concept can be diversified at will. If we take the word to mean the entire art of expression, it is indeed here that the most startling revelations are to be found in Chateaubriand criticism. The act of creation, and the form required for the exteriorization of this creation presents an almost insoluble paradox. There is an impossibility in defining in any final way what is involved in this stylistic element. The result is a series of efforts leading toward a dimly-lit truth which can only be felt rather than seen, in many instances, and then only by the most perspicacious.

The result is a series of approaches which aim at this same basic truth, but which proceed from different directions and in using different means. None of the approaches precludes the others, each is valuable to the individual who is striving after the same truth. Thus, a basically similar problem can be approached in quite different ways, seemingly almost contradictory. They are indeed contradictory on the periphery, and it is only as they approach the center that they resolve themselves into a kind of unity. In this way, the investigations of Professor Riffaterre, M. Berchet and M. de Diéguez, although attempting basically the same thing, are initially unrecognizable as approaches to the same end. It is only through an intuitive point of contact discovered by the reader, followed by another and yet another, that the lines of development seem to draw together and produce the final illumination. The *paysage intérieur* of M. Berchet, for example, although foreign to the conceptualism of M. de Diéguez, does not offer an impenetrable contradiction in assessing the attitudes of Chateaubriand. Indeed, pursuing the same ends, they complement one another on different planes, giving added dimensions to the studies.

For the most part short discussion papers, of necessity, treat far less ambitious topics. Each one tends to examine one single facet of the work of the *enchanteur*. Taken individually, they may indeed appear to be heteroclite in nature and lacking in cohesion. The fact is that these individual studies must be taken together with the whole of Chateaubriand criticism for them to achieve their proper significance. Each of the studies serves to fill out an undeveloped area of criticism, to correct an earlier misinterpretation or error, to bring together the elements of previous studies.

The enormous diversity of these studies is perhaps one of the best proofs of the amazing presence of Chateaubriand today. It is common knowledge that a dispute on the subject of Chateaubriand is very easily provoked, particularly in the public press. Perhaps no French author has more ardent supporters and detractors. He could indeed be likened, in the political world, to that figure one year his junior, who dominated Europe politically and militarily, Napoleon Bonaparte. In both cases the reasons for the violence of reaction are clear: an alliance of great genius with less desirable characteristics. As one weighs the two elements in the balance, the one side or the other takes precedence, Napoleon and Chateaubriand become gods or ogres. Whatever the conviction, the observer is passionately convinced of the validity of his position.

With Chateaubriand, it is indeed possible to see him as a pretentious, vain little man, full of chimeras, completely convinced of his own importance and totally insensitive to the positions of others. One can even accuse him, as do some contemporary scholars, of being a " vilain monsieur "—a simple plagiarist who can not be believed whatever he says, so far is he removed from the truth.

At the same time it is possible to perceive another Chateaubriand, a giant of literature, a literary Midas who borrows from right and left but who transforms all he touches into gold. One can see a Chateaubriand who, while adhering to certain traditional esthetics in the areas of literary standards and plastic beauty, can still renovate and actually transmute the materials at hand.

As an example, the play of colors in descriptive scenes is an accepted technique before Chateaubriand. And yet, Chateaubriand, by an art not unlike that of the post-impressionist painters or even of the designers of contemporary " light shows ", can juxtapose in ever-changing patterns brilliant fragments of light which in their multiple relationships create a beauty totally unknown to his predecessors. In an almost identical technique with language, an equal virtuousity snatches up each word in a kind of Maelstrom of movement, where the word is no longer fixed in its conventional place, no longer accompanied by its heroic epithet, but set free to shift and turn in every direction, each new position, as it catches the light, throwing back a spark of a different color.

The esthetic brilliance of Chateaubriand is obvious and undeniable. For this reason, and only for this reason, every reflection, every facet of his life is grist for the mill of the critic. Each element, staggering in its grandeur or infinitely small in its detail, brings us closer to a true appreciation of the master.

CHATEAUBRIAND
AND THE EIGHTEENTH CENTURY

" J'étais né de mon siècle, " Chateaubriand wrote in 1826 [1].

In studying the evolution of his thought and his responsiveness to the intellectual background before which he grew up it is necessary to remember that when he was born Voltaire and Rousseau still had ten years to live; that the text of the *Encyclopédie* had only just been completely published and that the plates were still appearing; that the *Système de la nature* and the *Histoire politique et philosophique des deux Indes* had not yet burst upon French public opinion. He was 26 when there appeared that work in which the philosophical movement took stock of its achievement, the *Esquisse d'un tableau historique des progrès de l'esprit humain* of Condorcet. When in 1811 he was elected to the Institut de France, his colleagues included Bernardin de Saint-Pierre, the poets Parny and Fontanes, the Chevalier de Boufflers, Suard, and above all that characteristic *philosophe* who had contributed to the *Encyclopédie* and translated into French the *Dei delitti e delle pene* of Beccaria, the Abbé Morellet, born in 1727. Certainly Chateaubriand, not disinclined by nature to be a eulogist of time past, could scarcely avoid showing in his writings the strong imprint of the eighteenth century.

The many aspects of that century make it easy to point to similarities between it and the work of Chateaubriand: the age of preromanticism, the age of cosmopolitanism, the age of the philosophers' heavenly city, the age of Anglomania, the age of the birth of interest in America, all these leave their mark on the author of the *Génie du Christianisme*. But if the simplest of all views of the eighteenth century be taken, that it is an age of scepticism and irreligion, its mark is still strong on Chateaubriand's *Essai historique, politique et moral sur les révolutions anciennes et modernes, considérées dans leurs rapports avec la Révolution française*. This early work, which caused its author no small degree of subsequent embarrassment, was published in London in 1797. Chateaubriand, republishing it in 1826, claimed in the new preface not to have made a single change in the next, and to lend colour to this claim maintained even the misprint in the original titlepage, where the date appeared as MDCCXVII [2]. An author like Chateaubriand, however, could not allow errors of style, spelling and grammar to go uncorrected, and as in other cases where he insisted that he was producing an unchanged reprint, he made a large number of corrections. M. Jean Mourot has listed some three hundred variants between the editions of 1797 and 1826 [3]; but in no case is there any change of intellectual substance or any attempt to dilute or edulcorate the ideas expressed. It is as if Chateaubriand not only did not wholly regret the earlier work (and if this were not so, why should he republish it?) but even took some pleasure in an inconsistency of outlook which raised him above his contemporaries and placed him in a category of his own.

The *Essai sur les révolutions* is not to be dismissed as a youthful indiscretion of its author. It is not without real intellectual penetration and clarity of expression. It is moreover essentially a work of the eighteenth century in spirit and in preoccupation. Recalling in its title Vertot, the historian of the revolutions of Rome, of Sweden and of Portugal, it clearly owes through its concern with historical causation a great deal to Montesquieu, whom Chateaubriand is following also in drawing parallels between ancient and contemporary history. In the second chapter of the *Essai* Chateaubriand gives a pertinent critique of Rousseau's doctrine of the social contract. He claims that if the history of the establishment of republican government in ancient Greece were known, it would be possible to ascertain the nature of the original contract of society. He insists that the natural man of *Du contrat social* was unqualified to sign the contract which Rousseau imputes to him since the limited nature of his experience could not supply to his mind the necessary ideas of property and justice. Hence, says Chateaubriand, " Il se trouve... un état civil intermédiaire entre l'état de nature et celui dont parle Jean-Jacques [4] ", a conclusion to be echoed in 1929 by Albert Schinz in his *La Pensée de Rousseau*. Chateaubriand now produces against Rousseau the empirical argument that no single one of all the known primitive tribes had a popular government, all of them being organized on a monarchical basis. This contention is not pushed to its limit; Chateaubriand says that this would be " faire un ouvrage sur un ouvrage ", and contents himself with inviting his readers to reflect on the problem. But he is already meeting Rousseau on his own ground and testing the principles of the Genevan by the methods and with the presuppositions of the eighteenth century.

In the course of a comparison of French and Greek history involving several personal parallels of which the oddest must be that of Sappho and Parny, Chateaubriand discusses the ENCYCLOPEDISTS, comparing them unfavourably with the Seven Sages of the Greeks. He returns in chapters XXV and XLIII of Book II to write more lengthily about them. If he disparages them, if he accuses them of being wholly negative and destructive, it must be noted that he uses the term 'ENCYCLOPEDISTS' in a special sense, to include Helvétius who did not write for the *Encyclopédie* and to exclude Rousseau and Montesquieu who did; and he contrasts the ENCYCLOPEDISTS with Newton, Locke, Bacon and Grotius, at least the first three of whom were idolised by the ENCYCLOPEDISTS and were the great formative influences of the Enlightenment. As for Montesquieu and Rousseau (" deux esprits d'une trempe supérieure "), the praise he accords to them, in spite of a reservation about *Du Contrat social*, is wholehearted:

Depuis la Révolution chaque faction a déchiré ces illustres citoyens, les jacobins Montesquieu, les royalistes Jean-Jacques; cela n'empêchera pas que l'immortel *Esprit des lois* et le sublime *Emile* si peu entendu, ne passent à la dernière postérité [5].

He is prepared to add Mably and even Raynal to the list of " good " *philosophes*.

More striking than his avowed approval of some of the leading figures of the philosophical movement is what he has to say in the *Essai* on the subject of religion. Morellet, in an essay entitled *Sur le paradoxe avancé par M. de Chateaubriand que la religion chrétienne est la plus poétique de toutes* [6] recounts that " un [des] philosophes, resté du XVIIIe siècle " (doubtless himself lightly disguised) brought to him the *Essai* of Chateaubriand and showed him this invocation of the deity, which appears in chapter XXXI of the second book:

O Toi, que je ne connais point! Toi, dont j'ignore et le nom et la demeure, invisible architecte de cet univers, qui m'as donné un instinct pour te sentir, et refusé une raison pour te comprendre, ne serais-tu qu'un être imaginaire, que le songe doré de l'infortune? Mon âme se dissoudra-t-elle avec le reste de ma poussière? Le tombeau est-il un abîme sans issue, ou le portique d'un autre monde? N'est-ce que par une cruelle pitié que la nature a placé dans le cœur de l'homme l'espérance d'une meilleure vie à côté des misères humaines? Pardonne à ma faiblesse, Père des miséricordes! non, je ne doute point de ton existence; et soit que tu m'aies destiné une carrière immortelle, soit que je doive seulement passer et mourir, j'adore tes décrets en silence, et ton insecte confesse ta divinité [7].

This remarkable paragraph could have been taken from the *Apologie de Raymond Sebond*, from the *Lettres persanes*, or from the *Profession de foi du vicaire savoyard*. Chateaubriand's own comment, in 1826, is " quel excellent déiste! " and the passage could well have come from the pen of an eighteenth-century deist, at least were the pyrrhonism less marked.

In subsequent chapters of the *Essai* Chateaubriand outlines the objections of the *philosophes* to religion. Here we must remember the eighteenth century's traditional technique of the unrefuted objection. Devised by Bayle and perfected by the ENCYCLOPEDISTS, the method consists of attributing one's opinion to another, expounding it with clarity, possibly expressing formal dissent from it, but showing no serious arguments against it. Chateaubriand may well not be applying this technique in its full rigour, but what is disclosed by his arguments expressed in *oratio recta* is sufficient to show that many of the sentiments now attributed to others are in fact his own.

The traditional reasoning of the doubter is used in chapter XLIV of Book II: God has given man passions which prevent him from executing God's own commands; in other words, God has commanded the impossible, and will punish disobedience. Chateaubriand expresses no dissent. The existence of Jesus cannot be proved. Chateaubriand expresses no dissent. The doctrine of the Trinity was taken from Plato, and the martyrdom of Christ is only an allegorical representation of Manichean dualism. Chateaubriand expresses no dissent. The hierarchy of cardinals, archbishops, and bishops is an Egyptian institution. Chateaubriand expresses no dissent. He goes so far indeed as to say with his own mouth:

> Je ne puis comprendre Dieu, et là-dessus je n'ai pas plus de motifs d'en croire Moïse que Platon, excepté que celui-ci raisonne mieux que celui-là [8].

It is with his own mouth also that he condems the clergy:

> Les prêtres de la Perse et de l'Egypte ressemblèrent parfaitement aux nôtres. Leur esprit se composait également de fanatisme et d'intolérance [9].

And more specifically he insists that the three characteristics of the priesthood are egoism, fanaticism, and hatred.

He explains finally that Christianity will soon perish. The reasons which will make its end come more or less quickly in the different countries of Europe are canvassed. That Christianity will disappear is held certain. What is uncertain is which religion will take its place. His doctrine is summed up in a generalisation which Morellet quotes with amazement:

> Les religions naissent de nos craintes et de nos faiblesses, s'agrandissent dans le fanatisme, et meurent dans l'indifférence [10].

The contrast between this point of view and the mature doctrine of Chateaubriand is striking; not less forceful is the contrast between it and the faith in which he was brought up. The last days of his mother's life were darkened by her son's errors, and her death brought about his repentance. He writes in the *Mémoires d'Outre-Tombe*:

> L'idée d'avoir empoisonné les vieux jours de la femme qui me porta dans ses entrailles, me désespéra: je jetai au feu avec horreur des exemplaires de l'*Essai*, comme l'instrument de mon crime; s'il m'eût été possible d'anéantir l'ouvrage, je l'aurais fait sans hésiter. Je ne me remis de ce trouble que lorsque la pensée m'arriva d'expier mon premier ouvrage par un ouvrage religieux: telle fut l'origine du *Génie du Christianisme* [11].

He adds as an afterthought: " j'exagérais ma faute: l'*Essai* n'était pas un livre impie, mais un livre de doute et de douleur ". Regret, nevertheless, for this youthful aberration continued to mark the mind of Chateaubriand, and as he says, the *Génie du Christianisme* was an attempted atonement. Thus, in the preface of 1928, he is able to write:

> Depuis vingt-cinq ans, ma vie n'a été qu'un combat contre ce qui m'a paru faux en religion, en philosophie, en politique, contre les crimes ou les erreurs de mon siècle [12].

And in the first pages of the *Génie* he renews and intensifies the criticism of the ENCYCLOPEDISTS which he has expressed in the *Essai*:

> Chaque auteur bénit son destin de l'avoir fait naître dans le beau siècle des Diderot et des d'Alembert, dans ce siècle où les documents de la sagesse humaine étaient rangés par ordre alphabétique dans l'*Encyclopédie*, cette Babel des sciences et de la raison [13].

He adds in a note: " L'*Encyclopédie* est un fort mauvais ouvrage; c'est l'opinion de Voltaire lui-même". Later in the work, almost as if he is seeking to reiterate his opinions of 1797, he writes in great eulogy of the author of *L'Esprit des lois*:

En nommant Montesquieu, nous rappelons le véritable grand homme du dix-huitième siècle. L'*Esprit des lois* et les *Considérations sur les causes de la grandeur des Romains et de leur décadence* vivront aussi longtemps que la langue dans laquelle ils ont été écrits.

If the *Lettres persanes* (which he disdains actually to name) must be condemned as an *erreur passagère*, nevertheless

dans le livre qui a placé Montesquieu au rang des hommes illustres, il a magnifiquement réparé ses torts en faisant l'éloge du culte qu'il avait eu l'imprudence d'attaquer [14].

There are three particular areas in which the *Génie du Christianisme* is related to eighteenth-century thought otherwise than by the assumption of an attitude to a specific author. The first of them is the discussion of the chronology of the Old Testament which is to be found in book IV of the first part, entitled *Objections contre le système de Moïse*. The significance of this problem in the eighteenth century need not be underlined. It is sufficient to mention the impassioned discussion of Mosaic chronology in the article *Certitude* of the *Encyclopédie* which was written by the Abbé de Prades, the thesis *Jerusalem caelesti* in which the Abbé took his ideas further, the consequent suppression of the *Encyclopédie* in the early winter of 1752, and Diderot's article *Chronologie sacrée* in which, when the publication of the *Encyclopédie* was resumed, he defended anew the heterodox conclusions of the Abbé. Chateaubriand's defence of the chronology of the book of Genesis must be regarded as weak. He begins by praising the excellence of such defenders of the Biblical system as Origen, Eusebius, Bossuet, Pascal and Huet, without saying what their arguments were. He describes the grave complications of other chronological systems, asserts that that of Moses is the simplest, and rejects opposed philological and archaeological evidence. He turns to astronomical evidence, and finds it likewise incapable of refuting the Mosaic system. He addresses himself to natural history and geology, and scrutinises arguments like those brought forward in 1748 by Benoît de Maillet in his curious and fascinating anagrammatically entitled *Telliamed*. If remains of Indian elephants are to be found in Siberia, if seashells are to be found on the slopes of the Alps, God has placed them there as tests of faith; they are the monuments which God left to mark his triumph over his enemies. If there are fossils which demonstrate a far greater antiquity of the world than the Book of Genesis allows, they are easily explained: " Dieu a dû créer et a sans doute créé le monde avec toutes les marques de vétusté et de complément que nous lui voyons". Rationally, these arguments are feeble, and not less so than the deliberately feeble case which Diderot presents against the opponents of the Mosaic chronology, to the point indeed that if Chateaubriand's motive were not manifestly to defend orthodoxy one would almost suspect him of complicity with his enemies. His position is basically fideistic and his sincerity is most apparent when, writing of primitive American antiquities, he abandons intellectual arguments and exclaims:

> Pour moi, amant solitaire de la nature, et simple confesseur de la divinité, je me suis assis sur ces ruines. Voyageur sans renom, j'ai causé avec ces débris comme moi-même ignorés [15].

Old Testament chronology was a poor ground in his day to select for defending the Christian religion. In choosing it as a topic for discussion, Chateaubriand shows himself inspired by the issues and controversies of the previous age. To the contentions of the *philosophes* he makes only an ineffective reply.

The second area of discussion in which Chateaubriand shows the influence of the eighteenth century is that of the teleological arguments of the existence of God. The fifth book of the first part is devoted to an exposition of the proofs of the existence of God deducible from the wonders of the natural world. Avowedly basing himself on Nieuwentijdt, Chateaubriand contemplates the beauty of nature and the complexity of the natural creation. The wings of the birds clearly designed for flight, the agility of fish in their element, the song of birds, the skill with which they build their nests, their migrations, the migration of other animals and of marine plants (" l'univers ", he interjects, " est comme une immense hôtellerie, où tout est sans cesse en mouvement "), all this shows clearly the presence of a creative intelligence which can belong only to God. The instincts of men, also, argue for the existence of God, above all the instinct of patriotism:

> Plus le sol d'un pays est ingrat, plus le climat en est rude, ou, ce qui revient au même, plus on a souffert de persécutions dans un pays, plus il a de charmes pour nous... Un sauvage tient plus à sa hutte qu'un prince à son palais, et le montagnard trouve plus de charme à sa montagne que l'habitant de la plaine à son sillon [16].

These words cannot fail to remind those who, like Chateaubriand, know English eighteenth-century poetry of Goldsmith's evocation in *The Traveller* of the peasant's love of his country:

> Dear is that shed to which his soul conforms,
> And dear that hill which lifts him to the storms;
> And as a child, when scaring sounds molest,
> Clings close and closer to the mother's breast,
> So the loud torrent and the whirlwind's roar
> But bind him to his native mountains more [17].

Once again Chateaubriand, while attempting an intellectual study of the arguments for the existence of God, interjects a personal note which is less one of passing disavowal of the attempt he is making, than of rebuttal of all refutation:

> Je ne suis rien; je ne suis qu'un simple solitaire; j'ai souvent entendu les savants disputer sur le premier Etre, et je ne les ai point compris; mais j'ai toujours remarqué que c'est à la vue des grandes scènes de la nature que cet Etre inconnu se manifeste au cœur de l'homme [18].

In the development of this teleological approach Chateaubriand was far from resisting or opposing the eighteenth century. The study of natural history with a view to explaining the creation and throwing light on the nature of God was a frequent occupation of eighteenth-century writers. Lester Crocker, in his *Age of Crisis*, has given a masterly account of it. Encouraged by Leibnitz's doctrine of preestablished harmony and by William Derham's *Physico-Theology* and *Astro-Theology* [19], many writers of the Enlightenment preceded Chateaubriand in this scrutiny of nature. The German Friedrich Christian Lesser in his *Insecto-Theologia*, best known in its French translation *La Théologie des insectes* [20], pleads for the study of the smallest objects in the creation:

Le plus petit vermisseau n'est-il pas l'ouvrage de l'Etre infini, aussi bien que l'animal le plus parfait?

The Abbé Pluche, author of the remarkably successful *Spectacle de la nature* and himself (it has recently been discovered [21]) one of the earliest contributors to the *Encyclopédie*, is one of Chateaubriand's clearest precursors. The *Génie du Christianisme* attaches great importance to the study of birds; birds are seriously studied by Pluche, who deals with the same aspects though in greater detail: the building of nests, the laying and hatching of eggs, the early education of the offspring. And he draws the same lessons: in this domain, he says,

vous ne pouvez faire un pas sans trouver de nouveaux traits d'une sagesse qui est aussi inépuisable dans la diversité des plans de ses ouvrages que féconde, libre, et sûre dans l'exécution [22].

"Dieu ouvre sa main", he writes elsewhere, "et tous les animaux vivent". It is true that he adds a caution which Chateaubriand does not reproduce: "l'art de voler serait le plus grand malheur qui pourrait arriver à la société"[23]. Pope in the *Essay on Man* approves of the general principle, which serves his doctrine of the great chain of being, but does not engage in a detailed survey of the creation:

All are but parts of one stupendous whole,
Whose body Nature is, and God the whole [24].   (I, 11.267-8)

Bernardin de Saint-Pierre, in the *Etudes de la nature*, is the most abundant exponent of the teleological approach. His works were well known to Chateaubriand, and his extreme examples of the strawberry which grows close to the ground so that it will not be bruised by its fall, and the orange which is divided into segments so that one may share it with one's friends, are well enough known for detailed citation to be unnecessary. This is sufficient to show that Chateaubriand, turning away from his *Essai sur les révolutions* to produce arguments proving the existence of God, was able to find these in the eighteenth century and in writers who were not violent opponents of the *philosophes*. Nor are they absent from the pages of Voltaire himself, whose *Poème sur la loi naturelle*, although, somewhat surprisingly, condemned by public authority in France, is a strong defense of theism at a time when atheism was becoming boldly articulate in France. It insists on the universality of morality, and on the accessibility of God through nature:

> L'univers est un temple où siège l'Eternel [25].

The line which, in Voltaire's poem, immediately follows:

> Là chaque homme à son gré veut bâtir un autel,

points to the third area in which the *Génie du Christianisme* has a particular relation to eighteenth-century thought. It is the taking of an external, psychological attitude to religion, the study of religion as a phenomenon. This is in fact an old tradition. Already in *Polyeucte*, in lines subsequently excised from the play, Corneille had put into the mouth of the enlightened pagan, Sévère, this judgment on religions:

> Peut-être qu'après tout ces croyances publiques
> Ne sont qu'inventions de sages politiques
> Pour contenir un peuple, ou bien pour l'émouvoir,
> Et dessus sa faiblesse affermir leur pouvoir [26].

In 1716 Montesquieu, in his earliest work, a paper read to the Academy of Bordeaux and entitled *De la politique des Romains dans la religion*, had shown the genesis of that sociological approach to religion which receives its fullest expression on books XXIV and XXV of *L'Esprit des lois*. In this modest dissertation, first published only in 1796 in the magnificent Plassan edition of the complete works, he quotes an ancient aphorism to the effect that there are three types of religions, those invented by poets, those invented by philosophers, and those invented by politicians. Montesquieu later was to stress the psychological basis of religion. In his chapter " Du motif d'attachement aux diverses religions " he shows how religions meet a basic human need; and others in the century had, sometimes intelligently, sometimes naïvely, explored this question. Le Président de Brosses, in his *Culte des dieux fétiches*, had drawn to this end on what was known of primitive African tribes; Nicolas-Antoine Boulanger, contributor to the *Encyclopédie*, disciple of Montesquieu, and friend of D'Holbach, explained in his *Recherches sur l'origine du despotisme oriental* how primaeval natural catastrophe, such as had inspired the scriptural account of the flood, had so filled men's minds with the fear of events outside their control that they turned to a belief in superior powers. Chateaubriand's older contemporary, Charles-François Dupuis, in his monumental *Origine de tous les cultes*, attributed religions to sunspot activity.

This psychological and sociological approach to religion is found in Chateaubriand's *Essai sur les révolutions* in the words, reminiscent of Machiavelli or of Montesquieu, which end chapter XLVIII and begin chapter XLIX of the second part:

> Tout considéré, les prêtres sont nécessaires aux mœurs et excellents dans une république; ils ne sauraient y causer de mal, et peuvent y faire beaucoup de bien.

> Mais si l'esprit du sacerdoce peut être salutaire dans une république, il devient terrible dans un Etat despotique, parce que, servant d'arrière-garde au tyran, il rend l'esclavage légitime et saint aux yeux du peuple [27].

In the *Génie du Christianisme* Chateaubriand develops a specific aspect of the psychological approach to religion, and one not less characteristic of the previous age.

Saint-Evremond, long before, had sardonically exclaimed, " La dévotion est le dernier de nos amours ". Prévost, on occasion in *Manon Lescaut*, uses the language of love to describe religious zeal. Diderot, in *La Religieuse*, is concerned with the affinities between secular and religious passion. Chateaubriand, in the second part of the *Génie du Christianisme*, and particularly in the third book, treats the relation of Christianity and human passion [28].

It is in this, the best known part of his work, that Chateaubriand evokes the sense of guilt which marks Phèdre in Racine's tragedy and so memorably describes her as " la chrétienne réprouvée..., la pécheresse tombée vivante dans les mains de Dieu ", that he discusses in turn *La Nouvelle Héloïse*, Pope's epistle *Eloisa to Abelard*, and *Paul et Virginie*, that he gives the famous chapter " De la religion chrétienne considérée elle-même comme passion ", the still more famous chapter " Du vague des passions ", and then *René* itself.

From *René* and the chapters preceding, three main ideas, in the area we are discussing, emerge. The first is simply that religious zeal has a considerable literary potential: an idea which superficially may seem to make little appeal to the eighteenth century. Chateaubriand, conceding (in chapter VIII) that " le siècle appelle cela *fanatisme*", replies to that charge by citing Rousseau's *Emile*:

> Le fanatisme, quoique sanguinaire et cruel, est pourtant une passion grande et forte, qui élève le cœur de l'homme, et qui lui fait mépriser la mort, qui lui donne un ressort prodigieux, et qu'il ne faut que mieux diriger pour en tirer les plus sublimes vertus [29].

Voltaire himself, who described *Athalie* as *le chef-d'œuvre de l'esprit humain*, had fully exploited religion as a pathetic inspiration in *Zaïre*, itself highly praised by Chateaubriand; and even Diderot, in his essay *De la poésie dramatique*, had emphasised the richness of religion as a source of literary inspiration.

The two other ideas are closely linked. They are that religion and sexual passion meet the same psychological need on the part of the individual, and that religious ceremonial has a sensuous and even a sensual appeal.

Amélie, afflicted with an incestuous affection for her brother, can find no remedy for it but to take the veil of religion. Passion and religion are psychological equivalents for her and fill the same void in her soul, and the ritual of the cloister strengthens the appeal of religion itself. It is during the ceremony of her consecration that she is able to utter the words:

> Dieu de miséricorde, fais que je ne me relève jamais de cette couche funèbre, et comble de tes biens un frère qui n'a point partagé ma criminelle passion.

The convent offers to Amélie the only alternative to her passion. René, be it stated in parenthesis, has another resource available: " je me déterminai à quitter l'Europe, et à passer en Amérique " [30].

Chateaubriand could have seen in Phèdre even greater relevance than he indicated. For Racine's heroine, like Amélie, uses religion as a means to overcome a guilty passion. She seeks to propitiate the goddess of love:

> Je lui bâtis un temple et pris soin de l'orner.
> De victimes moi-même à toute heure entourée,
> Je cherchais dans leur flanc ma raison égarée.
> D'un incurable amour remèdes impuissants!
> En vain sur les autels ma main brûlait l'encens.
> Quand ma bouche implorait le nom de la déesse,
> J'adorais Hippolyte, et le voyant sans cesse,
> Même au pied des autels que je faisais fumer,
> J'offrais tout à ce dieu que je n'osais nommer [31].

It is not to the cult of the Christian God that Phèdre pays homage: it is the express malignity of Venus that she seeks to avert, and the situation of Phèdre is essentially pagan. But it is none the less analogous to the situation of Amélie.

So too is that of Héloïse. Pope's epistle *Eloisa to Abelard* enjoyed the greatest success in France of the eighteenth and early nineteenth century, perhaps being surpassed only by the same author's *Essay on Man*. The convent again provides the only alternative for the frustrated lover. Pope, inspired in part indirectly by Racine through Edmund Smith's imitation in his *Phaedra and Hippolytus*, describes how the ritual of services in the cloister still evokes her love to Eloisa. She writes to Abelard:

> I waste the matin lamp in sighs for thee,
> Thy image steals between my God and me,
> Thy voice I seem in every hymn to hear,
> With every bead I drop too soft a tear.
> When from the censer clouds of fragrance roll,
> And swelling organs lift the rising soul,
> One thought of thee puts all the pomp to flight,
> Priest, tapers, temples, swim before my sight,
> In seas of flame my plunging soul is drowned,
> While altars blaze, and angels tremble round [32].

Chateaubriand deplored some of the liberties taken by Colardeau in his adaptation of Pope's poem in 1758; and indeed Colardeau's " Aimons-nous, il suffit, et suivons la nature " has no parallel in the original.

There were other examples in eighteenth-century literature of the study of the affinity or of the contrast of love and religion [33]. Among the most significant are Madame de Tencin's *Mémoires du comte de Comminges* (1735) and the *drame* on the same theme by Baculard d'Arnaud. There is no doubt that Chateaubriand is indeed exploiting a tradition of the previous age; but to find before him the triple *rapprochement* of religion, love, and poetry it is necessary to go back to a remoter age. The moralists and philosophers of the Renaissance and the years immediately following, often relying on commentaries on Galen and other ancient medical writers, often inspired by astrology or by geography of the flat-earth era, produce systems of psychological determinism resting on the four humours. In their volumes love, religion, and poetry are brought together, but nowhere more markedly than in that curious work, which narrowly escaped being written in Latin and whose author took the pseudonym of Democritus Junior, which is Robert Burton's *Anatomy of Melancholy*, first published in 1622. Melancholy, for Burton, is black bile, the adust humour which external and climatic factors make predominant in the bodies of certain individuals. This predominance has psychological consequences, and in discussing these Burton specifies " love-melancholy ", " religious melancholy ", and " poetic melancholy ", an assimilation which is remarkably close to Chateaubriand's. From early seventeenth-century Oxford to the *Génie du Christianisme* the distance may seem great indeed, and the *Anatomy of Melancholy* was little read, and not once republished, in the eighteenth century. In 1801 however, there appeared at London a volume entitled *Melancholy, as it proceeds from the disposition and habit, the passion of love, and the influence of religion. Drawn chiefly from Burton's Anatomy of Melancholy*. This work is little known, and had no great circulation; but it was possessed by Chateaubriand and is listed in the catalogue of books he sold in 1817 [34]. Certainly there would appear here to be a problem needing investigation.

The *Vie de Rancé* must now be mentioned. The disappointment in love, on the tragic death of Madame de Montbazon, and the conversion to austere monasticism, of Armand-Jean Le Bouthillier de Rancé, were much discussed in his lifetime and were celebrated in literature after his death. The eighteenth century saw in Rancé, as Chateaubriand was to see, another example of the psychological equivalence of love and religious zeal. Already in the *Génie du Christianisme* he shows himself aware of the rigours of La Trappe:

> Quel spectacle que celui du trappiste mourant! quelle sorte de haute philosophie! quel avertissement pour les hommes! [35]

He appends to it a long correspondance about a Trappist house in Spain. He cites, without naming the author, a poem of some two hundred lines by Fontanes, *La Chartreuse de Paris*, in which the themes of Héloïse, of Comminges, and of Rancé are linked together:

> A Comminge, à Rancé, Dieu sans doute pardonne:
> A Comminge, à Rancé, qui ne doit quelques pleurs
> ...Héloïse, à ton nom quel cœur ne s'attendrit? [36]

When Chateaubriand's confessor, Abbé Séguin, instructed his penitent to write the life of Rancé, he was recommending a task for which the then old man had been long prepared, by his interests and by his reading. When, in the *Vie de Rancé*, Chateaubriand approaches the question of the death of Madame de Montbazon and the conversion of her lover, he lists some eighteenth century imaginative writings on the theme [37]. He wrongly attributes to Colardeau a poem written by Nicolas-Thomas Barthe, entitled

Lettre de l'abbé de Rancé à un ami, wherein he could find, put more specifically than elsewhere, the idea of the psychological equivalence of religion and love. Rancé, narrating his deep sorrow on the death of Madame de Montbazon, is made to say:

> Je voulus désarmer la céleste vengeance,
> De ce cœur sans appui remplir le vide immense,
> Dire aux miens, à la terre, un éternel adieu.
> Je n'avais plus d'amante, il me fallut un Dieu [38].

The precision with which the crucial situation of Rancé is put is particularly important in the case of a poem which Chateaubriand is known to have read.

But in his last work Chateaubriand gives little attention to the romantic or preromantic aspects of the life of the founder of the Trappist order. He gives no account, other than allusive, of the death of Madame de Montbazon, no detail of the conversion of Rancé. The *Vie de Rancé* nevertheless illustrates, through its theme, the continuity of Chateaubriand's interest in a topic which was one element in the eighteenth century's legacy to the nineteenth: a continuity specifically attested by the concluding words of the avertissement:

> Jadis, j'ai pu m'imaginer l'histoire d'Amélie, maintenant je me suis réduit à tracer celle de Rancé: j'ai changé d'ange en changeant d'années [39].

The task of summing up Chateaubriand's debt to the eighteenth century is not made easier by the fact that, paradoxically but not without justice, we have come to consider the *Vie de Rancé* as evidence of that debt. The eighteenth century was far too complex a phenomenon and Chateaubriand was far too complex a personality, for their mutual relationship to be reducible to a simple formula. Throughout most of his life Chateaubriand was strongly marked by the characteristics and preoccupations of that anglophile preromanticism which marked so many of his friends. Throughout his life, and not excluding the moment of the *Essai sur les révolutions*, he was rootedly hostile to the most dogmatic and extreme of the *philosophes*. This attitude he summed up in the 1826 preface to the *Essai*:

> Deux espèces d'hommes sont aujourd'hui le fléau de la société: d'une part, ce sont les vieux écoliers de Diderot et de d'Alembert, qui se plaisent encore aux moqueries sur la Bible, aux déclamations de l'athéisme, aux insultes au clergé; de l'autre, ce sont ces esprits bornés et violents qui disent la religion en péril, parce que nous avons une Charte, parce que les divers cultes chrétiens sont reconnus par l'Etat, et surtout parce que nous jouissons de la liberté de la presse... Ceux-là extermineraient philosophiquement les prêtres; ceux-ci brûleraient charitablement les philosophes [40].

Chateaubriand was not ready to accept the discipline of any rigid and fanatical party. " Aux Gibelins j'étais Guelfe," he says, quoting Montaigne, " aux Guelfes Gibelin " [41]. Again, in his *Analyse raisonnée de l'histoire de France*, commenting on the philosophical movement, he declares with some breadth of spirit:

Si l'irréligion était poussée jusqu'à l'outrage, si elle prenait un caractère sophistique et étroit, elle menait néanmoins à ce dégagement des préjugés qui devait faire revenir au véritable christianisme [42].

His debt to the eighteenth century is immense, and is both positive and negative; it is both intellectual and sentimental, both philosophical and literary. His attitude to the French Enlightenment is one of hostility to some of its representatives and of support and even admiration for others. Towards the movement as a whole, if it can be spoken of as a whole, his attitude can perhaps be characterised as lofty neutrality. In some respects, though not in all, he can be compared with his kinsman Malesherbes, for whom he had the greatest admiration and whose life he planned to write.

Vertueux Malesherbes (he wrote in the *Essai sur les révolutions*), s'il est vrai qu'il existe quelque part une demeure préparée pour les bienfaiteurs des hommes, vos mânes illustres, réunis à ceux de l'auteur de l'Emile, habitent maintenant ce séjour de paix [43].

Chateaubriand did not perhaps know the existence of the assistance Malesherbes had afforded to the editors of the *Encyclopédie*, but he was aware of his friendship for Rousseau and of his belief in freedom of expression, and his devotion to Malesherbes is a devotion to one of the most honest and most honourable figures of the French Enlightenment.

Robert SHACKLETON
Bodley's Librarian, Oxford

Notes

(References to the works of Chateaubriand are, for the *Mémoires d'Outre-Tombe* to the edition of M. Levaillant and G. Moulinier, Paris (Bibliothèque de la Pléiade), 1958, 2 vols.; for the *Vie de Rancé* to the edition of F. Letessier, Paris (Société des textes français modernes), 1955, and for all other works to the *Œuvres complètes*, Paris (Garnier), [1929-38], 12 vols. All references below which give simply volume and page are to this edition.)

1. I, p. 250.
2. I, p. 239.
3. J. MOUROT, *Etudes sur les premières œuvres de Chateaubriand*, Paris, 1962.
4. I, p. 283.
5. I, p. 584.
6. MORELLET, *Mélanges de littérature et de philosophie du XVIIIe siècle*, Paris, 1836, II, pp. 246-7.
7. I, p. 565.
8. I, p. 588.
9. I, p. 596.
10. I, p. 569.
11. *Mémoires*, I, p. 398.
12. II, p. 3.
13. II, p. 8.
14. II, p. 351.

15. II, p. 75.
16. II, p. 118.
17. GOLDSMITH, *Collected Works*, ed. A. Friedman, Oxford, 1966, IV, p. 257.
18. II, p. 113.
19. *Physico-Theology*, London, 1713, and *Astro-Theology*, London, 1715, translated into French in 1726 and 1729 respectively.
20. Paris, 1745, X vols. The original German edition was Frankfurt and Leipzig, 1738.
21. F. VENTURI, *Le Origini dell'Enciclopedia*, second edition, Turin, 1965, p. 28.
22. *Spectacle de la Nature*, La Haye, 1739, II, p. 262.
23. *Ibid.*, pp. 279 and 289.
24. *Poems* (Twickenham Edition), III, i, London, 1950, p. 47.
25. VOLTAIRE, *Œuvres Complètes*, ed. L. Moland, IX, Paris, 1877, p. 452.
26. *Polyeucte*, after 1.1434.
27. I, 596.
28. II, pp. 194-219.
29. II, p. 212.
30. III, pp. 91-92.
31. *Phèdre*, 11.280-8.
32. *Poems* (Twickenham Edition), II, London, 1940, pp. 320-1.
33. Some of these are studied in R. Shackleton, " The Cloister theme in French Preromanticism " (*The French Mind: Studies in honour of Gustave Rudler*, Oxford, 1952, pp. 170-86).
34. *Notice de bons livres provenant de la bibliothèque de M. de Ch[xxx]*, Paris, 1817, reprinted in M. Duchemin, *Chateaubriand*, Paris, 1938, pp. 403-32.
35. II, p. 430.
36. II, p. 359.
37. *Vie de Rancé*, I, pp. 94-6.
38. Geneva and Paris, 1765.
39. *Vie de Rancé*, I, p. 11.
40. I, p. 261.
41. *Mémoires*, I, p. 302.
42. X, p. 343.
43. I, p. 521.

CHATEAUBRIAND AS A CONSTITUTIONALIST AND POLITICAL STRATEGIST

Allow me to carry you back to a grave turn in French history. A regime crumbles—an authoritarian and divisive regime which also bears the stigmata of defeat. The reconstruction work which is incumbent upon its successors necessarily requires structural reforms: it calls for institutions which ought to be both new and viable. It implies likewise, most urgently, recognition of the fact that " life goes on ". In other terms, will one settle, more or less, for the perpetuation of existing frames, in accordance not only with common sense, but with a need for appeasement, for nationwide reconciliation — were the process to involve tacit absolution for certain responsible collaborators of the fallen hierarchy? Or else, and on the contrary, should the trend be toward an epuration in depth, at the risk, this time, of paralyzing the administrative machinery—and, more grievously still, of indulging vindictive passions, of hitting a number of innocents whose only fault was to carry on, come fair or foul weather, in the spot that fate had assigned to them?

By no means am I speaking of the year 1945. I am miles away from invoking the doctrine of returning cycles, even though Chateaubriand, on occasion, proved decidedly partial to it. But neither does it behoove me to distract attention, in a deliberate way, from whatever points of similarity or contiguity may exist—and do exist in my opinion—between the years 1814–1816, a period which Chateaubriand lived to the full, and a phase of history which lies within the living experience of many among us. If rapprochements of this kind spontaneously enter the minds of my listeners, one advantage I can think of is that they will be thrown *in medias res*. Perhaps, too, will they be moved to display a measure of indulgence: for, were it true that the men of the Restoration were not equal to their task, were it especially true that Chateaubriand in person, without stooping to the petty preoccupations which are sometimes lent him, nevertheless made his moves on the chessboard of practical politics,—who, in this day and age, would dare cast the first stone?

This being said, let us set forth once again, this time in more specific terms, the two dilemmas which confronted King Louis XVIII and his advisers as they journeyed from exile back into the French capital.

One, a theoretical dilemma: there being no doubt that the restored monarchy must offer itself as the very antithesis of Napoleonic usurpation and dictatorship, would it do so in the name of its ancient " legitimacy "—that is to say, basically, by virtue of the principle of divine right under which, from Philippe le Bel at any rate, the ancestors of Louis XVIII had ruled the realm? Or would it choose to open itself, if not wholly and unstintingly to the spirit of the French Revolution, at least to the constitutional formulae already in honor on the other side of the Channel?

Two, a practical dilemma: the truth being that, after nineteen years spent in effacement and exile, the Bourbons had neither a party which they could call authentically theirs, nor more than the skeleton of an administrative and political personnel, how would they go about creating that party and recruiting civil servants?

Already delicate from the start, those problems became even more involved after the Hundred-Days episode. The Emperor, on returning from the island of Elba, bethought himself of giving his subjects a constitution more liberal in certain respects than was the Charter promulgated ten months earlier (June 4, 1814) by King Louis XVIII. The disaster of Waterloo in turn (June 18, 1815), while it paved the way for the second restoration of the Bourbons, served only to emphasize the incongruous circumstances which compelled them to rely upon the services of Talleyrand, of Fouché—and of a host of major and minor officials snugly ensconced in every nook and cranny of the State administration.

Such was the situation which afforded Chateaubriand—and many others—a momentous occasion to display the resources of imagination and wisdom which they might have (or not have). Chateaubriand exercised his in two works which, from now on, will retain our exclusive attention: first, the *Réflexions politiques*, issued toward the end of November, 1814, some four months before the Hundred Days; and second, the famous treatise, *De la Monarchie selon la Charte*, published, or rather launched, in the manner of a fire-ship, on September 16, 1816, a year and three months after Waterloo. The former manifesto enjoyed the discreet approval of Louis XVIII, who, so are we told, had advanced knowledge of it and even deigned to favor the author with his advice and counsel. The latter drew forth a decree of attachment and prohibition, rendered by Duke Decazes, the minister of Police, on behalf of the same Louis XVIII. This is proof enough that, across a tumultuous interval of twenty-two months, there occurred a sharp change of tone and substance which must be accounted for. Suffice it to note for the time being that the change in question stopped short of a complete reversal. It was Chateaubriand's claim, and, I believe, a justifiable one, that his *doctrine* remained the same throughout: this will be the burden of our argument in the development immediately following. He did, however, in due time and under the dictation of events, depart from the rules of conduct and political strategy that he had originally set for himself: hence the need to appraise, in the concluding part of our study, the warpings (conscious or not; but conscious they are, no doubt, in ample measure) that practical expediency inflicted upon the doctrine proper.

* * *

Hastily put together within the space of a fortnight, during which the drafting committee held a grand total of four plenary sessions, the constitutional Charter of 1814 was born under the twin signs of improvisation and compromise. It did, to be sure, answer the most essential demands of the hour. No one at the time felt the slightest inclination to call for an out-and-out application of the principle of national sovereignty, the only purpose of which, in the words of Benjamin Constant himself, was to

...fournir des armes et des prétextes à tous les genres de tyrannie: à celle d'un seul, à celle de plusieurs, à celle de tous, à l'oppression constituée sous des formes légales, ou exercée par des fureurs populaires [1].

All considered, it was sufficient unto the day that the Charter should offer a reasonable facsimile of the British model: in other terms, that it should reaffirm the fundamental rights of the individual (freedom of conscience, freedom of speech, etc.) and lay the groundwork for truly representative government. Which it did, but far too vaguely yet not to leave room for eventual misunderstandings. Which it did clumsily besides, by ascribing to the King's good pleasure, and to it alone, the establishment of those guarantees:

Une Charte constitutionnelle était sollicitée par l'état actuel du royaume: nous l'avons promise; et nous la publions. Nous avons considéré que, bien que l'autorité tout entière résidât, en France, dans la personne du Roi, nos prédécesseurs n'avaient point hésité à en modifier l'exercice selon la différence des temps (...). Nous avons reconnu que le vœu de nos sujets pour une Charte constitutionnelle était l'expression d'un besoin réel; mais en cédant à ce vœu, nous avons pris toutes les précautions pour que cette Charte fût digne de nous et du peuple que nous sommes fier de commander. [2]

I do not know whether Chateaubriand (who had no part in the drafting of the Charter) expressed early reservations over this aspect of things; but it is a fact that, in later days, he denounced it rather bitterly:

La Charte, pour la plus grande partie de la nation, avait l'inconvénient d'être *octroyée*: c'était remuer, par ce mot très inutile, la question brûlante de la souveraineté royale ou populaire. Louis XVIII aussi datait son bienfait de l'an dix-neuvième de son règne, regardant Bonaparte comme non avenu, de même que Charles II avait sauté à pieds joints par dessus Cromwell: c'était une espèce d'insulte aux souverains qui avaient tous reconnu Napoléon, et qui dans ce moment même se trouvaient dans Paris. Ce langage suranné et ces prétentions des anciennes monarchies n'ajoutaient rien à la légitimité du droit et n'étaient que de puérils anachronismes [3].

As early as 1814, however, Chateaubriand took his stand as a defender of the Charter, in the firm belief that its implementation, subject to future improvements, was for the regime a matter of life or death. Defective though it might be, it existed—and that was its primary virtue:

Les Français auront-ils toujours cette impatience déplorable qui ne leur permet de rien attendre de l'expérience et du temps? Quoi! depuis le printemps dernier il n'y a pas eu assez de miracles? Tout doit être aujourd'hui complet, parfait, achevé. La constitution anglaise est le fruit de plusieurs siècles d'essais et de malheurs, et nous en voulons une sans défaut dans six mois! On ne se contente pas de toutes les garanties qu'offre la Charte, de ces grandes et premières bases de nos libertés; il faut sur-le-champ arriver à la perfection: tout est perdu parce qu'on n'a pas tout [4].

One has plenty already, according to the *Réflexions politiques*, by reason of the mere fact that article 13 of the Charter makes the ministers—the members of the Cabinet—politically responsible. The principle of their responsibility, to be sure, is stated rather than well defined or precisely expounded; but this means at the very most that a complementary law *should* be forthcoming [5]: for the application of this principle is the foremost requisite of representative government, at least of representative government in parliamentary form such as Great Britain instituted it. On this point Chateaubriand does not waver and never will; and since the law which he called for in 1814 had not materialized two years later, its absence, no less than the political juncture of 1816, serves to explain the then peremptory formulae of *La Monarchie selon la Charte*. This one, for instance:

Point de milieu dans une constitution de la nature de la nôtre: il faut que le ministère mène la majorité ou qu'il la suive. S'il ne peut ou ne veut prendre l'un ou l'autre de ces partis, il faut qu'il chasse la Chambre ou qu'il s'en aille: mais aujourd'hui c'est à lui de voir s'il se sent le courage d'exposer, même éventuellement, sa patrie pour garder sa place; c'est à lui de calculer en outre s'il est de force à frapper un coup d'Etat, s'il n'a rien à craindre aux élections pour la tranquillité du pays, s'il a le pouvoir de déterminer ces élections dans le sens qu'il désire, ou si, n'étant pas sûr du triomphe, il ne vaut pas mieux, ou se retirer, ou revenir aux opinions de la majorité [6].

All is included in this text of what constitutes the concept of ministerial responsibility understood in a political sense: the obligation incurred by the ministers to work together with a stable majority; the further obligation which is theirs, if this agreement is broken, to choose between their own withdrawal or the dissolution of Parliament; and finally, the decision they face to give in or to quit if it so happens that the electoral consultation turns against them.

There is nothing there, to be sure, that is not closely related to British practice as Chateaubriand knew it. All he had to do, in order to evoke it, was to reminisce over the days of his youth and of his long exile in London, when many an occasion had been afforded him to study from close the great parliamentary jousts between Tories and Whigs under the inspired leadership of William Pitt and Charles Fox. But to this direct knowledge of Britain—which he shared with a number of brothers—there was added in his case a most acute awareness of the traditions and character traits which were to make so difficult, in France, the acclimatization of English procedure. Thus, his originality as a self-appointed " constitutional cathechist " lay in the safeguards which he endeavored to build around the principle of ministerial responsibility quite as much as it did in his statement of the principle itself.

Chateaubriand, for example, did not fail to perceive how the designation of ministers could lend itself to ambiguity. Chosen by the King and revocable by him, they were in a sense ministers of the King: the Charter said so, expressly, and according to Chateaubriand, there was no reason to take exception to it, *provided* it were understood—but was it?—that the appointment of ministers by the Crown was not tantamount to making them the creatures of the Crown. After all, the British Prime Minister, too, is His Majesty's minister; but it would be unthinkable that the King of England wish a Tory upon a Whig majority, or vice versa. It is likewise imperative that his French cousin make it a strict rule of respecting the political orientation of Parliament. Already on the verge of donning Cassandra's mantle, Chateaubriand warns the dynasty, however obliquely, that it would court disaster if the nostalgia for ancient power led it to force its men and its decisions upon a recalcitrant Chamber:

...sous la monarchie constitutionnelle, c'est l'opinion publique qui est la source et le principe du ministère, *principium et fons*; et par une conséquence qui dérive de celle-ci le ministère doit sortir de la majorité de la chambre des députés, puisque les députés sont les principaux organes de l'opinion populaire [7].

At the same time, Chateaubriand realizes quite clearly that the formation of a homogeneous and lasting majority,—that, too, of a coherent opposition, capable of turning into the majority of tomorrow,—encounter in France many more obstacles than they do in England. The British character, as a general rule, puts up easily with the two-party system: whereas among the French, who are " une nation brillante et animée ", the parliamentary chessboard is always liable to become tangled up. Already in the *Réflexions politiques*, Chateaubriand makes this point:

Les Français ont toujours été libres au pied du trône: nous avions placé dans nos opinions l'indépendance que d'autres peuples ont mise dans leurs lois. Cette habitude de liberté dans la pensée fait que nous nous soumettons rarement sans condition aux idées d'autrui... [8]

Yet, it does not follow that the French body politic could not and should not learn the virtues of self-discipline. Come *La Monarchie selon la Charte*, Chateaubriand will stress all the more vigorously the need for solidarity, not only between the Cabinet and its majority, but within the Cabinet itself:

Le ministère une fois formé doit être *un*. Cela ne veut pas dire que la différence d'opinions politiques dans des hommes de mérite, lorsqu'ils sont encore isolés, soit un obstacle à leur réunion dans un ministère. Ils peuvent y entrer par ce qu'on appelle (...) une coalition, convenant d'abord entre eux d'un système général, faisant chacun les sacrifices commandés par l'opinion et la position des affaires. Mais une fois assis au timon de l'Etat, ils ne doivent plus gouverner que dans un même esprit [9].

Last but not least, *La Monarchie selon la Charte* brought out, with implacable logic, the outstanding corollary of ministerial responsibility. If such responsibility exists, it must be whole or not be; and if it is whole, this can mean only one thing: to wit, that the monarch is politically non-responsible. As Chateaubriand puts it:

La doctrine de la prérogative royale constitutionnelle est que rien ne procède directement du roi dans les actes du gouvernement; que tout est l'œuvre du ministère, même la chose qui se fait au nom du roi et avec sa signature, projets de loi, ordonnances, choix des hommes [10].

Yes, to be sure, article 13 of the Charter posited the principle of royal inviolability alongside that of the responsibility of ministers; but no more than it defined the latter, did it throw light on the former. As a matter of fact, the very word, *inviolability*, carried ambivalent connotations, for it was liable to recall that ancient monarchic rule which postulates that kingship lies outside the boundaries of ordinary condition and enjoys quasi divine status. One will doubt, at any rate, that the authors of the Charter, under cover of that term, had it in mind to consecrate the decadence of royal power: if such had been their intention, Louis XVIII would have smothered it effectively. Whereas Chateaubriand—well, that is quite another matter. Granted that he, too, describes the person of the sovereign as " inviolable ", " infallible ", and " sacred ". In his zeal to prove that the King according to the Charter is by no means a " vain idol ", he goes so far as to draw up the high-sounding inventory of his attributes; and those attributes are deemed to be such, with regard to mores, the laws, the administration, the army, peace, and war, that in the last analysis—here is what we are asked to believe—Louis XVIII " est plus absolu que ses ancêtres n'ont jamais été, plus puissant que le sultan à Constantinople, plus maître que Louis XIV à Versailles " [11]. Yet, whenever there arises a crucial disagreement between this so-called potentate and his minister, all the potentate can do, in good constitutional doctrine, is pull out of the game: " le ministre, laissé libre d'agir, fait une faute, tombe, et le roi change son ministère " [12]. Thus, the conclusion is inescapable, despite Chateaubriand's cautious denials, that his own notion of royal inviolability marks a step—and a very important one—toward the concept of political irresponsibility, such as it now characterizes the situation of the chief of State in a parliamentary regime, whether monarchic or republican. The fillip he imparts to the Charter in this particular direction indeed presages nothing less than the transfer of actual authority from the King to his ministers. This is so true that the *Mémoires d'Outre-Tombe*, where Chateaubriand no longer has anyone to spare nor anything to hold back, will avow the purpose with disarming candor:

C'est là [dans *La Monarchie selon la Charte*] que l'on a puisé la plupart des propositions que l'on avance comme nouvelles aujourd'hui. Ainsi ce principe, que *le roi règne et ne gouverne pas*, se trouve tout entier dans les chapitres IV, V, VI et VII sur la prérogative royale [13].

The time has come to note that Chateaubriand's pronouncements in the field of constitutional law hardly give rise as a rule to anything more than polite (or not so polite) skepticism. There are still among us emulators and successors of Sainte-Beuve who tend to visualize him as a poet rather pathetically lost in the world of politics. Others would argue, with greater cogency, that Benjamin Constant, far better versed than he in all matters pertaining to public law, almost invariably preceded him in the arena and not infrequently handed him his ideas. Finally, among the Chateaubriand scholars least suspect of wanting to disparage their author, the feeling seems to be pretty well established (in contradistinction to Sainte-Beuve's) that he possessed a keen sense of contingent realities, almost wholly unrelated to the dogmatic postulates which he was pleased to expound. M. Beau de Loménie, in this respect, may be said to express the dominant view—he who says:

> Tandis qu'avec les constitutionnels disciples de 89, avec un Royer-Collard, un Montesquiou, avec en contre-partie un Bonald, la métaphysique politique était très en honneur, Chateaubriand, lui, n'était pas, n'avait jamais été et ne devait jamais être un théoricien constitutionnel [14].

So be it! It is curious to observe, however, that Chateaubriand's vanity, his pretensions to omniscience, his incursions into domains where his credentials may indeed seem questionable, more often than not meet with an indulgent reception on the part of specialists. It is the non-specialists, and not the experts, who smile condescendingly, or scoff, at this glorified amateur. There have been geographers to find merits in his early and extravagant project to explore the Northwest passage; there have been archaeologists to praise certain " happy intuitions " which occurred to him in Greece, in Rome, in Pompei; there have been career diplomats, working from archival documents, to testify that there is no truth to the story that he was, in the ministry of Foreign Affairs, an incompetent, lazy, muddle-headed official; there have been jurists, finally, to pay substantial hommage to his glosses and commentaries upon the Charter of 1814. Chances are that never would I have ventured into the present debate if I had not kept in mind the admonition once given me by the late Boris Mirkine-Guetzévitch: " You who are interested in Chateaubriand, do not fail to recall some day that he ranks among the most authentic architects of French constitutional doctrine ". Whereupon he referred me to other outstanding authorities: to the testimony of Adhémar Esmein, in whose eyes *La Monarchie selon la Charte* " posait avec une fermeté absolue les véritables règles du gouvernement parlementaire " [15]; or again, to that of Joseph Barthélemy, who, while lending Chateaubriand " plus d'éclat ", and Benjamin Constant " plus de précision dans les règles secondaires ", linked their names in the same show of respect: " Ce sont les deux maîtres " [16]. Neither Maurice Deslandres in his *Histoire constitutionnelle de la France* (1932–1933), nor M. Paul Bastid in his *Institutions politiques de la monarchie parlementaire française* (1954), called in question the verdict of their predecessors: we have the word of the latter that Chateaubriand formulated " dans toute sa rigueur, la théorie parlementaire " [17].

Those are impressive vouchers, and who am I to dispute them? It does seem to me, however, that the findings of the jurists, valid and instructive as far as they go, do not plumb Chateaubriand's innermost thought. A few additional reflections appear to be in order which lie in the domain, not indeed and not yet of practical politics, but no longer in that of jurisprudence: rather, I would say, in that of political sociology.

I quoted a moment ago, from chapter XXIV of *La Monarchie selon la Charte*, the passage which says that, in a truly representative regime, "public" or " popular " opinion makes itself heard through the organ of the Chamber of Deputies. It is already significant that these two epithets—" public " and " popular "—should be interchangeable under Chateaubriand's pen: proof enough that the latter need not be taken more literally than it deserves. But the word *opinion*, too, is deliberately broad and suggests no synonymity whatever with such a forceful concept as that of the *will* or *sovereignty* of the people. Let us repeat that, so soon after the revolutionary " Saturnalia ", so soon after the rash of Napoleonic plebiscites, universal suffrage was everywhere regarded with the utmost suspicion. Controversies on the subject were restricted to the question of knowing how many qualified citizens would be granted the right to vote. To Chateaubriand, however, above anyone else, credit must be given for having sought to offer a comprehensive theory, a definition, a historical record, and, so to speak, a moral code of *opinion*.

What is opinion? First of all, and in most general terms, it is collective consciousness in its open and spontaneous state. The old monarchy itself admitted to its *de facto* existence, and there were moments of history when opinion proved both massive and sharp enough to precipitate reforms or thwart a number of abuses. Everyone knows, and the *Réflexions politiques* recall, that long before the Revolution, an editorial, a remonstrance, a song, a mere joke, sometimes had the power—" comme par enchantement "—to stop the gouvernement in its tracks [18].

But opinion is far more than that; it is also a present resultant of " la lente conspiration des âges ", itself pregnant of the future, inseparable from either its origins or its eventual legacy. In this sense, French opinion is France incarnate—a living, pulsating complex of people and things, of customs and aspirations, of common thoughts and memories. In this sense, too, opinion is one—one over and above the very diversity or inequality of conditions: for there is truth in Montesquieu's contention that the inequality of conditions generates, as democratic levelings do not, a sense of what men owe to one another. Indeed, is it at all conceivable that, except in times of domestic unrest, when the bonds of origin and interest become inexplicably loosened, opinion could divide itself against itself, the strong deserting the weak and the weak betraying the strong? And did not the same Montesquieu assert that, under a " restricted " monarchy—which he deemed to be the best of governments—honor is the mainspring which " fait mouvoir toutes les parties du corps politique ", " les lie par son action même ", so that " chacun va au bien commun, croyant aller à ses intérêts particuliers "? [19] Nothing could be truer: " il a eu raison, Montesquieu, [et] l'honneur n'est que la plus belle des opinions " [20].

It is becoming self-evident, is it not? that the consequence of such a doctrine is the establishment of a *tutelary* regime. No one, in fact, more than Chateaubriand, insisted on the paternalistic character of the Charter. While he invites the " largest class " to enjoy the civil rights it now owes to the King's generosity, he thrusts upon the *gens de bien* (and *de biens*) the task of administering the interests of the masses, much as the head of a family administers the interests of his children under age. Those appointed tutors and protectors, dominated by the fatherly figure of the King, are the clergy to begin with—because the clergy represents at one and the same time " la religion qui est le ciment des institutions humaines, et la morale qui donne la perpétuité à la politique " [21]; and then the nobility—if indeed the nobility has it in its power to recover the spirit of chivalry: " la tradition de l'ancien honneur, la délicatesse des sentiments, le mépris de la fortune, le désintéressement personnel, la foi des serments, cette fidélité dont nous avons un si grand besoin, et qui est la vertu distinctive d'un gentilhomme " [22]. There we have it—the ultimate political thought (or dream) of Chateaubriand. Stripped of their rhetoric, such passages and others suggest that, whatever doubts he may harbor about the real worth, both intellectual and moral, of the aristocracy of his times, he still clings to the hope of making it—or remaking it—the ruling class of the realm. Beholden as ever to the British example, he is actually praying for a French counterpart to the gentlemanly parade of statesmen and parliamentarians which goes almost unbroken upon the London scene.

* * *

On the plane of practical politics, the last one to concern us, the implications of Chateaubriand's doctrine are quite clear. If it is all a matter of reconstituting the spiritual unity of the French nation, the vindictive policies of epuration must be ruled out. This, of course, is not to say that the Bourbons are to carry the forgiveness of injuries to the extent of admitting a Trojan horse; but short of whatever would jeopardize the safety of the throne—*in order*, actually, to insure the safety of the throne—there is nothing they should not try in the ways of leniency no doubt, but also of equity pure and simple.

They did try in 1814: far, far too little according to some; far, far too much in the opinion of others; fairly and meritoriously on the whole if we are to believe Chateaubriand's *Réflexions politiques*. The trouble with the *Réflexions* is that they are mild. The author does not surrender his right to criticize but feels bound—first and foremost—to advertise the monarchy. As a result, the 1814 opus lacks the ingredient of anger which must have made *La Monarchie selon la Charte*, or rather the reading of it, such a traumatic experience. Yet, it cannot be seriously disputed that the earlier work, in its conclusions at any rate, is by all odds the broader-minded and wiser of the two.

The immediate pretext for the *Réflexions* is well known to historians of the period. They answered Lazare Carnot's *Mémoire au Roi*, originally a confidential one, submitted the preceding July with the avowed purpose of conveying to Louis XVIII a sense of the " general restlessness " then rampant throughout the country and of assessing its " veritable cause ". Published in September without the author's permission (acts of literary piracy were still frequent in the early XIXth century), the *Mémoire* had created a deep stir. Carnot, after all, cut a prestigious figure. A member of the Convention and of the Committee of Public Safety, he had assumed responsibility for national defense and earned the title of " Organizer of Victory "; and while he had voted the death of Louis XVI, the Restoration, which even then was whitewashing Fouché, could ill afford to deal severely with a man whose motives, injudicious perhaps, had never been sordid. Carnot, in fact, was the very embodiment of those super-patriots who profess to judge regimes by their fruits and to owe allegiance to their conscience and their country alone. And there he was, grown gray in the service, speaking, or so he thought, from bitter experience, and informing the King that individual amnesties, multiplied though they might be, were no longer in order; that even the principle of amnesty did not fit the requirements of the times; or that, if the powers-that-be were absolutely determined to review the proceedings of the last twenty-two years, to let hang upon a whole host of Frenchmen the suspicion of guilt which a pious absolution allows to remain,—which it does stress as a matter of fact,—then justice would demand that the out-and-out royalists, the pure, the untouchables, former émigrés for the most part, be first called to the bar. For those had been the true regicides who, after compromising Louis XVI through their depredations, their unconcern for the public good, and the perfidy of their counsel as well, had found it expedient to abandon him to his fate.

The one purpose of this diatribe was, of course, to head off a massive epuration. Far from assisting, under the aegis of the Charter, in the formation of a true " national spirit ", the clique of courtiers and old-guard advisers who attempted to circumvent Louis XVIII, threatened to oust, for the benefit of who had been " chouan, ou vendéen, ou transfuge [*read*: émigré,] ou cosaque, ou anglais ", whoever had had the misfortune of being Jacobine, Thermidorian, or Bonapartist... [23]

All of this, needless to say, underwent severe scrutiny on Chateaubriand's part. How could the former émigré accept to make, for himself and his peers, the act of contrition invited by Carnot? how could the apostle of *légitimité* endorse, on the question of regicide, the cavalier doctrines of an erstwhile member of the Convention? and intent that he was on strengthening the foundations of the regime, how could he make bold to criticize the domestic policies of Louis XVIII? As a matter of fact, had he, in 1814, dared utter a grievance, this grievance would have been the exact opposite of Carnot's: for he would have deplored the government's tendency to cajole the friends of the Revolution and the Empire—the better to win them over and compel their allegiance. This complaint will burst with full fury in 1816; for the time being, it yields to higher considerations, or at most do we get a foretaste of it in incidental sentences of this type: " Les créatures, les parents de Bonaparte sont partout " [24]; perhaps, too, underneath the exaggerated praise which Chateaubriand bestows upon the quasi " superhuman " clemency of Louis XVI's brother [25].

Yet, the most extraordinary fact remains that, over and above the unbridgeable gulf which separates Chateaubriand from Lazare Carnot, what we are actually witnessing is a meeting of minds. However brisk the former's fencing may be, the point of his sword is blunted in most cases. More remarkable still, he calls off the fight as soon as he decently can:

Ici finit ce que notre tâche avait de pénible; nous n'avons plus de sujets douloureux à rappeler. Le principal écrivain que nous avons combattu [Carnot, of course] a raison dans les dernières pages de son ouvrage; il nous dit « que la Charte offre assez de garanties pour nous sauver tous; qu'il faut nous créer une opinion publique, nous attacher à notre patrie ». Belles paroles auxquelles nous souscrivons de grand cœur [26].

Such indeed is the extent of Chateaubriand's acquiescence that it is altogether possible to collate the two texts and to prove (as I shall try to do in a forthcoming article [27]) that Carnot's *Mémoire*, the very memoir which the *Réflexions politiques* had set out to refute, contributed in reality, and powerfully, too, to their fundamental inspiration. It would, naturally, be preposterous to suggest that the champion of monarchy borrowed his ideas from an old Jacobine; but I do say that the expression of his ideas, in the *Réflexions politiques*, would not be exactly what it is if the old Jacobine had not held: on the conditions required for the establishment of domestic peace; on the creation of a national climate, necessarily different from the British, but just as capable of breathing life into the country's institutions; on the freedom of the press and the unbounded confrontations of opinions; on social classes and their reciprocal rights and duties; on honor, finally, this " grand levier avec lequel on remue les nations, et surtout la nation française " [28],—if indeed the old Jacobine had not held on those and other matters thoughts that were strangely close to Chateaubriand's.

Come 1816, come *La Monarchie selon la Charte*, the shift is complete and, to all appearances, irreversible. Chateaubriand repudiates *in toto* the conciliatory argument of the *Réflexions*, blushes and pounds his chest for having been a dupe, and swears to high heaven that no one will catch him at making the same mistake twice in succession:

Et moi aussi j'ai dit qu'il fallait fermer les plaies, oublier le passé, pardonner l'erreur [...]. Mais ce que je concevais avant le 20 mars [1815,] je ne le conçois plus après. Etre un bon homme, soit! mais un niais, non! [29]

To which circumstances do we owe this extraordinary reversal? To the 20th of March? granted. March 20, 1815, was the date, engraved in all memories, of Napoleon's triumphal return to Paris: a day, we must admit, when staunch royalists, on the road to exile once again, had had reason to ask themselves whether they were not the victims of a long-range plot, hatched before their eyes, perhaps even with the unwitting complicity of the more generous among them. But it is not at all sure that the mortification of March 20, bitter though it must have been, accounted eighteen months later, and fifteen months after Waterloo, for all of Chateaubriand's rancors. If he brought back, from his own hundred days in Belgium, the feeling that the conspiracy of " revolutionary interests " was a permanent one, destined to survive even the final downfall of Buonaparte, how is it that, for a short while at any rate, he toyed with the idea of collaborating with Talleyrand? Not everything is clear, far from it, in Chateaubriand's political attitude on the threshold of the second Restoration. But things *do* become clearer in proportion as there unfolds, from August 22, 1815, through September 5,

1816, the curious parliamentary *geste* enacted by the " Chambre Introuvable ".

The Chamber which-one-would-never-find-if-one-really-were-looking-for-it was so nicknamed by Louis XVIII in person, who could not believe his eyes that the rebound from Waterloo—its *backlash*, in today's vernacular —should have presented him with a huge majority of deputies (three hundred and fifty out of a total of four hundred and two) who were more royalist than he himself, swore to purge France from the revolutionary and Bonapartist venom, and went clamoring for :" des fers, des bourreaux, des supplices ". Now Chateaubriand, whose membership in the House of Peers removed him somewhat from this forum of fanatics, nevertheless made his the substance, if not always the language, of those claims. No more half-measures: an administrator may see virtues in procrastination, not so a statesman who ought to know that gangrene calls for surgery [30]. We must even suppose that, by way of a surgical intervention, the so-called White Terror, which resulted in several thousand condemnations, quite a few to capital punishment, was not yet calculated to satisfy the author of *La Monarchie selon la Charte*. The " Chambre Introuvable " neared the end of its mandate (unexpectedly, it is true) when he was still recommending unabated vigilance:

> On a fait tant d'avances pour gagner des gens suspects! faisons quelques efforts pour environner le trône de serviteurs fidèles [...]. Vous en faut-il un si grand nombre pour sauver la France ? Je n'en demande que sept par département : un évêque, un commandant, un préfet, un procureur du roi, un président de la cour prévôtale, un commandant de gendarmerie, et un commandant de gardes nationales. Que ces sept hommes-là soient à Dieu et au Roi, je réponds du reste [31].

" A peine rencontr*ait*-on un gendarme " on the horizon of the *Réflexions politiques*: [32] so that the reappearance of the constabulary, let alone that of other organs of enforcement, is enough to frighten us. If there is a residue of freedom in the political apparatus advocated here,—and Chateaubriand swears to it, and Chateaubriand believes it,—then we must call it a planned, controlled freedom, just as we speak of a planned, controlled economy. If there is besides a profession of royalism in *La Monarchie selon la Charte*, —and Chateaubriand swears to it, and Chateaubriand believes in it,—it is the very same one that Louis XVIII, convinced by now it is not only unbelievable, but intolerable as well, is about to condemn for its intransigence.

Go back now to the constitutional doctrines expounded by Chateaubriand,—to the twin principles, by him so vigorously affirmed, of the ministers' responsibility and the King's non-responsibility; and ask yourselves what could be their practical application in the political conjuncture of 1816.

A Chamber has been elected, regularly elected, seven-eighths of which consists of ultra-royalists. In keeping with parliamentary rule, the ministers should emanate from the majority. But they do not. Dominated by the personality of Duke Decazes, the minister of Police and favorite of Louis XVIII, the Cabinet attempts to steer a moderate course: which amounts to governing against the wishes of the House or acceding to them with peculiar ill grace; which even amounts, if we are to believe the ultras, to abetting the revolutionary conspiracy and betraying the interests of the monarchy. Everything, therefore, resolves itself into a test of strength, the most paradoxical ever, between the royalist deputies and their King: the former, invoking their constitutional prerogatives and pushing their demands for the dismissal of Decazes; the latter, maintaining his minister in office and holding over the Chamber a threat of dissolution which will become effective on September 5, 1816, precisely at a time when the ink was hardly dry on the last page of *La Monarchie selon la Charte*.

The paradox, be it noted, had more than one aspect. It did not lie only nor even mainly in the fact that the King found himself the target of attacks from his most rabid partisans; rather should we visualize the spectacle of rightists and reactionaries who, until then, had begrudgingly accepted and abided by the Charter—but who, all of a sudden, discovered its advantages to themselves. How delightful to vote retrogressive laws under the cover of a so-called progressive constitution! And how utterly voluptuous to throw disarray into the ranks of the liberal minority! For it was also a fact that, while the leaders of the conservative faction: Vitrolles, Villèle, La Bourdonnaye, etc., sang in unison the virtues of representative government, the liberal Left, neatly caught in a trap, would have given much to restrict, in some way or other, the privileges of Parliament.

An ultra-royalist of recent vintage, a fellow-traveler rather, who would eventually move to other pastures, Chateaubriand should not be too closely assimilated to his confederates of the moment. He towered over them, and we may doubt that they understood or even cared to understand along which paths he was trying to lead them. The crudity of their ideological position forbade them to appreciate his qualities as a strategist, as a casuist if you prefer, such as they appear when he removes the monarch to seventh heaven and uses his inviolable and sacred character for the purpose of " tout examiner sans blesser la majesté royale "[33]. Forgotten, in this juncture, or consigned to the property room, the revolutionary or Bonapartist scarecrow. What we have here is an intestine struggle, a struggle among royalists; and since the adversary happens to be Decazes, the favorite of the King, one of two things must be inferred: either the person of the King is obliquely implicated, in spite of Chateaubriand's disclaimers; or if it is not, if the sovereign is really and truly irresponsible, then a first thrust has been made at royal authority such as the preamble of the Charter still endeavored to retain it. Louis XVIII, for his part, was quite smart enough to see through it. From that day dates his aversion for the " jean-foutre " —an aversion that the " jean-foutre " was willing to repay in the same coin. He whom Chateaubriand, only a short time ago, called " Louis le Désiré ", will not receive, by a long way, the tribute of admiration that Napoleon wrenches from the author of the *Mémoires d'Outre-Tombe*, nor even the tokens of affection which he bestows on Charles X.

Quite bold in itself—the venture which consisted in entrusting the ultraroyalists with the task of restricting, not only as an expedient but as a matter of principle, not only for the present but also in the future, the scope and substance of the royal prerogative. Even bolder, however, Chateaubriand's ultimate expectations. He likewise demanded, from those same ultra-royalists, the complete implementation of whatever, in the breviary of the Revolution and—too vaguely yet—in the provisions of the Charter reflected to a reasonable extent, that is to say, without breaking the continuity of French tradition, " le changement des mœurs et le progrès des lumières " [34]. He urged them, in other words, to respect the civil rights and, as far as the Charter consecrated them, the political rights " developed " since 1789. To-day we would say, I suppose, that he asked them to lead or assist—under the eye of the bishop and gendarme to be sure—in enforcing the spirit and letter of the *moral* conquests achieved by the Revolution. In Chateaubriand's somewhat disconcerting vocabulary, however, those were *material* conquests; whereas the " moral, or rather, immoral " interests of the Revolution lay in the establishment of a " *de facto* government ", dogmatic as such, but hostile to traditional dogmas, namely, to the religion of the past and to religion proper [35]. But no matter: over and above those terminological ambiguities, we are meant to understand that Chateaubriand wants " les choses politiques de la révolution, et non les hommes de la révolution " [36]; that what he has in mind is not to convert, as is being attempted, " les hommes d'aujourd'hui à l'ancienne royauté ", but to reconcile " les hommes d'autrefois avec les nouvelles institutions " [37]. In this sense, *La Monarchie selon la Charte*, which is outwardly a paean to the " Chambre Introuvable ", actually purports to criticize and indoctrinate that very same Chamber.

Let it be said by way of conclusion that this particular dream came to naught. Chateaubriand did not succeed in transforming the monarchical Right into a great party of government. If I have in the least made perceptible, not only the currents and cross-currents which seethe beneath *La Monarchie selon la Charte* but also the masterful fashion in which Chateaubriand avoids the pitfalls of flagrant contradiction,—in which, as a matter of fact, he confers a kind of transcendence to the most opportunistic of arguments,—it will surprise no one that the work should have gone over the heads of its true dedicatees. Venomous, and obtuse into the bargain, Vitrolles saw in it but " un bizarre assemblage d'idées qui juraient de se trouver ensemble " and reached the preposterous conclusion that " il prêchait le pouvoir absolu modéré par l'aristocratie de la Chambre des Pairs, la Chambre des Députés étant présente et acceptante " [38]. No more erroneous reading of it could be found anywhere. Ill-chosen friends are sometimes to be feared more than the worst of enemies.

Jean-Albert BÉDÉ
Columbia University

Notes

[1] *De l'Esprit de conquête et de l'Usurpation*, part II, ch. VII.
[2] Preamble to the Charter.
[3] *Mémoires d'Outre-Tombe*, ed. Maurice Levaillant, [henceforth: *MOT*], II, 534.
[4] *Réflexions politiques*, [henceforth: *RP*], ch. XIV.
[5] Cf. *ibid.*, *note*.
[6] *De la Monarchie selon la Charte*, [henceforth: *MsCh*], ch. XXXIX.
[7] *MsCh*, ch. XXIV.
[8] *RP*, ch. XIV.
[9] *MsCh*, ch. XXV.
[10] *MsCh*, ch. IV.
[11] *MsCh*, ch. XII.
[12] *MsCh*, ch. V.
[13] *MOT*, III, 15.
[14] *La Carrière politique de Chateaubriand de 1814 à 1830*, (1929, 2 vols.), I, 25–26.
[15] *Eléments de droit constitutionnel français et comparé* [1896], 6th ed., 1914, 224, with many accompanying quotations.
[16] *L'Introduction du régime parlementaire en France sous Louis XVIII et Charles X*, 1904, 60.
[17] Paul Bastid, 172.
[18] Cf. *RP*, ch. XVIII.
[19] *Esprit des Lois*, livre III, ch. VII.
[20] *RP*, ch. XVIII.
[21] *MsCh*, ch. XC.
[22] *MsCh*, ch. XCI.
[23] Cf. *Mémoire adressé au Roi en Juillet 1914* (Bruxelles, 1814), 14.
[24] *RP*, ch. IX.
[25] Cf. *RP*, ch. V.
[26] *RP*, ch. XII.
[27] To appear in *The Romanic Review* (April or October, 1970), under the title: « Chateaubriand, Benjamin Constant et la Question de l'Epuration, 1814–1816 ».
[28] *Mémoire adressé au Roi*, 27 (and *passim*).
[29] *MsCh*, ch. LXIX.
[30] Cf. *MsCh*, ch. LXX.
[31] *MsCh*, ch. XCII.
[32] Cf. *RP*, ch. IX.
[33] *MsCh*, ch. IV.
[34] Cf. *MsCh*, ch. LXXXIX.
[35] Cf. *MsCh*, ch. LV.
[36] Cf. *MsCh*, ch. XCII, also ch. LXXXIX.
[37] Cf. *ibid.*
[38] Vitrolles, *Mémoires*, ed. Eugène Forgues, revised by Pierre Farel (2 vols., 1951), II, note C, 425.

CHATEAUBRIAND POÈTE DE LA NUIT

> *Comme cette liqueur qui convertit le plomb en or, le poète a un souffle qui enfle les mots, les rend légers, et les colore. Il sait en quoi consiste le charme des paroles et par quel art on bâtit avec elles des édifices enchantés.*
>
> Joubert, *Pensées*, titre XXI.

La lune, que Chateaubriand invoque bien souvent comme son inspiratrice, mime son anéantissement dans la dernière page des *Mémoires*. Elle apparaît, en cette minute de vérité, comme le symbole et le génie tutélaire de sa vie vouée au reflet considéré comme le seul être accessible. Elle brille au centre des miroirs, en répandant ses rayons sur des paysages mystérieusement beaux, qui sont une des lignes de force (et de repos), de son imagination. *Les Natchez* commencent par une invocation significative: « Et toi, flambeau des méditations, astre des nuits... marche devant mes pas, à travers les régions inconnues du Nouveau Monde, pour me découvrir à ta lumière les secrets ravissants de ces déserts ». La nuit semble ainsi donner accès au mystère des choses visibles; par sa médiation se développe une exploration poétique des rapports entre la nature et le Moi.

Se remémorant les nuits américaines, Chateaubriand nous apprend en effet qu'elles lui révélèrent une muse inconnue: « Je recueillis quelques-uns de ses accents; je les marquai sur mon livre, à la clarté des étoiles ». Grande musique de nuit qu'on entend partout dans ses livres, et dont les principaux accords sont déjà trouvés dans la fameuse *Nuit chez les sauvages*, morceau de bravoure et final de son *Essai sur les Révolutions:* page où son pinceau cherche sa voie et qui traduit une sorte de révolution intérieure, dans le silence, traversé de cris rares, de la nature vierge. En ce sens, le voyage en Amérique préfigure lointainement (et idéalement), dans notre littérature, la fulgurante odyssée du *Bateau Ivre:* Chateaubriand en a rapporté la même vision éblouie du TOUT AUTRE, que ne pourront jamais effacer les conseils de Fontanes, ni les critiques de Morellet, ni les repentirs du Vicomte de Chateaubriand. Au cœur de ce radieux ailleurs, la nuit lui fait signe comme un paradis mystérieusement clos, un univers qui se suffit et comble tous les désirs des sens et du cœur: « C'était une de ces nuits américaines que le pinceau des hommes ne rendra jamais, et dont je me suis rappelé le souvenir avec délices ».

Les variations sur ce thème deviennent très vite une des modulations essentielles de son imagination plastique et de sa nostalgie profonde[1]. Sur les chutes de Niagara ou les coupoles indécises de la Ville Éternelle, sur le rivage embaumé de Naples ou sur les cascatelles de Tivoli, sur les lauriers de Lacédémone ou le promontoire de Sunion, la nuit se multiplie en échos infinis qui nouent la chaîne de leur correspondance dans un espace imaginaire: une forme sensible du bonheur. Telle est son unité et son sens: non seulement un lieu de rencontre entre des sensations et des songes vers lequel ne saurait conduire qu'une phénoménologie des images, mais encore une des provinces de ce monde imaginaire dont Chateaubriand affirme la réalité dans son *Voyage en Italie:* « Chaque homme porte en lui un monde composé de tout ce qu'il a vu et aimé, et où il rentre sans cesse, alors même qu'il parcourt et semble habiter un monde étranger ».

Mais on ne saurait oublier la nature des moyens mis en œuvre pour en exprimer la beauté: une vision plastique inspirée de la peinture qui ne renouvelle pas fondamentalement la tradition du XVIIIe siècle. La nuit devient une entité formelle au contenu variable, thème de véritables exercices de style (cf. les nombreuses versions de la *Nuit chez les sauvages*, ou cette note de son *Itinéraire:* « Voyez pour les nuits de la Grèce, *les Martyrs*, livre I et XII »). Mais si le Moi, pour se dire ou se rêver épouse nécessairement le cadre du tableau de genre, il en investit progressivement la surface et en brise la composition. On voit alors se dessiner un réseau de plus en plus complexe de correspondances sensorielles par lesquelles la nuit se trouve intériorisée sans que soit toutefois mise en question la notion de paysage-objet.

Il arrive naturellement que la peinture de la nuit soit introduite par celle du coucher de soleil; diptyque classique du genre: « Au plus beau coucher de soleil avait succédé la plus belle des nuits ». Mais Chateaubriand se contente le plus souvent de préluder par une évocation rapide du crépuscule, en une vision synthétique qui trace pour ainsi dire le cadre du tableau, en élargissant au maximum ses dimensions; tandis que le soleil disparaît lentement, la lune monte au bord opposé du ciel:

« Le soleil était descendu... La lune en se levant répandit sa clarté douteuse...» (*Dernier Abencérage*).

« Le soleil se plongeait dans la mer des Atlantides, et dorait de ses derniers rayons les Iles Fortunées. Suspendue au milieu du ciel... la lune était presque... un astre solitaire ». (*Les Martyrs*).

Ce double mouvement presque figé (symbolique affrontement de puissances cosmiques), ne déploie pas seulement, de manière très immédiate, un espace orienté, image du repos dans la nature et de la paix sur la terre. Cette heure proche de la nuit est souvent marquée par une sorte de vide sensoriel. On voit ainsi Chateaubriand simplifier progressivement la richesse primitive de ses coloris (reprise des *Etudes de la Nature*) pour ne plus décrire la « magie du couchant » que par des nuances de rose:

« La métropole de la Louisiane opposait ses vitrages étincelants aux derniers feux du jour: les clochers étaient comme des flèches de feu. Le Meschacébé roulait entre ces deux tableaux ses vagues de rose ». (*Les Natchez*).

« Le soleil descendit sur les sommets du Pholoé... les neiges lointaines du Telphusse et du Lycée se couvrirent de rose ». (*Martyrs*).

C'est qu'il faut effacer de la nature les teintes vives pour que puisse surgir une nuit chargée de plénitude sensible, promesse de plus profondes jouissances. Ainsi la douceur de ce premier coucher de soleil dans le ciel de la Grèce, comme un rideau qui se lève sur un monde enchanté:

« Le soleil descendait entre les nuages qu'il peignit de rose. Durant le passage de ce court crépuscule, le ciel était blanc au couchant, bleu pâle au zénith et gris de perle au levant. Les étoiles percèrent peu à peu cette admirable tenture ». (*Itinéraire*).

Il y a quelque analogie entre ce suspens universel et le néant originel de toute création. Voilà pourquoi Chateaubriand a raison de croire qu'en ce mystérieux instant, Dieu ne fait que tendre une « toile préparée pour recevoir les futures créations de quelque grand peintre » (*Génie du Christianisme*). La belle nuit lumineuse ne dissimule pas les lignes du paysage: elle éclaire un « tableau de la nature » que Chateaubriand compose soigneusement, non sans reprendre quelques-uns des procédés de la peinture; il esquisse les principales articulations formelles de son espace dans une vue générale préliminaire, qui exprime le besoin de situer clairement les plans et de les ordonner mutuellement. Soit qu'il circonscrive son horizon par quelques grandes masses alignées:

« Du haut de la Trinité du Mont, les clochers et les édifices lointains paraissent... des côtes inégales vues de la mer ». (*Voyage en Italie*).

« On découvrait par-dessus ces îles les hautes terres du continent... Les Monts Acrocérauniens que nous avions passés formaient au nord, derrière nous, un cercle... devant nous était la pleine mer ». (*Itinéraire*).

« Les sommets du Taygète, les promontoires opposés... la mer de Messénie brillaient de la plus tendre lumière » (*Les Martyrs*).

Etalement en surface auquel Chateaubriand préfère assez souvent une distribution en profondeur, par une succession de plans étagés et reliés par des tracés obliques ou sinueux:

Le Ladon serpentait dans de riantes prairies... Les profondes vallées arrosées par les deux fleuves étaient plantées de myrtes... Un amphithéâtre de montagnes terminait le cercle... La lune décroissante paraissait au milieu du ciel » (*Les Martyrs*).

Soit qu'enfin le monde se réduise au parallélisme du ciel et de la terre (ou de la mer) dans la pureté de règnes élémentaires:

« La lune brillait (dans) un azur sans tache, et sa lumière gris de perle descendait sur la cime indéterminée des forêts » (*Atala*).

« La lame, mince comme une gaze, se déroulait sur le sablon sans bruit et sans écume. Un ciel émerveillable, tout resplendissant de constellations, couronnait ma tête » (*Mémoires*).

De ces quelques exemples, se dégage une imagination spatiale capable de maîtriser et de rythmer une étendue. Elle recule les limites, sans les abolir; elle creuse le vide, sans faire se déchirer le tissu du monde: « La lune était au plus haut point du ciel: on voyait çà et là, dans de grands intervalles épurés, scintiller mille étoiles » (*Nuit chez les sauvages*). Notons au passage la figure du cercle: le sujet se situe bien au sein de cette immensité que son esprit déploie. Pas de lignes de fuite, mais de convergence. La nuit est un univers finalement clos dans lequel on se sent chez soi, et non pas étranger ou exilé : caisse de résonance bruissante de couleurs, de sons, de caresses et de parfums, au centre de laquelle un Moi (se) regarde et écoute.

    Chateaubriand a beau déclarer (Lettre sur le *Dessin dans les paysages*) : « La nuit même a ses couleurs ; il ne suffit pas de faire la lune pâle pour la faire belle : la chaste Diane a aussi ses amours », il ne varie pas beaucoup et ne renouvelle pas essentiellement leur registre. Une lune blanche ou argentée, au milieu des « plaines bleues » du firmament, telle est la vision fondamentale de la nuit chateaubrianesque. Elle a le mérite de la vérité (moins de gemmes que dans la langue pompeuse du XVIIIe siècle) ; mais son apparente simplicité ne va pas sans raffinement. Elle dédaigne en effet la polychromie décorative, peu tentée par la minérale opacité des surfaces coloriées (comme ce disque jaune et métallique qui luit dans la nuit parnassienne), pour exprimer la vibration de la profondeur ; effet du rayonnement des astres sur un monde privé de toute individualité ; rencontre ou échange de la lumière et des ténèbres sur le mode de la transparence, dans une brume vaporeuse que Chateaubriand aime étendre au loin de ses paysages pour unifier les teintes, qui enveloppe toutes choses « en jetant sur elles un voile de gaze et en les harmoniant », qui est en définitive le véritable support de la couleur.
    La dureté et la diversité du monde se trouvent niées par cette harmonie blanche ou bleue qui est moins la négation affaiblie du jour qu'une postulation du désir. La couleur devient un moyen de transfigurer la matière : aussi sa qualité importe-t-elle beaucoup plus que sa nuance. La *Nuit chez les sauvages* éclate de blancheur, mais sans cesse adoucie et pour ainsi dire immatérialisée : « Un groupe de nuages qui ressemblait à la cime de hautes montagnes couronnées de neige », « zones diaphanes de satin », « ouate éblouissante de blancheur ». Intention manifeste dans les variantes successives de la couleur du clair de lune : « Jour céruléen et velouté (*Essai*, 1re édition), « Jour céruséen... » (Bibliothèque Française — 1801), « Jour bleuâtre... » (*Génie du Christianisme*), enfin retour au « jour céruséen » (*Essai*, réédition de 1826). Il est visible que le bleu ne fait son apparition dans ce tableau que pour donner un équivalent chromatique du velouté. Mais sa présence est une dissonance dans un paysage qui se veut une délicate symphonie blanche : cette unité de couleur finit par triompher, au détriment de la mollesse du paysage, puisqu'elle souligne la vigueur du clair-obscur. On retrouve dans *Cynthie* la double couleur de la nuit, fondue par une touche légère et presque écumeuse : « rétine argentée » de la nuit, « la lune neige sa lumière » ; en revanche, montagnes « cendrées de bleu », « améthyste et azur des clartés phébéennes ». Nuit romaine songée lors du voyage de Prague en des soirs où la lune mêle « sa clarté céruléenne à la lueur carminée du crépuscule », dernière mention de ce bleu sombre qui luit comme une pierre précieuse.
    Il y a quelque exagération à prétendre, comme le fait Proust dans *La Prisonnière*, que Chateaubriand a inventé la nuit bleue. Ces tonalités bleues de la nature se répandent insensiblement dans la littérature préromantique et Chateaubriand ne les utilise pas de manière plus systématique que

ses devanciers (Ossian ou Bernardin de Saint-Pierre). En revanche, il est vrai qu'il lui donne une expression presque surréaliste; ainsi dans *Atala:* « La nuit était délicieuse. Le Génie des airs secouait sa chevelure bleue, embaumée de la senteur des pins ». Mais la poésie de cette évocation réside moins dans sa couleur que dans son étrangeté; moins dans la bleuité de la lumière que dans son ruissellement magique. Le « gris de perle » noté un peu plus loin ne se contente pas de rendre la précise nuance du feuillage, il exalte la mystérieuse richesse de la nature et son enchantement fragile: luxe, calme et volupté. Voici le miracle de ces couleurs « diaphanes »: abolir la variété opaque des couleurs du jour pour rendre au monde son unité perdue et sur la douceur retrouvée de la matière, laisser monter le chant de la lumière pure.

La nuit est le royaume de la lumière et de son « inspiration », dans un espace étendu de la terre au ciel, qui de nouveau palpite de vie. Il arrive que le clair de lune introduise dans le paysage une monumentalité soudaine: effacement des lignes, apaisement des couleurs qui laisse surgir des volumes vigoureusement modelés. « Un seul accident, écrit Chateaubriand dans le *Voyage au Mont-Blanc,* laisse aux sites des montagnes leur majesté naturelle: c'est le clair de lune. Le propre de ce demi-jour (est de faire) disparaître cette graduation de couleurs qui lie ensemble les parties... Alors plus les coupes des monuments sont franches et décidées, plus leur dessin a de longueur et de hardiesse, et mieux la blancheur de la lumière profile les lignes... C'est pourquoi la grande architecture romaine est si belle à la clarté de la lune ». Ainsi les images qu'éveille le panorama de Rome contemplé depuis la Villa Médicis sont celles de la grandeur et de la solidité du rocher: ces « ébauches effacées » paraissent des « côtes inégales vues de la mer... calme et blancheur des bâtiments; profondeur des ombres transversales ». La nuit transfigure aussi les hommes. Si le premier rayon du soleil levant anime, sur le Parthénon, les figures muettes de Phidias, un rayon de lune tombant sur Eudore endormi, au début des *Martyrs,* lui confère la beauté sereine des Endymions de marbre [2]. La lune répand une lumière idéale qui caresse amoureusement les formes en révélant leur noblesse. Une tendance naturelle porte Chateaubriand vers ce type de vision plastique dans laquelle revit une antiquité imaginaire. Dès le *Journal de Jérusalem,* on le voit noter les « beaux effets de la lune » sur le pont de son vaisseau, qui transforment une danse de matelots en scène mythologique. Cette inspiration de la statuaire le rapproche plus encore de Poussin que des peintres du Ier Empire.

Mais il arrive aussi que la lumière se fasse plus diffuse dans une obscurité plus vague, sans que leur domaine se confonde. Ce sont des taches indécises que ces « ombres flottantes sur une mer immobile de lumière » *(Nuit chez les sauvages),* que cette « ombre mobile des eaux jaillissantes » sur la fluide architecture du Palais Mauresque *(Aventures du dernier Abencérage).* Ainsi les tremblantes lueurs qu'on voit souvent briller au milieu des ténèbres:

« Les ombres envahissaient lentement les fresques de la chapelle... les cierges, tour à tour éteints, laissaient échapper de leur lumière étouffée une légère fumée blanche » *(Mémoires).*

« La nuit approchait; la lumière des lampes luttait avec celle du crépuscule » *(Les Martyrs)*.

La nuit scintille de ces brillances dispersées, fugitives et mystérieuses, qui sont aussi des présences humaines. Ce sont celles des villes comme Venise que Chateaubriand voit se refléter dans la mer, ou celles de Londres qui percent péniblement la nuit tombante: « Nous rentrions de nuit à Londres aux rayons défaillants des étoiles... Nous regardions notre demeure, guidés par des lueurs incertaines qui nous traçaient à peine la route à travers la fumée de charbon rougissante autour de chaque réverbère » *(Mémoires)*. Mais cette impression de lent étouffement fait le plus souvent place au libre jeu des ombres et de la lumière dans une mouvance de feu follet. Aussi bien est-ce généralement la flamme qui sème dans la nuit ses lueurs vacillantes. Chateaubriand ne pouvait évidemment manquer de nous peindre dans *Atala* le camp des indiens: « Les chants et les danses cessent par degrés. Les feux ne jettent plus que des lueurs rougeâtres devant lesquelles on voit encore passer les ombres de quelques sauvages ». Le clair-obscur est le signe visible de la fantasmagorie; il fait accéder au monde du plus secret désir: Atala paraît. Effet analogue dans *Les Martyrs*; les conjurés gaulois disparaissent comme les esprits des ténèbres après leur sinistre réunion: « Les astres penchaient vers leur couchant... La foule se dispersa sur les bruyères... Seulement quelques torches agitées par le vent brillaient çà et là dans la profondeur des bois »[3]. La troisième dimension du tableau se déploie dans le mouvement que nous faisons imaginairement pour suivre derrière les arbres de mourantes lucioles et ne se signale finalement comme telle que par la présence de ces lueurs lointaines et confuses.

Mais ce scintillement de la lumière est le plus souvent une sensation joyeuse, car il exprime la renaissance de la vie. « La nuit vint; on apporta des flambeaux; la conversation changea de cours... Ces récits enchantaient Aben-Hamet, dont la passion pour les histoires merveilleuses trahissait le sang arabe ». Une image évoque particulièrement la joyeuse animation de la nuit: le campement. Symbole de la vie de voyage, c'est un lieu de bonheur et de songe pour Chateaubriand; mais aussi un magnifique sujet de tableau, riche en sortilèges. La flamme danse sur les visages ou rougeoie sur les arbres, éclairant de longues palabres: que de fois Chateaubriand a vécu ce moment, que de sommeils enchantés auprès du feu de braise sous les étoiles! Veillées indiennes, soirées du siège de Thionville, lignes avancées des armées romaines, ou enfin visions orientales comme le romanesque repos de cette caravane près de Smyrne: « Il était minuit quand nous arrivâmes au kan de Menemen. J'aperçus de loin une multitude de lumières éparses: ... tous ces objets, tantôt distincts et vivement éclairés, tantôt confus et plongés dans une demi-ombre, selon la couleur et le mouvement des feux, offraient une véritable scène des Mille et Une Nuits ». Dans tous les cas, le clair-obscur lui procure des jouissances de peintre. Enfant déjà, le vol des chouettes entre les tours de Combourg, « passant et repassant entre la lune et moi » et dessinant sur ses rideaux la mobile fantasmagorie de leurs ailes, fascinait son regard émerveillé.

Ces lueurs dansantes qui remplissent la nuit de leur présence fantomatique et mouvante ne sont pour Chateaubriand que la plus commune parure de la nuit, celle qui rappelle les hommes. Il faut en réalité que le monde retrouve la solitude de ses déserts ou de ses ruines pour que la nuit devienne véritablement un *autre* monde, *son* monde. On voit alors se répandre sur le paysage une fine pluie de lumière qui le fait rayonner de manière originale et mystérieuse. Un gracieux tableau de lune dans le style indien nous montre comment *(Les Natchez)* : « Le champ était moissonné : la lune se leva pour éclairer le retour de la flotte ; sa lumière descendait sur la rivière entre les saules à peine frémissants. De jeunes Indiens et de jeunes Indiennes suivaient les canots à la nage comme des sirènes et des tritons ». Religieuse incarnation de la lumière (que Chateaubriand évoque immuablement par ce verbe : descendre), qui baigne une atmosphère de vague bonheur érotique et que salue la belle invocation suivante : « O lune, que tu es belle dans ta tristesse !... tes regards veloutent... ils rendent les nues diaphanes ; ils font briller les fleuves comme des serpents ; ils argentent la cime des arbres ; ils couvrent de blancheur le sommet des montagnes ; ils changent en une mer de lait les vapeurs de la vallée ». Hymne primitiviste inspiré par Ossian, dans lequel se manifeste une conception nouvelle de la lumière. En conservant sa qualité propre dans sa manière de réfléchir la blancheur de la lune (diversité que souligne chaque fois une variante verbale), chaque élément de ce paysage (air, terre, eau) participe de son unité lumineuse : une nature idéalement simplifiée (nues, fleuves, arbres, montagnes, vallées) semble irradier sa propre lumière et luire doucement sous la lune.

Dès lors, comme dans les toiles du Lorrain, lumière et couleur ne se peuvent plus distinguer : une espèce de vibration heureuse de la matière règne sur le monde : « Les sommets du Taygète, les promontoires opposés... la mer de Messénie brillaient de la plus tendre lumière ». Au rayonnement des astres réplique la phosphorescence de la terre. Ce ne sont plus seulement les couleurs qui cessent de faire souffrir par leur différence, mais les lignes qui sont abolies dans un même espace lumineux, qui referme son immensité comme un nid. Vision constante de la nuit chateaubrianesque que le ciel reflété par les eaux, infinie répétition du même. Image reprise au sixième tableau de la nature, un ruisseau coule, dans la *Nuit chez les sauvages*, « tout brillant des constellations de la nuit ». Ainsi dans les ruines de Sparte : « La nuit était si pure et si sereine que la voie lactée formait comme une aube réfléchie par (le) fleuve... ». Mais Chateaubriand aime surtout évoquer les espaces infinis de la mer et du ciel liés par de multiples correspondances fugitives : écume de nuages passant sur la face de la lune, lune labourant les vagues du ciel, profondeur du firmament assoupi au fond de la mer ; telle la beauté du soir au promontoire de Sunion : « Le soleil couchant rougissait les côtes de Zéa et les quatorze belles colonnes de marbre blanc au pied desquelles j'étais assis. Les sauges et les genévriers répandaient autour des ruines une odeur aromatique et le bruit des vagues montait à peine jusqu'à moi... Au plus beau coucher du soleil avait succédé la plus belle des nuits. Le firmament répété dans les vagues semblait reposer au fond de la mer... Par intervalles, des brises passagères... agitaient les constellations et venaient expirer parmi les colonnes du temple avec un faible murmure » *(Itinéraire)*. Harmonie horizontale des couleurs du couchant ; harmonie verticale de la mer et du ciel qui confère au paysage une sorte de fluidité irréelle qui ouvre les portes du songe (par exemple évocation mythologique en surimpression) : « Les horizons de la mer se confondaient avec ceux du ciel... j'entrevoyais au loin dans la transparence des ombres des montagnes de Schérie et de Buthrotum » *(Ibid.)*.

Des couleurs progressivement éteintes, sur des lointains vaporeux, une clarté scintillante ou diffuse sur des formes estompées, diaphanes ou veloutées: Chateaubriand fait de la nuit un espace de plus en plus imaginaire, une pure création esthétique. Dès la *Nuit chez les sauvages*, il évoque un univers liquide et perméable, dépourvu de toute aspérité. Les nuages: «innombrables troupeaux errants dans les plaines bleues du firmament»; le ciel: « grève (lavée) par le flux et le reflux régulier de la mer»; le ruisseau brille « des constellations de la nuit » tandis que les bouleaux sont des îles «flottantes sur une mer immobile de lumière». Mais dans ce monde de correspondances spatiales, que de vie latente! Océan laiteux mais sans opacité, puisque la moindre source y fait resplendir les étoiles, que les arbres, les montagnes, le ciel et la mer, possèdent un éclat magique: espace phosphorescent qui unit la douceur au frémissement et au calme de la lumière, la sourde intensité du scintillement.

Ainsi la nuit palpite: la nature endormie respire souvent au rythme de mouvements berceurs. Dans la première version de la *Nuit chez les sauvages*, ils viennent atténuer la brutalité des contrastes: « Ces nues ployant et déployant leurs voiles, se déroulaient en zones diaphanes de satin blanc, se dispersaient en légers flocons... des bouleaux agités par les brises, et dispersés çà et là... sur cette mer immobile de lumière ». La perspective de la nature insérée dans le *Génie du Christianisme* a été retouchée du point de vue des couleurs et de la lumière; mais elle est en outre animée par un mouvement nouveau. Au lieu que la lune soit fixée « au plus haut point du ciel », on la voit se lever sur le paysage et lentement atteindre le zénith, dans une progressive ascension, qui exprime, mieux qu'une immobilité totale, la grandeur du tableau. Procédé identique dans le célèbre passage des *Mémoires* qui montre la lune se couchant sur la mer: le tableau est dépourvu de toutes couleurs et même de toute lumière particulières; sa religieuse solennité est indiquée seulement par des verbes de mouvement et des images de sommeil. Le bercement est une image de stabilité; qu'il devienne balancement ou envol, et il donne au mouvement une légèreté merveilleuse. Ainsi nous est décrite la course du navire de Cymodocée, dans un passage des *Martyrs* qui rassemble toutes les tentations voluptueuses de la nuit: « Déjà Sunium élevait... son beau temple: les colonnes de marbre blanc semblaient se balancer dans les flots avec la lumière dorée des étoiles... Des jeunes filles demi-nues dansaient dans un bois de myrtes, autour du voluptueux édifice; de jeunes garçons qui brûlaient de dénouer la ceinture des grâces, chantaient en chœur la veillée des fêtes de Vénus... la proue... fendait les vagues avec un bruit harmonieux: chargée des parfums... la brise enflait doucement les voiles ».

Le souffle du vent accompagne inévitablement la belle nuit et communique au paysage un frémissement supplémentaire: car zéphir ou brise, il ne bouleverse jamais son harmonie. Quelques vers de jeunesse *(Par un jeune homme âgé de seize ans)*, dans le *Mercure de France*, 2 juillet 1802, évoquent leur pouvoir mystérieux:

> « Les zéphirs légers
> Doucement descendent...
> Et rasant les eaux
> Vont de ces ormeaux
> Ranimer la sève ».

En faisant frissonner le feuillage des arbres ou la surface des eaux, le vent fait trembler la lumière des astres comme une ondée dans le soleil : « Les brises agitaient les rayons (de la lune) comme on raconte que les zéphirs se jouaient à Paphos, dans la chevelure embaumée de la mère des Grâces ». Et pour les Indiens des *Natchez*, chaque scintillement représente un prodige : « Les zéphyrs embaumés par les magnolias, les oiseaux cachés sous le feuillage, murmuraient (des) plaintes que Céluta prenait pour la voix des enfants à naître. Elle croyait voir les petits génies des ombres et ceux qui président au silence des bois descendre du firmament sur les rayons de la lune : légers fantômes... à travers les arbres et le long des ruisseaux ».

Manière troublante et magique de séduire plusieurs sens. Le vent participe au mouvement lorsqu'il passe mais il lui arrive de se faire enveloppant, tiède ou frais, caressant, porteur en un mot de toute la suavité de la nature. Les odeurs ne sont pas rares dans les nuits de Chateaubriand, et nous en avons déjà rencontré quelques-unes; mais elles ne sont que secondaires. Ces parfums apportés par la nuit accroissent naturellement la richesse sensorielle du paysage exotique (Amérique, Orient, Italie, Grèce) et laissent deviner des présences invisibles, fleur ou femme. Messagère lointaine chargée de parfums ou de caresses, la brise invite au plaisir le noble ambassadeur de France près le Saint-Siège : « J'ai regagné Rome, le Tibre coulait pâle entre ses rives... quand une nue traversait la lune, une brise descendait du ciel ; cette haleine de nuages agitait mes cheveux sur mes tempes et faisait murmurer les roseaux » *(Mémoires)*. Qu'il exprime simplement la douce harmonie du paysage, ou que, devenu souffle, il remplisse la nature de plus mystérieuses présences, le mouvement traverse un espace, il le réalise aussi puisqu'en rendant sensible une profondeur, il comble son vide. Mais pour animer son immensité et lui conférer cette palpitation évocatrice de vie qui seule est capable de la faire échapper au vague du néant, Chateaubriand recourt surtout aux impressions sonores. Si le vent agite les feuilles, il les fait aussi murmurer : la nuit a sa mélodie.

Les *Mémoires* nous retracent une enfance particulièrement attentive au monde des sons. Dans sa tour le petit chevalier ne « perdait pas un murmure des ténèbres » ; chacune de ses promenades lui fait écouter « les bruits qui sortent des lieux infréquentés ». Et lorsqu'il rappelle le souvenir de son voyage en Amérique, une véritable incantation sonore monte du fond de sa mémoire : « Je me souviens encore, écrit-il dans sa *Lettre à M. de Fontanes*, du plaisir que j'éprouvais lorsque, la nuit, au milieu du désert, mon bûcher à demi-éteint, mon guide dormant, mes chevaux paissant à quelque distance, j'écoutais la mélodie des eaux et des vents dans la profondeur des bois. Ces murmures tantôt plus forts, tantôt plus faibles, croissant et décroissant à chaque instant, me faisaient tressaillir ; chaque arbre était pour moi une espèce de lyre harmonieuse ». Dans la confuse idée qu'il se fait de la musique, on retrouve son expérience primitive de la nature. Il faut que le musicien

« connaisse les sons que rendent les arbres et les eaux ; il faut qu'il entende le vent dans les cloîtres et ces murmures qui règnent dans les temples gothiques ». Cette conception romantique (imitative) de la musique porte sa date ; elle exprime en réalité un idéal littéraire de prose plus sensuelle et plus musicale, qui a frappé les contemporains par sa nouveauté [4]. Mais les évocations sonores de Chateaubriand possèdent rarement leur autonomie ; elles viennent le plus souvent parfaire un paysage et clore un tableau. Elles prennent néanmoins une importance énorme puisque leur musique finit par envahir un espace préparé (assoupissement des autres sens) pour la recevoir dans toute sa pureté.

On sait combien Chateaubriand a aimé la voix humaine : voix de femmes surtout, dont le charme agit sur toutes ses fibres. Il ne se refuse jamais au chant des sirènes, qui emplit et enchante mainte nuit de son œuvre. Parfois ce sont des scènes idylliques, gracieux mélange de simplicité rustique et de raffinement : « Le soir, lorsque les serviteurs étaient revenus des bois ou des champs, avec la cognée ou la charrue, on ouvrait les fenêtres ; les jeunes filles de mon hôte chantaient... sur le piano la musique de Paisiello et de Cimarosa, à la vue du désert... » *(Mémoires)*. Ainsi chante Cymodocée devant la famille de Lasthénès : « Tout était grave et riant, simple et sublime dans ce tableau. La lune décroissante paraissait au milieu du ciel » *(Les Martyrs)*. René vieilli associe encore la voix féminine et la douceur de la nuit dans le souvenir des heureuses soirées qu'il passait rue de Sèvres : « Le soleil couchant dorait le tableau et entrait par les fenêtres ouvertes. Mme Récamier était à son piano... Quelques oiseaux se venaient coucher dans les jalousies relevées de la fenêtre. Je rejoignais au loin le silence et la solitude... » *(Mémoires)*. Ces harmonies du soir et du chant ne sont pas une déchirure dans le silence mais une condition de sa plénitude ; dialogue entre être et non-être qui se confèrent mutuellement existence, la présence ne pouvant se révéler que dans et par la solitude qu'elle vient habiter. Ainsi est suggérée la beauté sereine de la nuit, alors qu'on approche de la Grèce et qu'une musique inconnue déroule soudain sa mélodie : « A deux heures, la nuit étant superbe, j'entendis un mousse chanter le commencement du septième chant de la Jérusalem... espèce de récitatif très élevé... descendant aux notes les plus graves à la chute du vers. Ce tableau du bonheur champêtre, retracé par un matelot au milieu de la mer me parut encore plus enchanteur » *(Itinéraire)*. On entend de nouveau retentir la chanson sur la mer dans un passage des *Martyrs* ; elle exprime la tendresse épicurienne et la vibration heureuse du paysage de Naples, au milieu des plaisirs de la nuit :

« Le banquet du soir était préparé sur une terrasse au bord de la mer parmi les orangers en fleurs. La lune nous prêtait son flambeau, elle paraissait au milieu des astres comme une reine au milieu de sa cour... La face du paisible luminaire, les côtes de Surentum, de Pompéia... se réfléchissaient dans les vagues... On entendait au loin la chanson du pêcheur napolitain. Nous remplissions alors nos coupes ».

Le ruissellement de la lumière sur le monde, en adoucissant ou en unifiant les couleurs, en abolissant les contours et les lignes, risque de dissoudre toute réalité dans un vague et universel scintillement. Les notations sonores ont pour but de transformer cette immensité plane en espace volumineux. Dans le passage que nous venons de citer, le nom des promontoires, en cercle autour du golfe, sont évocateurs de lointains plus que de lignes; mais seule la voix qui règne sur la mer leur confère une existence vraiment lointaine: elle ouvre un espace dans le clair de lune; en parcourant une étendue, elle nous la fait ressentir, non sans lui communiquer sa mélodieuse harmonie. La nuit possède désormais sa troisième dimension, esquissée déjà par la transparence de ses ombres.

Mais la plus profonde musique de la nuit naît en général de ce que Chateaubriand appelle dans le *Génie du Christianisme* « Les harmonies de la solitude ». Ce sont les multiples voix de la nature [5]. Concert quelque peu discordant: « Tout était calme et superbe au désert; la cigogne criait sur son nid, les bois retentissaient du chant monotone des cailles, du sifflement des perruches, du mugissement des bisons et du hennissement des cavales Siminoles » *(Atala)*. Cette symphonie animale exprime la luxuriance de la vie dans la nature vierge: souvenir du paysage édénique de Milton (Livre IV du *Paradis Perdu*); typique de la vision « américaine » de Chateaubriand. La nuit fait sortir la nature de sa léthargie, elle éveille les vies latentes pour une véritable fête des sens: alors coule une vie nouvelle, libre et riche pour chanter une divinité inconnue. Il serait fastidieux de faire ici le catalogue de toutes les créatures de la nuit chateaubrianesque. Au sein de ce bestiaire sonore, un enchanteur: « Lorsque les premiers silences de la nuit et les derniers murmures du jour luttent sur les coteaux, au bord des fleuves, dans les bois et dans les vallées, lorsque les forêts se taisent par degrés, que pas une feuille, pas une mousse ne soupire, que la lune est dans le ciel... le premier chantre de la création entonne ses hymnes... » *(Génie du Christianisme)*. C'est bien un mystère religieux qui est célébré par le rossignol dans ce surgissement de beauté lumineuse et silencieuse. Les échos du palais des Génies de Grenade répètent ses plaintes et Chateaubriand le retrouve en 1829 dans la campagne de Rome, où il analyse la « tristesse mélodieuse » de son chant.

Mais si les animaux introduisent dans la nature un frémissement de vie cachée, il est des sons encore plus faibles et plus diffus: « Les hauts sommets du Cyllène, les croupes du Pholoé et du Telphusse... formaient un horizon confus et vaporeux. On entendait le concert lointain des torrents et des sources... » *(Les Martyrs)*. Harmonies du vent et des eaux, du vent et de la mer, particulièrement chéries, surtout quand le vent imite dans les pins le bruit de la mer, sons plus assourdis encore, qui sont comme la respiration de la nature endormie: « Aucun bruit ne se faisait entendre, hors je ne sais quelle harmonie lointaine, qui régnait dans la profondeur des bois » *(Atala)*.
Ainsi la sonorité de la nuit déploie un espace du même type que sa lumière; cette musique diffuse mais traversée parfois de notes plus claires apparaît comme un équivalent sonore de la phosphorescence. Les sons révèlent aussi des présences cachées qui se répandent dans la nature: palpitation mystérieuse également éloignée de la fadeur et de la violence. Si le son approfondit un espace en le traversant du chant des sirènes ou du chant des oiseaux, s'il instaure un vide en le parcourant de ses ondes, un silence en le rompant de ses notes, c'est pour aussitôt remplir ce vide et ce silence de son invisible mélodie. Tel est le bonheur de ces descriptions que Chateaubriand finit par une évocation sonore au rythme décroissant; ainsi la *Nuit chez les sauvages*:

« Au loin, par intervalles, on entendait les sourds mugissements (*Essai*: les roulements solennels) de la cataracte de Niagara, qui, dans le calme de la nuit, se prolongeaient de désert en désert, et expiraient à travers les forêts solitaires » (Phrase trouvée du premier jet — nous indiquons la seule variante — qui se conserve jusque dans la version considérablement abrégée des *Mémoires*). Cette musique incertaine creuse un vide et matérialise une distance sans établir de discontinuité. En prolongeant au contraire ses échos dans notre silence intérieur, les soupirs de la solitude ne se distinguent plus de notre propre souffle. Impression identique dans les notes du *Voyage en Amérique* intitulées *Journal sans date*:

« Minuit/Le feu... le cercle de sa lumière se rétrécit. J'écoute: un calme formidable pèse sur ces forêts; on dirait que des silences succèdent à des silences. Je cherche vainement à entendre dans un tombeau universel quelque bruit qui décèle la vie. Minuit et demi/Le repos continue; ...un arbre décrépit se rompt; il tombe. Les forêts mugissent; ...Bientôt les bruits ...meurent dans les lointains presque imaginaires: le silence envahit de nouveau le désert,
Une heure du matin/Voici le vent; il court sur la cime des arbres, il les secoue en passant sur ma tête. Maintenant c'est comme le flot de la mer qui se brise tristement sur le rivage. Les bruits ont réveillé les bruits. La forêt est toute harmonie... ».

La première chose qui frappe dans ce paysage sonore à la manière de Beethoven, est son extraordinaire sensibilité auditive: souvenir vécu, nous ne pouvons guère en douter, rendu dans ses moindres nuances, mais aussi stylisé par le rythme. La tension de notre oreille pour épouser les sons les plus affaiblis nous fait soudain habiter un espace imaginaire, démesuré, infini, un pur espace sonore qui ne doit plus rien aux sensations visuelles rétrécies au bord du feu de braise, et qui est fait de plans de silence de plus en plus éloignés. Ces « lointains imaginaires » ne sont pas cependant des plongées dans le néant, mais suggèrent des enveloppements concentriques. Il y a une intimité dans ces voix du silence, qui nous enferme dans un espace clos où nous nous sentons protégés.

Alors que dans la nuit grecque, monte la mélodie rustique du berger, que règne sur la mer latine la chanson du pêcheur napolitain, qu'on ne sait quelle harmonie lointaine envahit la profondeur des bois, Chateaubriand entre véritablement en possession de la nuit. Cette importance croissante des notations sonores dans son œuvre va de pair avec une intériorisation progressive du paysage: le tableau se transforme insensiblement en rythme intérieur dans lequel les sensations visuelles (formes et couleurs) disparaissent ou sont estompées au profit de la fluidité de la lumière et du mouvement, matière du nouvel espace que traversent des musiques. Au reste, Chateaubriand multiplie les correspondances entre ces diverses sensations. Il croit « entendre la clarté de la lune chanter dans les bois » *(Mémoires)*, ou voir la lumière ruisseler comme une chevelure. La nuit est tissée de ces métamorphoses où la lumière devient parfum ou chant dans une atmosphère de bienheureuse irradiation. Plus que Rousseau, et de manière plus systématique que Senancour, Chateaubriand laisse entrevoir un univers où les sensations se font écho et où les frontières du monde physique et du monde moral deviennent indécises.

Mais il ne se contente pas de faire miroiter un jeu de correspondances, il les ordonne aussi ; après avoir distribué les masses et les grandes lignes du tableau, il compose une « symphonie » de toutes les sensations possibles, les faisant se succéder dans un ordre immuable (suivi par ces pages) pour aboutir au paysage idéal. Chaque détail vu ou entendu est en effet privé de sa signification réaliste en devenant le matériau de cette pure vision esthétique du meilleur ordre des sens qui puisse donner le sentiment du bonheur. Si bien que toutes ces notations éparses ne prennent leur sens que dans la *composition* du paysage sensoriel. Relisons par exemple la description qui précède dans *Les Martyrs*, la rencontre entre Eudore et Cymodocée :

« C'était une de ces nuits dont les ombres transparentes semblent craindre de cacher le beau du ciel de la Grèce ...les sommets du Taygète, les promontoires opposés ...la mer de Messénie, brillaient de la plus tendre lumière ; une flotte ionienne baissait ses voiles pour entrer au port de Coronée, comme une troupe de colombes passagères ploie ses ailes pour se reposer sur un rivage hospitalier. Alcyon gémissait doucement sur son nid, et le vent de la nuit apportait à Cymodocée les parfums du dictame et la voix lointaine de Neptune ; assis dans la vallée, le berger contemplait la lune au milieu du brillant cortège des étoiles, et il se réjouissait dans son cœur ».

Après avoir évoqué une atmosphère générale de luminosité (ombres transparentes) et situé le tableau dans une vague antiquité (beau ciel de la Grèce), Chateaubriand trace les horizons du paysage (derrière : le Taygète ; devant : la mer ; à droite et à gauche : les promontoires) qui enveloppent un espace homogène parce que baigné de lumière ; ensuite une évocation de mouvement (la flotte), puis de sonorité, qui constitue sa résonance propre ; espace enfin clos par le regard du berger qui remonte vers la lune, source de toute cette beauté, dans une silencieuse reconnaissance qui exprime notre propre contentement esthétique devant la parfaite harmonie du tableau. Composition calculée pour évoquer la tendresse de la matière et la présence amicale du monde : air « doux comme le lait et le miel » ; tendre bruit sourd de la mer ; brise parfumée. Cette marée sans borne de lumière phosphorescente demeure ouverte dans une transparence (non pas un vide) que parcourent des mouvements, que sillonnent des parfums, que traversent des musiques. Harmonie purement esthétique des sensations dans un espace imaginaire habité par le Moi. La nuit déploie sur le monde un espace fluide, une intimité sans parois dans lesquels le Moi savoure une existence idéale au rythme de la nature qui doucement palpite.

Dans sa remarquable thèse sur le style des *Mémoires*, Jean Mourot, par une analyse des rythmes et des images de leur prose, arrive à conclure : « (le style) de Chateaubriand révèle un besoin de situer les objets, faits, idées, sentiments, dans une immensité », de se situer lui-même comme spectateur de cette immensité, invinciblement attiré par « le silence et la nuit dans un espace informe ». Sans doute son imagination est-elle essentiellement spatiale, mais sa structure ne consiste pas simplement dans une obsession du vide résonnant. Sa manière de peindre la nuit prouve que son plus secret désir le porte aussi vers des immensités accueillantes, vers des infinitudes bornées, vers des solitudes vivantes. La vision désolante du jour est celle du triste Escurial béant de « onze cent quarante fenêtres, aux trois quarts brisées... sur les espaces muets de la terre et du ciel ». Le néant sans appel. La nuit est au contraire une absence qui suggère sans cesse des présences. Immensité (cadre, lumière diffuse, sons lointains, mouvement) et douceur (couleurs atténuées, transparence de la lumière ; murmures) y tissent une phosphorescence ou une palpitation, qui sont pour Chateaubriand la forme sensible du bonheur : sans imposer au Moi une altérité précise, un espace de ce genre lui laisse la douce jouissance de son être, dans un monde qui échappe au vide de la solitude désertique pour se remplir de présences cachées, souffles, murmures, plaintes, appels. La nuit est une solitude habitée ; le mouvement imaginaire qui donne au Moi la possession des espaces indéterminés pour une expansion indéfinie du désir se referme sur une intimité heureuse qui protège contre le vertige du vide.

Cette imagination spatiale ne jette pas en effet la conscience hors de soi ; elle ne constitue en aucun cas un mode de désappropriation. Elle aime sans doute « à errer, à la clarté des étoiles, aux bords des lacs immenses, à planer sur le gouffre mugissant des terribles cataractes, à tomber avec la masse des ondes, et pour ainsi dire à se mêler, à se fondre avec toute une nature sauvage et sublime ». Mais au terme de ce mouvement, elle ne trouve personne qu'elle-même. « Absorbé dans mon existence, ou plutôt répandu tout entier hors de moi », note Chateaubriand devant le spectacle de la nuit américaine : il découvre ainsi le lien qui unit en profondeur immensité et intimité. Le mouvement imaginaire pour épouser une nature vécue comme étendue recouvre une démarche existentielle de retour sur soi, que Chateaubriand évoque en se souvenant de Rousseau. Le voici bercé par le « bruit du flux et du reflux du lac prolongé le long des grèves » (extension spatiale et clair-obscur sont dans ce passage sa marque propre) : « Je suis tombé dans cette espèce de rêverie connue de tous les voyageurs : nul souvenir distinct de moi ne me restait ; je me sentais vivre comme partie du grand tout, et végéter avec les arbres et les fleurs... La rêverie du voyageur est une sorte de plénitude de cœur et de vide de tête, qui vous laisse jouir en repos de votre existence : c'est par la pensée que nous troublons la félicité que Dieu nous donne ». La nuit chateaubrianesque ne constitue pas un mode privilégié de recherche de la vérité, un moyen de rejoindre un Etre hypothétique dans lequel le Moi exilé reprendrait racine. Elle reflète une harmonie intérieure faite de sensations en équilibre : image du bonheur sensible, délibérément situé au niveau des apparences, sans aucune visée métaphysique ou mystique. Elle exprime en revanche une attitude typique de la fin du XVIIIe siècle : « Lointains pays où le dormir est doux, Otahiti... » soupirait déjà Joubert [6]. Cette nostalgie du paradis perdu, Chateaubriand la vit dans une exploration poétique de la nuit : « Les oiseaux, les fleurs, une belle soirée (de printemps), une belle nuit lunaire commencée le soir avec le premier rossignol, achevée le matin avec la première hirondelle, ces choses qui donnent le besoin et le désir du bonheur... » *(Mémoires)*. La nuit est belle et nul ne sut mieux le dire que lui. Beauté de lumière, de parfums et de chants qui renaît chaque soir sans rien perdre de sa fraîcheur. Jeunesse des sens indéfiniment renouvelée, qui fait oublier la vieillesse (car la nuit est sans miroir) et qui rend capable de toujours aimer. Elle ouvre un asile où la vie palpite sans violence, où le cœur est comblé et la mort oubliée.

Intimité heureuse du sensible, dont la profondeur se révèle dans les multiples échos qu'elle fait naître: chacun exigerait une étude approfondie, mais nous devons nous contenter de les indiquer ici. La mémoire est fille de la nuit qui favorise la montée des souvenirs en déployant par-dessus le monde du changement la beauté immuable de ses constellations: « Le soir la cime de mes arbres éclairée par derrière, grave sa silhouette noire et dentelée... Ma jeunesse revient à cette heure; elle ressuscite ces jours écoulés... La nuit est plus favorable que le jour aux réminiscences du voyageur; elle lui cache le paysage qui lui rappellerait les lieux qu'il habite; elle ne lui laisse voir que les astres... » *(Mémoires)*. Le monde a été pour lui une vaste et diverse réincarnation de la nuit au sein de la mémoire [7], chaîne de souvenirs qui constitue toute une géographie imaginaire de ses voyages. Elle incarne aussi la sylphide, ou plus simplement la femme, comme nous avons tenté de le montrer ailleurs. Elle constitue enfin le cadre presque nécessaire de la méditation historique; elle ne fait pas seulement revivre notre propre histoire, mais celle des hommes; les siècles reprennent vie en ces heures de silence et de recueillement, où parlent les lieux célèbres [8]. Les ombres illustres viennent alors se pencher sur sa solitude, et lui chuchoter des paroles inexprimables; cette résonance temporelle du paysage lui confère une nouvelle dimension. Quelques noms suffisent pour, telles de vacillantes lueurs dans la mémoire obscure, faire scintiller cette nuit des temps et le mettre en possession de son éternité, car dans ces rares minutes la grande horloge du destin cesse de battre le temps.

Une œuvre de jeunesse insérée dans les *Tableaux de la Nature* retrace ainsi les « songes de (son) cœur »:

« Dans des lointains fuyants et veloutés,
En enfonçant ma pensée et ma vue
J'aime à créer des mondes enchantés ».

Le bonheur de la nuit réside dans cette intimité des lointains. Le vide ne se creuse pas indéfiniment mais se referme sur « des lieux de paix, des îles de bonheur », qui ont la transparence fluide des mirages: ruissellement de lumière, entrecroisement de murmures, vie sans cesse voilée mais certaine, temple de la femme, panthéon des ombres, instrument du souvenir et finalement condition de la conscience et de la jouissance de soi. Tous ces prestiges sont réunis dans le poème en prose intitulé *Cynthie* (*Mémoires*, 4ᵉ partie, Livre 5, par. 5; éd. Levaillant, t. 4, pp. 284-287): dix paragraphes de faible longueur qui enrichissent un paysage sensoriel par des incantations amoureuses et des évocations mythologiques. Une belle nuit sur la campagne romaine en constitue le point de départ, où sussurrent les roseaux de Combourg. Le tableau commence par se dessiner largement: « La lune se lève derrière la Sabine pour regarder la mer; elle fait sortir des ténèbres diaphanes les sommets cendrés de bleu... ». Composition par contrastes, par plans dans laquelle la ligne des ruines évoque une grande roue centrée sur le dessin irrégulier de Rome. Puis la lumière comme une manne (« La lune neige sa lumière ») qui baigne le monde dans une « solitude lactée ». Alors peuvent naître les musiques (« La nymphe Egérie chante au bord de sa fontaine ; le rossignol se fait entendre... »), arriver les souffles parfumés : « La brise alanguie de la Syrie, nous apporte indolemment la senteur des tubéreuses sauvages ». Profondeur vivante, amollissement de tous les sens. Une féminité diffuse se répand dans le paysage. Les sensations se font plus mystérieuses : vapeurs tournoyantes qui agitent les lignes comme un rideau de gaze, rares sonorités de la nature et de la religion ; la lumière se cache au fond des sources diamantées, comme au fond des yeux de la bien-aimée. Les voix humaines veillent encore tandis que celle de Chateaubriand, dans la suavité de la nuit, berce le sommeil de sa sylphide de seize ans. Beauté fragile que viennent saluer toutes les merveilles des arts et de la fable dans un temps devenu immobile. Ce scintillement de présences magiques, les Parques elles-mêmes le filent sur leur fuseau de lumière, pour donner au sommeil la bienheureuse éternité des destins. Fragile permanence du bonheur comme celle de la lumière qui baigne le *Château enchanté* du Lorrain.

Mais cette vision édénique de la nuit par laquelle Chateaubriand a exprimé son désir de bonheur au rythme harmonieux des sensations, ne résiste pas au démenti des années. Il écrit dans les *Mémoires*: « Faites que la beauté reste, que la jeunesse demeure, que le cœur ne se puisse lasser, et vous reproduirez le ciel ». Mais la beauté se fane, la jeunesse passe et le cœur se lasse. La poursuite du bonheur apparaît bien vite comme une entreprise illusoire, le grand piège tendu par le destin. En écrire ne console pas de la vanité irrémédiable des songes. Semblables aux palais de Venise, leur beauté ne les empêche pas de crouler ; les enfants de seize ans passent au milieu des fleurs, mais ne laissent bientôt que « la tristesse, les parfums et les enchantements de la nuit » sur une plage vide où le murmure des vagues ne porte plus que la voix des morts. La nuit peut bien étendre sur le monde son inépuisable jeunesse et sa mystérieuse beauté : « Qu'importent des pays enchantés où rien ne vous attend ? où rien ne vous désire ? où vous ne sauriez inspirer de passion... » *(Mémoires)*. Les sauvages de la Floride, écrit Chateaubriand dans son *Voyage en Amérique*, racontent qu'il existe une île où vivent les plus belles femmes du monde. Mais lorsqu'on veut les conquérir, « les retraites élyséennes, fuyant devant leurs canots, finissaient par disparaître : naturelle image du temps que nous perdons à la poursuite de nos chimères ». Ainsi le bonheur et ses images.

Il est émouvant de voir combien Chateaubriand a poursuivi toute sa vie des images, en affirmant sans cesse implicitement une identité de principe entre vérité et beauté, mais au niveau des apparences, refusant toute visée vers une nature autre que phénoménale. Cette attitude purement esthétique est une expression de la vision idéale du néo-classicisme pour qui la beauté est une image (une idole), le seul reflet qu'il nous soit possible de percevoir de la splendeur divine. Sa contrepartie est un inévitable sentiment de vanité qui obsède Chateaubriand dès la trentaine : « Nous sommes ici-bas comme au spectacle : si nous détournons un moment la tête, le coup de sifflet part, les palais enchantés sont évanouis ». La nuit change de visage à mesure que se renforce cette vision pessimiste de la condition humaine : désirer sans fin, sans pouvoir rien atteindre ni posséder. A la nuit du désir, image du bonheur sensible (le seul possible) par le moyen de rapports harmonieux entre le moi et le monde, succède une autre nuit, néant auquel on aspire comme un voyageur fatigué. Chateaubriand faisait sienne, dans son *Essai sur les Révolutions*, une phrase de *Paul et Virginie:* « La mort est un bien pour tous les hommes; elle est la nuit de ce jour inquiet qu'on appelle la vie ». Ce devient la grande vérité de sa vieillesse. La nuit change progressivement de symbolique (mais ce serait une autre histoire), pour devenir la patrie de ce silence que verse la mort, « comme la neige tombée pendant la nuit fait cesser le bruit des chars ». Mais ce dernier repos est un ultime bonheur.

Jean-Claude BERCHET
Université de Paris

Notes

[1] Proustee souligne caricaturalement dans un passage des *Jeunes filles en fleurs:* Chateaubriand use de son charme pour séduire les invités de M. de Villeparisis, et chaque fois qu'il fait clair de lune autour du château, les emmène faire un tour dans le jardin; mais là, il se contente de leur servir « toujours un même morceau tout préparé ».

[2] On sait qu'un bas-relief hellénistique, toujours conservé au Musée du Capitole, a inspiré cette pose dont Chateaubriand fera, par la suite, hommage à Girodet.

[3] Mouvement et termes repris curieusement par Victor Hugo dans les derniers vers de *La fête chez Thérèse*: « La nuit vint; tout se tut; les flambeaux s'éteignirent... Chacun se dispersa sous les profonds feuillages... ».

[4] Selon Heege (*Die optischen und akustischen Sinnesdaten in Bernardin de Saint-Pierres Paul und Virginie und Chateaubriands Atala*, Stuttgart, 1917), *Atala* contient deux fois plus de notations sonores (bruits et silence) que *Paul et Virginie*.

[5] Sans doute est-ce dans ce domaine des impressions sonores que William Bartram a exercé sur le jeune Chateaubriand la plus grande influence. Si les quelque 600 pages de son *Voyage en Amérique Septentrionale* ne sont pas toutes extraordinaires comme le suggère Bédier dans ses *Etudes Critiques* (1903), elles font preuve parfois de grande sensibilité musicale:

« The steady breezes, gently and continually rising and falling, fill the high lonesome forests with an awful reverential harmony, inexpressibly sublime, and not to be enjoyed anywhere but in these native wild Indian regions ».

« La soirée était belle et tranquille. Un vent faible soufflait, chargé des parfums de la fraise et des émanations du Callycanthus qui, par groupes, couvrait la pente des montagnes. De lointains échos... chaque arbre résonnait du chant non interrompu du Wheep-poor-will ».

[6] Cf. Bernardin de Saint-Pierre dans *Paul et Virgine*:

« Il faisait une de ces nuits délicieuses si communes entre les tropiques et dont le plus habile pinceau ne rendrait pas la beauté. La lune paraissait au milieu du firmament... Sa lumière se répandait insensiblement sur les montagnes... Les vents retenaient leurs haleines... On entendait dans les bois, au fond des vallées... de petits cris, de doux murmures... les étoiles étincelaient au ciel et se réfléchissaient au sein de la mer qui répétait leurs images tremblantes ».

Ou Ossian:

« Blanche étoile du soir, chaste regard de la nuit... que vois-tu donc dans la plaine? Les bruits du jour ont cessé, les vents se taisent... les vagues aplanies rampent au pied des rochers, les moucherons voltigeant parmi les parfums du soir, remplissent de bourdonnements le silence des airs. Etoile brillante, que vois-tu dans la plaine? »

[7] Il semble que ce soit une découverte de son voyage en Orient :

« Il faisait encore nuit quand nous quittâmes Modon; je croyais errer dans les déserts... même solitude, même silence » *(Itinéraire)*.

« On voyait un beau ciel, une lune paisible, une mer calme et le vaisseau des pèlerins mouillé au large... Je passai une partie de la nuit à contempler cette mer... qui réveille tant de souvenirs » *(Ibid.)*.

« A Sparte, en contemplant le ciel pendant la nuit, je me souvenais des pays qui avaient déjà vu mon sommeil paisible ou troublé » *(Voyage en Amérique)*.

[8] Salamine :

« Il fallut que la nuit me chassât du rivage. Les vagues que la brise du soir avait soulevées battaient la grève et venaient mourir à mes pieds : je marchai quelque temps le long de la mer qui baignait le tombeau de Thémistocle; selon toutes les probabilités, j'étais en ce moment le seul homme en Grèce qui se souvînt de ce grand homme » *(Itinéraire)*.

Le Céramique :

« Il y avait déjà une heure qu'il faisait nuit quand nous songeâmes à retourner à Athènes; le ciel était brillant... transparence et pureté incomparables; nos chevaux allaient au petit pas, et nous étions tombés dans le silence. Le chemin que nous parcourions... que bordaient les tombeaux des citoyens morts pour la patrie et ceux des plus grands hommes de la Grèce : là reposaient Thrasybule, Périclès... » *(Ibid.)*.

Le golfe Juan :

« La lame mince comme une gaze se déroulait sans bruit et sans écume. Un ciel émerveillable, tout resplendissant des constellations, couronnait ma tête... La nuit, au bord abandonné de ces marines, on peut supposer ce que je sentis. Je quittai la plage dans une espèce de consternation religieuse, laissant le flot passer et repasser... sur la trace... de Napoléon » *(Mémoires)*.

CHATEAUBRIAND
ET LE MONUMENT IMAGINAIRE

Montrer ce qui caractérise l'œuvre littéraire, tel est, ou devrait être le but de toute critique. Mais ce caractéristique, on le cherche trop dans l'auteur, dans sa psychologie plus ou moins bien restituée, pas assez dans l'œuvre, pas assez dans la forme, qui est tout. Je me propose de définir un aspect caractéristique de l'œuvre de Chateaubriand, mais je ne veux le chercher que dans les mots.

Une des obsessions verbales les plus évidentes de Chateaubriand est la fréquence avec laquelle le mot *monument* et ses synonymes reviennent sous sa plume. Les descriptions architecturales abondent dans ses livres. Sans doute, on retrouve cette préoccupation dans sa vie: il s'est ruiné à bâtir le mausolée de Pauline de Beaumont, il a voulu en élever un au Tasse, il a fait le plan du sien, d'une simplicité ostentatoire. Mais ce qui est pertinent à la littérature, c'est qu'il ait transposé cette obsession dans l'écriture. Ses *Mémoires*, voilà son véritable monument: *Mémoires, édifice que je bâtis avec des ossements et des ruines* [1], ou encore: mémoires, *temple de la mort*. Les écrivant, il s'est comparé à un architecte; leur lente croissance, il l'a comparée à celle d'une cathédrale [3]. Ce qui le touche, il le voit facilement en termes d'architecture — souvenirs des plaisirs de la jeunesse, *ruines vues au flambeau* [4]; illusions de la vie, *bâtisses fragiles étayées dans le ciel par des arcs-boutants* [5]. Tout le monde connaît son côté poète des ruines, et il se croyait plus grand poète des tombeaux que Young qui lança le genre.

L'obsession ne fait pas de doute. Mais elle n'explique rien. C'est ce que l'écrivain en fait qui compte dans l'écriture. L'obsession lui fournit un vocabulaire. Que dit-il avec? A quoi Chateaubriand a-t-il employé son vocabulaire « monumental »? Puisqu'un tel vocabulaire peut avoir une orientation positive (édifier, élever; palais, etc.) ou négative (ruines, tombes), serait-il la solution, au niveau des formes, de la contradiction fondamentale de Chateaubriand — d'une part, une pensée constamment tournée vers la mort, la vanité de tout, le temps destructeur, et d'autre part une création continue, laquelle présuppose la foi en une victoire de l'art sur le temps et sur la mort? Telles étaient les questions que je devais me poser, et surtout celle-ci: quelles structures ce vocabulaire recouvre-t-il? Car un mot obsédant n'a pas toujours le même sens ou la même valeur: son sens, son effet dépendent des structures sous-jacentes.

Avant d'en arriver aux structures, géométrie abstraite, il faut considérer dans la réalité concrète du style la fonction des représentations d'architecture. Or la présence d'une rêverie chateaubrianesque sur le monument est très sensible dans les figures de style. Encore qu'on ne puisse dire si le thème monumental est venu en premier, ou si son développement a été favorisé parce que Chateaubriand a une imagination spatiale. Quelle que soit la pensée, ou l'artifice de style qui la soutient, la phrase recourt souvent à des formes qui, sans aller jusqu'à l'image, suggèrent un instant le vide d'un espace enclos de murs :

Bonaparte était la *Destinée*; comme elle, il trompait (...) les esprits fascinés; mais au fond de ses impostures, on entendait retentir cette vérité inexorable: « Je suis! » Et l'univers en a senti le poids [6].

L'allégorie n'exige, ici du moins, aucun décor. La préposition *au fond* est un cliché dès qu'on oppose la sincérité, le fond du cœur, aux attitudes superficielles. Elle garde bien peu de son sens spatial, non plus que dans ma propre phrase son contraire, *superficielles*. Il n'en va pas ainsi chez Chateaubriand: *au fond* reste à ses yeux assez visuel, assez spatial, pour éveiller les échos d'un palais ou d'un temple *(on entendait retentir)*.

Il y a beaucoup d'exemples de métaphores et de comparaisons empruntées à l'architecture (l'esprit français, après la chute de l'Empire, par exemple, est comparé à une cariatide délivrée du fronton qui l'accablait) [7], mais je les soupçonne d'être purement ornementales, trop visibles pour être vraies. Aussi ai-je préféré l'image quasi invisible que je viens de citer qui révèle la présence latente d'une rêverie architecturale. Cette latence ne se trahit que par des échos *(retentir)*, mais le choix du motif est significatif: quand Chateaubriand se sert d'une image explicite de monument, il suggère souvent la résonance du vide intérieur pour imposer la présence tangible de l'architecture.

La vraie fonction stylistique du thème monumental est son emploi comme une espèce de langage. Les mots qui serviraient à décrire un monument sont employés à décrire quelque chose d'autre. Il ne s'agit pas vraiment là d'une métaphore: le monument ne remplace pas l'objet décrit, celui-ci n'est pas sous-entendu. Nous avons affaire, plutôt, à un code spécial, utilisé pour décrire, code dont les mots sont affectés d'un indice esthétique. Une congruence entre la réalité à représenter et la forme architecturale permet d'employer commodément celle-ci à décrire celle-là, et les idées de grandeur, de noblesse et d'harmonie qui s'attachent au monument colorent la description. On aura, par exemple, une traduction en code *cathédrale*: l'indigeste traité de Rancé sur les *Devoirs de la vie monastique* devient une basilique où les sons de l'orgue se font entendre, où le soleil illumine les rosaces [8].

Autre traduction, de la réalité *montagne* en code *temple oriental*: les pics neigeux sont décrits comme *pyramides, cônes et obélisques* [9], ce qui est un embellissement, une stylisation: dans le réel la clarté lunaire, dans le style les connotations nobles de l'architecture donnent aux montagnes un « éclat emprunté ». C'est aussi une concession: Chateaubriand concède que les montagnes sont belles, encore n'est-ce que la nuit, et si la lune les transforme. Cette beauté n'a ni l'équilibre ni l'harmonie du classicisme, et des temples, des voûtes, des dômes ne sauraient la représenter: l'architecture orientale fera l'affaire.

Cet exemple encore: l'âme décrite en code *palais*. Choix dicté par deux traits. L'homme est une créature de Dieu: il fallait donc un palais; l'homme est un tissu de contradictions: il fallait donc une architecture bâtarde. Avantage évident — les techniques du style descriptif sont d'application facile lorsqu'on a affaire à une réalité déjà structurée. Voir l'âme à travers un monument aux lignes nettes, c'est l'éclairer. D'où une traduction mot à mot. Chateaubriand veut montrer l'homme dénaturé par le péché originel: *c'est un palais écroulé et rebâti avec ses ruines* [10]. Il veut dire l'homme tiraillé par la double postulation du bien et du mal: en langage de torture, ce serait *écartelé*; en termes de monument, ce sera: *on y voit des parties sublimes... de hauts portiques* (c'est l'âme, le côté spiritualiste!), *et des parties hideuses... des voûtes abaissées* (l'homme au-dessous de la ceinture, je suppose, le subconscient — d'ailleurs, voici le *id* ou le *superego*: *de profondes ténèbres... le désordre de toutes parts, surtout au sanctuaire*). La structure architecturale a été utilisée comme le seraient des étagères, ou les casiers d'un muséum pour y disposer méthodiquement, clairement, les composantes caractérielles du sujet examiné. Bien entendu, la commodité du procédé reste un facteur secondaire. La fonction essentielle de cette espèce de traduction est celle de la langue noble de la poésie conventionnelle: elle élève le sujet. Dans la poésie classique, le sujet est relevé par l'élimination des mots bas; dans l'emploi du code monumental, par les idées de grandeur qui s'attachent au monument: analyser le cœur humain comme on décrit un palais, c'est l'analyser en style sublime.

Si le monument utilisé pour cette transposition stylistique a déjà un symbolisme propre dans la réalité, ce symbolisme contamine l'objet de la description. Décrire une forêt comme une cathédrale, ce n'est pas seulement la sublimer, c'est exprimer une *correspondance*, une *harmonie* au sens ésotérique de ces termes, puisque, selon la formule même de Chateaubriand, *les forêts ont été les premiers temples de la Divinité* [11]. Même sans symbolisme particulier du monument, dépeindre la nature en termes de monument, c'est-à-dire d'artifice, c'est présupposer un *artifex*. D'où une variante du thème romantique du livre de la nature, livre écrit par le Créateur, livre que seuls les poètes ont le privilège de déchiffrer.

Le poète qui sait reconnaître que tel ou tel aspect du réel est un monument, par là-même nous révèle les desseins de la Providence. Prenez le motif de la rumeur du vent dans les arbres: depuis les temps où la Sylphide le tourmentait, René y a souvent prêté l'oreille. Souvent aussi, il l'a comparée au bruit des vagues. Mais il a aussi, une fois au moins, transformé le parallélisme que sous-entend la comparaison en rapport de cause à effet, et l'a récrite en code monumental: le bruit du vent dans les arbres est interprété comme le monument (et non l'écho, éteint depuis lontemps) des bruits du Déluge; comme le serait une colonne commémorative sur les lieux d'un sinistre, ce bruit rappelle que l'océan naguère couvrit la forêt:

Dieu (...) sachant combien l'homme perd aisément la mémoire du malheur (...) en multiplia les souvenirs dans sa demeure (...) L'Océan sembla avoir laissé ses bruits dans la profondeur des forêts [12].

Chateaubriand énumère bien d'autres monuments: certains, comme les coquillages au sommet des montagnes, Buffon aussi les appellerait ainsi, le mot étant l'équivalent noble de « vestige ». Pas de surprise. Si j'ai préféré citer le monument du bruit, le mémorial du vent, c'est parce que devant un exemple si extrême, on ne peut guère récuser le diagnostic: il y a parti pris monumentalisant. Le vent qui passe, le son qui s'éteint, signifiés par l'architecture immobile, la pierre massive, voilà des composantes irréconciliables, le déni de toutes nos habitudes de pensée, le défi à la vraisemblance, bref tout ce qui garde à l'image à tout jamais sa tension poétique. Nous retrouverons ce défi aux représentations normales chaque fois que le monument décrit recouvre une structure qui lui est étrangère — la forme de Chateaubriand lui-même, par exemple, caché, reflété, ou mieux, répété dans les pierres qu'il contemple.

Il appert des exemples précédents que l'emploi du monument ne tarde guère à dépasser le niveau du trope pur et simple, que la transposition descriptive tend à être beaucoup plus qu'une sublimation du style. Le passage d'un niveau stylistique à l'autre s'accompagne d'un changement de sens. La représentation verbale du monument constituait déjà un vocabulaire spécial: voici qu'elle devient une structure morale.

En effet, le monument chateaubrianesque est toujours lié au passé; je ne parle pas seulement des ruines ou des tombeaux: l'architecture n'a de beauté que dans *ses rapports avec les institutions et les habitudes des peuples* [13] — passé et tradition. La représentation du monument sera donc un moyen d'instituer la dimension Temps, de lui donner la première place dans un texte, tout en économisant pour d'autres tâches les signes servant par ailleurs à l'expression du temps tels que les temps du verbe ou la séquence narrative. Le code *monument* est dès lors un mode d'expression qui présuppose un passé et engage l'avenir. D'un côté, en effet, le monument est ruine ou vestige, ce qui survit à une disparition, à une destruction. D'un autre côté, il conserve et transmet un message, leçon, exemple, admonition du lecteur futur. Dans les deux cas, anachronisme moral. Aussi doit-on considérer la dimension temps comme une dimension morale en littérature. C'est le temps qui juge. Enfin, symbole de l'absence, et surtout de l'absence dans le temps, le monument représente à la fois la mort et la victoire sur la mort. Substitué à ce qui est absent, il permet au poète la rencontre face à face, le contact affectif, émotionnel avec ce qui n'existe plus. Structure superposant en un même point deux temps différents, le monument est le véhicule idéal de ces rapprochements historiques qu'on a moqués, qui ont semblé si souvent gratuits, que néanmoins Chateaubriand fait constamment. Or l'outil de la vraisemblance en pareil cas, c'est le monument: il est, dans l'imaginaire, le lieu de rencontre de personnages et d'époques que la réalité sépare.

Ainsi Chateaubriand, contemplant le lac de Genève de Coppet, du tombeau de Mme de Staël, rêve Voltaire, Rousseau et Byron, riverains du même lac mais séparés par le temps ou par leurs inimitiés, venant

chercher l'ombre, leur égale, pour s'envoler au ciel avec elle, et lui faire cortège pendant la nuit [14].

Le rapprochement littéraire, parfaitement justifié par les diverses faces du génie de Corinne, a pris forme poétique par la convention d'une réunion autour d'un monument funèbre: l'impossibilité sur le plan chronologique, l'artificiel sur le plan d'un certain goût, de certaines esthétiques, sont inexistants sur le plan instauré par le monument. D'abord, la présence de celui-ci est naturellement légitimée par le récit, en parfaite harmonie avec le ton presque élégiaque d'un livre des *Mémoires* consacré à Mme Récamier. Ensuite, et surtout, on accepte sans peine sa fonction de point de rencontre imaginaire, parce qu'il n'est que la variante, en code architectural — manie personnelle de l'auteur — d'une convention bien établie dans les beaux-arts. La convention par laquelle la gloire du héros est symbolisée par la réunion, l'accord souriant, l'unanimité réconciliée de ceux qui le précédèrent dans la carrière: convention du *Triomphe du Martyre* dans la peinture chrétienne, où l'on voit saints, anges et martyrs de la veille se presser aux balcons du ciel pour recevoir la nouvelle victime. De la version laïque de cette convention un parfait exemple nous est offert par l'*Apothéose d'Homère* qu'Ingres peignit en 1827.

Cadre descriptif, le monument permet d'organiser, de dramatiser, de fondre dans un ensemble, les scènes qu'il a rendues possibles par son symbolisme. Le rapprochement accompli grâce à la superposition des temps peut prendre ainsi avec naturel et vraisemblance la forme de la méditation, ou du pèlerinage, ou du tête-à-tête avec un grand homme ou avec un grand personnage. Nous avons donc là un outil de premier ordre pour moduler le ton d'un style, le faire passer du narratif au lyrisme, du lyrisme au drame.

Entrevues historiques, ou plutôt relevant de la poésie de l'histoire (que Chateaubriand ait rencontré ou non tel grand de la terre, ou que sa rencontre n'ait pas eu la moindre importance politique, peu importe — chaque fois, c'est avec le symbole d'une époque, avec une ruine comme George IV — *je l'étudiais, non comme un modèle de bon goût du dernier siècle, mais comme un type de roi qui sera brisé* [15] — ou avec un monument de l'avenir comme Washington); méditations dans des sanctuaires ou devant un paysage qui se lit comme un livre; pèlerinages à de hauts lieux — ce sont là des scènes qui se reproduisent sans cesse dans l'œuvre, et sont donc très caractéristiques. Elles y viennent surtout très naturellement parce que la majeure partie de l'œuvre n'est après tout qu'un long récit de voyages. Emigré, diplomate, explorateur ou amoureux, Chateaubriand est le touriste littéraire par excellence. Sa vie politique aboutit à l'exil ou à des visites aux exilés: autant de pèlerinages à des monuments historiques. Son œuvre de fiction proprement dite épouse la forme de l'itinéraire. De *René* au *Dernier des Abencérages*, le héros voyage, ou bien son récit est encadré par des courses et son expérience de la vie conditionnée par la mélancolie des ailleurs. Or ces pérégrinations sont encore plus des déplacements dans l'histoire que dans la géographie: Chateaubriand, cherchant les leçons du passé dans les monuments, va d'un sujet de méditation à l'autre. C'est la formule naïve du *Voyage en Italie: Les souvenirs historiques entrent pour beaucoup dans le plaisir ou le déplaisir du voyageur* [16]. Témoin tout le *Voyage*.

Cette manière d'explorer le monde, et l'importance du monument comme structure mentale et littéraire sont chez Chateaubriand l'aboutissement de sa culture classique. L'enseignement traditionnel du grec et du latin invite l'homme cultivé à doubler son expérience quotidienne de visites à un musée imaginaire. On apprend à ne rien regarder sans combiner à son propre point de vue celui d'un prédécesseur dont l'autorité est consacrée par l'histoire ou par la littérature. Extension de la doctrine rhétorique de l'imitation : on écrit d'après des modèles, de manière que le lecteur éprouve simultanément le plaisir de la découverte et celui de la redécouverte. Il doit pouvoir lire à la fois au niveau de la ligne imprimée et à celui de l'allusion, en comparant images et tropes à leurs modèles antiques. Pas de souvenirs dans un décor, pas de joie. Entre autres raisons de n'aimer pas les montagnes, Chateaubriand a celle-ci, qu'elles ne favorisent pas les parallèles avec la littérature classique. Les troupeaux dans les alpages, que savait apprécier Senancour au même moment, il les tolère mais

couchés dans les herbages du pays de Caux, ces troupeaux offriraient une scène aussi belle, et ils auraient en outre le mérite de rappeler les descriptions des poètes de l'antiquité [17].

En d'autres termes, ces vaches seraient un monument avec l'inscription *Mugitusque boum* sur le piédestal. Inversement, dès qu'un spectacle l'émeut, Chateaubriand cherche à lui conférer caractère de mémorial, à le lier à une tradition, à un passage d'historien antique. Rien de plus curieux à cet égard que de le voir affirmer, un jour, qu'il a pris plaisir aux sites de l'orient, *indépendamment de l'antiquité, de l'art et de l'histoire* [18]. A peine a-t-il proféré cette assertion qu'il se met à énumérer les monuments dont il affirme se passer. Qui plus est, pour mieux prouver qu'ils sont superflus, il rappelle d'après Plutarque les scènes historiques dont ces lieux furent le décor, ce qui revient à faire du site un monument. Enfin, méditant sur la disparition du tombeau de Pompée, il ne sait représenter cette absence qu'en décrivant la tombe obscure creusée sur son emplacement. Tout se passe comme si l'écriture devenait le monument dédié à la mémoire des monuments un instant méprisés. Tout lieu où il s'attarde est à la fois le lieu de son passage et celui où passèrent d'autres hommes, dont l'Histoire a gardé le souvenir. Sa grande préoccupation est alors de se mettre à la place de ces personnages, comme la coïncidence spatiale l'y invite, bref d'être le monument vivant de leurs émotions reconstituées. Le voici à Rome, lieu par excellence de la méditation devant les ruines ; la lune s'est levée, moment archétypique. Sa première question est : *Que se passait-il il y a dix-huit siècles à pareille heure et aux mêmes lieux ?* [19] La différence choisie entre l'époque du questionneur et le passé qu'il interroge est elle-même symbolique : dix-huit siècles en arrière le ramèneront parmi les témoins du christianisme naissant.

Ce n'est pas simplement l'humain qu'il cherche à retrouver, étendant sa sympathie par-delà le temps, c'est d'abord *l'autorité* au sens classique du mot : c'est-à-dire que le rapprochement entre son moi et celui de personnages classés historiques équivaut aux citations latines ou grecques dont historiens et philosophes du dix-neuvième siècle autorisent leurs audaces et renforcent leurs raisonnements.

Sous sa forme conventionnelle et toute scolaire, cette manière de voir aboutissait à des catalogues de souvenirs de lecture, comme tant de passages de l'*Itinéraire* ou de la *Lettre sur la Campagne romaine*, où nous lisons des phrases comme: *Baïes, où se sont passées tant de scènes mémorables, mériterait seul un volume* [20]. Mais que les circonstances s'y prêtent, et la personnalité de Chateaubriand s'annexe ces lieux communs du souvenir, les subordonne à ce que sa mémoire garde de plus intime. Il se promène dans les ruines de Tivoli: les ombres de l'antique Tibur s'élèvent, mais le rêveur n'accueille que celles qui s'accordent à sa pensée. Ici même, se dit-il, Virgile, Horace, Tibulle, qui me précédèrent, ont senti les émotions que je sens, ont médité avant moi sur la brièveté de la vie [21]. Bien entendu, cette communion imaginaire dont les ruines seront désormais le mémorial résulte d'une sélection arbitraire, dépend entièrement de notre poète. Des thèmes épars chez Virgile et Horace ne sont liés à Tibur que parce que Chateaubriand est en train d'y copier des inscriptions funéraires.

Un jour vient où Chateaubriand se dégage de la servitude classique et où la question sur ce qui se passait ici même il y a dix-huit siècles, il la pose à propos de son passé à lui, au pied d'un monument encore, mais un monument de son monde intérieur. Il écrira en 1833: chaque année, le jour de ma fête, *je me demande où j'étais, ce que je faisais à chaque anniversaire précédent* [22]. Le monument ici, c'est la célébration de la Saint-François, toujours la même — il ne dépend de personne d'y rien changer; dans le fleuve du temps, c'est une île immobile au milieu du courant, fixée au 4 octobre. Les prédécesseurs dont il veut retrouver le souvenir, qui passèrent au pied de cet obélisque anniversaire, ce sont d'autres Renés, c'est à son expérience passée qu'il veut comparer son expérience présente (n'oublions pas que c'est le jour de la Saint-François qu'il fut *tenté de commencer l'histoire de (s)a vie*, et qu'il se mit à écrire les *Mémoires* [23]. Tout comme la question qu'il se posait à propos d'autres hommes, illustres ou inconnus, la comparaison révèle une vérité permanente, dont la généralité transcende l'individu, et que ne modifient pas les vicissitudes du sort. Dans l'exemple qui nous occupe, c'est l'idée que l'homme est un voyageur sur la terre, l'image même du passage. Sa caractéristique permanente, c'est l'impermanence: *Cette année 1833, soumis à mes vagabondes destinées, la Saint-François me trouve errant* [24].

Mais à l'occasion de cette constatation générale et de portée universelle, un souvenir s'éveille: au long de la chaîne de ses Saint-François successives, Chateaubriand se rappelle soudain l'une d'elles, qu'il passa à Jérusalem, de toutes ses fêtes la plus exceptionnelle, coïncidence incomparable. Ce qui a déterminé cette remembrance, c'est un crucifix aperçu au bord du chemin, et qui, dans le cadre de ses anniversaires, réveille la pensée de la première Croix, celle du Golgotha. Le temps qui fuyait plus vite que jamais, comme précipité par le flot de tous ces anniversaires accumulés, s'arrête et le poète s'abandonne à une rêverie paisible sur son amour des humbles, sur les joies de la charité. Généralisation derechef, comparaison avec cet archétype de compassion qu'est son saint patron: Chateaubriand médite en imagination au pied d'un autre monument, le Golgotha où saint François alla lui aussi en pèlerinage, où il fut par conséquent son illustre prédécesseur, son autorité. Tout comme Virgile, Horace et Tibulle, en le précédant à Tivoli, avaient autorisé de leur exemple les rêveries de René, apposé le sceau d'une vérité universelle aux épanchements lyriques du Breton encore inconnu qui communiait avec eux à deux millénaires de distance.

Comme on voit, d'avoir passé de la recherche de prédécesseurs illustres à celle de soi-même ne change en rien le mécanisme du procédé (et la recherche de soi-même est d'ailleurs parfaitement compatible avec la recherche d'un prédécesseur autre que soi, puisque Chateaubriand passe sans effort d'une comparaison entre son moi d'aujourd'hui et son moi d'hier, à une comparaison entre son moi et saint François). Le monument a pour fonction de retrouver dans le changement universel ce qui ne change pas, de faire ressortir dans la multiplicité des expériences individuelles de grandes lois ou des vérités communes à tous.

Ce qui m'amène à quelques considérations sur le rôle du monument dans le mécanisme de la mémoire. On aura remarqué, dans l'épisode de la Saint-François 1833, une alternance que je crois significative. Le monument de sa fête est pour Chateaubriand l'occasion de découvrir un caractère général de sa vie. Survient un souvenir provoqué par la ressemblance d'une croix de grand chemin et de la Croix du Calvaire, lequel souvenir est unique, sensation irremplaçable et dont rien n'a terni la première joie. Puis, à propos d'un autre monument, nouvelle généralisation, tirée elle aussi de la comparaison avec le passé.

Il y a donc deux types de remembrance chez Chateaubriand : le souvenir qui s'ouvre sur les vérités générales de la méditation philosophique, et le souvenir qui au contraire se replie sur l'authenticité de l'expérience intime. Ce dernier qu'on pourrait appeler souvenir affectif n'est autre que la mémoire proustienne : son mécanisme, c'est la soudaine surimpression d'une sensation actuelle et d'une récollection ancienne. Le souvenir méditatif a pour véhicule le monument.

La critique ne voit chez Chateaubriand que l'exercice du souvenir affectif. Peut-être parce que Proust lui-même a reconnu en Chateaubriand son devancier. Citons un fragment du passage que Proust a, plus longuement, cité. Chateaubriand se promène en pensant à la mort, et à la publication posthume de ses *Mémoires*, dans le parc de Montboissier qu'il vient de décrire en détail, s'attardant à ses styles contrastés et à son charme. Soudain

je fus tiré de mes réflexions par le gazouillement d'une grive perchée sur la plus haute branche d'un bouleau. *A l'instant*, ce son *magique* fit reparaître à mes yeux le domaine paternel ; *j'oubliai* les catastrophes dont je venais d'être le témoin, et *transporté subitement dans le passé*, je revis ces campagnes où j'entendis si souvent siffler la grive [25].

J'ai souligné les caractéristiques du phénomène : soudaineté surnaturelle, surgie foudroyante du passé faisant surface — irruption provoquée par la surimpression d'une sensation qui en elle-même serait relativement insignifiante (goût de la madeleine, ou serviette rêche d'empois, pavé inégal) si elle ne correspondait pas à une sensation ancienne. Mais voici qui est encore plus important : la disparition du décor actuel ; les monuments, s'il y en a — et certes ce parc, si nettement décrit l'instant d'avant, si architecturé, a été contemplé comme on contemple un monument (Chateaubriand vient de dire: *il plaît comme une ruine*) — les monuments disparaissent, et la grive de Montboissier elle-même s'efface devant celles de Combourg qui emménagent avec tout leur décor. En d'autres termes, le souvenir affectif fait revivre au prix de la destruction du présent. C'est le sens de cette formule que Chateaubriand a répétée à diverses reprises: *ma vie détruit ma vie*, c'est-à-dire, le souvenir affectif détruit la réalité. En regardant une fameuse cascade des Alpes, il revoit la cataracte du Niagara; le spectacle remémoré anéantit le spectacle contemplé:

> Ma mémoire oppose sans cesse mes voyages à mes voyages, montagnes à montagnes, fleuves à fleuves, forêts à forêts, et *ma vie détruit ma vie*. Même chose m'arrive à l'égard des sociétés et des hommes [26].

Et cette destruction du présent au profit du passé s'opère même si le présent est soutenu d'une armature monumentale. Les monuments de pierre s'évanouissent devant le paysage et les architectures de la mémoire. C'est ce qui arrive une nuit aux ruines de Tibur dont Chateaubriand s'était servi la veille pour communier avec Virgile dans les deuils de la séparation, loi de la vie: à une heure du matin, le vent qui se lève et le brouillard établissent un contact électrique, comme de grive à grive ou de madeleine à madeleine, avec le vent et le brouillard bretons:

> Je me croyais transporté au bord des grèves et des bruyères de mon Armorique (...); les souvenirs du toit paternel effaçaient pour moi ceux des foyers des Césars: chaque homme porte en lui un monde composé de tout ce qu'il a vu et aimé, et où il rentre sans cesse, alors même qu'il parcourt et semble habiter un monde étranger [27].

Insistons encore sur le mécanisme qui ressuscite ce monde intérieur. C'est un écho du même au même, un appel du semblable par le semblable, un détail actuel évoquant son analogue ancien qui le détruit et le remplace (un crucifix rappelant le Calvaire, la grive rappelant la grive); cet écho, cette répétition d'éléments analogues du présent au passé faisant se lever dans le passé l'expérience unique. Nous allons voir que c'est le contraire qui se passe dans le cas de la mémoire fondée sur le monument.

Le monde ainsi recréé est l'expérience individuelle dans ce qu'elle a de plus intime et de plus incommunicable, mais aussi dans ce qu'elle a de plus irrémédiablement mélancolique, d'abord parce que tout ce qui la compose s'est perdu et n'est plus que souvenir *(ce qu'il a vu et aimé)*. Tout à cette profondeur s'attache à des symboles incompréhensibles à qui ne les a pas *vécus*, incompréhensibles en raison de leur insignifiance intrinsèque (objets familiers, parfum, son d'une voix, de tout autre oubliés, témoins de hasard de la minute qu'ils ressuscitent de la nuit des temps). Ils ne font donc qu'aggraver la solitude de la vie:

> hélas! ces mondes isolés, chacun de nous les porte en soi; car où sont les personnes faites pour s'aimer qui ont vécu assez longtemps les unes près des autres pour n'avoir pas des souvenirs séparés? [28]

Ne sent-on pas dans ces mots désabusés, écrits pourtant auprès de Madame Récamier, comme la jalousie de se voir refuser entrée dans le plus secret du cœur de l'être aimé ? Quelle cruauté plus grande, que celle d'un exil ou d'une solitude au cœur même de l'union la plus étroite ? Contre cette peine, une défense : la mémoire méditative dont le monument est le véhicule. Car si la mémoire affective renforce ce *monde à part* que *chaque homme renferme en soi*, ce monde qui est à part *parce qu'il est étranger aux lois et aux destinées générales des siècles* [29], la mémoire qu'éveille le monument est celle que partagent tous les hommes, leur communion dans une émotion retrouvée d'âge en âge. La mémoire affective ajoutait à la solitude du moi d'aujourd'hui l'isolement du moi d'autrefois. Le monument, au contraire, rappelle à l'homme ce qu'il a en commun avec autrui, ce qu'il a de généralement humain et qui survit à l'individu. Le monument demeure unique (et par là même foyer d'attentions et d'intentions convergentes), et permet à celui qui le contemple de trouver son semblable, contemplant le même monument, et dans son semblable, ce qui lui ressemble, qui fonde la sympathie et met fin à la solitude. Au moment même où Chateaubriand regrette que son monde intérieur demeure isolé de celui de Juliette, un double monument s'offre où convergent leurs méditations respectives : le château vide de Mme de Staël et son tombeau. Ils peuvent donc communier dans la similitude de leur situation face à l'abandon et à la mort. Dès lors, leurs *mondes isolés* sont *liés par une secrète sympathie* [30].

Mais ce n'est pas tout que d'expliquer comment une structure a dû se développer dans un univers imaginaire ; ce n'est pas tout que d'en montrer le rôle dans le système mémoriel de l'écrivain. Il faut encore comprendre comment la structure fonctionne, de quelle manière elle est actualisée dans le texte, quelle que soit la valeur sémantique que le poète lui attribue dans un passage donné.

Pour l'actualiser — lui donner sa forme visible dans le texte — la description pure et simple d'un monument réel ne suffit jamais. Dans le cas le plus simple, le monument est arrangé, ajusté de manière à dégager sa signification potentielle. Or le monument concrétise la dimension temporelle : on peut donc le réduire à une opposition AVANT/APRÈS. C'est cette opposition que Chateaubriand fait ressortir par son commentaire :

> On voit marcher à la fois Dieu et l'homme. Bonaparte après sa victoire ordonne de bâtir le pont d'Austerlitz à Paris, et le ciel ordonne à Alexandre d'y passer. [31]

Si l'arrangement est trop compliqué, Chateaubriand invente le monument : quel dommage, pense-t-il, qu'on ait donné une sépulture convenable au duc d'Enghien assassiné par Bonaparte. En laissant son corps à l'abandon, on eût permis une symétrie instructive :

> Le squelette abandonné du duc d'Enghien et le tombeau désert de Napoléon à Sainte-Hélène feraient pendant : il n'y aurait rien de plus remémoratif que ces restes en présence aux deux bouts de la terre. [32]

Tout ceci est cousu de fil blanc : en général, Chateaubriand préfère laisser parler le monument. Mais c'est un monument truqué. Il y a décalage entre sa représentation et ce que verrait le lecteur s'il lui était donné de contempler l'édifice réel. C'est ce décalage qui est la voix de l'auteur.

Reprenons, par exemple, l'opposition AVANT/APRÈS. Exprimée dans ces deux termes, et commentée, elle représentait il y a un instant les revanches de la destinée. Supprimons le premier terme, et disposons notre énoncé de manière que APRÈS présuppose un AVANT détruit. Répétons ensuite les variantes d'APRÈS: nous obtenons un mélancolique symbole de la fin inéluctable de toute entreprise humaine. Ce sera le motif du *lieu vide*. Du lieu vide *construit:* théâtre, par conséquent, d'activités humaines qu'on ne connaît que par le fait qu'elles ont cessé. De ce motif, il y a mille exemples: Venise quasi abandonnée, le vide de l'Escurial dans l'*Itinéraire*, puis dans la *Vie de Rancé*, le retour à Combourg désert, récit transposé dans *René*, etc. Spectacle si traumatique qu'il engendre un néologisme, lequel secoue le lecteur à son tour. L'adjectif *inhabité* ne dénoterait que le spectacle du vide: le néologisme *déshabité* transforme ce spectacle en « monument » d'un départ, le vide devient viduité. Le lieu vide tend à être le monument d'un monument, car les abandons se succèdent, chaque départ représentant une ruine et chaque arrivée le monument consacrant le départ précédent: sous les yeux de Chateaubriand, le site de Carthage déroule comme un diorama Didon puis les légions d'Hannibal, qui font place à celles de Scipion, et celles-ci aux Vandales, et ceux-ci aux Maures, et ceux-ci à Saint Louis qui ne laisse après lui que le vide du tombeau [33]. C'est peut-être, dira-t-on, parce que l'histoire de Carthage impose de par sa nature ce genre d'accumulation. Mais la réaction sera identique devant un paysage très quelconque: telle banlieue de Sarrebruck superpose des camps abandonnés dont le vide étage les alluvions de cinq invasions barbares, et les ruines d'un monastère, où le contraste de la paix et de la guerre est lui-même présenté sous forme de commentaire — inscription commémorative: *là furent des passions qui appelèrent le silence et le repos avant le dernier repos et le dernier silence* [34]. Ailleurs, l'abandon physique symbolise une forme de destruction spirituelle. Ecoutons Chateaubriand de retour d'une visite à la maison vide de Madame d'Houdetot:

> Un âtre abandonné intéresse toujours; mais que disent des foyers (...) dont les cendres, si elles n'étaient dispersées, reporteraient seulement le souvenir vers des jours qui n'ont su que détruire? [35]

Ici encore il y a commentaire, mais cet exemple me servira de transition, parce qu'il contient aussi dans la description même une morale implicite. « L'acharnement » du vide est indiqué par des répétitions de l'opposition AVANT/APRÈS à divers niveaux de la langue: *cendres* redit l'abandon du foyer, mais par le biais d'une opposition *feu allumé/feu éteint*. Le négatif hypothétique *si elles n'étaient dispersées* redouble l'absence physique à l'aide de l'expression grammaticale de l'irréel.

Il y a donc ici deux énoncés du sens moral de ce monument du vide, l'un explicite, l'autre implicite. Nombre de passages n'ont de morale qu'implicite: seule l'exprime la disposition des détails de la description. Le Colisée de Rome, par exemple, est d'abord décrit comme un espace vide — mémorial de son contraire, la foule qui naguère l'emplit. Exprimé par le biais d'un plein étranger à l'humain, ce vide en est en quelque sorte aggravé:

Le soleil qui se couchait, versait des fleuves d'or par toutes ces galeries où roulait jadis le torrent des peuples. [36]

La perception de détails présents déclenche alors une nouvelle relation mémorielle, informée par des souvenirs classiques, ce qui transforme en monument la description même de celui-ci. Des chiens aboient, détail qui, dans la description d'un édifice humain, est une expression métonymique de l'abandon. Chateaubriand choisit dans ses souvenirs de lecture sur le cirque romain un détail analogue, qui est à l'homme ce que l'aboiement est au chien :

Au lieu des cris de joie que des spectateurs féroces poussaient jadis dans cet amphithéâtre, en voyant déchirer des chrétiens par des lions, on n'entendait que les aboiements. [37]

La ruine vient d'être constatée en termes d'opposition PRÉSENCE/ABSENCE ; la superposition d'*aboiements* à *cris* répète cette constatation sous forme de jugements de valeur : la vie naguère représentée par des hommes n'est plus représentée que par des chiens. D'où cette métaphore : dans le système d'équivalences verbales déterminées par la structure *monument*, les Romains assoiffés de sang occupent la même case que la meute déchaînée.

Je parlais tout à l'heure de décalage dans la mimésis du monument. Jusqu'ici il ne s'agissait que d'un déséquilibre : un aspect du monument était dessiné d'un trait plus insistant, la même idée redite sous diverses formes. Chateaubriand, toutefois, va plus loin : la description du monument bouleverse alors les lois de la nature, ou du moins contredit ce que le lecteur croit savoir de la réalité décrite.

Soit ce cas particulier du *monument* — le motif des ruines. Le commun des mortels a des ruines une conception statique : la ruine est l'aboutissement d'un processus de dégradation, le monument d'une décadence désormais complète. Un concept plus dynamique voit la ruine en évolution — mais c'est une évolution vers la disparition totale : la pierre tombe en poussière. Contrairement à ces idées reçues, la ruine chateaubrianesque tend à redoubler, ou à se dédoubler, voire à engendrer d'autres ruines, à vivre une sorte de vie dans la mort. Ces ruines, par exemple, qui s'entassent sur l'emplacement de Lacédémone : *un village turc (...) a péri dans ce champ de mort (...) et ce n'est plus qu'une ruine qui annonce des ruines* [38]. En dépit du verbe, il est vrai, ceci pourrait n'être qu'une remarque d'archéologue. Mais à Rome Chateaubriand voit une correspondance — c'est son mot — entre les ruines du Colisée et les ruines *futures* du Vatican. De *ruine* à édifice encore intact la correspondance suggère une affinité alarmante : *je songeai que les monuments se succèdent comme les hommes qui les ont élevés* [39]. La ruine est un devenir et non pas un aboutissement : lorsque les émigrés rentrent en possession de leurs biens et rebâtissent leurs châteaux brûlés, Chateaubriand discerne dans les décombres de 1789 la promesse des incendies de la révolution prochaine ; de même les clochers qui pointent hors des laves, vestiges d'églises ensevelies par le Vésuve, annoncent l'ensevelissement à venir des sanctuaires reconstruits [40].

Engendré par le dynamisme de la structure sous-jacente, un potentiel de vie se révèle dans le motif des ruines. Lors d'une seconde visite au

Colisée, à trois mois de la précédente, Chateaubriand n'y retrouve rien de ce qu'il y vit la première fois. L'ermite des ruines est mort; les chiens n'aboient plus: l'impression de néant est telle qu'en comparaison, dit-il, *j'ai cru voir les décombres d'un édifice que j'avais admiré quelques jours auparavant dans toute son intégrité et dans toute sa fraîcheur* [41]. La ruine de la veille est une non-ruine, comme le comte Dracula est *undead*: la ruine de la veille était une ruine en bouton; elle éclôt en ruine d'aujourd'hui.

De cet effort pour renouveler la mimésis naissent des habitudes métaphoriques, d'où des phrases comme celle-ci sur Henri V, encore enfant, mais déjà exilé: *jeune et nouvelle ruine d'un antique édifice* [42]. Il se crée donc, dans l'idiolecte Chateaubriand, un système de codes spéciaux, de normes particulières, où les mots ne signifient plus en fonction de l'usage, mais en fonction de la structure qui se trouve être actualisée dans un contexte donné. Toute mise en relief se trouve alors subordonnée à la structure. Selon que le poète décrit plus ou moins complètement son sujet, le déséquilibre ou l'anomalie mimétique va être plus ou moins développée. Il suffira que Chateaubriand s'appesantisse sur un aspect particulier du thème des ruines, pour que cet aspect devienne le véhicule efficace de la relation structurale. Nous avons noté que l'opposition AVANT/APRÈS avec AVANT au degré zéro favorise une interprétation de la ruine comme devenir, comme vie dans la mort. Dans la description des vestiges de la villa Adrienne, morceau de bravoure de la *Lettre sur la Campagne romaine* [43], Chateaubriand s'attarde au motif des plantes saxatiles: il en fait du même coup l'expression hyperbolique du devenir des ruines. Le tableau d'ensemble est introduit comme variante de *lieu vide* ou d'*abandons successifs:*

Il y a même double vanité (des choses humaines) dans les monuments de la villa Adriana. Ils n'étaient, comme on sait, que les imitations d'autres monuments répandus dans les provinces de l'empire romain: le véritable temple de Sérapis à Alexandrie, la véritable Académie à Athènes n'existent plus; vous ne voyez donc dans les copies d'Adrien que des *ruines de ruines*.

Alternent en contrepoint la peinture des édifices effondrés et le spectacle de la nature envahissant leurs décombres. Motif fréquent de la représentation des ruines: Chateaubriand aime contraster la mobilité des plantes sur l'immobilité des pierres. En soi, pourtant, le motif ne serait nullement caractéristique de son paysage imaginaire. On le trouve chez quiconque a regardé des ruines. Diderot, il est vrai, se contente de noter la présence des plantes; Gautier ne fait qu'entrer dans le détail; mais Hugo tire du motif les mêmes contrastes esthétiques que Chateaubriand, et tout aussi souvent que lui [44]. Ce qui me paraît pur Chateaubriand, par contre, c'est que le motif des plantes ne relève plus du style pittoresque: il est articulé sur la structure qui sous-tend la description du monument et ne prend tout son sens qu'en fonction de cette structure, en fonction de la manière dont le monument est représenté, non en fonction du monument lui-même. Il y a d'abord le fait significatif que la végétation est décrite elle-même en termes d'architecture: maçonnerie *tapissé(e) de feuilles... dont la verdure satinée se dessinait comme un travail en mosaïque, corbeilles et bouquets, guirlandes,* etc.

Il ne s'agit pas là d'ornements surajoutés. Chateaubriand dit expressément que la Nature copie l'Art: *la nature s'était plu à reproduire sur les chefs-d'œuvre mutilés de l'architecture, l'ornement de leur beauté passée.* Les plantes sont donc un monument vivant du monument tombé, et la nature remplaçant l'art un triomphe de l'Art sur la Mort. Cependant ces mêmes plantes renversent les murs, envahissent les salles, annulent le caractère fonctionnel de l'édifice: leur croissance est une décomposition en progrès; elles achèvent la destruction, et sont donc un triomphe de la Mort.

Double et contradictoire symbolisme résumé dans l'image des arbres qui remplacent les colonnes tombées: *çà et là de hauts cyprès remplaçaient les colonnes tombées dans ces palais de la mort* [45]. D'une part, le verbe exprime le triomphe de l'art (les arbres d'ailleurs revivent l'histoire de l'art, puisque selon Chateaubriand l'idée de la colonne jaillit naguère de la contemplation des arbres). D'autre part, le choix d'un arbre funèbre, le cyprès, et la substitution de *palais de la mort* à « palais impérial » expriment la victoire de la mort. Cette double face de la phrase actualise tour à tour deux potentiels de la structure « monumentale »: AVANT engendre APRÈS, donc *mort* donne *ruine*; et APRÈS représente AVANT, donc *ruine* est un monument de *mort*. La bizarrerie caractéristique qui représente la mort par une forme de vie est elle-même issue d'une propriété sémantique de la structure. Propriété assez analogue à l'ambivalence qui fait dire à l'optimiste qu'un verre est à moitié plein, au pessimiste qu'il est à moitié vide. Mais l'ambivalence, au lieu d'être symbolisée par une alternative, comme dans le cas *pessimiste/optimiste*, est représentée par une séquence, par la succession dans le temps. Réalisée par une variante statique, comme *être*, la structure est monument; réalisée par une variante dynamique, comme *devenir*, la structure est ruine. Or tout indique que Chateaubriand alterne constamment entre la variante statique, qui légitime l'effort artistique, et la variante dynamique, qui reflète son obsession de la mort. On l'a vu tout à l'heure dans le cas du Colisée ruine, redevenant intact pour retomber en ruines; on le voit dans des génitifs comme *ruine de ruine*, cité plus haut, qui correspond, en code statique, à *monument de monument*.

Si cette interprétation est correcte, le phénomène doit se reproduire dans le cas où la variante est actualisée par le motif des *tombeaux*. La tombe est, par excellence, le dernier monument, elle concrétise tout ce que la mort a de final. Un défi à l'usage qui attribuerait à la tombe la même vitalité, la même capacité reproductrice que tout à l'heure nous avons vu déformer la représentation des ruines, un tel défi serait encore plus démonstratif. C'est bien ce qui se passe. Les tombeaux chateaubrianesques alternent entre leur signification « vestige d'une vie détruite », et leur signification « monument », c'est-à-dire comme ruine future. A preuve, ce passage:

Les sépulcres dépeuplés offrent le spectacle d'une résurrection et pourtant ils n'attendent qu'une mort plus profonde (...) C'est le néant qui a rendu ces tombes désertes. [46]

ou encore la prophétie de l'oubli qui couvrira bientôt comme une seconde mort le souvenir de l'exécution de Louis XVI, phrase où *l'échafaud*, métonymie de *tombe*, est littéralement enterré par *l'obélisque*, métaphore de *monument funèbre*:

Et cependant la pierre hiéroglyphique taillée par ordre de Sésostris ensevelit dès aujourd'hui l'échafaud de Louis XVI sous le poids des siècles. [47]

Il est même possible de trouver des variantes purement lexicales de la structure que réalise normalement l'image monumentale, où se vérifie la présence de la propriété révélée par *ruines de ruines*, par le motif de la végétation des ruines, par leurs synonymes. Variantes lexicales, c'est-à-dire mots ou groupes de mots dont le sens actualise la structure sans toutefois aller jusqu'à l'image, comme cette formule du *Voyage en Italie*:

On meurt à chaque moment pour un temps, une chose, une personne qu'on ne reverra jamais: *la vie est une mort successive.* [48]

Mort successive, c'est-à-dire, dans un sens de *successif* qui a vieilli, *mort continue*, trouvaille assez frappante pour que le *Grand Dictionnaire* la relève encore en 1875, et dont l'audace est aussi révélatrice que celle des défis à l'usage déjà notés. Tout comme dans le cas des déformations de la réalité, les propriétés sémantiques de la structure servent à exprimer un concept du temps particulier à Chateaubriand. Il ne s'agit pas du lieu commun de la fuite des heures, de l'écoulement universel, que Chateaubriand d'ailleurs connaît aussi — il a même créé le mot *fuitif* pour l'exprimer. Il ne s'agit pas de l'effritement, ou de ce que J.-P. Richard appelle la labilité. Il s'agit d'un temps mesuré par la sensibilité douloureuse de l'écrivain, durée faite d'abandons, de ruines, de privations successives:

Combien rapidement et que de fois nous changeons d'existence et de chimère! Des amis nous quittent, d'autres leur succèdent (...): il y a toujours un temps où nous n'avons rien de ce que nous eûmes. L'homme (...) a plusieurs (vies) mises bout à bout. [49]

Il est évident que les mêmes mots, les mêmes images peuvent servir à représenter aussi bien la vie que le monument: la même structure les organise. Ce dont Chateaubriand était parfaitement conscient, lui qui disait dès le *Génie du Christianisme* qu'il y a *une conformité secrète entre les monuments détruits et la rapidité de notre existence* [50]. En fait, ce n'est pas de conformité, mais de fusion qu'il faut parler, car la représentation du monument sert aussi à représenter l'auteur lui-même.

Fusion d'autant plus facile que Chateaubriand répugne à représenter un monument sans faire intervenir un témoin. La perception, l'existence même du monument dépend de l'œil qui le contemple. Vulnérabilité de l'architecture qui n'existe plus dès qu'elle n'a plus de visiteurs, qui ne porte plus témoignage, comme si elle s'évanouissait avec les hommes et les actions dont elle devait rappeler la mémoire: *elles ne sont déjà plus pour moi, ces ruines, puisqu'il est probable que rien ne m'y ramènera* [51].

L'interdépendance du monument et de son spectateur s'explique sans doute par les attitudes de l'espèce de tourisme littéraire dont j'ai parlé. Elle s'explique aussi du fait que les monuments les plus fréquents chez Chateaubriand sont des monuments funèbres. Or il y a une tradition littéraire dont l'*Anthologie grecque* témoigne déjà, tradition qui a son origine dans les clichés des épitaphes et qui se continue par l'imitation conventionnelle du langage des épitaphes dans l'élégie. Cette tradition a instauré en poésie une dialectique du tombeau et du voyageur: *Sta viator!* Le voyageur s'arrête et lit à haute voix. Sans lui le message de la tombe resterait vain. Sans le voyageur, sans le spectateur, le monument ne peut créer la communication par-delà l'absence. C'est pourquoi Chateaubriand peut dire qu'une nouvelle mort ensevelira Louis XVI du jour où l'obélisque de la Concorde sera le centre d'un nouveau désert: plus de témoins, plus de monument.

Convention poétique utile, qui fournit le schéma des scènes de méditation. Mais elle offre beaucoup plus qu'une commodité technique: elle permet de représenter dans le lecteur de l'épitaphe, de répéter ou de refléter dans le contemplateur du monument la successivité caractéristique de notre structure:

> Je lis sur une pierre les regrets qu'un vivant donnait à un mort; ce vivant est mort à son tour, et après deux mille ans je viens, moi barbare des Gaules, parmi les ruines de Rome, étudier ces épitaphes dans une retraite abandonnée (...) moi qui demain m'éloignerai pour jamais de ces lieux, et qui disparaîtrai bientôt de la terre. [52]

On reconnaît la construction du type *ruine de ruine*, mais elle n'est plus limitée à la description du monument: il faut, pour l'actualiser, un rapport mutuel entre le monument et celui qui le regarde. L'homme qui médite sur les ruines est *une ruine encore plus chancelante*. Le souvenir même, Chateaubriand se le représente comme un sanctuaire où monument et contemplateur ne font qu'un; ils subissent ensemble la continuité de la mort: le cœur de nos amis, *où s'est gravée notre image, est, comme l'objet dont il retient les traits, une argile sujette à se dissoudre* [53]. Les variantes ne manquent pas: fleuve, image du temps, regardant passer sur ses bords les générations, les jours de l'homme semblables eux-mêmes à des flots; mourante, regardant un monument en ruine, dont les arcades semblent à leur tour la contempler, *portiques morts... qui avaient tant vu mourir* [54]. A leur étrangeté, on reconnaît que la pression de la structure l'emporte sur les exigences de la représentation du réel.

L'interdépendance du spectacle et de l'œil a engendré deux familles d'images chateaubrianesques où l'on observe la pénétration du monument par le moi du poète. Dans la première catégorie, il y a comme une surimposition du spectateur au monument qu'il contemple, de sorte que les détails que l'œil retient de l'ensemble architectural représentent métaphoriquement le spectateur: dis-moi ce que tu regardes et je te dirai qui tu es. Le Colisée est un monument à Rome disparue. Or, lorsque Chateaubriand y accompagne Madame de Beaumont mourante [55], l'œil de l'écrivain puis celui de son personnage élisent certains détails, tous synonymes. Au sens universel qu'a cette ruine fameuse entre toutes se substitue une signification définie par l'heure tardive, les ombres grandissantes, le soleil disparaissant, ce regard de la visiteuse qui s'abaisse des faîtes encore ensoleillés à l'ombre qui s'amasse dans l'amphithéâtre, à l'arène où les martyrs périrent, à la croix qui commémore leur sacrifice. Désormais le Colisée est un monument, un symbole de la mort imminente de Pauline, et donc des sentiments de Chateaubriand lui-même. La complexité du réel ayant été filtrée par les préoccupations propres de celui qui le regarde, ce qui de ce réel est retenu, est l'*analogon* de la pensée du contemplateur. Le regardant s'est incarné dans le regardé, dirait-on. Peut-être, à la réflexion, l'image inverse serait-elle plus juste: au monument extérieur, objectif, dont le symbolisme est établi, traditionnel, s'est substitué un monument intériorisé à l'imaginaire, et dont le symbolisme est propre au spectateur. En pareil cas, le thème monumental est la forme chateaubrianesque du paysage état d'âme des romantiques.

La seconde famille d'images où l'on observe la fusion du monument et du poète comprend les images où le passant, où le voyageur accomplit une activité rituelle, qui, comme tout à l'heure la lecture de l'épitaphe, donne réalité au symbole. Bien mieux, si le monument disparaît, le spectateur en assume les fonctions, le remplace, devient lui-même le monument de ce qui a disparu. C'est par un rite que Mme Récamier à Coppet évoque la mémoire de son amie: *Après avoir pieusement suivi les allées qu'elle avait coutume de parcourir avec Mme de Staël, Mme Récamier a voulu saluer ses cendres* [56]. Rite qui s'achève en identification du desservant et de l'objet du culte: à revivre ce passé, la visiteuse devient elle-même l'image de la mort: *pâle et en larmes, (elle) est sortie du bocage funèbre elle-même comme une ombre.* Monument vivant de la disparue, elle a son propre spectateur: Chateaubriand, à sa vue, comprend que la fidélité du culte compense l'éphémère fragilité du sépulcre. Transposons ceci dans le domaine de l'œuvre littéraire: la vanité de toutes choses est compensée par leur représentation dans l'art.

Des cérémonies analogues, de véritables liturgies du souvenir, que Chateaubriand appelle *(revenir) en arrière sur la trace des jours* [57], le font communier avec les grands hommes avec lesquels il se sent des affinités:

> J'étais là sur les frontières de l'antiquité grecque, et aux confins de l'antiquité latine. Pythagore, Alcibiade, Scipion, César, Pompée, Cicéron, Auguste, Horace, Virgile, avaient traversé cette mer. Quelles fortunes diverses tous ces personnages célèbres ne livrent-ils point à l'inconstance de ces mêmes flots ? Et moi, voyageur obscur, passant sur la *trace effacée* des vaisseaux qui portèrent les grands hommes de la Grèce et de l'Italie, j'allais chercher les muses dans leur patrie; mais je ne suis pas Virgile, et les Dieux n'habitent plus l'Olympe. [58]

J.-P. Richard croit pouvoir affirmer qu'au cœur de la ressemblance entre Chateaubriand et ceux qui traversèrent l'Adriatique avant lui, adorateurs des mêmes Muses, se creuse un écart infini. Car Chateaubriand est obscur, il n'est pas Virgile. L'éloignement des temps, le départ des dieux, la trace effacée des vaisseaux « nous introduisent... à un univers de désacralisation, de désenchantement ». Le voyage serait pour Chateaubriand « un exercice imaginaire... sur la résonance des destins, mais aussi sur leur distance, leur non-coïncidence essentielle » [59]. Lecture insoutenable. Chateaubriand vient à ce magique portique où se touchent les deux cultures qu'il unit déjà dans son cœur, célébrer en le passant le rite symbolique de cette union. Pèlerin après d'autres, son acte annule la distance de gloire et de temps qui les sépare de lui. Exactement de même, de Pythagore à César, d'Horace à Virgile, la diversité des fortunes, répétée par l'image de l'inconstance des flots, avait été annulée parce qu'ils avaient fait le même pèlerinage. En repassant sur la trace de ses prédécesseurs, Chateaubriand ranime le culte des Muses. Il y a resacralisation, reconsécration. Il dit en effet qu'il n'est pas Virgile, mais cette obscurité en face de cette gloire donne au pèlerinage sa signification : il suit l'exemple de Virgile, comme d'autres poètes avant lui, il fait justement coïncider deux destins par un geste symbolique. Il dit bien que les Dieux sont partis : cependant il fait le voyage, et tout l'*Itinéraire* est un monument aux Muses, un acte de foi dans ces dieux, une célébration de la culture ressuscitée par son passage. Quand il parle de *trace effacée*, il déplore moins la disparition des grands hommes qu'il ne témoigne, fût-ce par le biais d'une négation, de la permanence de leur trace. Au fond, écrire *trace effacée*, cela équivaut, dans l'écriture, à en creuser une nouvelle avec la proue du vaisseau qui le transporte en Grèce. *Effacé*, en somme, n'est que l'expression du passé, de l'antériorité, mais *trace* est ce qui s'impose à l'attention du lecteur, *trace* est ce qui demeure [60].

Les mots mêmes qui expriment ruine, mort, disparition, se substituent ainsi, à leur tour, au regardeur de monuments, au desservant de la liturgie du souvenir, et le relèvent de ses vigiles. Le fait même d'écrire *absence*, *ruine*, ou *mort*, c'est déjà en composer le monument. A chaque étape de l'*Itinéraire*, à chaque pas de sa vie, Chateaubriand constate la destruction physique des êtres et des choses. Mais chaque pas creuse à nouveau la trace effacée, et le récit de chaque pas atteste par la présence des mots ineffaçables que les absents sont présents, que les disparus vivent. Le *fait* de l'écriture, dans le moment même qu'elle énonce une destruction, représente la victoire du monument sur la ruine.

Michael RIFFATERRE
Columbia University

Notes

[1] *Mémoires d'Outre-Tombe* (Bibliothèque de la Pléiade) (Abréviation : *M*) I, 197.
[2] *M.*, I, 7.
[3] *M.*, I, 435.
[4] *M.*, I, 424 (repris de l'*Essai sur la littérature anglaise*).
[5] *M.*, I, 599.
[6] *M.*, I, 564–65.
[7] *M.*, II, 8.
[8] *Vie de Rancé* (édition Letessier), 253.
[9] *M.*, II, 592.
[10] *Génie du Christianisme*, I, III, iii (Flammarion, I, 71).
[11] *Génie*, III, I, viii (I, 299–300).
[12] *Génie*, I, IV, iv (I, 86).
[13] Cité dans Alice Poirier, *Les Idées artistiques de Chateaubriand* (1930), p. 48.
[14] *M.*, II, 606.
[15] *M.*, II, 980.
[16] *Voyage en Italie* (abréviation : *Ital.*), *Œuvres complètes* (Garnier) VI, 270.
[17] *Voyage au Mont-Blanc*, *Œ.compl.* (Garnier) VI, 347.
[18] *M.*, I, 626–27.
[19] *Ital.*, VI, 292.
[20] *Lettre à M. de Fontanes sur la Campagne romaine* (éd. J.-M. Gautier) (abréviation : *Campagne*), 25.

[21] *Ital.*, VI, 279-280.
[22] *M.*, II, 860.
[23] *M.*, I, 6.
[24] *M.*, II, 860.
[25] *M.*, I, 76.
[26] *M.*, II, 585.
[27] *Ital.*, VI, 280.
[28] *M.*, II, 605-6.
[29] *M.*, I, 519.
[30] *M.*, II, 605.
[31] *M.*, I, 751.
[32] *M.*, I, 571-2.
[33] *Itinéraire de Paris à Jérusalem* (édition E. Malakis) II, 292.
[34] *M.*, II, 742.
[35] *M.*, I, 476.
[36] *Campagne*, 13.
[37] *Ibid.*
[38] *Itinéraire*, I, 231.
[39] *Campagne*, 13.
[40] *M.*, I, 472.
[41] *Campagne*, 14.
[42] *M.*, II, 755.
[43] *Campagne*, 15-17.
[44] Voir Jean-Bertrand Barrère, *La Fantaisie de V. Hugo*, III, pp. 165-172.
[45] *Campagne*, 16.
[46] *M.*, II, 331.
[47] *M.*, II, 911.
[48] *Ital.*, VI, 286.
[49] *M.*, I, 103.
[50] *Génie*, III, V, iii (II, 45).
[51] *Ital.*, VI, 286.
[52] *Ital.*, VI, 279.
[53] *Ital.*, VI, 313.
[54] *Ital.*, VI, 278-9; *M.*, I, 514.
[55] *M.*, I, 514.
[56] *M.*, II, 606.
[57] *M.*, II, 607.
[58] *Itinéraire*, I, 155.
[59] J.-P. Richard, *Paysage de Chateaubriand* (1967), 125-6.
[60] Cf. cette première version d'une image — *les tombeaux ont été effacés par les pas de la joie* — que le *Rancé* reprend, sans changement aucun du sens, sous la forme: *les tombeaux poussent sous les pas de la joie* (éd. Letessier, p. 54, n. 1, p. 55).

DESCRIPTIONS OF NATURE IN CHATEAUBRIAND

The variety of approaches which this Commemoration has taken bears witness to the extraordinary vitality of Chateaubriand today. I should like, for my part in it, to go back with you and examine anew his descriptions of landscape. In some measure, if I am to be honest with you, this is simply because I enjoy his artistry and wished to share that enjoyment with you this evening. But we are also a scholarly convocation and I do have a scholarly purpose as well.

Writing in 1841, Chateaubriand looked back over his long life and observed: " Je me suis rencontré entre deux siècles, comme au confluent de deux fleuves; j'ai plongé dans leurs eaux troublées, m'éloignant à regret du vieux rivage où je suis né, nageant avec espérance vers une rive inconnue. " Or a few lines later at the very end of his *Mémoires d'Outre-Tombe*: " Je vois les reflets d'une aurore dont je ne verrai pas se lever le soleil. " It was obvious enough to the romantics themselves that they were all children of René. That much their progenitor had seen and experienced himself. This evening I should like to examine with you something of his effect upon that day whose dawn alone he lived to see.

I shall perforce take note of what Chateaubriand owes to the eighteenth century and what he gave to the romantics; but my interest will be to make a reconnaissance into terrain that has been less explored and mapped, that is, certain of the ways in which writers and painters alike who worked after 1850 were also children feeding at Chateaubriand's table, to borrow an image from Flaubert, who was one of those children. And it shall be my particular concern to suggest that these new authors of a new generation developed new awarenesses of sensitivities already present in Chateaubriand, but somewhat overlooked by the more overtly dynamic and tumultuous romantic generation. It will be, of course, Chateaubriand the artist rather than Chateaubriand the psychologist who will be at issue. And for this purpose his landscape descriptions are peculiarly apt.

For this evening I have selected the last of the many reworkings Chateaubriand prepared of his famous account of a night spent near Niagara Falls. Such a use of an individual passage has obvious advantages; let me not list them but instead point to the pitfalls I know and admit are inherent in this method. I recall, after long years of admiration for Eric

Auerbach's analysis of a passage in *Madame Bovary*, the uncomfortable feeling which came over me when I could find no other single passage in the entire book which could be used to prove the full range of Auerbach's thesis. I freely confess the problem in methodology here and can only hope that you will not, upon reflection, find that it invalidates the suggestions I am about to make.

Our version of the scene comes from the *Génie du Christianisme*. The opening establishes the site and sets that mood of solitude which the romantics were to find so dear:[1]

> Un soir je m'étais égaré dans une forêt, à quelque distance de la cataracte du Niagara; bientôt je vis le jour s'éteindre autour de moi, et je goûtai, dans toute sa solitude, le beau spectacle d'une nuit dans les déserts du Nouveau Monde.

This is the formal announcement of a *tableau*, a moment akin to the *tirades* of the classical theater. But this time the *spectacle* is instead a composite of themes which preromanticism had made familiar and which the romantics were happy to pillage: *le coucher du soleil, la solitude, la nuit, les déserts*. This is not, however, our topic; so we may pass on at once to the first long paragraph:

> Une heure après le coucher du soleil, la lune se montra au-dessus des arbres, à l'horizon opposé.

We recognize at once the full, rhythmic flow of Chateaubriand's sentences, ternary as so often. But let me turn to the ending, "à l'horizon opposé". And allow me what seems merely a cavil: there was no other place for the moon to rise. The phrase exists only to lengthen the sentence and to help build our feeling of an oddly static immobility, as the moon " appeared " and stood there to be looked at, already high above the horizon. I shall wish to develop this further in a moment. The first appeal to our sight is followed at once by a generalized sense appeal: " une brise embaumée ". This is very complex, for our responses here are not subject to counting techniques based upon the alleged five senses. The fresh breeze of evening touches our cheek; we feel its physical presence; it cools us; our nostrils expand to catch the moist scent.

Then eighteenth-century rhetoric takes over; it is obvious and needs little comment: " ... que cette reine des nuits amenait de l'orient avec elle... " Allow me now to skip to the end of the sentence: " ... comme sa fraîche haleine ". Observe how *haleine* and *fraîche* pick up our earlier physical responses to *une nuit embaumée*. If I leave it this way, we appear to be experiencing—be present at—a moonrise: the sight of the moon, her pausing for her portrait, the coolness, the breeze, the scented air, all evoke our physical presence.

But not so, not so in fact. To begin with, as any astronomer knows, as anyone who has really watched the moon rise knows, she appears to burst from the horizon and rises very rapidly at first: a matter of the bending of her light rays on meeting the earth's atmosphere. She does not stand still, and a real experience is not being evoked here. Instead, this is a literary experience, a *spectacle*, how it would be if Chateaubriand had put the universe together, how his literary moonrise is put together. Incidentally, it is beautiful.

Second, and equally important, let me restore what I left out: " Une brise embaumée *semblait la précéder dans les forêts* comme sa fraîche haleine ". In other words, Chateaubriand is not observing the chronological order of events. First, in fact, there was the breeze—*la précéder:* consult your own recollections of the oncoming cool of evening. Second, the moon appeared. Chateaubriand acknowledges the proper order but reverses it in his presentation for literary reasons: the sight of the moon is more dramatic than the breeze, just as " à l'horizon " made a better ending to the previous sentence.

Let us make some provisional inferences. This is not really an effort to evoke the presence of the reader at a moonrise. It is not local color. It is instead an effort to delight the reader by his presence before a carefully formalized tableau, a *spectacle*. The reader's experiencing of the tableau is not without separate, discrete " objective correlatives " of sense perceptions; but the moonrise itself in its totality is not the objective correlative. As a matter of fact, there is no overall correlative. The description thus far exists for itself, in itself, as a formal entity. And when I phrase it thus, I have already adumbrated its classical quality.

Let us continue:

L'astre solitaire monta peu à peu dans le ciel: tantôt il suivait paisiblement sa course azurée, tantôt il reposait sur des groupes de nues qui ressemblaient à la cime de hautes montagnes couronnées de neige.

The eighteenth-century elements are clear enough and need little comment: *l'astre solitaire*, the balanced structure of *tantôt... tantôt*, the image of clouds looking like mountains, the use of *nues* for *nuages*.

Course azurée is more interesting. Its blue quality, here overshadowed by its use with the cliché of *azur* for *sky*, I shall wish to return to later. But the transposition from *sa course à travers l'azur* to *sa course azurée* is—as the handbooks point out—to foreshadow Mallarmé and his Faun who wakens to an *air/Assoupi de sommeils touffus*. As the point is thoroughly familiar, I do no more than note it here. There is more to come.

The real interest for us, oddly, lies in the banal image, the " nues qui ressemblaient à la cime de hautes montagnes couronnées de neige ". Any school-boy student of classical poetry from Homer forward recognizes the procedure and knows that one image calls for others marching forward in serried ranks. Even the sober Racine could write:

> Cependant sur le dos de la plaine liquide
> S'élève à gros bouillons une montagne humide.

But there Racine, and with him most of classical France, had stopped, a question of classical sobriety and of a greater interest in psychology submerging a lesser interest in depicting landscape. However, and this is my essential point here, had Racine continued, it would have been consonant with what he had already written to have made that continuation a matter of further imagery.

Chateaubriand's mountain image, too obvious anyway, offered little for further development in this classical vein. Hence, he changed images and developed an extended metaphor based on associated ideas of appearance and texture in various types of cloth. Let me read you the full sentence:

> Ces nues, ployant et déployant leurs voiles, se déroulaient en zones diaphanes de satin blanc, se dispersaient en légers flocons d'écume, ou formaient dans les cieux des bancs d'une ouate éblouissante, si doux à l'œil, qu'on croyait ressentir leur mollesse et leur élasticité.

A number of points interest me. First, the animism of the clouds recalls classical models but also seems perhaps to suggest Victor Hugo. It will bear examination. Note how very discreet it is, though, and contrast Hugo's:

> saules pensifs qui pleurent sur la rive,
> Et, comme une baigneuse indolente et naïve,
> Laissent tremper dans l'eau le bout de leurs cheveux.
>
> « A Mlle Louise B. », *Les Feuilles d'automne*

Or in more dynamic fashion:

> Dieu seul le sait, souvent, en de sauvages lieux,
> J'ai senti, moi qu'échauffe une secrète flamme,
> Comme moi palpiter et vivre avec une âme,
> Et rire, et se parler dans l'ombre à demi-voix,
> Les chênes monstrueux qui remplissent les bois.
>
> « A Albert Dürer », *Les Voix intérieures*

Palpiter, vivre avec une âme, rire, se parler, this is Hugolian animism, quite other than Chateaubriand's in that Hugo's springs from an inner, dynamic vision. Its sources in Chateaubriand are from entirely other passages.

Our passage is, again, a brilliantly handled formal exercise, a careful set-piece with its parts carefully disposed. First, the statement of the new image: " Ces nues, ployant et déployant leurs voiles... " Then a variation on the theme, reinforcing for the reader the impression that he is seeing them: " se déroulaient en zones diaphanes de satin blanc ". And now a third variation, still riding the imperfect verbs, but recalling the original image through a modulation on the word *flocons*, which are here not *de laine:* " se dispersaient en légers flocons d'écume ".

Classical rhetoric had held in its more sober periods—if I recall correctly—that three was enough of anything. But one's sense for the rhythm of this balanced sentence allows more, and Chateaubriand has his third variation take the form of two alternates: " ...flocons d'écume ou formaient dans les cieux des bancs d'une ouate éblouissante ".

I meant my phrase of a moment ago, " a modulation ". The notions of *voiles* and *satin* have moved easily through *flocons* to *ouate*, as in similar fashion *diaphanes* and *blanc* moved easily through *écume* to add the adjective to *ouate éblouissante*. Now the series of variations can be summed up in a final restatement capturing the essences of them all: " ouate éblouissante, si doux à l'œil qu'on croyait ressentir leur mollesse et leur élasticité ". *Mollesse* will interest us later. But for now, once again, you will have noticed, Chateaubriand has offered the suggestive illusion that one was present.

As we were enchanted earlier into thinking we felt the cool and perfumed breeze on our cheeks—only to realize that it had occurred some moments before—so here the almost baudelairean *ressentir* induces and leaves with us the same charming suggestion implanted by *l'enchanteur* for an instant ... until we pass on to the next paragraph. For here the bare structure of the rhetoric alone subsists: the division of the work into readily discernible parts: " La scène sur la terre n'était pas moins ravissante ".

But before we proceed, there is another and far subtler web or theme involved here: the notion of whiteness. We may best approach it by contrasting our passage with one by Bernardin de Saint-Pierre, to which it owes a great deal, in his chapter on Colors from his *Etudes de la nature*. A first point, familiar and which we may note rapidly in passing, is that Chateaubriand's seemingly personal accounts in general owe much to those *sources livresques* which we scholars have long delighted in uncovering behind his texts. For my own part I join here the long line of those who feel sure that Chateaubriand never came nearer to the Niagara than, at most, Albany. He is not in fact describing an experience at Niagara Falls [2]. But the demonstration of that thesis must await another occasion, for a second point demands our attention now, and specifically from Bernardin's description of a sunset. There, the rays of the sun rise obliquely to illuminate the masses of the clouds, again likened to mountains, and also to valleys. " Ces vallons célestes ", Bernardin wrote, " présentent, dans leurs divers contours, des teintes inimitables de *blanc* qui fuient à perte de vue dans le *blanc*... ". Since he finds these tints inimitable, he turns to other aspects of the scene, adding color to color, nuance to nuance.

Now Chateaubriand was as capable as Bernardin of reporting varied hues; he probably even learned something of how to do it from him. In the Letter on the *campagna romana* Chateaubriand noted that the Sabine mountains at sunset displayed tones of lapis-lazuli and opal and were " noyés dans une vapeur d'une teinte violette et purpurine ". On the other hand, good eighteenth-century man that he was, he could also abandon the attempt to depict and resort to mere conceptualizing. Just as his predecessors had been content often to describe a woman as " parfaitement belle ", or, negatively, as " d'une beauté sans comparaison ", so Chateaubriand, in the same Letter, is willing to report that he felt " un plaisir indicible " or, like Bernardin, to speak of clouds moving with " une grâce inimitable ".

But in our passage he essays to write *ut pictura poesis*. Picking up the gauntlet thrown down by Bernardin, he searched for ways to " imitate that white ", to explore its nuances or tints. The reader had already responded to the suggestion of whiteness when the moon rested on the clouds, for he envisaged it as he read of them. Then the vision was reinforced by the snows capping the mountains. Thereafter, the veils—folding and unfolding

—will be seen as curtains of white. At last the word itself will be used: *satin blanc*. The *flocons* suggest it, and clearly state it when they are linked to *écume*. And the notion reaches incandescence in *ouate éblouissante*.

Once again we have a type of virtuosity, this time with color, which is exactly not Hugolian. Hugo may indeed pile ten colors into eight lines of an " orientale "; but these will scatter across the rainbow and serve to dazzle the reader and excite him by the emotive powers of the varied hues. Not so here at all. The successive whites are refinements on sensibility, nuanced suggestions for the delicate and aware palate of the gourmet. The exquisite possibilities of responding to various whites in a literary *spectacle* are the *raison d'être* here.

It was Gautier who wrote that Chateaubriand had " rouvert la grande nature fermée " to the romantic generation. Critics have paid due attention to his error of fact (it was really Rousseau) but have paid less attention to the further fact that it was Gautier and not Hugo who said this. To be sure Gautier had led the defending band at *Hernani*. But Gautier's defense was in the name of the Hugo of the *Orientales*, which their creator, having produced them, left to make their own way in the world, while he concerned himself little with what they might become.

And I am sure that my comments on plays with whiteness had already led you to Gautier before I mentioned him. His " Symphonie en blanc majeur " is an extended working out of the stylistic base of our pleasure of reading these lines of Chateaubriand. (I do not mean to suggest—by the way—that that enlarging of the domains of white which is offered in Gautier's poem is necessarily an improvement: more is not always better).

But it is not surprising to find that Chateaubriand's ideas occurred to Gautier, or recurred in his poem, if you prefer. *La neige* appears first and returns many times, too many times. *Le blanc satin* was nearly inevitable. *Eblouissant*, too, is there, but applied to marble; and *la blanche écume* appears, as does *ou-ate* (albeit as a two-syllable verb which Littré criticized).

Nor was this the end of this *sensibilité*, as you know. Stimulated perhaps by such verbal ventures, a generation later the Impressionists would take off from there to paint white on white. And in Whistler's portraits, milady's white satin gown gains by juxtaposition to her white kid gloves and transposes easily to the whites in her skin and pearls. In the painters, as earlier in Gautier, art for its own sake was at once end and means, as indeed it had been in Chateaubriand's clouds. It was not so much the first half of the century as rather the second, which witnessed the development of this discovery of Chateaubriand's.

But let us return to our third paragraph and its eighteenth century transition in the opening sentence. Most contemporaries of Chateaubriand —or of Bossuet—would not have found this flat. It was the proper next move, the preparation of the reader for the next element in the literary presentation.

The clause which follows, however, redeems the first for even the most disappointed modern reader: " le jour bleuâtre et velouté de la lune descendait dans les intervalles des arbres ". The *course azurée* of the previous paragraph here finds its counterpoise in the perceptive realization that moonlight, far from being *argenté* (" l'astre au front d'argent ") is often *bleuâtre*.

We are all more than accustomed to the idea of color in the romantic poets and painters. But this is not the pile-up of raw color adjectives in a Hugolian " orientale "; nor is it the intense palette of a Delacroix. True, Hugo does use the word *bleuâtre* in an early " Ballade ": " une lueur rampante/En bleuâtres sillons sur la hauteur serpente " (Ballade VIII). But—and this is just the point—this is no delicately nuanced observation; for a monent later the same "reflets" are called " le rayon sulfureux "— hardly a pale blue tone! Indeed, one can read a dozen " orientales " in a row and hardly find a single case of the nuance rather than the simple color.

Here again Chateaubriand's *sensibilité* is preparing the way for a later man, whom you have already sensed from my English phrasing:

...la Nuance encor,
Pas la couleur, rien que la nuance!

I do not mean, naturally, that Verlaine read our passage and learned his lesson here. Literary criticism has been dogged by far too many alleged influences. Rather, by this example and by many others like it, one sensitivity is arousing another or preparing it, perhaps even unbeknownst to itself, to be aroused when the propitious moment arrives. Here again, Chateaubriand is parent, not to the romantics, but to the generations beyond them. For Verlaine is not alone in this insight: Manet and above all Monet and his group were to produce the effect of nuances, not raw colors, until Cezanne's revolution moved painting beyond the aegis of this insight of Chateaubriand's. *Velouté* we may place in the same context, for it has long been noted that this is baudelairean in its synesthesia.

" Dans les intervalles des arbres " will lead us back to an earlier aspect. It attracts our attention and does so for exclusively literary reasons: it is an unusual use of the word, meaningful surely, permissible probably —but without any parallel, for instance, in Littré, who always shows it as *intervalle entre* [3]. It brings to mind the Latin *intervallum*, very common with the genitive. And so, as we play with it, we enjoy the etymological *inter-* foreshadowing and displacing *entre*, a purely literary pleasure, word play for the sake of itself.

The final clause in the sentence, a familiar example to students of the use of language, merits our attention for the pleasure it, too, can give us, familiar though it be: " ...et poussait des gerbes de lumière jusque dans l'épaisseur des plus profondes ténèbres ". *Gerbes de lumière*, a perhaps less than wholly satisfying image, we may readily accept as an *expression toute faite*. But the vigor of *poussait* coupled with the use of the noun *épaisseur* will not be equalled until Flaubert and the Goncourt brothers rediscovered these possibilities around 1870. Contrast " " entrait en gerbes de lumière dans les ténèbres épaisses ".

Not only was Chateaubriand bringing to his readers a new block of sensations which only the American wilderness had provided him (" les plus belles nuits en Europe ne peuvent en donner une idée ", he wrote at the end of our passage); but as writer he was also bringing readers a new literary possibility available only through new manipulations of the language, as ideas heretofore carried in concrete adjectives come into a life of their own in nouns. Flaubert, pushing beyond to use the indefinite article, will write of a lamp which spread about it " une blancheur monotone ".

After such an extraordinary sentence Chateaubriand now elected to write a sentence of completely traditional, balanced character:

La rivière qui coulait à mes pieds tour à tour se perdait dans les bois, tour à tour reparaissait brillante des constellations de la nuit.

I should not pause over this at all, were it not that I shall need it later. But since I have paused, it is perhaps worthwhile to note that I confess myself unable to visualize the scene as he describes it. Do observe that the river is right there, *à ses pieds*, and not for instance a hundred feet below him [4]. Perhaps, if you share my feeling, you will allow again that a literary *spectacle* is what is offered us and that my relatively low response to the sentence is only that such balanced phrasings no longer excite us as they had the contemporaries of Chateaubriand's youth, when he learned to enjoy writing them.

The next sentence opens with another starting exemplification of the conceptual possibilities of language: " Dans une savane, la clarté de la lune dormait sans mouvement sur les gazons; des bouleaux agités par des brises et dispersés çà et là formaient des îles d'ombres flottantes sur cette mer immobile de lumière. " *Flottantes*, to take a minor issue first, is the second time in these paragraphs that Chateaubriand has elected to make a present participle agree (*brillante* was the first) so as to suggest relative permanence rather than relative activity; Flaubert will usually prefer the latter. But *dormait* is one of those " trouvailles " which—at least within my ken—were not to be actively explored until after 1850. The essence of the concept is that the light exists as an entity in itself, alive and capable of movement. Earlier, it decended (obvious to the point of cliché) or daringly *poussait des gerbes*. Here it sleeps, an immobile sea. In Chateaubriand's Letter on the Roman Countryside, he had a similar vision of an active light almost sliding through narrow crevices: " il n'y a pas de masses si obscures de rochers et de feuillages, dans lesquelles il ne *s'insinue* toujours un peu de lumière ". In Flaubert, forty years later, *la lumière tremble, se joue sur, ondule, épanche un fluide doux et reposé* or, as in Chateaubriand, may become *immobile*.

Chateaubriand's vision is not an observable, external phenomenon noted by the onlooker as he would note the motionless sleep of his dog. Nor is it a complex variant of the pathetic fallacy. For it is not wholly without an objective correlative: after reading the passage one may go out into the moonlight and conceive it as sleeping motionless upon the landscape. This is not akin to observing that the light is bluish, for that is objective fact. Rather, here, but still in objective fact, Chateaubriand's concept may be transferred to nature, which he has now taught us to look at in a new way. Impressionism has had the same effect on us. In the *Mémoires* Chateaubriand himself pushed even further by adding synesthesia: " J'allais entendre la clarté de la lune chanter dans les bois " (Flammarion, III, 241).

The close is familiar to us all. It will suffice to read it, noting only that this is the first time that we have heard anything. We have seen, sensed texture, coolness, and softness, or smelled perfumes. Now we suddenly become aware of the sounds of the night:

> Auprès, tout aurait été silence et repos, sans la chute de quelques feuilles, le passage d'un vent subit, le gémissement de la hulotte; au loin, par intervalles, on entendait les sourds mugissements de la cataracte du Niagara, qui, dans le calme de la nuit, se prolongeait de désert en désert et expiraient à travers les forêts solitaires.

I have sought to suggest to you—I hope not at too great length—how very much Chateaubriand's *sensibilité* allowed him responses not generally available even to sensitive men until Flaubert and Baudelaire, Verlaine and Mallarmé, and the large company of the Impressionists became aware of them later in the century, for reasons beyond the scope of this study. Thus far I have carefully avoided, even disclaimed, the notion of an influence, for it is generally a word whose meanings are so fraught with subtleties that I distrust its use and am rarely sure of its precise meaning.

Let me now change my stance and close by reading to you with only brief comments a passage so firmly rooted in Chateaubriand's as to be completely obviously so, the moment the idea is suggested, the great *clair de lune* from *Madame Bovary*.

We must understand, before we start, that two differences so separate these passages as to make them seem initially impossible to compare, much less to relate to each other. Flaubert's canons for the novel categorically forbade the halting of its progress for excursions into landscape description. This axiom in turn led to the corollary that landscape description (which Flaubert does often use) must immediately and directly serve the specific needs of the novel at the point at which the description occurs. Hence the effect upon the reader must precisely and exactly never be that of observing a literary *spectacle*, of enjoying a *morceau* for its own sake. The reader must participate in it, if the passage is to serve the novel rather than being a show-piece displaying the artist's skill. And yet Flaubert's *clair de lune* is in fact rooted in Chateaubriand's:

> La lune, toute ronde et couleur de pourpre, se levait à ras de terre, au fond de la prairie. Elle montait vite entre les branches des peupliers, qui la cachaient de place en place, comme un rideau noir, troué.

You will have noticed the differences. Flaubert takes his stand in firm opposition to so much of what Chateaubriand had stood for; for this is an effort to place the reader in the situation. Notice the imperfects, where the preceding passage had past definites. Moreover, the site is clear from the rest of the novel; the real moon, with its own shape and color, rises and does so quickly. We watch it with close attention to its appearance through the poplars and not merely " dans l'intervalle des arbres ".

The next sentence will be longer but without Chateaubriand's eighteenth-century rhetoric. The whiteness he had so emphasized recurs, as does his present participle agreeing with its noun:

Puis elle parut, éclatante de blancheur, dans le ciel vide qu'elle éclairait; et alors, se ralentissant, elle laissa tomber sur la rivière une grande tache, qui faisait une infinité d'étoiles.

I am sure you have noticed how the physical, astronomical reality affects us so that, with Emma and Rodolphe, we experience the scene. But we have also picked up the stars from Chateaubriand's description, though in imaged form only. Now the light of the moon will move; but this time it will really move, for it is upon the moving river. And Chateaubriand's passage continues to serve as model in the extended imagery which goes on and on, perhaps too far in this case:

...et cette lueur d'argent semblait s'y tordre jusqu'au fond, à la manière d'un serpent sans tête couvert d'écailles lumineuses. Cela ressemblait aussi à quelque monstrueux candélabre, d'où ruisselaient, tout du long, des gouttes de diamant en fusion.

Perhaps we should pause, for this is complicated. The procedure is familiar enough to us: a physical setting has given rise to an image; other images have followed, for a total of three or four. But each has sought to return us constantly to the external phenomenon; each has its clear objective correlative and seeks to evoke the scene more fully. Above all, these images are separate and, finally, actually disparate. Chateaubriand, in an earlier version of his *Nuit*, had tried such disparate images, but he had abandoned them in our version. In that earlier version and in Flaubert's passage, the images lack the inner literary coherence upon which Chateaubriand's final version depends. If you share my reaction that the last image in the *Bovary clair de lune*, despite its undoubted brilliance, is simply one too many, perhaps you will also concur that our feeling of excess has its explanation in this shift from literary *spectacle* to unduly reiterated evocations of disparate objective correlatives.

The next sentence brings us to a deeply felt reworking of Chateaubriand: " La nuit douce s'étalait autour d'eux; des nappes d'ombre emplissaient les feuillages ". We recall the moon which *poussait des gerbes de lumière dans l'épaisseur des plus profondes ténèbres*. And the following sentence, while bringing in Emma and Rodolphe—for this was the purpose of the passage, its *raison d'être*—moves upon the same elements as in Chateaubriand: " Emma, les yeux clos, aspirait avec de grands soupirs *le vent frais qui soufflait*. Ils ne se parlaient pas, trop perdus qu'ils étaient dans l'envahissement de leur rêverie ". Chateaubriand, in the paragraph following ours, had written of the *mélancolie* of such sites as his and of how, there, " l'âme se plaît ... à méditer ".

Flaubert's passage continues, still leaning heavily on Chateaubriand to provide the structuring of experience into which Emma and Rodolphe may be plunged. You will recognize so much of it:

la tendresse des anciens jours leur revenait au cœur, abondante et silencieuse comme *la rivière qui coulait*, avec autant de *mollesse* qu'en apportait *le parfum des seringas*, et projetait dans leurs souvenirs des *ombres* plus démesurées et plus *mélancoliques* que celles des *saules immobiles* qui s'allongeaient *sur l'herbe*.

The final sentence of the paragraph is, with Flaubert, a deliberate and conscious device which he defines in a letter, although he does not there seem to know who taught it to him: the reporting of the sounds one heard to make a fitting close to a great landscape description:

Souvent quelque bête nocturne, hérisson ou belette, se mettant en chasse, dérangeait les feuilles, ou bien on entendait par moments une pêche mure qui tombait toute seule de l'espalier.

Let the content of this passage, its carefully balanced rhythms, its music, and its effect upon us stand as Flaubert's tribute and ours to his master, whom we honor at this Bicentenary.

B. F. BART
University of Pittsburgh

Notes

[1] Professor Melvin Zimmerman of the University of Maryland, who was present at the Commemoration, reminded us that the present passage follows immediately upon and is set in parallel with a description of a scene on the ocean. There is, within our passage, a recurrent structure of sea images and allusions which the reader will readily identify for himself.

[2] The experts on Chateaubriand who where present at the Commemoration assured me that I am mistaken.

[3] I do not mean to suggest that this usage is unknown. Stendhal, for instance, writes " dans l'intervalle des classes " in *Le Rouge et le Noir* (Paris: Delmas, 1950), p. 70. It is, however, unaccustomed.

[4] My visualizing of the scene, the physical structuring which places the river on a level with Chateaubriand, was challenged at the Commemoration. It was held that " à ses pieds " would allow for a river well below him. In either situation, however, the stars would not have been reflected: only the moon is sufficiently bright.

ESQUISSE
D'UNE PSYCHANALYSE ORPHIQUE
DE LA POÉSIE [1]

« Vite, je saute en bas de la table où j'étais juché, appuyé contre les barreaux de la fenêtre, et je cours frapper de grands coups de poing contre ma porte. Les cavernes d'alentour retentirent; le geôlier monte épouvanté, suivi de deux gendarmes; il ouvre mon guichet, et je lui crie, comme aurait fait Santeuil: Un *Gradus!* un Gradus! » [2].

Nous sommes en 1832. Chateaubriand est en prison pour avoir traité Louis-Philippe d'usurpateur. Mais si l'illustre prisonnier se démène de la sorte, c'est qu'il veut rédiger un poème qui s'impose à lui — un poème où il sera question d'un tombeau, naturellement; car cet homme est le chantre des funérailles, celles de la royauté, de l'Eglise, de la gloire, des conquérants, des croyants, de tout ce qui vient au monde pour redescendre chez les morts. Il lui faut donc un dictionnaire des rimes. Par chance poétique, Chateaubriand a vu enterrer la veille même, au cimetière de Passy Mlle Elisa Frisell, fille de son vieil ami, un Anglais « francophile », comme nous dirions aujourd'hui. Mme de Chateaubriand lui envoie un matelas, un traversin, des draps, une couverture de coton, des bougies et les livres qu'il lit la nuit. Il ne s'en aperçoit guère, la remercie à peine — il chantonne « en faisant son ménage », car il a trouvé une cadence qui le transporte, et il ne cesse de fredonner joyeusement:

« Il descend, le cercueil et les roses sans taches ».

L'imagerie populaire a fait un sort, à l'époque, à cette charmante histoire. Les vers de la *Jeune fille et jeune fleur* « circulèrent de mains en mains, furent reproduits de journal en journal, mis en musique comme autrefois les romances de l'Abencérage, avec ornement d'une lithographie à la mode du temps: on y voyait l'urne funéraire d'Elisa ornée d'une couronne de roses blanches et surmontée de l'étoile de l'immortalité que lui donnait le poète » [3]. Bref, comme l'écrit Chateaubriand: « ... ma muse d'autrefois, bien pauvre, bien ignorée, vint rayonnante m'embrasser par ma fenêtre: elle était charmée de mon gîte et tout inspirée; elle me retrouvait comme elle m'avait vu dans ma misère à Londres, lorsque les premiers songes de René flottaient dans ma tête » [2].

Nous voici, à même la biographie de Chateaubriand, confrontés avec le seul problème fondamental de la critique: comment comprendre quelque chose à la création poétique ? Considérons cet homme de soixante-trois ans qui ne pense, ne voit, ne comprend qu'une chose, le poème qu'il veut écrire, et qui oublie tout le reste.

Or, au chapitre de la biographie proprement poétique, le texte de Chateaubriand nous révèle quelque chose d'infiniment précieux, que tout le monde avait observé depuis longtemps, mais dont il s'agit de trouver le sens. Et ce renseignement biographique, vous l'avez pressenti, pré-compris, c'est celui que nous donne un homme extraordinairement joyeux de parler d'un enterrement; un homme dont le comportement confine à l'exultation en traitant d'un si triste « sujet ». Pas une ombre de regret n'effleure seulement le Chateaubriand du *poème*, celui qui *rédige*. Souvenez-vous comme nous l'avons trouvé chantonnant. Et qu'est-ce qu'il chantonne avec tant de bonheur ? « Il descend, le cercueil et les roses sans taches. » C'est précisément le vers de la descente au tombeau qui le transporte de joie : « Je fis mon ménage, et toujours chantonnant « Il descend, le cercueil, etc., » *ma romance de la jeune fille et de la jeune fleur se trouva faite.* »

Regardez cet homme : il est clair qu'il vit dans un autre lui-même; il est clair que ce qu'il vit, c'est le poème; le poème se confond en lui avec une certaine biographie fondamentale, et cependant manifeste, propre à l'acte d'écrire; c'est une biographie du chant, et vous comprenez bien que si nous ne découvrons pas ce que *cela veut dire*, de vivre comme cela le poème, alors c'est le sujet même, le sujet réel de ce poème qui nous échappera toujours, parce qu'on voit bien que le poème se confond avec cette manière-là de vivre la poésie. Mais où, à quel niveau de l'être ?

Alors, avançons encore un peu, mais non sans avoir rappelé au passage ceci : les Muses haïssent le genre médiocre et tempéré, parce que la seule chose à vomir absolument, c'est la tiédeur. La puissance et la gloire produisent les œuvres de la puissance et de la gloire. La ruine et la mort, les œuvres de la transfiguration. Mais la tiédeur, elle, propage la tiédeur, qui est la seule forme radicale de la mort dans l'ordre de l'art et dans l'ordre de l'esprit. En cherchant le secret de la poésie dans la fécondité des prisons, nous le cherchons déjà à partir d'une forme aiguë de la misère et de la déréliction. Alors, l'homme n'a le choix qu'entre la cendre et l'illumination, l'extinction et l'incandescence; il périt ou il brûle, il se révèle l'homme combustible de Claudel. Du seul fait que le secret du poème n'est pas dans la tiédeur, mais dans le feu, c'est une aventure spirituelle de scruter l'énigme de la poésie, et c'est savoir d'avance que c'est un secret spirituel que nous devons trouver.

Alors, nous efforçant d'approcher de cette psychologie du cercueil et du tombeau chez Chateaubriand, descendons avec lui à la nuit où il conduit une morte étrange. Cela ne nous rappelle-t-il pas quelque chose de très lointain et de toujours présent dans la poésie ? Quelque chose de mythique, et qui se perd dans la nuit comme dans la clarté grecque ? Quelque chose comme une légende qui parlerait précisément du dieu même de la poésie ? Car ce dieu est descendu dans l'empire des morts, dans le cercueil absolu du temps. Et quelques-uns l'ont suivi. Béatrice est une morte, Laure est une morte. Marie est une morte. Isé est une morte. Eurydice est une morte.

Nous ne connaissons pas le secret d'Orphée; mais comme il est le dieu de la poésie, de quoi détiendrait-il le secret, sinon de la poésie? Et aussi du rapport de la poésie avec les amours humaines, puisque l'histoire d'Orphée est aussi, tout simplement, une belle histoire d'amour. C'est un mythe, direz-vous. Mais cela ne nous gêne pas: nous savons tous que les mythes veulent dire quelque chose, et même pour tout le monde, depuis qu'il existe une psychologie, patentée par Freud, pour ceux qui avaient besoin de patente scientifique pour savoir que les mythes sont vivants.

Et c'est bien pourquoi nous prenons ici Chateaubriand comme en flagrant délit d'exercice orphique de la littérature, et sur le vif, dans l'acte originel de la parole poétique.

Mais relisez maintenant le second verset. Que dit-il?

« Terre, tu les portas et maintenant tu caches
Jeune fille et jeune fleur.

« Ah! *ne les rends jamais* à ce monde *profane*
A ce monde de deuil, d'angoisse et de malheur!
Le vent brise et flétrit, le soleil brûle et fane
Jeune fille et jeune fleur. »

Comme cette morte est maintenant dans la mort!: « Tu dors, pauvre Elisa, si légère d'années ». « Vous avez achevé vos froides matinées ». C'est une litanie du *maintien* d'Eurydice à l'Hadès.

Et si c'était cela, la condition de la poésie? Si le vrai thème de *la jeune fille et jeune fleur*, c'était cette danse de la parole plus claire que la chair, et si cette offrande d'Orphée aux dieux exigeait l'Eurydice morte, la Béatrice morte, la Laure morte, ne disposerions-nous pas d'une thématique dont le champ d'exploration et de découverte serait enfin plein de promesse, parce que ce serait au moins la thématique de la poésie même, et non une thématique rapportée, empruntée à une autre discipline, à un autre savoir, à un autre art?

Eh bien, je dis que cette thématique serait d'avance morte, elle aussi, parce que d'avance promise à une stérilité absolue, si nous ne partons pas d'elle pour nous demander: « Qu'est-ce que cela veut dire, descendre à l'Hadès, et tenter de ramener au jour une morte qu'on ne regardera jamais comme une chair, et en ne se retournant jamais sur elle? » Je prétends qu'élaborer une thématique sans savoir ce que les thèmes veulent dire, c'est, selon la belle expression de Rabelais, se faire « rapetasseur de vieilles chausses ». Car les outils nouveaux doivent moissonner des champs nouveaux; et si on les promène parmi les anciennes nomenclatures, les nouveaux outils sont, en réalité, inutilisables, même quand ils paraissent d'abord produire de riches récoltes.

En effet, si le thème orphique n'était précisément rien d'autre qu'un thème littéraire de plus, alors il serait d'avance capturé par une certaine critique, qui, n'étant nullement sortie du champ traditionnel de l'exploration littéraire, prendrait place, sagement, dans la problématique classique du sujet et de l'objet, de l'universel et du particulier, du réel et de l'irréel, et ne nous dirait absolument rien de profond sur les textes.

Le thème d'Orphée peut être intégré à la chimie phlogistique, mais il a sa place dans la chimie de Lavoisier. Priestley avait fait une certaine découverte qu'il avait placée dans le cadre conceptuel de l'ancienne chimie phlogistique; cette découverte était ainsi frappée de stérilité. Mais Lavoisier a vu que cette découverte de Priestley exigeait qu'on se fît une tout autre idée de la structure entière de toute la chimie scientifique; et, de cet outil structural, il a tiré, en effet, la structure du *monde chimique* telle que cet outil-là permettait de le mettre en ordre.

Il en est de même de la psychanalyse: c'est la notion d'inconscient qui est née la première; c'est elle, l'outil qui forgera la science psychanalytique freudienne. L'objet de cette science, c'est bien l'inconscient lui-même; mais son moyen, c'est la structure de la conscience *prédéterminée* par la notion d'inconscient, outil servant à diviser le sujet entre un conscient et un inconscient; ce qui autorisera l'exploration psychanalytique à ranger les phénomènes entre deux rubriques de l'être, le conscient et l'inconscient en vue d'observer leurs échanges. Et l'on voit que la psychanalyse de Lacan, par exemple, ne peut prolonger Freud qu'en se faisant de l'inconscient lui-même, donc de l'outil fondamental de la découverte, une idée beaucoup plus symbolique.

Or, c'est cela que fait tout écrivain: il invente un outil à mettre le monde dans un certain ordre convaincant. Il met ensuite le monde dans l'ordre qu'il a dit. Mais cet outil, c'est déjà une structure, disions-nous; cet outil, c'est la notion même de *structure possible*, que le poète vérifiera ensuite par la construction du poème. La question se renverse donc ainsi: le thème du poème de Chateaubriand sur Mlle Frisell, ou, si vous voulez, son véritable sujet, se trouve dans un rapport très étroit avec l'outil poétique qui lui permettra de formuler le thème d'un enterrement, de telle sorte que cet enterrement portera précisément trace et témoignage de l'outil qui le construit. Et cet outil, c'est le mythe orphique — Mais qu'est-il comme *outil*?

Le thème orphique n'est qu'une banalité deux fois millénaire dans une critique qui croit savoir déjà ce qu'est l'âme humaine au lieu de s'efforcer de l'apprendre à l'aide, précisément, du mythe d'Orphée. Car ce mythe nous montre justement ce que nous *ne savons pas* de l'âme, ce que nous *ne savons pas* du texte, et si nous ne prenons pas conscience que la psychologie où Orphée est *parlant* reste à inventer, alors, allons planter des choux, car il vaut mieux planter des choux que de brandir une figure de rhétorique, une image littéraire vieille comme les Grecs.

Voyons donc d'abord la sorte d'illusion flatteuse, et la masse des récoltes apparentes qu'on peut faire si l'on se sert du thème d'Orphée *sans* savoir ce que cela signifie, descendre à l'Hadès, revenir d'entre les morts, transfigurer une morte en poème, ne pas se retourner; sans savoir ce qui rend le poète si joyeux dans les enterrements; sans posséder ni la psychologie, ni la philosophie de la structure de l'âme qu'implique le comportement orphique du poète. Alors, ce n'est pas à nous tous, ici rassemblés, et qui sommes spécialistes, comme on dit, de Chateaubriand, qu'il est utile de rappeler que le thème du *tombeau mémorable* est fondamental chez Chateaubriand. Nous savons que cet homme a transformé en sépulcres superbes tout ce qu'il a touché, et qu'il n'y a pas d'autre thématique de Chateaubriand que celle de l'oscillation entre la tombe et la mémoire, celle-ci soutenant celle-là et lui conférant l'éternité. Nous n'aurions pas eu besoin du poème sur Mlle Frisell si notre intention n'avait été que de rejoindre ce qui s'étale partout dans les *Mémoires d'Outre-Tombe*, dont le titre même nous rappelle que Chateaubriand est ce prodigieux poète des morts, pour lequel les ruines, les océans, les champs de bataille, les déserts, les forêts, tout est signe d'un espace silencieux, d'un Hadès intérieur où veille un regard solitaire, tenant « registre obituaire ». « Je ne suis plus que le temps », ose dire ce poète dans la *Vie de Rancé*. Ce qui sous-entend, bien sûr : je suis le regard, l'éveil éternel, je suis la mémoire de l'humanité, et mon immortalité est cette puissance même que je possède de contempler aujourd'hui et à jamais les nations, les rois, les capitaines, tout ce qui porte un instant sceptre, tiare, pourpre, épée. Bref, je suis celui qui regarde mourir ; celui qui redescend sans fin dans le royaume de la mort, et qui en remonte sans se retourner sur la mort qu'il laisse derrière lui. Si quelqu'un, dans les lettres françaises, est Orphée ; si quelqu'un témoigne, par toute sa poétique, qu'il se considère comme la vigie de l'esprit humain, portant à la beauté tout ce qui périt, c'est bien Chateaubriand, l'homme regardant son « argile tomber » ; préférant à tout son propre sépulcre, et toujours penché d'avance sur ses propres ossements ; et comme stupéfait que, né pour regarder toutes choses *mourir*, et l'histoire elle-même descendre au tombeau pour y être chantée, il doive lui-même, à la fin, rejoindre les ombres et laisser la place.

Mais cela même est feinte encore : Chateaubriand, se regardant crouler, comme il regarde crouler l'empire romain, le christianisme, la royauté, ses propres amours et Napoléon, sait que, lui, il ne mourra qu'en apparence, parce que, d'avance, il se retourne superbement sur cette Eurydice qu'il est alors à lui-même, et à laquelle il a déjà dressé le temple de la mémoire, mère des muses. Et la parole même de Chateaubriand, se haussant à sa propre mort, est cette Mnémosyne que le fait témoin sous nos yeux. Vous voyez bien que le mythe d'Orphée peut être utilisé dans l'ordre des recensements thématiques de la critique courante, parce que le comportement orphique du poème de la *jeune fille et jeune fleur*, nous le retrouvons nécessairement dans toute l'œuvre de l'auteur, toujours s'orchestrant entre le tombeau et le jour. Mais cette moisson, je vous le demande, que nous apporte-t-elle si nous ne savons *pas* ce que cela veut dire « orchestrer l'être entre le tombeau et le jour » ?

Allons plus loin encore nous promener dans le jardin de la critique classique. Car le thème du brandissement de la mort et de la plainte de périr, c'est, non seulement la voix de toute la poésie romantique, mais aussi de toute poésie, puisque Racine, par exemple, la module seulement autrement quand il veut « par un chemin plus lent descendre chez les morts », disant que c'est cela même, la poésie. Et puisque nous en sommes à embrasser le champ culturel d'un thème, nous pourrons observer que l'histoire même des civilisations est orphique en ce qu'elle témoigne de l'alternance entre un durcissement du savoir par la coutume, qui est la nuit et la mort, et une remontée de la parole vivante, qu'on appelle Renaissance. Des Grecs jusqu'à nous, cette oscillation de l'âme entre la nuit et le jour, pareille à l'oscillation des saisons, passant de l'hiver à l'été, c'est l'histoire confondue des peuples, des pensées et des voix; l'histoire profonde de la raison elle-même est l'histoire de cette respiration de l'âme.

Mais la biographie vraiment poétique du poète vient nous rappeler ceci: cet Orphée-là, celui de Combourg, a voulu descendre tout de bon au tombeau. Ecoutons-le: « Je possédais un fusil de chasse dont la détente usée partait souvent au repos. Je chargeai ce fusil de trois balles et me rendis dans un endroit écarté du grand Mail. J'armai le fusil, j'introduisis le bout du canon dans ma bouche, je frappai la crosse contre terre; je réitérai plusieurs fois l'épreuve: le coup ne partit pas. »

Une critique soucieuse de comprendre *de quoi* parle, au plus secret, la poésie; et quelle est sa structure-outil, et comment cette structure *répète* le geste le plus intime de la vie proprement poétique du poète, une telle critique doit écarter ici toute fausse pudeur. Car l'essentiel, c'est que ce superbe et terrible chapitre des *Mémoires* est orchestré de manière hallucinante sur le destin orphique de la parole. Peu importe qu'il ait été orchestré *ainsi* bien plus tard: Orphée n'est pas, il se conquiert. Et Chateaubriand a conquis le sens poétique de son geste; il a su l'intégrer, comme signe même du destin tombal et résurrectionnel de la poésie. Ecoutons-le: « Si je m'étais tué, tout ce que j'ai été s'ensevelissait avec moi; on ne saurait rien de l'histoire qui m'aurait conduit à ma catastrophe; j'aurais grossi la foule des infortunés sans nom; je ne me serais pas fait suivre à la trace de mes chagrins comme un blessé à la trace de son sang. » Vous lisez, en filigrane, le *sens:* Orphée est celui qui montre la trace de son parcours, et ce parcours est celui de sa douleur; et cette trace est son chant; et son chant est son signe d'élection, celui qui lui confère l'existence même, et sans lequel il ne serait pas: « J'aurais grossi la foule des infortunés sans nom! » Car Orphée, c'est un nom, c'est une trace, celle même de la poésie — c'est le cri propre à la poésie. C'est de ce cri-là que Chateaubriand veut éterniser le nom.

Voyez comme tout le récit va mettre en place la structure tombale du génie de la poésie: « La lune se traînait sur la cime dépouillée de la futaie: j'aurais voulu habiter ce monde mort qui réfléchissait la pâleur du sépulcre. » (...) « De plus en plus garrotté à mon fantôme, ne pouvant jouir de ce qui n'existait pas, j'étais comme ces hommes mutilés qui rêvent des béatitudes pour eux insaisissables et qui se créent un songe dont les plaisirs égalent les tortures de l'enfer. » (*Mém.*, III, 14.) Qu'est-ce que ce destin « garrotté à un fantôme », ce rêve d'habiter l'empire des morts, ces tortures de l'enfer, cette création du songe, sinon les signes d'une situation poétique originelle, celle d'un homme dont le destin est un chant? Comme il serait vain de ne voir qu'une ambition dans le tourment d'un être dont le destin est de l'ordre de la voix, et qui s'accomplira s'il libère cette voix! La tentative de suicide, c'est le moment le plus intense de cette crise spirituelle où Chateaubriand redit jusqu'à l'obsession l'essentiel: que s'élever au-dessus du vulgaire, c'est vaincre l'absence d'écho, le non-être; c'est élever un chant dont la victoire fera vivre les fantômes auxquels on est garrotté. Chez Orphée, c'est Eurydice, le songe vivant auquel il est garrotté, comme Dante à Béatrice; pour Chateaubriand, c'est l'histoire, le songe « dont les plaisirs égalent les tortures de l'enfer ». Cette Eurydice-là, Chateaubriand l'a *conduite* aux enfers et l'en a ramenée inlassablement, dans le grand geste suicidaire et résurrectionnel de la littérature, comme pour répéter sans fin, symboliquement, un *suicide à la fois réel et manqué*. Mais, habiter un monde du sépulcre, conduire les nations, avec toutes leurs gloires, à la poussière des morts, c'est aussi le premier geste d'Orphée montrant sa blessure.

Et ensuite, que se passe-t-il encore? Il se passe qu'Orphée ressuscite dans son chant, et à même son chant. La lumière et la vie, elles sont dans la profération même de la parole, dans l'acte diaphane de susciter le vocable; dans le triomphe du rythme et de la danse, dans cet accomplissement du chant où Orphée élève une musique qui l'emporte sur les morts. C'est pourquoi Mallarmé s'écrie: « Poésie, chant *orphique* de la terre! », la terre même devenue chant, mais pour avoir passé à travers l'épreuve symbolique de la mort du poète.

Ainsi, le sens du mythe s'éclaire: c'est le récit de la mort et de la résurrection de celui dont la vocation est vocale; c'est le récit où le mythe explique symboliquement ce que cela veut dire, pour un poète, mourir et ressusciter: c'est subir la loi de la vie poétique; c'est obéir au destin le plus fondamental du poète et de la poésie, qui est de fasciner la mort, de l'ensorceler par le chant, afin qu'elle ne puisse vous atteindre; c'est repartir, ayant fait du fantôme même qui vous terrassait une réalité spirituelle, une manière d'éternité. Alors, Mallarmé redit ce que Chateaubriand n'a cessé de dire autrement, avec tous les poètes: « Je suis mort et ressuscité avec ma cassette de pierreries spirituelles. » Le vrai sujet de la *jeune fille et jeune fleur*, c'est donc la poésie elle-même, dans son exercice fondamental, sa structure agissante; c'est la poésie elle-même, redisant en tout poème, et sans fin, sa propre histoire, l'histoire d'Orphée. C'est parce que la poésie, en son objet abyssal, ne fait qu'un, précisément, avec son chantre, avec Orphée vivant en elle, qu'elle n'a pas d'autre *sujet* qu'elle-même, et qu'elle module en tout chant cette seule et même réalité cyclique qu'est l'âme. C'est parce qu'il s'agit de *cela* dans la poésie, que Chateaubriand dit à Mlle Frisell, comme nous l'avons vu: « Tu es sous terre, restes-y. » C'est aussi pourquoi la naïveté de l'imagerie populaire, où la beauté du poème est ressentie comme celle de *l'immortalité* donnée à une jeune fille; cette naïveté même témoigne d'un instinct très juste et très profond de ce qu'est la poésie: un acte de résurrection.

Il y a donc une biographie poétique du poète, et celle-là, il faut apprendre à la lire. Car c'est une psychologie de la spiritualité proprement poétique qui nous apprend que c'est la *descente chantante*, et le chant éternel de la *descente*, qui est, pour Chateaubriand, reconquête de la lumière, triomphe, victoire et résurection. Et de cela, c'est l'échec de son suicide qui nous en fournit, *non pas l'explication*, mais le symbole profond, et la préfiguration, avec le signe du pouvoir de ce destin, de descendre sans fin parmi les morts sans mourir, et pour tenir « registre obituaire ».

Voici donc autre chose qu'une thématique orphique. Il n'y a *plus de thème* au sens ancien, parce qu'un thème, si on l'approfondit vraiment, devient une structure première de l'âme — donc un instrument exploratoire dans le champ nouveau qu'il ouvre. C'est ce champ nouveau que nous avons tenté de commencer au moins à déchiffrer dès 1963, à propos de Pascal, de Claudel, de Chateaubriand et de Bossuet[4].

Mesdames, Messieurs, si la critique devenait observatrice de la vie spirituelle propre à la création littéraire, elle ne ferait que se mettre à l'écoute de ce que la science d'aujourd'hui rend possible : car la psychanalyse elle-même ne croit plus guère que le père soit un père réel, mais un père symbolique, le lieu de l'espace et de l'absence, ou bien le lieu intérieur de la présence. Et, dans cette direction, la critique parvient à se ressouvenir enfin au moins de ceci : que la vie de la poésie témoigne d'une certaine expérience de la douleur, et donc qu'une critique qui ne chercherait pas la clé spirituelle et la vie propre de la douleur et de la joie ; une critique dont la thématique perdrait entièrement le contact avec la douleur profonde et la joie profonde de l'homme résurrectionnel, comment nous apprendrait-elle jamais quelque chose d'essentiel sur la poésie ? Il existe une structure constante de l'enfantement des œuvres, où règne toujours une épreuve de la nuit, de l'agonie, de la mort au monde ; et aussi une offrande obscure de l'être et de l'entendement, qui peut conduire au suicide, ou à la transfiguration. Puisque ce processus est constant chez les plus grands créateurs, il n'y aura de critique de la poésie que celle qui finira par rejoindre le lieu secret où le poète se bat avec l'ange ou avec le fantôme qui le garrotte ou le libère ; où il explore l'Hadès ; où il perd toute foi ; où il meurt ; où tout lui est arraché ; et où, du fond d'une certaine déréliction, l'hirondelle de Chateaubriand entre par la fenêtre de l'être. « J'ai pleuré et j'ai cru », dit Chateaubriand. J'ai pleuré et je suis ressuscité. J'ai pleuré et je suis René. Est-ce un mot de chrétien ? Je ne sais pas ; mais c'est la clé de la poésie, c'est la clé d'Orphée — et c'est Chateaubriand qui ne cesse, silencieusement, de nous tendre cette clé.

Quand la critique sera respirante, simplement parce que la littérature est un exercice spirituel ; quand elle se résoudra donc à observer ce qu'il faut bien appeler la vie et la mort de l'être intérieur, l'agonie et la résurrection dans l'acte d'offrande de la création littéraire ; le cycle, enfin, de la respiration « orphique » de la terre, alors se posera une dernière question, bien plus secrète, exigeant une tout autre *précompréhension*. Car nous aurons beau observer longtemps l'épreuve des âmes : comment percevrons-nous jamais ce que cela veut dire, en fin de compte, que l'âme humaine soit éprouvée et endurée comme cela !

Mallarmé le diaphane a écrit à Cazalis cette phrase décisive qu'on pourrait graver au fronton de tous les temples et en exergue de toutes les œuvres : « C'est t'apprendre que je suis maintenant *impersonnel;* non plus le Stéphane que tu as connu, mais une aptitude qu'a l'Univers spirituel à se *voir* et à se développer à travers ce qui *fut* moi. »

Voilà l'insoluble. Que la critique aille au moins à cet insoluble-là. Qu'est-ce que c'est, devenir impersonnel ? Qu'est-ce que c'est donc, pour un homme de chair, d'être un lieu de vibration de l'Univers spirituel, avec la majuscule que Mallarmé y met ? Et de plus, cet univers se voit lui-même ; et il se développe ; et il se fait chant à travers un mort, à travers quelqu'un qui *fut* moi. Paroles d'abîme, dirait Chateaubriand ; paroles qu'il aurait saluées; paroles à déchiffrer un jour dans la plus haute postérité, encore à naître, du voyant d'outre-tombe! Il y faudra une autre attente critique; une autre grâce orphique de la critique. Sinon, la civilisation occidentale risque de n'aboutir qu'à un rassemblement hétéroclite et sans feu de disciplines disjointes.

Vous voyez bien que ce n'est pas ma faute si, par la grâce de Chateaubriand, l'outil de la critique engage déjà le futur de la critique, celui où elle écoutera, au cœur des chefs-d'œuvre, une énigme absolue.

Manuel de DIEGUEZ

Notes

[1] L'auteur s'excuse auprès du lecteur d'avoir conservé à ce texte son allure orale — d'où des formes d'insistance et de répétition propres à la communication parlée.

[2] *Mémoires*, Livre 36, ch. 4, Pléiade, t. II, p. 556.

[3] Marie-Jeanne Durry, *La vieillesse de Chateaubriand*, Paris, Le Divan 1933, t. I, p. 97.

[4] *Essai sur l'avenir poétique de Dieu*, Paris, Plon, 1965.

LAUGHTER FROM BEYOND THE TOMB:
A COMIC CHATEAUBRIAND

The reputation enjoyed by Chateaubriand is one of almost unrelieved seriousness. His whole effort seems to have been concentrated on acquiring for his life as well as for his work something of that sustained nobility, that " *habitude de grandeur* ", which he admired in the city he perhaps loved best, Rome (II, 253)[1]. His hero, René, compared himself to a musical instrument lacking the chords to render joy, and presumably also, laughter. The very name of René has become synonymous both with incurable melancholy and with Chateaubriand. It must be admitted that few of Chateaubriand's themes offered much pretext for the comic. His prose epic, *Les Martyrs*, or *The Triumph of the Christian Religion*, is certainly no laughing matter. Its very excess of solemnity, of course, has provoked ridicule, as have certain pages of *Le Génie du Christianisme*, such as the passage attempting to prove the existence of Divine Providence by the mother crocodile's tender care for her family [2]. The solemn poses assumed by the man himself, " the grand Lama ", as Stendhal called him, have been the butt of endless jokes, the most memorable of which is probably Salvandy's: " All he needs is a monk's cell [...] on a stage " [3].

Certainly it was not Chateaubriand's intention, in such works and attitudes, to tickle our funny bones. In fact it is generally assumed that the only kind of laughter he was capable of arousing was unintentional. In his *Mémoires d'Outre-Tombe*, the work of half a lifetime, which he called " the object of my special fondness " (1, 2) and which is at once his autobiography, last testament, and masterpiece, he confesses: " I know how to laugh only by forcing myself *(Je ne sais rire que des lèvres);* I have the spleen, a physical sadness, a true sickness *(J'ai le spleen, tristesse physique, véritable maladie);* whoever has read these *Mémoires* has seen what my fate has been " (II, 626).

Authors, we know, cannot always be trusted to describe themselves with perfect accuracy. The reader of the *Mémoires* is likely to arrive at a conclusion very different from the one suggested by Chateaubriand's self-diagnosis. He is likely to discover, not only that " Chateaubriand laughs ", like the Garbo of *Ninotchka*, but also that he possesses great skill in making others laugh. This, at least, is the argument I hope to prove.

One of the rare critics, so far as I know, to point out a gift for the comic in the *Mémoires* is Sainte-Beuve, whose judgement of Chateaubriand is an extraordinary mixture of faulty vision and penetrating insight, of iconoclasm and the recognition of genius. He first came to know the *Mémoires* when parts of it were read aloud in Mme Récamier's salon. Although on the whole he underestimated the work grievously, he was at least perceptive enough to detect in it something unusual for its author, namely, a *verve comique et mordante*. This comic vein, he adds, is in some places repressed *(refoulée)* while in others it flows freely and naturally, " fertilizing in M. de Chateaubriand's talent portions as yet unknown "[4]. It is somewhat surprising that students of Chateaubriand have not followed up the critic's clue to the discovery of these unknown portions of his genius. It is even more surprising that their curiosity has failed to be aroused by two of the most widely anthologized and therefore best known passages in the *Mémoires*, both of which seem to me fundamentally comic in intent.

The first describes a typical evening of " togetherness " as spent by the adolescent François-René with his parents and sister, Lucile, in the château of Combourg. The father's pacing up and down in gloomy silence like some ghostly mechanism is followed, upon his retirement, by recovery of the " functions of life " on the part of his wife and children and by their loosing of a torrent of words. Later, after the author's nightly escorting of mother and sister to bed and his nightly inspection of the premises for ghosts, he evokes the memory of a certain Count of Combourg, dead for three centuries, but whose specter appeared occasionally, wooden leg and all. " His wooden leg ", reads the last sentence of the chapter, " sometimes also walked abroad alone with a black cat " (I, 82-83). The whole passage might serve equally well as a parody of the Gothic novel and, in the elder Chateaubriand's rigid behavior, as an illustration of the comic element identified by Bergson as " mechanical inelasticity "[5].

In the second episode, young Chateaubriand, traveling in the forests of northern New York state, his head full of Rousseauistic hopes of finding the noble savage, came upon a French dancing-master among the Iroquois Indians. M. Violet, former kitchen-boy of General Rochambeau, his hair powdered and curled, daintily dressed, scraping away on his pocket violin, was giving dancing lessons to these children of nature, half-naked, painted, their ears pierced, feathers on their heads and rings in their noses, to whom he referred as *ces messieurs sauvages et ces dames sauvagesses* (I, 232). " I felt very much like laughing ", concludes Chateaubriand, " but I was cruelly humiliated ". " Laughter ", wrote Kant, " is the result of an expectation which, of a sudden, ends in nothing "[6]. This episode proves that however painful Chateaubriand's disillusionment was at the time, he possessed enough detachment to translate it artistically into a scene worthy of Molière. It also proves, contrary to common opinion, that he was quite capable of laughing at himself.

These two scenes, happily, are neither the first nor the last of their kind in the *Mémoires d'Outre-Tombe*. Unlike the unfortunate actress whom Dorothy Parker once described as running " the gamut of emotions from A to B ", Chateaubriand drew on a wide range of comic effects. Some involve primarily language; others, a great variety of characters and scenes observed by him; and still others center upon the author himself as comic object. The first two types I shall treat very sketchily, reserving more detailed comment for the third, and concluding with some general observations on the role of the comic in the work as a whole and on the nature of Chateaubriand's laughter.

The comic use of language in the *Mémoires* takes several forms, which may be enumerated as follows in more or less increasing order of frequency.

1. Imitation of foreigners speaking or writing French. These are invariably Germans. Thus, we have the young lady who wrote, under the dictation of her teacher, no less, *Vous et je nous avons peu d'argent* (II, 730), or the guide in Frankfurt describing Frenchmen's drinking and amorous habits as follows: *Les Vrançais fenir à Frankfurt; ils pufaient le fin et faisaient l'amour avec les cholies femmes tes pourchois* (II, 856). This last specimen (and there are several others like it) is one of which even the Balzac of *Le Cousin Pons* would have been proud.

2. The use of colloquial terms to demean the activities they denote. Two favorites with Chateaubriand are *barbouiller* (" to scrawl ") and *tripoter* (" to engage in underhand dealings ", " to be up to something shady "; the noun is *tripotage*). Early in the work, he sums up his literary career: " As for me, I have covered plenty of paper with my scrawl " (*Moi, j'ai barbouillé force papier*, I, 13). " Where was the Restoration being concocted? " he asks *(Où se tripotait la Restauration?)*; " chez des royalistes? Non: chez M. de Talleyrand " (I, 902).

3. Comic play on words. When Napoleon returned from Elba, Louis XVIII (who, it will be remembered, was partly crippled by gout) issued the order to *courir sus*, to rush upon and attack his adversary. " Louis XVIII ", quips Chateaubriand, " without legs *(sans jambes)*, rushing upon the conqueror who strode across the world *(qui enjambait la terre)!* " (I, 924). Another example involves two meanings of the verb *prêter:* " to loan ", and " to swear an oath " *(prêter serment)*. In an extract of his brilliant polemical pamphlet, *On the Restoration and the Elective Monarchy*, he writes: " There are men who, after swearing loyalty *(prêté serment)* to the Republic one and indivisible, to the Directory in five persons, to the Consulate in three, to the Empire in one, to the first Restoration, to the additional Act of the constitutions of the Empire, to the second Restoration, still have something to loan *(prêter)* to Louis Philippe: I am not that rich " (II, 493).

4. The use of phrases which take on from their contexts the nature of comic refrains. Louis XVIII repulses Talleyrand's proposal that he be generous enough to include the judges of Louis XVI in his government with an indignant " Never! " *(Jamais!)* Chateaubriand calls this a " Twenty-four hour never " (*Jamais de vingt-quatre heures*, I, 979). The counterpart in Charles X is his reply to an advisor urging him to revoke the ordinances that had helped spark the Revolution of 1830: " I will not retreat by one foot " *(Je ne reculerai pas d'un pied)*. " A few minutes

later ", adds Chateaubriand, " he was to retreat by a kingdom " (II, 414). One phrase that he himself calls a " refrain " and would gladly have given to his friend Béranger, author of revolutionary songs and light verse, came to him unwittingly from the lips of an old customs-clerk at the Franco-German border. Too embarrassed under his chiefs' eyes to take outright the coin that the traveler had ready for him, he slipped his cap, his *casquette*, onto the carriage seat and whispered, *Dans ma casquette, s'il vous plaît*, thus summing up in a single phrase for Chateaubriand the history of human corruptibility (II, 745-746).

5. Unexpected juxtaposition of terms. This is by far the most frequent linguistic device used by the author for comic or humorous purposes. It begins in the very title, with its association of two usually disparate things, memoirs, which are written by the living, and the " beyond ", where little writing presumably occurs. Here, chosen from an abundant supply, are a few other samples: " Little scamp *(petit polisson)* ", a relative asks, " aren't you *le Chevalier de Chateaubriand de Combourg?* " (I, 63); the philanthropists of the French Revolution are characterized as " gentle executioners " (*doux bourreaux*, II, 776), who " cut off their neighbors' heads with extremely delicate feeling, for the greater happiness of the human race " (I, 292); the régime of Louis Philippe is termed a *monarchie municipale* (II, 867); Chateaubriand's own fidelity to the Bourbons is summed up in the phrase *Vive le roi, quand même* (" Long live the king, anyway ", II, 380). Occasionally it is the juxtaposition of two whole sentences, neither funny in itself, which produces a total effect of at least mild absurdity, as in this description of the young lady who was to become Mme de Chateaubriand: " She was white-skinned, delicate, thin and very pretty: she wore her beautiful blond hair like a child, hanging in natural curls. Her fortune was estimated at from five to six hundred thousand francs " (I, 287).

Turning now to comic characters and scenes, Chateaubriand's own family, friends, and entourage seem to have provided him with as much occasion for laughter as for sadness. His father, René-Auguste, is convincingly somber and taciturn, but his *rigidité*, as we have seen, has comic overtones, and so also, his haughtiness, the snobbish cult of nobility for which even God himself was " the Gentleman up above " (*le Gentilhomme de là-haut*, I, 11). How can one take completely seriously this descendant of impoverished Breton aristocracy, " exalted knights and powerful lords ", as his son calls them, whose domain was often no more than a " pigeonhouse, a toad-pond and a rabbit-warren " (I, 12)? (Note once again the comic juxtaposition of terms). Purer comic characters are his aunt of Plancouët, who, jilted by a suitor, consoled herself by singing a song about the improbable love of a sparrow hawk for a warbler, ending with the refrain *Ture lure* (I, 23); and his beloved uncle, the Count de Bedée, head of a household so eccentric that Dickens himself would not have disowned them. The inexhaustible mirth of this rotund character (I, 25)—he was known as " Bedée the artichoke " to distinguish him from a thin Bedée known as " Bedée the asparagus " (I, 163)—made his château de Monchoix, for his little nephew, the antithesis of Combourg with its *silence, obscurité et visage de pierre* (I, 45). Even in exile, years later on the island of Jersey, where Chateaubriand visited them, this droll family was still managing to laugh, and the author along with them (I, 348).

As for his wife, marriage has always served the Muse of comedy better than passionate love, and Chateaubriand's was all the richer in comic potential since it was a marriage of financial convenience. Short of cash after his American voyage, and needing it to join the *émigré* army even though far from enthusiastic about the cause, he allowed his sisters to arrange his union with Céleste Buisson de la Vigne (the very name is worth a smile), she of the blond curls and five to six hundred thousand francs. "The gravest act of my life", as he thus describes his union with her, consisted of being married off in order to procure the means of getting himself killed in support of a cause which he did not like: *On me maria, afin de me procurer le moyen de m'aller faire tuer au soutien d'une cause que je n'aimais pas* (I, 287). After many years of wedlock he gratefully recognized, in a portrait of his wife, that she had made his life " graver, nobler, more honorable, inspiring in me constant respect, if not always the strength of my duties " (I, 290). Her own appearances in the *Mémoires*, however, are far from invariably solemn, thanks largely to her timid nature. She is almost always frightened, *effrayée*, by something or other; a " great Bonapartist ", remarks Chateaubriand, " but who doesn't like cannon shots " (I, 964).

To many of his associates the author assigns more or less comic or humorous roles: boyhood classmates and accomplices in mischief like Gesril (though he later died a hero's death), companions in arms, fellow exiles in England. Two members of his entourage play something of the part of Sancho Panzas to his Don Quixote: his servant, Julien Potelin, and his secretary, Hyacinthe Pilorge. Julien's logbook of their Middle Eastern journey, quoted at length by Chateaubriand and juxtaposed with his own, serves as a kind of earthier *réplique* to it; at one disembarkation point in their itinerary, the servant, because he is dressed in white, is mistaken by the Arabs for a sheik and borne away in triumph, while the master, wearing blue, is carried off on the back of a ragged beggar (I, 609). His faithful secretary, Hyacinthe, had the habit of copying and filing all letters to his master, in order to catch in flagrant contradiction persons who attacked the great man in articles after having praised him or asked favors of him in letters (II, 498). On their journeys together, it was Hyacinthe's red Legion of Honor ribbon that won respect rather than the little flower in his master's buttonhole (II, 637); on one occasion, as they descended from their carriage to confront yet another hostile-looking customs-officier, Chateaubriand describes this *ruban rouge* as " flaming " (II, 645).

Hundreds of minor comic figures briefly cross the stage of a life which Maurice Levaillant has characterized as *une tragi-comédie aux scènes diverses et aux décors changeants:* [7] for example, the quack medicine-man in an early episode reminiscent of Molière (actually one of the oldest comic types known to man) (I, 61-62); the dozing old noblemen in the Chamber of Peers, falling over their ear-trumpets and each other as the young orator tried to rouse them to the cause of humanity (II, 7); the burlesque military commander (another ancient comic type) on his Rosinante of a nag, jubilant at having recaptured the Louvre during the July Revolution (II, 422). Or, the eighty-year old wit, Mme de Coislin, who, replying to a question of the Russian-born mystic, Mme de Krüdener, about her " inner confessor ", declared that she had no idea who her " inner confessor " was but knew that her confessor was " inside his confessional " (I, 579). (In her company Chateaubriand was seized by uncontrollable laughter: " [...] *Un fou rire vous saisissait* ", I, 580). Or, the opera singer, Mme Spontini, of such slow speech that between the first and last words of her *Je vous aime*, as Chateaubriand puts it, " a Frenchman's love would have flown away " (II, 45). (She never could manage to finish pronouncing his name). Or, General de Trogoff with his two noisy nightingales (II, 710).

But these secondary and bit players must not be allowed to carry us away. I shall therefore restrain myself, and refrain also from doing more than indicating another very rich comic vein exploited by Chateaubriand, namely, politics, from his initiation into it with the " political carousings " (I, 153) of the Breton assemblies down to the July Revolution and the exile of Charles X. Hardly a major political figure is without his comic side: the leaders of the Revolution of 1789, sketched with a sarcasm which more than one critic has found worthy of Juvenal; Napoleon, undeniably epic in stature but also an actor, changing manners and costumes at will, *aussi parfait dans le comique que dans le tragique* (I, 893); La Fayette, whom he at first ridicules but later, in death, judges less harshly, ending the description of his funeral convoy on a tragic note (II, 875-878); the gouty Louis XVIII, and, at his side, Talleyrand supported by Fouché, " vice leaning on the arm of crime " (I, 984). For Louis Philippe, the " manufactured ", " improvised " king (II, 439, 480), the " town policeman " (*sergent de ville*, II, 864), Chateaubriand the legitimist reserves his most scornful laughter: about to assume power, he writes, Louis Philippe " wore a tricolor cockade in his buttonhole; he went and took an old crown from the wardrobe " (II, 434).

In the upheaval of 1830 Chateaubriand discovered, to his shame, what he called *le côté comique des révolutions les plus graves* (II, 422), which he depicted in an extraordinary series of *scènes bouffonnes* offsetting the *scènes tragiques* also produced by the same revolution (II, 406). " Pygmies ", he wrote in 1831, " sound their little cry today among the tombs of giants buried beneath the mountains they overturned upon themselves " (II, 516). The image recalls Swift, but the muse he will evoke is that of Molière. Upon descending to this shriveled-up world from the world of magnificent individuals (with all their flaws) which he found in the *Ancien Régime*, the great Revolution, and the Napoleonic Empire, Chateaubriand faced the task of drawing portraits, as he notes, " to which Molière's genius alone could give comic gravity " (II, 4).

However, fuller development of this subject must await another occasion. The time has come to focus more sharply on the central character of the *Mémoires* and to ask to what extent he presents even himself in a comic light.

" I laugh at myself while yawning " *(Je ris de moi-même en bâillant)*, wrote Chateaubriand at seventy-three, in a letter quoted by Sainte-Beuve [8].

Yawns are scarce in the *Mémoires*, but laughter with self as object abounds. Hardly an aspect of his existence is exempt from comic or humorous treatment: his love-life and old age, his political activities, writings, fame. Not even poverty, suffering, disillusionment are beyond the reach of his laughter. Nor even death.

This lover of many an imaginary as well as real woman, once grown old, experienced the torment of frustrated passion, as proved by his manuscript fragment known as *Amour et vieillesse* or *Confession délirante*, published in appendices to both the *Edition du Centenaire* and the Pléiade edition of the *Mémoires*. But he was also keenly amused by the incongruous situations in which, as a once reputable lover now out of the running, he often found himself. One of his manuscript notes quoted by Levaillant reads: " Passion devours me, and I am ready either to stab myself to death or to laugh " ([...] *Je suis prêt à me poignarder ou à rire*)[9]. The more feasible of these two solutions seems to have been laughter.

When an impoverished Italian official comes to his room in a Loretto hostelry, offering his very pretty daughter in marriage to *M. l'Ambassadeur*, even though she is without dowry, Chateaubriand gently dismisses them with some pieces of gold and remains in the shadows, " half laughing, half regretting, and in profound admiration of my virtues " (II, 232). The famous theme of the Sylphide, or beautiful woman conjured up as a symbol of absolute and inaccessible love, which appears early in the book in the form of a magnificent lyrical passage, is subject to a surprising number of humorous variations. When Chateaubriand is jailed briefly in 1832, on charges of conspiring with the Duchesse de Berry (mother of the Bourbon pretender, Henri V) to overthrow Louis Philippe, he imagines a flirtation with the warden's daughter, and even fancies her a candidate for Sylphide, until a younger, handsomer rival turns up to " shatter his dream " (II, 566). The lovely Occitanienne, or young lady of Languedoc, a mysterious correspondent and admirer whom he finally met at the watering-station of Cauterets in the Pyrenees (he was sixty-one and she, sixteen), is another potential Sylphide who must be tactfully turned away; on that occasion, Montaigne, *mon pauvre Michel*, is evoked and gently chided for having advised that love, even at such an age, could give a man back " watchfulness, sobriety, grace, and care for his person " (II, 376).

Sometimes, however, it was a blessing to be too old: when a Bavarian chambermaid smelling of tobacco and brandy ogled our hero, he found it sweet " to be loved at the very moment when one had given up all hope of being loved "; but she had nevertheless come too late for what he called, again quoting Montaigne, his " broken and mortified temptations " (II, 732).

The self-defined political position of Chateaubriand as Bourbonist by honor, royalist by reason, and republican by taste was also, as he well knew, full of comic incongruities. As Marie-Jeanne Durry expresses it, he fought for legitimate monarchy when it was nothing but a phantom and foretold the republic when it was hardly more than a chimera[10]. He describes his campaign for constitutional monarchy as " leading my knights on the constitutional crusade " (II, 18), and compares himself to a " sacred donkey " loaded down with the relics of political freedom which others were willing to worship provided they need not trouble to carry them (II, 380). This is only one of the numerous animal comparisons used to bring out the comic side of his political role. Dutch sailors, he points out, have the custom of leaving the ship's dog alone on the bridge to bark at the storm while they hole up below until calm returns; he likens himself to " the Dutch dog of the ship of legitimacy " (*J'ai été le chien hollandais du vaisseau de la légitimité*, I, 330). His relations with Charles X, whom he admired and sympathized with as a man but whose policies offended him (II, 852), were an especially quixotic mixture of honor and absurdity. At Reims, during Charles X's coronation, meeting a little Savoyard peasant dancing in the street with a trained marmot, he reflects that he had not even that resource to offer the king, but only " an old daydream no passer-by would have given a penny to see climb around a stick " (II, 116). The canine image returns later when he compares himself to a trained dog *(un chien savant)* jumping for the king (II, 745).

In a hilarious chapter describing a reception for the Duchesse de Berry at Ferrara, Chateaubriand is mistaken, first for her majordomo, and then, as the exuberant Italians swirl around them, for the Duchess herself, while the mother of Henri V is complimented as the author of *Le Génie du Christianisme* (II, 812-814). This scene of *confusion comique*, as Chateaubriand calls it, might well have been included by Bergson among his examples of the comic as topsy-turvy inversion of roles [11]. " We were ", writes Chateaubriand of himself and his fellow legitimists, " like a traveling company of French actors playing [...] *The Fugitive Princess* or *The Persecuted Mother* ". However, he adds in a very significant remark that this " royalty without a kingdom " *(royauté sans royaume)*, wandering about in carriages and holding councils of state in hotel rooms, " completed the diversity of scenes which fortune bestowed upon my life " (II, 817). But this is to anticipate my conclusion.

A literary career was not too sacred for Chateaubriand occasionally to view it as " covering plenty of paper with [his] scrawl ", or " the nasty habit of paper and ink making it impossible not to scribble " (II, 625). Because of the many political exiles taking refuge in the literary field, he compared it to " a great hospital of *émigrés* where I too had my straw bed *[ma paillasse]* " (I, 385). When his plaster bust of Homer flew out the carriage door and broke its neck, he interpreted this as a bad sign for *Les Martyrs* on which he was then working (I, 631). As for *René*, in ridiculing the progeny of morbid imitators spawned by that work, kids *[bambins]* of sixteen finished with life (I, 462), the original René may have been guided in part by the type of insight which later led Bergson to speak of the hero of romance as not comic in himself, but comic in those who are like him. " What is most comic of all ", wrote Bergson, " is to become a category oneself into which others will fall, as into a ready-made frame; it is to crystallize into a stock character. [12] " Less well known is the fact that Chateaubriand was not above at least gently ridiculing his own imitation of René, as in the passage where he calls his descent into the crater of Vesuvius " stealing from my own work " and " playing a scene of René " (*Je me pillais: je jouais une scène de René*, I, 529).

Even the *Mémoires*, though usually described in the most solemn terms, lose their dignity now and then to become " old nags of memories " (*vieilles rosses de souvenirs*, I, 934), which risk (in his own words) " boring you to death " *(ils vous en assomment)* with self-centered talk (II, 58). How dare their author, he asks, mock the exiled Charles X's self-styled " government " of France seated in Prague, when his very *Mémoires*, " scribbled on the run ", are nothing more than his own chimerical " government " listening to the advice of his vanity? (II, 853).

Chateaubriand, as much as he believed in anything, believed in a posthumous life in the mind of posterity. His faith in worldly honors was tempered by much skepticism. When a gust of wind blew away the trappings of a party which he, as Ambassador to Rome, was giving at the Villa Médicis for the Grand Duchess Hélène, he felt " an indescribable ironic gaiety in seeing a breath from heaven carry away my gold of a day and my joys of an hour " (II, 346). His renown was a source of great amusement to him. Confronted by a Polish general and his wife, each of whom wished to embrace him, the first for being " the patriarch of freedom of the press " and the second, for having written *Le Génie du Christianisme*, he was not unhappy " to be pressed in turn upon the bosom of husband and wife thanks to freedom and to religion " (II, 686). The fame of *Le Génie du Christianisme* especially appealed to his comic sense, from priests who " harangued " him in coaches to the lady who was willing to entrust her daughter, a " sixteen-year old goddess ", to his care until she discovered that he was not quite the dried-up, snuff-taking old *abbé* she had imagined the apologist of Christianity to be (II, 737-738). With fine comic irony, he relates how his fame was put to good use by the sister superior of the Infirmerie Marie-Thérèse: by luring well-to-do ladies to chapel on the promise of a glimpse of the great man and then persuading them to purchase sweets the confection of which helped support this charitable institution, " she made me ", as he puts it, " serve the sale of chocolate for the benefit of the sick " (II, 623). Every now and then this same " holy deceiver " *(sainte pipeuse)* would even filch bits of feather from his wife's inkstand and sell them to royalists as relics of the pen that wrote " the superb Memoir on the Captivity of Mme la Duchesse de Berry " (II, 623).

The erratic course taken by his reputation also delighted him. Believing that his name had flown " from pole to pole ", he was surprised to discover, as he emerged fresh from being recognized in Basel, that there existed, near the Austrian border town of Haselbach, one man—a customs-officer—who had never heard of him (II, 648). Fame, however, more than compensated for this " sad truth " by seeing to it that he was known in the Bavarian town of Waldmünchen where passport difficulties delayed him for several days. There, at the inn, standing on a shelf among the beer-jugs, were his works. " To be known in Waldmünchen " (*être connu à Waldmünchen*, another potential comic refrain) was " a thousand times more glorious " even than having received a letter from Peru signed by a female admirer of *Atala* (II, 656). " Every fly casts his shadow " (*Chaque mouche a son ombre*, II, 747).

Much of Chateaubriand's power to laugh at his society as well as at himself he owed to the fact that he often played the role of " outsider " vis-à-vis the established order. The literary idol, member of the French Academy, ambassador, peer of France, and minister of foreign affairs also knew exile, political disgrace, impoverishment, and even, however briefly and comfortably, the inside of a jail. In this role he sometimes assumed a mask resembling that of one of the oldest comic characters, the fool or buffoon. Throughout the *Mémoires* runs a strong thread of freedom, rebelliousness, non-conformism, *insouciance*. It is visible in all four parts, but especially in the first, ending with his return to France from exile, and in the last, which relates his life from about sixty on, after the close of his formal literary and political careers. Between these two parts there are very curious links, as though the rascally child and bohemian youth was reaffirming himself in the distinguished old vagrant roaming the highways as emissary of the deposed royal family. Such moments are touched with something very much like the " carnival " atmosphere which allows us, according to Freud, to recover our " lost infantile laughter " and to redeem ourselves from our " professional life " [13].

The clown in Chateaubriand bloomed every bit as early as the precocious adept of melancholy and of the poetic imagination. Hearing his brother praised as a " Cato ", a " hero ", he resolved to perform all the un-Cato-like and un-heroic deeds expected of him in order to deserve his reputation as " a good-for-nothing, a rebel, an idler, in a word, an ass *(un âne)* " (I, 21). These included clawing the two hunch-backed old maids dressed in black who were trying to teach him to read; hiding in a confessional to escape a boring sermon (and yet being the only one wide awake enough to answer a question); stealing magpie's eggs. Wherever the urchin bands of Saint Malo gathered for some escapade or *bagarre*, there, in their midst, unbuttoned, shirt ragged, socks full of holes, shoes falling apart and falling off, face besmirched, scratched, and bruised, hands black, was the *Chevalier de Chateaubriand de Combourg* (I, 30).

For autobiographers to wish to prove they were mischievous children before becoming serious adults is nothing unusual. Chateaubriand's originality, as I have already suggested, is that these early light-hearted episodes are merely the first in a whole chain connecting various parts of his *Mémoires*. " My memories echo one another " (*Mes souvenirs se font écho*, I, 61). Although he himself declares that the child in him disappeared upon his return from Brest to Combourg, at the age of fifteen (I, 85), giving way to two years of adolescent crisis, marked by communion with the " funereal Genius " of Lucile (I, 87), by delirious visions of the Sylphide, and by temptation to suicide; in reality the child merely went underground to crop up later wearing various disguises.

No amount of suffering or hardship could get the better of his *insouciance*. " This soldier's life is amusing ", he remarked, for example, of his experience as captain in the *Régiment de Navarre* (I, 318). Straggling alone through the Ardennes forest after his honorable discharge, with knapsack and crutch, still weak from a near-fatal wound he had received, disheveled, feverish from smallpox, he is cared for by a ragged Gypsy woman, his " sibyll of the Ardennes ", before disappearing into the woods, humming a ballad and " not too sad " (*Je n'étais pas trop triste*, I, 338). Despite the hardship he endured as an exile in London (he was at one point reduced to chewing on paper and grass to avoid starving), he joined in the strange lightheartedness of his equally harassed companions. " They were all very gay ", he wrote. " Our national vice, frivolity *(la légèreté)*, had on this occasion been transformed into a virtue. We laughed in fortune's face [...] " (I, 352). Years later, installed in pomp as Ambassador to London, he recalls with nostalgia these " happy days of my poverty and solitude " (II, 196); and still later, in his Paris mousetrap jail *(ma souricière)*, he is delighted to be visited once again by his " muse of former years, very poor, very obscure " (II, 556). Harsh during his English exile, the poverty he later knew was more genteel but quite authentic. Admittedly a spendthrift *(un panier percé,* II, 127), his resignation as peer and minister in 1830 left him " poor as a churchmouse " *(gueux comme un rat,* II, 675), " naked as a little John the Baptist " *(nu comme un petit Saint Jean)*, all his official insignia stripped away and sold to a moneylender, but accustomed to living on wild honey and unafraid that any Salome would covet his grey head (II, 475).

Lack of wealth, in Chateaubriand's case, seems to have strengthened in him a certain detachment of spirit cordial to the comic Muse. This detachment flowered most beautifully when, leaving official posts behind him, he took to the road as the messenger and counselor of the Duchesse de Berry. Then only did what he called his " native and beloved independence ", his " primitive instincts as a free man and traveler ", return, causing the circle of his life to come full round, when the road he had once traveled as a carefree soldier beckoned to the experienced veteran, his knapsack full of years (II, 488-489). Literally speaking, this " Chateaubriand on the road " of Part IV traveled lightly, with the " slight baggage of a German schoolboy " on holiday (II, 818). His symbol, so to speak, or if one prefers, his comic prop, becomes the creaking old light four-wheeled carriage, patched together again from time to time, his *vieille calèche* (II, 631, 847), a hand-me-down from Prince Talleyrand, which carried him back and forth across Europe as the pilgrim of a tragicomic " royalty without a kingdom ". As he prepared to leave Basel in this carriage in 1833, a schoolboy threw him a slip of paper on which were written, " to the nineteenth-century Virgil " and a phrase adapted from the *Eneid, Macte animo, generose puer* (" Have courage, noble child ") (II, 632-633). The alert reader does not have to be reminded that the latter phrase is exactly the one with which François-René himself, over fifty years earlier at the Collège de Dol, had succeeded in disarming a teacher bent on punishing him for the attempt on the magpie's nest (I, 60). *Mes souvenirs se font écho.* The urchin survived in the old man.

The final, most paradoxical object of Chateaubriand's laughter is death itself. The life of memories, he confesses, gradually came to replace in him the consciousness of real life, so that no one could become his companion until that person had died and been re-created in his memory. Thus he came to believe, even as he was writing the *Mémoires*, that he was somehow more dead than living (" [...] *Je suis un mort* ", I, 938; see also II, 39). In this motif there is a delicate sense of humor, though the ultimate jest may lie in the fact that through his victory over death, in the immortality of the work itself, Chateaubriand is, in a real sense, more alive than any of us.

He achieves a comic perspective on death by a variety of means. One is to remove some of its sting, to neutralize it, by juxtaposing it with an event that is distinctly comic. The scene of the quack doctor who treated him as a boy, provoking laughter which came almost as close to killing him as did the medication, is followed by a very serious description of the first corpse he ever saw (I, 62). An extremely funny paragraph about a learned but stuttering Dutch professor whom Mme de Chateaubriand brought to visit him in Gand and whose tongue was untied by a little brandy until they were both discussing Thucydides more or less incoherently, is followed by the pathetic account of a young Englishwoman dying in childbirth, whose cries Mme de Chateaubriand heard in the neighboring room of an Antwerp inn (I, 938-939). Another means the author uses is humorous personification. In an episode of the siege of Thionville, a grotesque-looking captain nicknamed *Dinarzade* (*Sheherazade* would have been a better name for him, adds the author), never laughing himself, caused prolonged bursts of laughter in his comrades with his tales about death, *La Dame des grandes compagnies*, *La Dame de la Mort* (I, 327-328). She was a relative, no doubt, of that " somewhat thin white lady " *(une dame blanche, un peu maigre)* to whom the aging Chateaubriand announces his own impending marriage (I, 932).

Death is also treated comically in a very revealing passage concerning the late-Medieval tradition of the Dance of Death. It is a detailed description of Hans Holbein the Younger's series of woodcuts on this theme which Chateaubriand viewed at Basel (II, 575-576). What is comic, though of course grimly so, in the motley group of figures is that all are struggling or trying to reason with Death; not one accepts her willingly. Among her various disguises, a one-legged Death is pictured accosting a beggar wearing a wooden leg, a detail bound to suggest to the attentive reader a distant echo of that comic ghost of Chateaubriand's adolescence, the one-legged Count of Combourg. Death in Holbein is " infinitely varied, but always clownish *(toujours bouffonne)*, like life itself, which is but a serious pantaloonery" (*une sérieuse pantalonnade*, II, 576). (The term is derived from Pantalone, a stock character of Italian comedy and of pantomime, usually represented as a tight-trousered old man who is the butt of much ridicule). The phrase *sérieuse pantalonnade* is akin to an earlier one comparing French parliamentarians, in their habit of speechifying and gesticulating, to " *sérieuses marionnettes* " (II, 75). The author may also intend it to be associated with his description of his arrest and imprisonment in 1832 as a *pantomime* (II, 553). Much light is shed by these phrases on the nature of the comic, especially of " comic gravity ", in the *Mémoires*. But before turning to this concept, which belongs to my conclusion, there is one more passage on death and laughter which deserves comment.

In January 1815, at Saint-Denis, meditating upon the ceremony he had just witnessed of the disinterment of the remains of Louis XVI and Marie Antoinette, Chateaubriand, plunged into a mood of doubt, asks himself if there is really anything beyond the grave, any continuing life, any thought, or whether we will be greeted by nothing but "mocking and eternal laughter" *(un rire moqueur et éternel)*. And is such laughter the only God *(ce rire est-il le Dieu?)*, a derisive reality which alone will survive "the imposture of this universe"? (I, 907-908) His answer is to reject this temptation to nihilism, to shut out the terrifying nightmare, by reaffirming his Christian faith. For a brief moment a form of laughter bordering on despair, different in quality from other forms associated with Chateaubriand and perhaps closer to the modern comic of the absurd, has sounded its discordant note in the *Mémoires*. However, I believe that this *rire moqueur et éternel*, although he was capable of imagining it and even of deifying it as a kind of God of negation, before rejecting it, is not truly his own. His own *rire d'Outre-Tombe*, as I hope I have shown, is much more affirmative, much closer to the ancient comic ritual which seeks to purge or to exorcise all that is dark and evil in death as well as in life.

By isolating the comic aspects of the *Mémoires d'Outre-Tombe* and arguing for their importance, I may have risked distorting the nature of the work. This "temple of death raised to the clarity of my memories", as he calls it (I, 7), is, let there be no doubt about it, a work of remarkably sustained elevation and nobility. It is also a testimony to his power, faced with what he believed to be an advancing era of mediocrity marked by the shrinking of human nature itself, to reinvent tragic and epic qualities at once expressive of his time and worthy of his masters, Homer and Virgil, Shakespeare and Racine. Laughter has no place with such tragic figures as his sister Lucile (*vision de douleur*, I, 475), Murat, Napoleon's brother-in-law and King of Naples, or the Duc d'Enghien and Pope Pius VII, victims of Napoleon, the first in death and the second in exile and imprisonment; or with Mme la Dauphine, surviving daughter of Louis XVI with whom Chateaubriand converses at Carlsbad in one of the most moving scenes of the book, or his republican friend, the journalist Armand Carrel. For Tasso, "the Italian Homer", a Christ-like martyr to the cause of genius, "the man who wept", he would gladly have abandoned Ariosto, "the man who laughed" (II, 810-811). His narration of the French retreat from Moscow, among other passages, attains the epic power which he sought but never achieved in the too calculated *Martyrs*. Mme de Beaumont and Mme Récamier, and many other personages, are portrayed as leading noble lives. The scene of Pauline de Beaumont's last hours would have sufficed to establish its author as a great poet of death. In the last fifty pages or so of the book, the laughter noticeably diminishes and disappears. Book 43, the next-to-last, closes with a solemn meditation on the death of the last Bourbon king, Charles X. Book 44, the Conclusion, sums up the end of the old order, prophesies, with mingled hope and pessimism, the future of the world as the future of a still unrealized "Christian idea", and recapitulates, in a grave, majestic coda, the major events of the author's life and times.

What was his purpose, then, in introducing comic elements into this "temple of death"? One obvious answer is, to relieve the monotony of the solemn. But there are less obvious and more significant reasons. The comic touches often occur where the association of ideas, in a manner reminiscent of Montaigne, is highly fanciful. This is particularly true of Part IV, where the author calls these abrupt changes of subject and tone *arabesques*, and compares them, in a felicitous image, to " whimsical scrolls traced by a painter on the vault of his tomb " (II, 745). He also wished, as we have seen, to round out *la diversité des scènes de [sa] fortune* (II, 817). His basic intention, however, was more profound than either of these: his ambition was to be a comic as well as a tragic poet. His model was no less than Shakespeare. It is Shakespeare's completeness of vision that he is emulating, for example, when he turns from his meditation on Tasso's tragic fate to the " comic confusion " of the Duchesse de Berry's reception at Ferrara, or when he extracts both tears and laughter from his two meetings with the exiled Charles X in Prague.

A key passage of the *Mémoires* (Book 23, Chapter 12) proves his ambition beyond any doubt. In seeking to justify his having included so many petty, absurd details of the Hundred Days and the exile in Gand, or what he calls *l'envers des événements* (the other, or seamier, side of events), he argues that such freedom is precisely the advantage which Memoirs offer over historical writing. They can present, " both sides of the cloth ", and therefore " they are better able to depict humanity in its completeness, by exposing, as in Shakespeare's tragedies, both low and high scenes " (I, 952). He returns to this argument later, in the passage on Holbein's Dances of Death, by pointing out: " These grotesque figures on a background of terror have something of the genius of Shakespeare, a genius composed of both comic and tragic " (II, 575). In his *Essai sur la littérature anglaise*, which contains similar opinions of Shakespeare, Chateaubriand claims that the tragic genius is more " vast " than the comic, since it may include the comic, whereas comic writers rarely attain expression of the tragic. The most notable exception to this last generality he finds to be Molière, whose *comique* in *Tartuffe* and *Le Misanthrope*, in his opinion, approaches something like *gravité tragique*. Euripides, in his tragedy, *Alcestes*, has Death and Apollo exchange jests. But the supreme example of the tragic embracing the comic remains Shakespeare [14]. It was the vastness of the Shakespearian vision that appealed to Chateaubriand, and anyone who imagines him turning away from the challenge of the vast does not know him very well.

Despite his defense of the traditional separation of genres in his critical writings on the theater, Chateaubriand remains, in Gaëtan Picon's words, " the most striking example of undifferentiated creative genius ", that is, genius fundamentally indifferent to the distinction between genres [15]. The *Mémoires* belongs to no single literary type and fuses elements borrowed from many types to make a new synthesis: history, autobiography, novel, epic, essay, speech, pamphlet; even letters and diplomatic dispatches are integrated into the artistic whole. It contains tragic and comic scenes worthy of the greatest theater, and though written in prose is an immense poem. It includes the comic in the tragic. More remarkably even, it includes the comic in the epic.

To illustrate this last point, I may be forgiven, I hope, for citing one more passage, which is too revealing of Chateaubriand's intentions to be omitted. At one point in his seemingly endless peregrinations back and forth across Europe on behalf of the Bourbons—yes, it is the inevitable Waldmünchen!—watching an old shepherd leading his varied flocks out of town in the morning and back in the evening, he is reminded of an earlier scene he had witnessed at the château of Fervaques in Normandy, the courtship of the boar and the sow. From a bed in which Henri IV had once slept, he observed, in a nearby meadow under a willow tree, a pure white sow *(une élégante truie)* being wooed by a young boar *(un jeune verrat)*, who brought piece after piece of delicate moss to cover his beloved until only her black paws were visible beneath the pile. " Let this be told ", he concludes, " to the glory of an ill-reputed animal of which I would blush to speak at such length, if Homer had not sung of her. I discover in fact that this part of my *Mémoires* is nothing less than an Odyssey: Waldmünchen is Ithaca; the shepherd is the faithful Eumaeus with his swine; I am the son of Laertes returned from traveling over earth and sea " (I, 653-654).

Socrates is reported by Plato in his *Symposium* as believing that " the genius of comedy was the same with that of tragedy, and that the true artist in tragedy was an artist in comedy also " [16]. The desire to be a true artist in this sense inspires Chateaubriand's use of the comic in his *Mémoires*. In addition to invoking Shakespeare and Molière, he pays the respect of imitation or reminiscence to such masters of laughter as Montaigne, Cervantes, La Fontaine, and, despite his general severity toward this author, even Voltaire (Pococurante on the vanity of royalty, for example, II, 768). As for Rabelais, his influence is rarely felt, although in a list of *génies-mères*, or writers great enough to have given birth to and nourished whole national literary traditions (Homer, Dante, Shakespeare), it is Rabelais whom he credits with having created French letters, naming as his descendants Montaigne, La Fontaine, and Molière (I, 408).

Chateaubriand's comic spirit may have been slightly handicapped by his tendency to associate laughter, on the one hand, with mockery, which he felt made it unworthy; and on the other, with " gravity " which he seemed to believe enhanced its power. In the *Essai sur la littérature anglaise* he asserts that there are " two ways of causing laughter ", first, to present a man's faults and contrast them with his virtues, in that order; second, to present his virtues and then reveal his faults [17]. This distinction is developed in more detail in an essay of the *Mélanges littéraires* entitled " Shakspere ou Shakespear ". There, he specifies " two ways of causing laughter *at men's faults* " (my emphasis), and provides examples: following up faults with virtues is the manner of Sterne and Fielding and can sometimes cause laughter to turn into tears; praising first and ridiculing after is " the French manner, the comic way of Voltaire ", *nihil mirari*, to be moved by nothing [18]. If Chateaubriand's distaste for *le comique de Voltaire*, as well as for Byron's *esprit sarcastique* which he believed was derived from Voltaire, (I, 419), is so strong, the reason is largely psychological. He felt the need to control the very same tendency to mockery within himself. " Mockery ", he writes, " would be ill suited to me, the man of dreams " (II, 853). He may have sensed, too, anticipating Baudelaire's essay, *De l'essence du rire*, that laughter might well be of Satanic inspiration, a manifestation of the pride that makes us feel superior to others and ridicule their faults. Remember also his horror of the nihilistic *rire moqueur et éternel*.

Chateaubriand confesses, in his revealing self-portrait, " The Defect of My Character " *(Le Défaut de mon caractère)*, that his imagination, far from being naturally inclined to idealize events, tends to lower them in his esteem; the first thing to strike him in objects is their *côté petit et ridicule*. He further explains: " Polite, full of praise and admiration for self-conceited persons who proclaim themselves superior intelligences, my hidden scorn laughs *(mon mépris caché rit)* and places on all these incense-clouded faces masks of Callot " (I, 380). (The reference is to the great seventeenth-century French engraver and master of caricature, Jacques Callot). Later in the *Mémoires* he apologizes for his irreverent portrait of the philosopher and mystic, Saint-Martin, deploring " this spirit of mockery which I continually repulse and which continually returns ". He takes the same occasion to condemn " the satirical spirit " as petty, though clearing of all charges what he calls " high comedy " (I, 474). " I sometimes made fun of ministers of state ", he admits elsewhere, " and gave vent to that penchant for irony which I have always reproved in myself " (II, 19). Participating in one of Madame de Krüdener's political and religious discussions which ended with prayers, he admits that his reason was so shocked by the absurdity of the occasion that he found nothing to say to God. The devil, however, egged him on to laugh (" [...] *Le diable me poussait à rire* ", II, 212). Fortunately the devil often intervened, as we know from other passages of the *Mémoires* as well as from his polemical writings, to prevent the self-censor in Chateaubriand from destroying his splendid gift for irony and satire. It is clear that his " defect " was not, as too many superficial readers have assumed, the inability to laugh, but, on the contrary, at least in his own eyes, an all too eager aptitude for laughing mockingly.

His bias toward associating laughter with mockery, in any case, was perhaps less of a handicap for the comic writer than his curious assumption that laughter, to be acceptable, must wear the badge of gravity. True devotees of the comic will hardly accept his statement, in the essay on Shakespeare, that " *le sérieux* is man's true genius " [19]. Nor does his appeal to the alleged " sadness " and " gravity " of Molière's theater strengthen his argument, for it is based on a highly doubtful interpretation of Molière's art. And what, besides tradition, is his authority for claiming that "there is something vaster in the genius of Melpomene than in the spirit of Thalia " (that is, in the tragic than in the comic Muse)? [20] (See Wylie Sypher's essay, " The Meanings of Comedy ", for an opposing view). Nothing may be more revealing of the limits of Chateaubriand's comic intelligence than his confessed inability to appreciate the comic force of Falstaff [21]. He pleaded, it is true, national differences in ways of laughter; but I suspect it was more probably Falstaff's embarrassing question, " What is honor? ".

These minor flaws, however, if indeed they are flaws at all, do not prevent Chateaubriand's comic gift from being genuine and from deserving restoration to a more prominent place in our estimate of his genius. When he wrote to his friend Joubert, in a letter quoted in the *Mémoires*, that his element was sorrow and that he recognized himself only when he was unhappy (I, 510), he was certainly sincere. The poet of sadness and night, of suffering and *ennui*, despair and nothingness, remains very real. " *Poeta fui e cantai* (I was a poet and I sang) ", so, he reminds us, spoke Virgil's shade to Dante (I, 371), in words that he himself is also worthy to speak. Yet it is very probable that this darker, nobler side of his nature was as much a poetic ideal he aspired to as a reality with which he was familiar. It may, in fact (I realize I am skirting heresy by saying this of the father of French Romanticism), have been more of an effort for him to be sad than to laugh. " I made every effort to be sad ", he wrote of his trip to the Pyrenees in 1829, " but I could not " (II, 375). Certainly there were other such moments. The Marquis de Custine, whom he visited in 1821, found him " simple, childlike, gay, sad, profound, lighthearted, in a word, a poet, and a sublime poet "[22]. Molière's off-stage reputation for sadness, of course, is ample proof that a man may be melancholy and yet a great comic poet. My point is that the hearty laughter, the contagious gaiety and enthusiasm, to which so many of those who knew the intimate Chateaubriand testify[23], are abundantly evident also in the *Mémoires d'Outre-Tombe*. The solemn images and poses to which we are so accustomed express an authentic part of his being. But equally so, the *petit polisson* of Saint Malo, the dark-looking figure of Girodet's painting whom Napoleon (it is Chateaubriand who relates this, with no marked displeasure) compared to " a conspirator climbing down the chimney " (I, 633), or the old Ulysses waiting for his passport to be validated in Waldmünchen.

During a serious illness following his trip to the Middle East, he took to spells of fainting, but reassured his wife each time that he would " come back ". " I lost consciousness ", he explained, " but with a great inner impatience, for I clung to something, God knows what " (I, 632-633). What he clung to may have been other occasions for laughter, at the endless scenes of the human comedy, the *sérieuse pantalonnade*, with himself installed in the central role. One of the last great poets to believe in and to re-create epic and tragic grandeur, he also had the detachment which allowed him, if I may borrow a final phrase from Bergson, to " step aside and look upon life as a disinterested spectator ", thus turning drama into comedy[24]. The " man of dreams " *(l'homme des songes)* is counterbalanced by the " man of realities " *(l'homme des réalités)*, an acute observer of mankind, gifted with that *bon sens vulgaire*, as he called it (I, 621), that irreverence, which keep laughter alive in the world. The mysterious God who laughed at all his dreams, *le Dieu qui rit de tous mes songes* (II, 810), was much less any external deity, as he seems to suggest, than Chateaubriand himself, inspired by the comic Muse within.

Richard M. CHADBOURNE
University of Colorado

Notes

[1] This and subsequent references to the *Mémoires d'Outre-Tombe* are to the two-volume Pléiade edition of Maurice Levaillant and Georges Moulinier (Gallimard, 1958).

[2] *Génie du Christianisme* (Flammarion, n.d.), I, 113–114.

[3] Stendhal and Salvandy are quoted in Marie-Jeanne Durry, *La Vieillesse de Chateaubriand, 1830–1848* (Le Divan, 1933), I, p. 388 and p. 589 respectively.

[4] *Portraits contemporains* (Didier, 1846), I, 33. (" Chateaubriand, 1834, *Mémoires* ").

[5] " Laughter ", by Henri Bergson, in *Comedy*, ed. Wylie Sypher (Doubleday Anchor Books, 1956), p. 67.

[6] Quoted by Bergson, in *Comedy*, p. 116.

[7] *Le Véritable Chateaubriand* (Clarendon Press, 1951), p. 6.

[8] *Causeries du Lundi* (Garnier, n.d.), II, 161. (" *Mémoires d'Outre-Tombe* par M. de Chateaubriand ", May 27, 1850).

[9] *Le Véritable Chateaubriand*, p. 15.

[10] *La Vieillesse de Chateaubriand*, I, 11.

[11] *Comedy*, p. 121.

[12] *Comedy*, p. 157.

[13] Quoted in Wylie Sypher's essay, " The Meanings of Comedy ", in *Comedy*, p. 222.

[14] Chateaubriand, *Œuvres complètes* (Garnier, n.d.), XI, 587–588.

[15] *Histoire des littératures* (Gallimard, 1958), III, 1005.

[16] Plato, *Works* (the Jowett Translation), Selected and Edited by Irwin Edman (Modern Library, 1956), p. 393.

[17] *Œuvres*, XI, 587.

[18] *Œuvres*, VI, 394.

[19] *Œuvres*, VI, 394.

[20] *Œuvres*, XI, 587; VI, 393.

[21] *Œuvres*, XI, 587.

[22] Quoted in Durry, *La Vieillesse de Chateaubriand*, I, 196.

[23] See Durry, *La Vieillesse de Chateaubriand*, I, 395: *Il rit de bon rire. Sa gaieté est contagieuse, son enthousiasme communicatif.*

[24] *Comedy*, p. 63.

CHATEAUBRIAND
AND THE « FICTIONAL CONFESSION »

Most of you will undoubtedly find fault with the critical method I use here today. I would like to define, according to two representative twentieth-century examples, exactly what I mean by the term *fictional confession*. Then I would like to study *Atala* and *René*[1] in terms of that definition. The approach may seem arbitrary, but such a comparative study of *Atala* and *René* from the point of view of form, may bring some positive results. Hopefully, the method will allow me to explain a little more clearly why in 1968, over one hundred fifty years after it was first published, *René* still strikes me as being one of the great novels in French literature, and eminently worthy of our attention.

One would assume that the very idea of confession, implying an account told in the first-person, leads almost inevitably to the use of the limited point of view. But the first-person narrative does not necessarily imply a limited point of view. Can we really say that the account of the plague in *La Peste* is lacking in objectivity? That the narrator of *A la recherche du temps perdu* is that limited in his portrayal of people, places and events? Proust would reply that his novel is not objective, that any work of art gives a purely personal, subjective vision of reality. But notice that he is considering the question from another perspective: in terms of the novel's relationship to the real world. Within the novel itself, however, considered only in terms of the relationship between the narrator and the novelistic universe that Proust creates through him, we must say that Marcel is fairly objective, at least after he has grown up and supplemented subjective impressions with information gathered from other sources. Our major problem, then, is to define limited point of view as precisely as possible in terms of the portrayal of events within the fictional confession. *L'Immoraliste* and *La Chute* can serve as concrete examples for our discussion. They represent two of the least adulterated of the fictional confessions: in these two books thematic material is conceived almost purely in terms of the confession form and the narrative techniques it implies.

Like any confession, Michel's is an attempt to reconstruct certain past events. What distinguishes Michel's situation, I think, is its problematic nature. The attitude of the friends who hear the confession reveals a sense of urgency; answers must be found. The problems can be solved only by understanding the past in a special way: in reconstructing events, Michel must try to clarify his own attitudes, past and present, toward those events. Thus the idea of guilt that is normally associated with confession is modified in this case. The confession is no longer a means of declaring guilt to have it absolved, but a search for the self, a kind of introspection in retrospect. It is noteworthy, too, that the act of confessing solves no problems really. After having finished his account, Michel is hardly more lucid than before, and the friend who writes the letter is as worried as ever. The *unsuccessful search for the self* is a distinguishing characteristic of the fictional confession as I am defining it today. The same situation is evident in *La Chute* in a somewhat different way. Camus' narrator has found answers, but the way his character is developed reveals how insufficient those answers are. Toward the end of the novel Clamence's egotism, his alcoholism, his neuroses which border on insanity, his pathetic cry—" Je vous interdis de ne pas croire que je suis heureux "—serve to emphasize how problematic his existence still is. We can only suppose that if he confesses to strangers, it is not because this stratagem will help him to avoid responsibility, as he claims, but because of an almost impulsive need to understand and justify his broken, chaotic life.

Clamence's decline, like Michel's, has been caused by largely unconscious forces working within him. In Clamence the forces are primarily the natural, egotistical tendencies of man, while in Michel they represent more primitive, rather Freudian, manifestations of the unconscious. Since neither narrator has attained much objectivity in relation to such inner forces, his interpretation of past events inspires mistrust. The reader must constantly ask himself if the narrators are describing their past attitudes accurately, and if their present attitudes are any more objective. Thus we can define the second characteristic of these confessions as ironic narration, or more precisely, *enigmatic narration*. The enigmatic account implies, for the reader, a conscious effort to understand the events of the novel in a more objective light than the narrator himself does. Ironically, though the confession would at first seem suited to drawing the reader into the intimacy of the narrator, in reality a sort of detachment and distance is established between the two.

Almost automatically, a precise focus of interest has been established for the reader: he is intent upon understanding the narrator from the inside out. Externals—such as events, scenes, objects—have importance only insofar as they reflect inner realities. And so a peculiar relationship is formed between inner life and external phenomena: each event, each scene, each object that the narrator chooses to isolate and illuminate becomes important for the significance that might be attached to it within the context of his attitudes and unconscious strivings. This significance is often imperfectly understood by the narrator himself. In *L'Immoraliste*, the scene in which Michel watches the Arab boy steal the scissors stands out in the account of events and reveals tendencies of which Michel himself is unaware. The horse that preoccupies him on his farm in Normandy is an animal rich in symbolic value also. In *La Chute* certain objects such as the painting and the *malconfort* are accorded such special treatment, but more often situations are emphasized instead. As a result, Clamence's confession is filled with anecdotes, each of which is important for understanding another shred of his moral fiber. This narrative technique by which externals are isolated and illuminated, a third characteristic of the two confessional novels, might be called *selectivism* [2].

Finally the focus of interest that has been created for the reader leads to the idea of *exemplary experience* in *L'Immoraliste* and *La Chute*. Each narrator becomes exemplary in the broadest sense of the term: not a man whose actions are to be imitated or approved necessarily, but a man whose past experiences summarize a human problem effectively. We supposedly read the two novels because, in understanding Michel or Clamence, we will arrive at some better understanding of ourselves. The confession is not a vehicle for a kind of *peinture de mœurs*, as it often was in the eighteenth century. Nor is the confession a means for revealing an important discovery, as it is in Fromentin's *Dominique*, Nerval's *Aurelia* or *L'Etranger*.

This generalization of the narrator's experience is sometimes accompanied and accentuated by an extreme stylization in the novelistic universe. Such stylization serves to detach the account from the contingencies of the everyday world. Camus' use of time, for instance, is unnatural and arbitrary: why do we have four evenings and a day? what happens the rest of the time? A similar stylization characterizes the representation of the exterior world in *La Chute*: the dantesque quality of the Dutch landscapes, the symbolism of heights and depths apparent even in the names Mexico City and Amsterdam, the use of the doves, the rain and the snow. We are completely divorced from anything that might be considered realism. Germaine Brée has pointed out that in a sense the same is true of *L'Immoraliste*[3]. The narrator's experience in either case is not important as a true-to-life story situated in a faithfully reproduced reality.

How do the characteristics I have outlined apply to *Atala* and *René*? The concept of *le vague des passions*, which seems to me to be the basis for character psychology in both novels, has important implications as far as the fictional confession is concerned. The definition of the malady in the *Génie* emphasizes the introversion and subjectivism that result from inexperience. *Le vague des passions* occurs at a stage in life when the only objects for desires and yearnings are the imaginative idealizations of the mind[4]. In the *Essai sur les révolutions* a previous attempt to define the same state of being clarifies the statement from the *Génie*. The solitary and inexperienced youth directs his desires not only toward interior illusions, but also toward the external world which then becomes associated with his inner state (*OC*, III, 76). Now, a close analysis of the two novels shows that the same self-centeredness continues even after the inner richness of the heroes has focused upon a specific person, even after a suitable object has been found for youthful aspirations. In the presence of the women they love, Chactas and René still live in a world of illusions. Indeed, the woman loved is the instrument by which the hero preserves intact his illusory and subjective world.

This psychological peculiarity is evident at several different levels. In *René* it is most apparent in the introversion that has led to the idealization, in memory, of the childhood world. Unable to accept existing reality, the hero turns toward his youth, idealizes it, and associates with these idealizations certain external phenomena: for instance, the autumnal landscapes in which he and Amélie habitually walked, or the churchbells to which they listened so intently (*René*, pp. 186-189). By a conformity of moods and tastes Amélie is able to share these idealizations, which René calls the " illusions de l'enfance et de la patrie ". And thus a sort of spiritual love is born of coincidental dreams, and of the similar reaction to the external world: " ...il faut vous figurer [qu'Amélie] était la seule personne au monde que j'eusse aimée, que tous mes sentiments se venaient confondre en elle, avec la douceur des souvenirs de mon enfance " (*René*, p. 217). Père Souël has good reason to accuse René of loving his sister as much as she loved him. The hero spends his life trying to recapture this relationship with Amélie, searching for the woman who can share his subjective world as she did (*René*, p. 215).

At another level, the sort of psychological and spiritual intimacy that the lovers attain at times is less important than the hero's isolation in his own subjective world. For *Atala* and *René* are less an examination of the interreaction of two equally developed characters than they are a detailed analysis of the narrator's reaction to the world and people around him. And at this level, the idealization of the woman loved becomes yet another manifestation, essentially, of *le vague des passions*. For each narrator, the image of the woman he loves forms the core of that cluster of idealizations and aspirations that make up his inner, imaginative world. Again we have the same introversion, the same creation of a subjective reality and the same attitude toward the external world that are the characteristic features of *le vague des passions*.

The lover's walk in *Atala* illustrates my idea well (*Atala*, pp. 56-57). The exotic landscape that surrounds Atala and Chactas is based upon a description from Bartram [5]. But Chateaubriand completely reworked the text to create a unique novelistic universe that is meaningful within the context of his narrator's emotion. The description coincides with Chactas' first awareness of his love, and accentuates the idealistic nature of the sentiment by allying it with a beautiful, but unrealistic setting. The emotion he feels is of such force and profundity that it creates its own world. Like the autumnal setting in *René*, this exotic American scene is without doubt an idealized distortion created within the imagination of the narrator. And like René in respect to his youth, Chactas distorts even more the reality he describes by isolating certain external objects and according them a special significance because they symbolize for him aspects of his emotional state. The loose rope, which links them together but not forcefully, becomes symbolic of the emotional bond that ties Chactas and Atala to each other: she, through her love, refuses to keep Chactas prisoner, while he, by as great a love, will not jeopardize her safety by fleeing. And so the rope remains attached, but limp.

Note that this idealization of the heroine in the two novels is expressed concretely by her religious transcendence. She becomes an almost divine creature. Atala, for example, under the influence of her faith, acquires transcendental powers and communicates with invisible forces of the universe from her deathbed. And Chactas exclaims naively: " Plusieurs fois il me semblait qu'elle allait prendre son vol envers les cieux " (*Atala*, p. 63) Did Chateaubriand really intend that his readers take all of these " beautés poétiques de la religion chrétienne " at face value? Certainly he must have hoped we would appreciate the poetry of the passages. I think he must have hoped also that we would consider the passages as exaggerations on the part of Chactas. The mysterious illumination of the cave, the angels in the air and the sound of celestial harps during the death scene may well be the hallucinations of an imaginative young lover in the grips of a singular emotion (*Atala*, pp. 138-140). Or, if they are not his own hallucinations, then at least they represent a sort of concrete expression through symbolism of the extent to which his love has distorted the world around him.

That Chateaubriand conceived his hero as a lover who distorts reality by transforming it subjectively is readily apparent in the novel. After Atala's death, Chactas' dreamworld dissolves and he bitterly reflects upon " la vanité de nos jours, et la plus grande vanité de nos projets " (*Atala*, p. 149). The important thing here is that separation from Atala brings an end to subjectivism. Chactas puts aside his dreams to turn toward the world, daily life and other men: " Je me préparai à quitter la sépulture sacrée [d'Atala]. J'en partis comme de la borne d'où je voulais m'élancer dans la carrière de la vertu. " The inner richness that permitted him to experience such a strong emotion in the first place will be used from now on in the service of humanity. This attitude, precisely, is what differentiates Chactas from René. Separated from Amélie, René has not ceased to idealize her memory because he has never clearly understood the relationship between his idealization of her image and his creation of a dreamworld. Until his death he remains " un jeune homme entêté de chimères, à qui tout déplaît et qui s'est soustrait aux charges de la société pour se livrer à d'inutiles rêveries " (*René*, p. 242).

It is easy to see how the psychology involved here leads naturally to the use of the narrative technique that I have called selectivism. Both narrators paint visual scenes that seem to incarnate an emotion or a particular moment in their experience. One immediately thinks of Atala and her plaintive chant as she rides in the canoe with Chactas, or of the death scene in the cave, of René at the edge of the Mount Etna crater, or sitting on a rock by the sea staring at Amélie's convent window. That these selected scenes, kind of *tableaux* in which action is halted for a moment, have particular importance for the narrators is evidenced by René's remark about the scene by the sea: "...tout ce tableau est encore profondément gravé dans ma mémoire " (*René*, p. 240). We have already seen, too, that both narrators also tend to isolate individual objects upon which they impose symbolic meaning. And in *René*, even a sound is emphasized. It is noteworthy that Chateaubriand devotes an entire chapter of the *Génie* to a discussion of the beautiful and moving associations that the sound of churchbells can inspire (*OC*, XVI, 41-44), for in *René* the sound forms a kind of leitmotif running through the whole book. This narrative technique of selectivism, while characteristic of *Atala* certainly, is used much more freely in *René* and results in the kind of bold symbolism that distinguishes the latter novel.

Such symbolic use of external reality inevitably leads to the portrayal of a highly stylized novelistic universe. The reader is always aware that the world is not being reproduced with fidelity and objectivity. Even the descriptions of the American settings, which Chateaubriand pretended were accurate, are organized with rigorous logic, with careful attention to rhetorical devices that result in obviously arranged patterns, so that one has the impression of unnaturalness, of being confronted with a Grandma Moses painting rather than a real landscape. The impression is accentuated when the author terminates his description of the American scene in *René* by telling us that the Mississippi River forms a border or a frame for this panorama (*René*, pp. 183-184).

The effect coincides admirably with Chateaubriand's desire to create exemplary heroes whose actions, not necessarily to be condoned, can serve as a basis for a general discussion of the nature of man. The settings in which the adventures take place, far from particularizing them, give them rather a universal appeal by detaching them from daily concerns. The experience of each hero becomes a kind of myth, and his stature as a mythical character is enhanced by the constant allusions to the great heroes of Greek and Ossianic literature. On the shores of the Mississippi the blind Chactas is led by a young girl, " comme Antigone guidait les pas d'Oedipe... ou comme Malvina conduisait Ossian... " (*Atala*, pp. 38-39). In a preface to *René* Chateaubriand wrote that he hoped to portray this hero's experience within the context of those awesome misfortunes that belong less to the individual than to the family of man (*René*, pp. 177-178).

Now about the idea of enigmatic narration which I have also defined as an important element of the confession: in one sense, the peculiar psychology at the basis of the two novels leads automatically to the use of the unreliable narrator. Chactas' account of events is not entirely objective, nor is René's. But in general Chactas seems more reliable as a narrator than does René, precisely because the epilogue written by the author does not contradict the hero's point of view, whereas in *René* Père Souël's speech does. Both the epilogue and the speech try to bring some sort of general perspective to the action of the novels. Because the objective and subjective points of view coincide so well in *Atala*, we have the definite impression that the hero understands himself and the events he relates as well as any man can. His life, at the time he tells his story, is singularly unproblematic. Because he has shaken off his subjectivism, because he is lucid, we have no reason to doubt the objectivity of his account which, therefore, can not truly be called enigmatic.

On the other hand, Père Souël, in his speech, implies that René has distorted reality and criticizes him severely for it. While we can agree with Père Souël's criticism to some extent, his point of view has already been undermined by the narration. René has already shown a sensitivity that impresses us, and many of his general conclusions about the human condition seem valid enough. Then, too, René is an artist of sorts, a fact that I have tried to point out in another study [6]. The process by which his imagination, memory and emotions internalize the exterior world, distort it to create new realities, corresponds closely to the romantic concept of creativity, as propounded, for example, by Coleridge, Hugo, Baudelaire or Fromentin. We never really know, then, what to think of René, for Chateaubriand has created a rather ambiguous character not unlike Michel or Clamence.

Such ambiguity of character, or lack of it, as the case may be, greatly influences narration. In *Atala* our only interest can be for the events themselves, since Chactas as a person has no real problems. If the account of those events is not to become mere expository prose, suspense and mystery must somehow be created. Chateaubriand relies primarily on coincidence to achieve that goal. Fortuitous obstacles to the resolution of the novel's various actions crop up at every turn. Even natural phenomena contribute to the general impression of fortuity in the action, as an unexpected storm prevents the consummation of this idyllic love. The attempt to create an air of mystery and suspense where there is none is evident also in Chactas' way of relating his story. He puts himself and the reader in the position of the young man he used to be, telling his story in strictly chronological order and thus holding back pertinent information for seemingly unjustifiable reasons. For example, though Atala's actions and attitudes are perfectly comprehensible for him at the moment he tells his story, Chactas purposely hides the banal fact of the vow that would explain the heroine's conduct for the reader. At the same time, the moment that that information will be divulged is put off because of the coincidences that prevent the resolution of the action. The air of mystery that results is in reality only a form of melodrama. The reader's curiosity is baited by artificial and facile means, and suspense is created at the expense of verisimilitude in plotting.

In *René* on the other hand the ambiguous character of the narrator allows Chateaubriand to take full advantage of the confession form. While the idea of guilt is emphasized in Père Souël's speech, René's account is essentially an attempt to understand and justify his actions. His introspection in restrospect makes more sense than does Chactas' because it is prompted by a desire to elucidate what is still mysterious. The real interest of the novel lies not in its action, but in the slow discovery that René, by a psychological process he unknowingly reveals, has put himself in such a position that he will never be able to love anyone but Amélie, and never be able to shake off his subjectivism. Having finished the novel we feel we know René better, perhaps, than he knows himself. For he is still searching, an idea that is contained symbolically in his voyage. He goes to America to escape his past, to gain perspective before starting anew—as Michel withdraws to the house in Africa, or Clamence to Amsterdam. The confession takes on that disquieting quality that is characteristic of *L'Immoraliste* and *La Chute;* we see a mind pitted against the complexities of human nature and the world, and befuddled by those complexities. And so the major characteristics of the fictional confession—the unsuccessful search for the self, enigmatic narration, selectivism as narrative technique and the idea of exemplary experience—come together, work together, harmoniously and convincingly, in this novel.

It is tempting to say that Chateaubriand consciously tried to perfect the fictional confession as a novelistic form, that he failed in *Atala* and succeeded in *René*. Such a conclusion would be an absolute lie. The research I have done seems to indicate that Chateaubriand was not conscious of a particular literary form that could be called the confessional novel. He seems to have used the form without thinking, simply because it was common. Indeed, the facts seem to indicate that Chateaubriand, like any great writer I suppose, didn't really know what he was doing. His prefaces and other writings show numerous and contradictory conceptions of the novel, ranging from the simplistic notion that the novel is a faithful reproduction of reality, through the idea that it is a vehicle for the expression of didactic truth, to the idea that it illustrates a kind of transcendent truth and beauty, *le beau idéal*. But because the formal perfection of *René* may not have been entirely conscious does not mean that Chateaubriand should receive less credit for it. He has to be admired for having sensed what techniques and themes would work well together, and for having created in the process one of the first truly modern fictional confessions. But is this of any importance?

Yes, I think. Not because the characteristics of the confessional novel are peculiar to it. On the contrary, the same techniques and ideas are often used in other novels, even in third-person narrations. Madame de Lafayette used selectivism. Flaubert is a master at the use of enigmatic narration in the third-person narrative. As far as the exemplary hero is concerned, is not any literary character as exemplary as René, in the sense that all are more or less representative of some human problem or attitude? And even the idea of guilt and the search to understand the self can be used in the third-person narration.

What is important in the fictional confession, then, is not so much its characteristics, as the conception of man and reality that the literary form embodies and even presupposes in the examples I have studied here. In *René*, *L'Immoraliste* and *La Chute*, the very idea of confession is inextricably bound up with the idea that the individual consciousness limits perception and objectivity—indeed, that the individual consciousness is condemned to eternal subjectivity. The idea is so current in our day that it seems banal. In more refined and detailed forms, it is at the basis of numerous modern conceptions of the novel, whether it be the Proustian notion of art, Gide's distinction between *récit* and *roman* or Sartre's psychology.

This view of the relationship that exists between inner life and objective reality is not new with Chateaubriand. But the idea does become, for the first time in the romantic period, a predominant preoccupation and for this reason the period has, I think, exerted an enormous influence on our modern notions of reality and on modern novelistic techniques. Chateaubriand contributed significantly to that romantic preoccupation by his theory of *le vague des passions* and in writing *René* which was, from both a formal and a thematic point of view, an application of the theory.

Studying *Atala* and *René* as fictional confessions does not explain all the complex beauty of either novel. Indeed, this point of view does grave injustice to *Atala* which might be considered more fruitfully as a purely descriptive novel, or as a kind of eighteenth-century didactic treatise on Indian utopias. But at least the frame of reference that such a study sets up allows us to appreciate Chateaubriand's stature as a writer a little bit better. If only because of *René*, I think we have to give our author credit for a great deal of sophistication, even by modern standards, in his manipulation of novelistic techniques, and in his concept of man.

Gerald H. STORZER
Brown University

Notes

[1] François-René de Chateaubriand, *Atala; René; Les Aventures du dernier Abencérage*, ed. Fernand Letessier (Paris: Garnier, 1958). This edition will be used in all future references to *Atala* and *René*.

[2] Peter M. Axthelm, *The Modern Confessional Novel* (New Haven, 1967), uses the same term in a similar context.

[3] Germaine Brée, *Gide: L'Insaisissable Protée* (Paris, 1953), p. 160.

[4] François-René de Chateaubriand, *Le Génie du christianisme*, in his *Œuvres complètes* (Paris: Pourrat Frères, 1836), XV, 98. Future references to the *Génie* and the *Essai sur les révolutions* will use this edition of the *Œuvres complètes*, indicated by *OC* in the text.

[5] William Bartram, *Travels Through North and South Carolina, Georgia, East and West Florida, the Cherokee Country* (Philadelphia, 1791). Gilbert Chinard points out the borrowing in his *L'Exotisme américain dans l'œuvre de Chateaubriand* (Paris, 1918), p. 260.

[6] Gerald H. Storzer, *The Fictional Confession of Adolescent Love: A Study of Seven Romantic Novels*, Doctoral Dissertation, University of Wisconsin, 1967.

UNE DÉFINITION DE LA MORT DANS LES *MÉMOIRES D'OUTRE-TOMBE*

Chateaubriand a tout regardé à travers la mort, même sa vie. Le fait que son œuvre autobiographique s'appelle *Mémoires d'Outre-Tombe* et non pas « Mémoires de ma Vie » en fait preuve. Il aime ressusciter les moments de son existence passée, à condition de les voir mourir. Car regarder mourir, contempler la mort sous toutes ses formes était un véritable plaisir pour lui : « Revoir ce qu'on a vu, dit-il, c'est recommencer à mourir » (t. 2, 40, p. 1029). En tant qu'esthétique de sa vie et de son art, il s'inspira du spectacle de la mort pour créer cette étrange combinaison de beauté et de tristesse, et cette poésie du vague et du mystérieux.

Plutôt que ses amis vivants, les morts lui sont inséparables. Il faut rejoindre ce poétique royaume des défunts pour venir habiter les foyers chateaubrianesques. Aussi ses monuments de prédilection gisent-ils abandonnés depuis des siècles. Et les *Mémoires* de sa vie ne sont qu'un monument bâti « avec des ossements et des ruines ». Devant ces tombes et ces fosses, devant ces cimetières, cercueils et catacombes, Chateaubriand poète et penseur se livre à une méditation passionnée sur la vanité de l'homme, de sa gloire et de sa vie.

Sa conception de la « belle » nature est aussi celle d'une nature mourante : ce sont les eaux du Niagara qui se prolongent de désert en désert et qui « expirent » à travers les forêts solitaires ; ce sont des feuilles qui tombent et se sèchent, des nuages qui fuient et disparaissent, un soleil qui se refroidit et qui s'éteint.

Le mystère de la création et surtout l'irréversibilité de la destinée humaine sont ses fidèles sujets de contemplation. Ce sont des variations sur le thème de la mort, et ce thème domine dans les *Mémoires d'Outre-Tombe*. Dans l'Edition de la Pléiade, sur 1964 pages, il y en a 623 où la mort est mentionnée ou décrite, soit un tiers. L'auteur ne se départ jamais de cette vision funeste à travers laquelle il voit le monde entier.

Puisque nous sommes ici pour discuter Chateaubriand, je vous propose un sujet de définition : celui de la mort dans les *Mémoires d'Outre-Tombe*. Quelle est l'attitude de l'auteur vis-à-vis de la mort, comme elle se révèle dans ses *Mémoires* ? Est-ce une attitude d'espoir ou de désespoir ? une idée consolatrice ou angoissante ? Ou bien une promesse de gloire éternelle ou du plus profond oubli ?

Chateaubriand pense à la mort et en parle avec un calme surprenant, sans crainte, et est apparemment convaincu que la mort, en mettant fin à nos souffrances, ouvre la voie au repos éternel de la vie céleste :

> La mort est belle, elle est notre amie : néanmoins, nous ne la reconnaissons pas, parce qu'elle se présente à nous masquée et que son masque nous épouvante (t. I, 2, 62).

Dans sa jeunesse, en proie à l'ennui le plus noir, il tente de se suicider. A cette époque de sa vie, la mort lui offre surtout un moyen d'échapper au supplice de la vie. Pour sa jeune imagination effrayée des fantômes et spectres qui hantent le château de Combourg, saisie d'horreur à l'idée de cette jambe de bois qui accompagne le chat noir (dont on étale aujourd'hui le squelette devant les visiteurs du château), la mort a dû apparaître comme un bienfait. L'idée de ne plus exister, de ne plus être tourmenté et malheureux, était consolatrice.

Cependant son attitude évolue, grâce à son éducation religieuse. Autant qu'une idée d'absence ou de délivrance, il conçoit la possibilité d'une seconde vie, plus tranquille et plus heureuse :

> Le vieil oiseau tombe de la branche où il se réfugie ; il quitte la vie pour la mort. Entraîné par le courant, il n'a fait que changer de fleuve (t. II, 32, 383).

Ce nouvel espoir est pourtant difficile à accepter. Il connaît des alternances d'espoir et de désespoir. La mort est-elle néant ou vie ? Sa curiosité éveillée, la pensée de la mort ne le quitte plus :

> s'il faut que je reste seul, si nul être qui m'aima ne demeure après moi pour me conduire à mon dernier asile, moins qu'un autre j'ai besoin de guide : je me suis enquis du chemin, j'ai étudié les lieux où je dois passer, j'ai voulu voir ce qui arrive au dernier moment. Souvent, au bord d'une fosse dans laquelle on descendait une bière avec des cordes, j'ai entendu le râlement de ces cordes ; ensuite, j'ai ouï le bruit de la première pelletée de terre tombante sur la bière : à chaque nouvelle pelletée le bruit creux diminuait ; la terre, en comblant la sépulture, faisait peu à peu monter le silence éternel à la surface du cercueil (t. I, 11, 396).

La religion, qui n'arrive pas à supprimer sa tendance vers le nihilisme, le console néanmoins par sa poésie. Elle ajoute quelque chose de sacré à l'absence et au silence ; elle charme par ses mystères et ses miracles. La mort devient l'inconnu poétique : le silence et des voix, des séparations et des attachements éternels, le vide et la vie, un fléau et une bénédiction. L'esprit de contraste, de confusion et d'ambiguïté est né en lui.

La tombe est le point de repère pour sa méditation sur l'homme. Ici il rattrape le temps perdu en recréant son passé à sa manière, par sa mémoire, comme il le fera dans ses écrits :

> Personne ne se crée comme moi une société réelle en évoquant des ombres ; c'est au point que la vie de mes souvenirs absorbe le sentiment de ma vie réelle. Des personnes mêmes dont je ne me suis jamais occupé, si elles meurent, envahissent ma mémoire : on dirait que nul ne peut devenir mon compagnon s'il n'a passé à travers la tombe, ce qui me porte à croire que je suis un mort (t. I, 23, 938).

Si la mort est absence, elle n'est point oubli. Quand un ami meurt, son souvenir est désormais permanent: « Rien ne descend pour lui dans la tombe » (t. II, 31, 353), explique-t-il. La mort est présence invisible mais inséparable, métamorphose d'une existence en une autre.

Chateaubriand dit que ses *Mémoires* « seront un temple de la mort élevé à la clarté de [ses] souvenirs » (t. I, 1, 7). Il veut immortaliser ses amis et amours, ses souvenirs et songes. Il nous les fait parler d'au-delà de la tombe; c'est un « registre obituaire » (t. I, 11, 396) qu'il tient, nous dit-il, mais aussi un registre qui immortalise tout ce qu'il a jamais aimé dans sa vie.

Plus que par l'idée d'une seconde vie, l'auteur est fasciné par la gloire après la mort:

Notre espèce se divise en deux parts inégales: les hommes de la mort et aimés d'elle, troupeau choisi qui renaît; les hommes de la vie et oubliés d'elle, multitude de néant qui ne renaît plus (t. II, 43, 904).

Il s'est cru lui-même homme de la mort, immortel par son œuvre. Quand il nous crie du tombeau: « Hélas! je vous parle et vous ne m'entendez plus » (t. II, 28, 139), il souligne l'importance de cette seconde existence, plus permanente que notre première. Lui, mort, est plus vivant que nous. Selon lui, c'est nous qui sommes les véritables absents.

Malgré cette espérance en sa propre immortalité, la fuite du temps, cette mort dans la vie, le remplit d'angoisse. L'incertitude de notre destin le fait vaciller entre le désespoir de la perte trop réelle de ses amis et une espèce d'exaltation frénétique à l'idée que la mort n'est jamais loin:

Tous, tant que nous sommes, nous n'avons à nous que la minute présente; celle qui la suit est à Dieu (t. I, 10, 343).

S'il nous dit que « l'incertitude de notre avenir donne aux objets leur véritable prix » (t. I, 18, 613), il ne nous dit pas si le prix en est augmenté par l'existence présente, ou diminué, étant donné que tout finit par se réduire en poussière.

En effet, Chateaubriand a toujours connu des doutes. Déchiré entre un esprit naturellement sceptique et une nature émotionnelle, sa foi est surtout l'épanchement d'un sentiment et d'une appréciation esthétiques du christianisme:

Tout est-il vide et absence dans la région des sépulcres? N'y a-t-il rien dans ce rien? N'est-il point des existences de néant, des pensées de poussière? (...) Fermons les yeux; remplissons l'abîme désespéré de la vie par ces grandes et mystérieuses paroles du martyr: *Je suis chrétien* (t. I, 22, 907–908).

Ainsi donc, il cherche dans la religion de quoi combler l'abîme omniprésent de la vie, et celui de la mort. Malheureusement, ce sentiment du vide revient toujours hanter et assombrir ses rêveries.

A mesure qu'il vieillit, une véritable curiosité morbide se développe chez lui. Il parle de la mort à tout propos, et tout ce qui l'entoure en prend les sombres couleurs. Dans une lettre à Mme Récamier, il écrit:

> Et quand je serai à mon tour dans mon tombeau, je n'entendrai pas même le son de votre voix (t. II, 30, 1297).

Sa mort ici n'est plus un bonheur, mais la séparation d'avec sa plus chère amie; tout de même, il insiste pour en parler.

C'est une chose agréable que de vivre avec des souvenirs des défunts; il est désolant de souffrir une perte réelle d'un ami, même si l'on en garde par la suite le souvenir. Ainsi Chateaubriand remarque-t-il qu'il faut fuir des attachements et s'isoler:

> Cette impossibilité de durée et de longueur dans les liaisons humaines, cet oubli profond qui nous suit, cet invincible silence qui s'empare de notre tombe et s'étend de là sur notre maison, me ramènent sans cesse à la nécessité de l'isolement (t. I, 1, 24).

Celui qui a connu la Révolution, la Terreur et des guerres, ne peut pas s'aveugler sur la condition humaine, même aux heures de paix:

> il meurt un homme par *seconde*: ainsi, à chaque *minute* de notre existence, de nos sourires, de nos joies, soixante hommes expirent, soixante familles gémissent et pleurent. La vie est une peste permanente (t. I, 8, 259).

Voilà Chateaubriand « cigale des nuits », titre qu'il se donne, métier qu'il s'est choisi.

Puisqu'il tient tout de même à ses amis et à ses possessions, puisque sa constante méditation sur la destinée humaine le ramène à cette possibilité de néant, il connaît l'angoisse de voir tout englouti ou dissipé par le temps:

> Il y a toujours un temps où nous ne possédions rien de ce que nous possédons, un temps où nous n'avons rien de ce que nous eûmes. L'homme n'a pas une seule et même vie; il en a plusieurs mises bout à bout, et c'est sa misère (t. I, 3, 103).

Ainsi, nous ne savons pas si c'est le malheur qui le ramène à la pensée de la mort ou si c'est cette dernière qui l'attriste. Et puis, il ne faut peut-être pas choisir; les deux ne sont pas incompatibles. Le sentiment qui convient le mieux à son corps malade et à son cœur malheureux, c'est la tristesse. Dans la tristesse devenue habitude, il trouve une sorte de bonheur.

Faut-il décider que la mort signifie l'espoir ou le désespoir pour Chateaubriand? Une obsession, car la mort en était une pour lui, peut apporter et des chagrins et des baumes.

Mais la mort joue un troisième rôle. La contemplation de sa propre mort, ses évocations d'amis défunts et de personnes historiques font partie de la grande recherche des *Mémoires d'Outre-Tombe:* la recherche de soi.

Un des passe-temps favoris de René est de s'imaginer mort et de se pleurer d'avance. C'est un jeu triste et agréable. Il s'attendrit à la pensée de sa propre perte, mais trouve un plaisir orgueilleux à imaginer l'effet de cette perte sur autrui. En se niant, d'ailleurs, il peut savourer la tragédie du martyr. Quand il se plaint que ses contemporains sont tous morts avant lui, c'est encore sa propre disparition qu'il lamente:

> Pourquoi ai-je survécu au siècle et aux hommes à qui j'appartenais par la date de ma vie? Pourquoi ne suis-je pas tombé avec mes contemporains, les derniers

d'une race épuisée? Pourquoi suis-je demeuré seul à chercher leurs os dans les ténèbres et la poussière d'une catacombe remplie? (t. I, 24, 1033).

Dans ces larmes versées, il a conscience en même temps de la mort d'autrui et de sa propre existence.

A propos de sa « fille peinte » américaine, il écrit :

Elle dort sans doute à l'éternité sous les racines d'une cyprière de l'Alabama; et moi qui porte en ma mémoire ces souvenirs lointains, solitaires, ignorés, je vis! (t. II, 39, 720).

Quel plaisir de se trouver vivant alors que les autres sont disparus! Dans ces souvenirs, comme il l'a une fois admis, on « conserve des espérances » (t. II, 37, 621). Le spectacle de la mort lui offre une façon de s'apprécier. La mort des amis, d'ailleurs, est un peu la mort de soi. Car un témoin de notre vie quitte la terre. En parlant de sa sœur, Chateaubriand nous dit :

La mort de Lucile atteignit aux sources de mon âme: c'était mon enfance au milieu de ma famille, c'étaient les premiers vestiges de mon existence qui disparaissaient (t. I, 17, 599).

C'est ainsi que l'on se pleure en pleurant ses amis.

L'évocation de la mort ne reste cependant pas à ce niveau égoïste. Trop subjectif pour sortir de lui-même, Chateaubriand essaie de découvrir dans une silhouette rapidement décrite une vérité de sa propre psychologie :

Je marchais sur la plage désertée de la mer. Les grèves abandonnées du flux m'offraient l'image de ces espaces désolés que les illusions laissent autour de nous lorsqu'elles se retirent. Mon compatriote Abailard regardait comme moi ces flots, il y a huit cents ans, avec le souvenir de son Héloïse; comme moi il voyait fuir quelque vaisseau (...) et son oreille était bercée ainsi que la mienne de l'unisonance des vagues. Je m'exposais au brisement de la lame en me livrant aux imaginations funestes que j'avais apportées des bois de Combourg (t. I, 3, 104).

En se mettant à la place d'Abailard, en s'identifiant avec lui par sa race, ses goûts, ses actions ou simplement par sa mélancolie, Chateaubriand peut mieux s'observer. Il se regarde de l'extérieur, à travers un autre. Il rêve que quelqu'un songera à lui et évoquera son nom dans huit cents ans — quelqu'un dont le geste, la pensée ou le destin les aura rapprochés dans le temps. Il observe sa vie comme on observe un beau tableau, et à travers les yeux de la postérité pour laquelle il la préserve dans son œuvre. Dans le spectacle de la mort il arrive en partie à répondre à la question qu'il s'est posée au début des *Mémoires d'Outre-Tombe*, il peut expliquer son « inexplicable cœur »; il peut se connaître.

Les *Mémoires d'Outre-Tombe* nous révèlent un homme déchiré entre son espoir, son désespoir et son besoin de se comprendre. D'un côté, il voit la mort comme « éternité », de l'autre, comme « néant » — entre les deux il se demande pourquoi vivre, pourquoi souffrir.

Dans son obsession de la mort, Chateaubriand a découvert un thème poétique : des voix lointaines, le mystère, le silence et la nuit, des sentiments indéfinissables, tout entre dans le vague des passions et la mélancolie de René. Il en a tiré sa plus belle poésie.

En tant qu'initiateur du romantisme, il nous séduit par ce sentiment de la tragédie de la mort individuelle. A la source de son sentiment, se trouvent une nature maladive et une subjectivité qui ne l'ont quitté qu'avec la vie.

Linda CYPRES
Colorado State University

SOME UNEXPLORED ASPECTS OF THE ILLUSTRATIONS OF *ATALA*: THE *SURENCHÈRES VISUELLES* OF GIRODET AND HERSENT

It is well known that *Atala* inspired a very great number and a great variety of artistic productions, ranging from Salon paintings to decorations of *assiettes*. Yet, it has seldom been noted that Chateaubriand shows a curiously reticent attitude toward the most conspicuously important of the countless illustrations inspired by his novel.

It is true that the writer pays homage to the painter Anne-Louis Girodet-Trioson for " l'admirable tableau d'Atala au tombeau ". However, this compliment is hidden in a note of *Les Martyrs* (note 39 of the Remarques to Livre I); it is introduced, in a marginal way, in the context of a reference to another painting by Girodet, *l'Endymion*, which the author admits to have used as one of the sources for his own description of the " sommeil d'Eudore "[1]. Chateaubriand's acknowledgement has a rather perfunctory character: " Malheureusement je n'ai pas l'art de M. Girodet, et tandis qu'il embellit mes peintures, j'ai bien peur de gâter les siennes "[2].

Instead of giving great attention to the celebrated works of art, based on his novel, such as Girodet's *Atala*, Chateaubriand chooses to stress more humble productions of a popular type. Thus, in the *Mémoires d'Outre-Tombe*, he writes in 1837 (speaking of the year 1801): "Atala devint si populaire qu'elle alla grossir, avec la Brinvilliers, la collection de *Curtius*. Les auberges de rouliers étaient ornées de gravures rouges, vertes et bleues, représentant Chactas, le Père Aubry et la fille de Simaghan. Dans des boîtes de bois, sur les quais, on montrait mes personnages en cire, comme on montre des images de Vierge et de saints à la foire "[3].

Obviously, Chateaubriand's patronizing delight, which is also expressed in other passages of the *Mémoires d'Outre-Tombe* (Austria, 1833)[4], is meant to underline the incredible popularity of *Atala*—a success which finds repeated echoes even in the most plebeian cultural levels.

Rather surprisingly, the attitude of Chateaubriand often came to be adopted by scholars of a later period. They often seem to stress exotic miscellanea, popular illustrations, and parodies (*Atala* was cursed with parodies!) at the expense of the large " serious " paintings which attracted the attention of Chateaubriand's contemporaries in the salons. Thus, Gilbert Chinard emphasizes the interest of old 18th c. prints, found in travelers' books, which could, according to him, provide a most curious set of illustrations for *Atala*[5], while Jean Adhémar finds a great significance in a rather crude parody of Boilly, *The Death of Flora*, which, for him, is a proof of the rejection of Girodet's painting by the public [6]. There are very few studies devoted to the " serious " illustrations of Atala, and such studies, for instance the article of Henry Lemonnier in the *Gazette des Beaux-Arts* (1914) [7], are far too brief.

Most scholars, such as Armand Weil, merely list known illustrations of the novel and quote some relevant passages of contemporary criticisms [8]. There is a general tendency to praise the artists for their faithfulness to the text or to castigate them for their departure from the source.

The aim of this paper is to show the limitations of this point of view and to underline the need of a reconsideration of the major works of art inspired by *Atala*. A work of art, based on a literary production, constitutes a visual comment on its content as well as a visual extension of its meaning—Chinard is correct in stating that we are " hantés par des souvenirs trop précis " of certain famous works, such as the painting of Girodet [9]. Evidently, this concept also holds true when it is applied to the contemporaries of Chateaubriand.

Let us consider the case of Girodet. His *Funérailles d'Atala* (fig. 1) is, unquestionably, the most famous illustration of Chateaubriand in existence. The painting, exhibited in the salon of 1808, is now in the Louvre.

However, it is not generally known that, before arriving at the celebrated composition of the Louvre, Girodet experimented with other themes inspired by the death of Atala.

This experimentation is echoed in an unpublished drawing of the Musée de Besançon, which represents *La Communion d'Atala* (fig. 2). Despite the sketchiness of this work, one can easily identify the three protagonists: Atala, on her deathbed; le Père Aubry, holding the chalice, leaning over her; and Chactas, kneeling at the foot of the deathbed. One can discern the entrance of the grotto, the *flambeau de pin* dropped on the ground by le Père Aubry, and, on the upper left, a larger study of Atala's head. All in all, the drawing is an accurate, almost literal rendition of Chateaubriand's text, related to the end of " Le drame ", and, more specifically, to the passage indicated by the words: " A peine a-t-il prononcé ces mots qu'une force surnaturelle me contraint de tomber à genoux et m'incline la tête au pied du lit d'Atala [10] ". One may note that, despite its sketchiness, the composition of Girodet follows the text more accurately than the painting of the same subject by Lordon, exhibited in the salon of 1808, which shows Chactas behind Atala (Villa Carlotta, Lake of Como).

In contrast, Girodet's finished painting in the Louvre, the *Funérailles d'Atala*, is far less faithfully related to the text of Chateaubriand. The composition does not correspond to any particular single passage of the novel. As noticed by Lemonnier, in this painting, Girodet combines the scene of the entombment and that of nocturnal mourning over the body of Atala [11]. Without going into details, it is sufficient to recall that, in the novel, the actual burial takes place under " l'arche du pont naturel " [12]. It is true that, in Girodet's painting (in the background), one can see the cross which identifies the location of the cemetery of the Indians. However, the setting makes one think of the entrance of the grotto, which is specifically the location of the mourning scene. This location is also alluded to by the depiction of sensitive plants of the mountains, which, according to the text, are growing there, as well as by the inscription: " J'ai passé comme la fleur — j'ai séché comme l'herbe des champs " (the passage from the book of Job which is recited by le Père Aubry during the mourning [13]). Needless to say, the same idea is alluded to by the representation of Atala, herself: " la statue de la Virginité endormie " [14].

In his brief description of the painting, F. Antal remarks that Girodet depicted the scene " as a combination of the two themes of Christ's Lamentation and Entombment " [15]. However, one may note that Girodet did not have to invent this particular combination. It is repeatedly exemplified in earlier French art. For instance, in Lesueur's *Descent from the Cross* in the Louvre, the grouping, formed by the dead Christ, Joseph of Arimathea (upholding his shoulders), and Mary Magdalene (embracing his feet), duplicates the grouping of Girodet. One can find many similar examples of such grouping in the 16th, 17th, and 18th century. However, with its grotto staging, Girodet's composition is particularly reminiscent of a number of late Medieval, 15th and 16th century, *Pitiés* and *Saint Sépulcres*, in which the theme of Christ's Entombment, combined with that of Lamentation, is set in deep and dark semi-circular niches—recesses called *enfeu*. The *Pitié* of N.-D. de Joinville, in Haute-Marne, provides a good example. But the famous *Saint Sépulcre*, by the great 16th century sculptor, Ligier Richier, at Saint-Mihiel (fig. 3), is a particularly striking instance of this resemblance. Girodet's grotto directly recalls the semi-circular entrance of the *enfeu*. The positions of the figures are practically identical. Le Père Aubry plays the part of Joseph of Arimathea, while Chactas is given the role of Mary Magdalene.

Needless to say, in Girodet's painting, Atala's attitude is paralleled with the figure of Christ.

Thus, Girodet abandons all ideas of a literal rendition of the text of the novel. He tries to capture the spirit rather than the letter. Inspired by the *Génie du Christianisme* (one may recall the famous passage on Medieval tombs [16]), the painter transcends the text and, through a *surenchère visuelle*, evokes a parallel between the tragedy of Atala and the Passion of Christ (never attempted by Chateaubriand himself) in which the idea of holiness and faith finds a new force through the context of a medieval iconographic echo.

Another, very different, but equally interesting example of such a concept of *surenchère visuelle* can be found in a painting of Louis Hersent, *Le Suicide d'Atala*. This painting, with lifesize figures, was exhibited in the salon of 1806, that is, two years before the painting of Girodet, which has been just considered. Unfortunately, the painting of Hersent is lost. But its composition is preserved in an engraving by Charles Normand, which appears in the *Annales du Musée*, published by Landon (fig. 4) [17].

The scene, in a general manner, corresponds to the famous description of the drama in the storm, which begins with the words: " C'était le vingt-septième soleil depuis notre départ des cabanes, la *lune de feu* avait commencé son cours, et tout annonçait un orage [18] ", and which ends with the providential, but tragically belated apparition of le Père Aubry who invites the lovers into his grotto [19]. During this episode, Atala, almost yielding to her love for Chactas, poisons herself to remain faithful to her oath of virginity. One recognizes the two lovers, depicted below a birch-tree. Chactas, embracing Atala, is trying to protect her against the fury of the elements; Atala is about to drink her poison (hidden in her cross) and, in the background, one can see the small figure of le Père Aubry, appearing on the scene.

The staging of Hersent's composition suggests a strong resemblance with that of the *Deluge* of Girodet (fig. 5), a painting which was exhibited in the same salon of 1806. In his article, Lemonnier notes only a similarity between the wind-blown drapery depicted in both paintings [20]; yet, it is obvious that the kinship of the two paintings is not limited to this detail. In both cases, one sees two struggling figures, in the midst of a natural upheaval, placed one behind the other, against a tree, on a rocky elevation— it may be observed that the rocky elevation and the furious waves, shown in Hersent, do not appear in the description of Chateaubriand.

Hersent's painting, with its tortured figures set against the elemental fury of nature, follows closely in the iconographic tradition of the Flood theme which so often recurs at the end of the 18th and the beginning of the 19th century. This tradition is very rich and varied, ranging from the Bible to Gessner, and from works of minor artists, such as Charles Monnet to those of important painters, such as Jean-Baptiste Regnault. Nevertheless, it is certain that the *Deluge* of Girodet seems to come the closest to the composition of Hersent.

In many ways, Chateaubriand's description of Atala's suicide in the storm seems to explain Hersent's Deluge-like staging of the drama. This description has a cataclysmic tone, with various animals trying to save themselves, burning forests, " fleuve débordé, montagnes mugissantes, affreuse et sublime nature " [21]. Without trying to suggest the possibility of a direct derivation, it may be pointed out that Chateaubriand's text recalls the mood of several literary examples of the end-of-the-world theme, as, for instance, in the case of the *Last Judgment* of Young and the *Deluge* of Gessner.

Of course, in Chateaubriand, the storm is an echo of the storm of Atala's passions. Chateaubriand speaks of the " orage du cœur " [22], but this is far from being merely an " orage ". Before dying, Atala, speaking of her suffering, will use words which suggest a far more destructive cataclysmic upheaval: " tantôt j'aurais voulu être avec toi la seule créature vivante sur la terre; tantôt, sentant une divinité qui m'arrêtait dans mes horribles transports, j'aurais désiré que cette divinité se fût anéantie, pourvu que, serrée dans tes bras, j'eusse roulé d'abîme en abîme avec les débris de Dieu et du monde! " [23] This passage suggests some kind of fascination for a total destruction of body and soul—doomsday and damnation.

In the previously mentioned tradition of the late 18th century and early 19th century Flood theme, the actual cause of the destruction of the world—Biblical, Classical, or Gessnerian—is almost incidental. It may be also observed that, in this tradition, the subject of the end of the world is

FIG. 1. Anne-Louis Girodet-Trioson, *Funérailles d'Atala*, Louvre.
Photo Bulloz.

Fig. 2. Anne-Louis Girodet-Trioson, *La Communion d'Atala*, drawing, Musée de Besançon.

FIG. 3. Ligier Richier, *Saint Sépulcre*, Saint-Mihiel.
Photo F. Martin Sabon.

Fig. 4. Louis Hersent, *Le Suicide d'Atala*, engraving by Charles Normand. From Landon, *Annales du musée* (Paris, 1806.)

Fig. 5. Anne-Louis Girodet-Trioson, *Scène du Déluge*, Louvre.
Photo : Archives Photographiques.

FIG. 6. Charles Monnet, engraving by Langlois.
From *Les Liaisons dangereuses* (London, 1796).

not evolved for the sake of its most obvious picturesque possibilities, but it is essentially conceived as a stage for a conflict of extreme emotions and passions. This conflict is brought to its ultimate intensity by the very hopelessness of the situation, and it cannot be resolved without a crime. In the case of the painting of Regnault (Louvre), a man, carrying his father on his shoulders, finds his wife and child in a desperate situation. According to critical writing of the time, the crux of the subject is a choice which, unavoidably, will result in a crime: this man will have to sacrifice either his father, or his wife and child [24]. A similar idea is shown in the composition of Girodet. Here, the man must choose between his father and his family; and his wife must choose between her husband and her children, etc. [25] Regardless of his intentions, man is fated to crime, destruction, and damnation.

That the staging of the Flood—which is becoming a cliché during the first quarter of the 19th century—was used allegorically to convey the idea of criminal passions and damnation is demonstrated by the frontispiece of the 1796 edition of *Les Liaisons dangereuses*, a composition of Charles Monnet, engraved by Langlois (fig. 6) [26].

The allegorical figures of the vicomte de Valmont and the Marquise de Merteuil are trampling the figure of Innocence, holding a lamb (Cécile de Volanges or la Présidente de Tourvel?) in the midst of an allegorical storm. The composition was doubtless influenced by the tradition of the Flood theme, and, in turn, became instrumental in the coalescence of the later examples of the subject, seen in the *Deluge* of Girodet.

The resemblance of the three compositions is rather striking, and the idea of Hersent could have been derived from either Girodet or Monnet. Such staging of the scene of Atala's suicide does not have to be explained in terms of what Maximilian Rudwin calls the "Supernaturalism and Satanism" of Chateaubriand [27]—it should be rather understood in the context of the special nature of the drama, that is, in the context of Atala's suicide.

It is true that le Père Aubry, upon learning of Atala's poisoning, is trying to console her and excuse her by stressing her ignorance: " ma fille, tous vos malheurs viennent de votre ignorance... vous ne saviez pas qu'une chrétienne ne peut disposer de sa vie ". [28] Then he speaks of the " dangers de l'enthousiasme et du défaut de lumières en matière de religion " [29].

However, Atala's ignorance is contradicted by her own words. When le Père Aubry asks her: " chère enfant, qu'avez-vous fait? ", she confesses her knowledge of her fault in answering: " Un crime, mon père... mais je ne perdais que moi, et je sauvais ma mère " [30].

This is not the place to consider the reasons of the blatant contradiction between the words of le Père Aubry and those of Atala. This contradiction could perhaps be explained in reference to the progressive stages of the composition of the novel. Atala's suicide could reflect the theme of poisoning which occurs in early, so-called Indian stories, such as *Azakia* and *Odérahi*; it could reflect the concept of what has been described as the *anticlerical* version of the novel; or it could reflect the general fashion of suicide subjects, raging around 1800.

One thing is certain. According to the existing text of the novel, Atala, like the characters of the Deluge tradition, faced a choice, and she was fully aware of the sinful nature of the two possible modes of action left to her—she knew that her suicide constituted a criminal sin.

This explains the *surenchère* of Hersent. The scene of Atala's suicide is transposed, far beyond the literal *données* of the text of Chateaubriand, to the theme of the Flood—the theme which was the accepted allegory of the ultimate conflict of passions resulting in crime, guilt, and damnation.

The *surenchères* of Girodet and Hersent—evoking totally irreconcilable concepts of Atala—point to a polarity of interpretation which was one of the sources of the fascination for the novel. These *surenchères* magnified Chateaubriand's contradictions into a paradox: Atala being exposed both to damnation and to beatification; victim of her own passions, like the characters of the Flood, and then compared to the representation of the dead Christ in the Medieval Pitiés.

This paradox was noted by many a critic of the time. Thus, Marie-Joseph Chénier writes, in his *Epitaphe d'Atala*:

> Ci-gît la pudique Atala,
> Qui, pour garder un pucelage
> Qu'à Dieu sa maman consacra,
> Très chrétiennement préféra
> Un suicide au mariage. [31]

I do believe that illustrations, such as those of Girodet and Hersent can reveal—if one gives them some attention—certain directions, certain moods, and certain meanings which, extended beyond Chateaubriand's text succeed in graphically recording the particular climate of contemporary interpretation.

I hope that the type of analysis, which in a limited way I tried to apply to the works of Girodet and Hersent, could be systematically applied to all the major works of art inspired by what Chateaubriand liked to call his " fille aînée ".

George LEVITINE
University of Maryland

Notes

[1] *Œuvres complètes de Chateaubriand*, Paris, Garnier [1929], IV, p. 347.
[2] *Ibid*.
[3] Chateaubriand, *Mémoires d'Outre-Tombe*, Paris, Gallimard (La Pléïade), 1966, I, p. 445 (Livre treizième, chap. 6).
[4] Cf., *Ibid*., II, p. 843 (Livre quarante-deuxième, chap. 2).
[5] Gilbert Chinard, *L'Exotisme américain dans l'œuvre de Chateaubriand*, Paris, Hachette, 1918, p. 243.
[6] Jean Adhémar, " Girodet un fou ", *Arts*, J I, 3, 1936, p. 3.
[7] Henry Lemonnier, " L'*Atala* de Chateaubriand et l'*Atala* de Girodet ", *Gazette des Beaux-Arts*, May 1914, pp. 363–371.

[8] Cf., Armand Weil, *Atala, édition critique*, Paris, J. Corti, 1950, pp. XLIV–LI.
[9] Chinard, *op.cit.*, p. 243.
[10] Chateaubriand, *Atala*, in *Atala, René, Le Dernier Abencérage*, Paris, Nelson (Emile Faguet ed.), 1939, p. 114.
[11] Lemonnier, *op.cit.*, p. 370.
[12] Chateaubriand, *Atala, ed.cit.*, p. 117.
[13] *Ibid.*, p. 118.
[14] *Ibid.*, p. 117.
[15] Frederick Antal, " Reflections on Classicism and Romanticism ", *The Burlington Magazine*, vol. 68, March 1936, p. 138.
[16] Chateaubriand, *Le Génie du Christianisme*, Paris, F. Didot, 1862, II, pp. 110–112 (Quatrième partie, Livre second, chap. VIII).
[17] Charles-Paul Landon, *Annales du Musée*, Paris, Impr. des Annales du Musée, 1806, Pl. 43 (the description of the painting appears on pp. 93–94).
[18] Chateaubriand, *Atala, ed.cit.*, p. 81.
[19] *Ibid.*, pp. 85–86.
[20] Lemonnier, *op.cit.*, p. 367.
[21] Chateaubriand, *Atala, ed.cit.*, p. 84.
[22] *Ibid.*, p. 82.
[23] *Ibid.*, p. 103.
[24] Cf., e.g., *Lettres analytiques, critiques et philosophiques sur les tableaux du sallon*, Paris, 1791, pp. 67–68 (Coll. Deloynes, XVII, 441).
[25] [Chaussard], *Le Pausanias français*, Paris, F. Buisson, 1806, p. 126.
[26] [Choderlos de Laclos], *Les Liaisons dangereuses*, London, 1796, I.
[27] Maximilian Rudwin, *Supernaturalism and Satanism in Chateaubriand*, Chicago and London, The Open Court, 1922.
[28] Chateaubriand, *Atala, ed.cit.*, p. 107.
[29] *Ibid.*, the same theme reappears in the *Epilogue* (*ibid.*, p. 123).
[30] *Ibid.*, p. 105.
[31] *Œuvres de J.-F. Ducis suivies des œuvres de M.-J. de Chénier*, Paris, Ledentu, 1839, p. 705.

CHATEAUBRIAND AND HORTENSE ALLART: LA NUIT D'ÉTAMPES

A great many people have never really pardoned Sainte-Beuve for publishing, in 1860, the book on Chateaubriand entitled *Chateaubriand et son groupe littéraire*[1], nor for appending to the second volume of this work the remarkable document entitled " Extraits de Mémoires Inédits ". [2] These last 12 pages (which one critic has referred to as " ces douze pages de trop "[3] were, of course, a fragment of the unpublished memoirs of Hortense Allart. Hortense (quite unintentionally, I believe) scandalized her contemporaries by revealing, with considerable candor, certain details of her amorous adventures with the ageing author of the *Génie du Christianisme*. Since Sainte-Beuve chose not to identify Hortense as the author of these " Mémoires Inédits " (a note refers to her only as " la femme distinguée qui a écrit ces pages "[4]), the authenticity of such " mémoires sans garantie "[5] was at once questioned. Sainte-Beuve may have been tempted to reply to some of his more incredulous critics, but he contented himself with confiding to one or two friends in private: " La dame de la fin est Mme Hortense Allart, ...une femme instruite, spirituelle, qui a été jolie, et qui est restée un honnête homme. Son récit est d'une vérité parfaite "[6].

Not unnaturally, when Hortense published, not just this extract, but the complete text of her *Mémoires* some twelve years later, under the title, *Les Enchantements de Prudence*,[7] these pages on her relations with Chateaubriand were again singled out as " confidences érotiques "[8] which, it was claimed, shocked even the most elementary sense of propriety.

Yet I doubt whether any of us today would seriously reproach Sainte-Beuve fur including " ces douze pages de trop " in his study on Chateaubriand; nor do I think that many of us would be inclined to say that his primary purpose in publishing these pages was to shock his readers. If Sainte-Beuve would perhaps never be quite as indulgent as the publisher Hetzel who once observed to Jules Janin, à-propos of Chateaubriand: " Et puis qu'est-ce que cela nous fait qu'un écrivain mort n'ait pas été parfait de son vivant? "[9], he has at least made his own intentions amply clear by prefacing the excerpt from Hortense's " Mémoires Inédits " with these words: " J'aime en Chateaubriand l'homme naturel, et je n'aime pas l'homme officiel. Tout ce qui, même dans la période du personnage officiel nous ramène à cet homme naturel me plaît "[10]. The " Extrait de Mémoires

Inédits ", then, was intended to reveal to us an unknown, an unsuspected side of this towering but still unconquered Everest.

Yet elsewhere in the book, we get the impression that Sainte-Beuve knows considerably more about his subject than he has been willing to tell us. We are made to feel, in fact, that he has made an almost conscious decision not to strip away completely the mask that would reveal *l'homme naturel* under *le personnage officiel*.

Thus, a note appended to the fifth lesson of the book informs us, almost in an aside: " Il y avait un Chateaubriand secret aussi lâche et débridé de ton que l'autre était peu, mais celui-là connu seulement d'un très petit nombre dans l'intimité "[11]. Our interest is at once aroused, but, search as we will, nowhere in the book will we be able to discover quite what incident (or incidents) Sainte-Beuve is alluding to.

There is, as well, the rather remarkable claim made in the Preface to the book, where Sainte-Beuve alludes to the rich documentation he has assembled and asserts with some immodesty: "...je puis dire que je regorge de vérités. J'en dirai au moins quelques-unes "[12].

Since Sainte-Beuve further tells us that his book's essential originality stems from its being based on " des pièces de première main "[13] and that some, at least, of his confidential observations come from " une espèce de registre où je retrouve d'anciennes notes "[14], we may assume that if we, too, were to have access to these original source materials, we, too, might possibly learn, if not all that Sainte-Beuve himself knew about Chateaubriand, then at least considerably more than we may expect to find in the pages (and between the lines) of even such an extraordinarily rich book as this.

Fortunately, the whereabouts of Sainte-Beuve's papers is no mystery. They are to be found in the Spoelberch de Lovenjoul Collection in Chantilly. It is therefore a relatively easy task to confront the printed text with Sainte-Beuve's original documentation in order to determine how much more the critic knew than he was willing to say.

The results of this investigation are most interesting. I should like to read to you at least this one entry from Sainte-Beuve's confidential notebook, the *cahier brun*. It is a prime example of that " Chateaubriand secret " whose very existence we had begun to doubt:

« M. Romain de Sèze, que je rencontrais assez souvent chez M. de Feletz, et avec qui j'ai dîné plus d'une fois à la table de l'aimable abbé, se plaisait à raconter au dessert que dans les premières années de la Restauration, vers 1818, il y eut saisie d'une brochure de M. de Chateaubriand. La justice fit descente chez lui de grand matin, et on trouva l'illustre auteur (comment oserai-je dire?... M. Romain de Sèze osait très bien le dire cependant) couché entre deux... entre deux Floridiennes comme du temps des Natchez. Le récit qu'on ne manqua pas d'en faire à Louis XVIII dut l'amuser beaucoup ». [15]

I have chosen this particular anecdote because it is immediately followed in the *cahier brun* by the very question it raises: " Oserai-je jamais moi-même imprimer cela ? " Sainte-Beuve asks himself, and replies at once: " Quand on arrive à une certaine note de vérité, on offense les gens jusqu'à les faire crier; ils vous lapideraient, s'ils pouvaient "[16].

This anecdote, and others like it, will remain unpublished, then, and will serve only to swell that dossier of notes and documents to which we (and Sainte-Beuve himself) have already alluded.

We could cite other examples in this vein, but let us turn instead to Sainte-Beuve's copy of Hortense's manuscript. It, too, is to be found in the Lovenjoul Collection in Chantilly [17]. Curiously enough, no one has yet taken the trouble to compare this manuscript with its published versions. This is all the more regrettable since the thirty-four pages of Hortense's manuscript recount in detail the first year of her liaison with Chateaubriand from their meeting in Rome in April, 1829, to her departure for England in the Spring of 1830.

Sainte-Beuve, we know, did not utilize all of this material. " Je n'ai rien ajouté à ses récits ", he confided to a friend; " j'ai retouché à peine; mais en supprimant avec tact, on fait des pages qu'elle écrit quelque chose d'agréable qui reste original " [18].

What did Sainte-Beuve suppress in these pages? Or more precisely, what did he find necessary to *supprimer avec tact*? Let us take only one example, that of Hortense's account of *La Nuit d'Etampes*.

The details are well-enough known by now. At noon on Saturday, July 18, 1829, Chateaubriand set out from Paris on a journey to Cauterets, in the Pyrénées, where he intended to take the waters. Mme de Chateaubriand, it was agreed, would remain behind in Paris.

Since Hortense and Chateaubriand had met in Rome exactly three months earlier (on Saturday, April 18), the two lovers undoubtedly decided to commemorate their anniversary by meeting in Etampes, on the road from Paris to Orléans, on the evening of July 18.

The single paragraph which Hortense devotes to the *Nuit d'Etampes* in the version published in *Chateaubriand et son groupe littéraire* is a perfectly chaste and sober account of a *dîner intime* between the sixty-one year old René and his twenty-eight year old mistress. But this is scarcely enough to explain the letter dated three years after these events in which Chateaubriand tenderly calls Hortense his " Muse de Rome " and " Dame d'Etampes " [20]. Nor does it quite explain the euphoria of the sole phrase of the *Mémoires d'Outre-Tombe* relating to this incident: " Tout mon voyage jusqu'aux Pyrénées fut une suite de rêves: je m'arrêtais quand je voulais... [21] ".

What, then, has Sainte-Beuve eliminated from Hortense's account? The manuscript begins much as the published version:

> Il allait partir pour prendre les eaux des Pyrénées. Il me demanda de me rencontrer sur sa route à Etampes, et je partis pour le trouver là. J'arrivai quelques moments avant lui et c'est ici un jour dont je vais parler en détail.
> Il fut conduit en arrivant dans une chambre à côté de celle où je venais d'entrer. Il vint chez moi quand on l'eut laissé seul, me dit à la hâte que nous allions nous retrouver, puis sortit pour éloigner ses gens et leur donner des ordres, commander le dîner qu'on nous servit dans ma chambre. Il revint aussitôt à son aise, livré à la joie, et nous dînions comme deux jeunes amants fugitifs et cachés au désert. Il était heureux, riant, me disait mille choses aimables et tendres; car sa manière d'être heureux, c'était d'aimer, d'admirer, de louer, de répéter sur tous les tons combien il était enchanté et reconnaissant. Jamais plus élégante, plus

gracieuse nature ne peut se rencontrer. Moi, j'étais tout à fait éprise, et, comme lui, j'éprouvais de la reconnaissance; car s'il savait gré à ma jeunesse de l'aimer, moi je savais gré à ses talents de vouloir bien m'accorder tant d'instants. Nous disions toutes les choses aimables, toutes les choses riantes qu'on dit en pareil cas. Je n'étais plus intimidée par lui; j'étais très animée. Nous étions vrais chacun et charmés l'un de l'autre. Son visage était beau, sa personne soignée. Nous ne nous hâtions pas, nous aurions voulu retenir les heures. Cependant lui se montrait impatient d'atteindre le soir et plaisantait sur ma froideur. Après dîner il sortit, alla dire qu'il se retirait chez lui, qu'on pouvait desservir, et en rentrant dans ma chambre, il tenait par la main un enfant de vingt ou trente mois qu'il m'amenait tout barbouillé, tout mal mis, mais qu'il me montra tendrement pour dire ce qu'il voulait, ce qu'il espérait; car souvent, comme dans ses ouvrages, les idées de la paternité inondaient son cœur. Touchée de ce trait si naturel, si touchant, venu si bien de lui, je regardais sortir le bel enfant, lorsqu'il s'écria: « Vous ne lui donnez rien, vous le laissez partir sans lui rien dire; pauvre petit, donnez-lui donc au moins des fruits. » — Ravie de la bonté de mon amant, je remplis de cerises et de fraises le tablier du petit enfant. [22]

Up to this point, Sainte-Beuve's suppressions have been dictated largely by questions of space. With the exception of the innocuous phrase: " C'est ici un jour dont je vais parler en détail ", the entire passage was to be reproduced almost verbatim in the *Enchantements de Prudence* [23]. The portion which follows, however, contains a considerably higher degree of *inédit*.

The manuscript continues:

Alors nous restâmes seuls; on avait desservi en un instant; tout le monde était parti; il faisait jour, mais René hâtait la nuit; il l'attendait impatiemment, et moi, un peu étonnée, intimidée, je le regardais en faire les apprêts. La nuit allait donc nous unir; c'était la première que j'allais passer avec un homme!
Elle fut trop rapide et peu de sommeil la calma. Un éclair de sensation traversa mon cœur; il s'en aperçut, s'en étonna, s'écria qu'il fallait des siècles pour m'animer; il me faisait de doux reproches quoique ma réserve et mon innocence parussent le charmer. Dirais-je qu'il fit des merveilles, que la jeunesse lui fut rendue? Cachons ces secrets dans l'ombre qui alors voilait les cieux.
De grand matin son valet de chambre vint frapper à la porte, à côté de la mienne. Il ne répondit pas, le laissa partir, se leva, et me quittant après des adieux bien tendres, il me laissa triste, revint furtivement me dire quelques mots, puis sortit, et j'entendis aussitôt les chevaux de poste s'éloigner rapidement.
C'était bien court; c'était trop peu pour ma jeunesse. Je me levai triste et fatiguée. Je versai quelques larmes sur lui qui partait seul, quand j'aurais tant voulu ne pas le quitter. Je déjeunai et partis dans cette mélancolie, lasse et endormie durant mon retour solitaire. En arrivant chez moi, j'y trouvai un petit mot de Jérôme [24] qui venait de sortir; il avait donc changé de résolution et voulait me voir à présent? Mais il n'avait su jamais me donner une nuit, une seule nuit comme celle que je venais de passer! [25]

One is at once struck by the similarity between this passage and certain themes expressed by Chateaubriand in " Amour et Vieillesse ": " Souviens-toi seulement des accents passionnés que je te fis entendre et, quand tu aimeras un jour un beau jeune homme, demande-toi s'il te parle comme je te parlais et si sa plus grand'amour approchait jamais de la mienne [26] ".

But Hortense's *rêverie* is far too particularized to be compared to Chateaubriand's " Confession délirante ". Later, inspired by George Sand's example in her *Histoire de ma Vie*, Hortense would learn that memoirs need not be confessions, and that one may even have an obligation to write with discernment and discretion.

As for Sainte-Beuve, one can only imagine his mixed reaction in reading these pages. He must surely have asked himself again:
" Oserai-je jamais moi-même imprimer cela? "

Hortense, we know, asked herself a similar question and gave a similar reply.

Is this all we may expect to know about the *Nuit d'Etampes?* Hortense's manuscript contains only this melancholy postscriptum: " Cependant le printemps commençait, et m'apportait son trouble et sa douleur. Je versais des pleurs involontaires. L'âge de Chateaubriand se trahissait pour moi, non pas sur son beau visage, non dans ses propos adorables, mais dans sa tranquillité, dans cette régularité de nos relations, jamais plus vives, jamais plus fréquentes. La nuit d'Etampes ne s'était pas répétée " [27].

Lorin A. UFFENBECK
University of Wisconsin

Notes

[1] *Chateaubriand et son groupe littéraire sous l'Empire* (Paris: Garnier, 1860), 2 vols.
[2] *Ibid.*, II, 441–453.
[3] See Jules Levallois, *Etudes de philosophie littéraire. Critique militante* (Paris: Didier, 1863), 38–39.
[4] *Chateaubriand et son groupe littéraire*, II, 441, note 1.
[5] See G. Pailhès, *Chateaubriand, sa femme et ses amis* (Paris: Garnier, Bordeaux, Féret, 1896), p. 568.
[6] Sainte-Beuve in a letter to Jacques Demogeot dated September 11, 1861, in *Correspondance générale*, ed. Jean Bonnerot (Toulouse: Privat, Paris: Didier, 1962), XII, 169.
[7] *Les Enchantements de Prudence*, par Mme P. de Saman (Hortense Allart), deuxième édition avec préface de George Sand (Paris: Michel Lévy frères, 1873).
[8] See C. Latreille, *Chateaubriand, Etudes biographiques et littéraires* (Paris: Fontemoing, 1905), p. 253.
[9] Letter dated October 1859, in A. Parménie and C. Bonnier de La Chapelle, *Histoire d'un éditeur et de ses auteurs: P.-J. Hetzel* (Paris: A. Michel, 1953), p. 322.
[10] *Chateaubriand et son groupe littéraire*, II, 438.
[11] *Ibid.*, I, 152, note.
[12] *Ibid.*, I, 19.
[13] *Ibid.*, II, 833.
[14] *Ibid.*, II, 389.
[15] Unpublished manuscript, Collection Spoelberch de Lovenjoul, D. 573, fol. 257.
[16] D. 573, fol. 257.
[17] D. 583, fol. 263–297: " Mémoires de Mme Allart ".
[18] Sainte-Beuve to Mme de Solms, Oct. 27, 1860, in *Correspondance générale*, XI, 629.
[19] *Chateaubriand et son groupe littéraire*, II, 445–446.

[20] See Chateaubriand's letter to Hortense Allart (" Je vous reconnais pour la Muse de Rome et la Dame d'Estampes "), dated August 8, 1832, in M.-L. Pailleron, " Hortense Allart et Chateaubriand ", *RDM* (1940), 264, corrected by R. Lebègue, " Sur de nouvelles lettres d'Hortense Allart ", *Société Chateaubriand. Bulletin*, N.S., VI (1962), 58.

[21] *Mémoires d'Outre-Tombe*, ed. M. Levaillant and G. Moulinier, ed. Pléïade (Paris: Gallimard, 1958), II, 374.

[22] D. 583, fol. 274–275.

[23] *Les Enchantements de Prudence*, pp. 155-156.

[24] " Jérôme ", Hortense's pseudonym for Anthony Sampayo (1795–1841), father of her son Marcus.

[25] D. 583, fol. 275–276.

[26] *Mémoires d'Outre-Tombe*, II, 1136.

[27] D. 583, fol. 294.

CHATEAUBRIAND THE POET

The role of Chateaubriand as a poet has never ceased to trouble not only the critics but even Chateaubriand himself. The basic paradox is one capable of troubling anyone who reflects on it: how can a man who has one of the most poetic souls in the history of literature, who exhibits such an attachment for visual and emotional elements, and who finally possesses absolute mastery over words, how can such a man have written so little traditional poetry, and how can what he wrote be as lacking in interest as it is? Aside from the ballads of the *Abencérage*, there is indeed little worth considering.

The resolution of the paradox lies of course in the realization that much of Chateaubriand's writing consists, in truth, of a series of prose poems. To some this is an easily accepted assertion, but despite the fact that these portions of the writings can be rather easily shown indeed to be prose poems and not merely " poetic prose ", many critics still insist on the latter classification. The problem derives from the fact that the prose poem did not yet exist as a recognized form when Chateaubriand began to compose them; but this was equally true of Charles Nodier, whose *Smarra* is now widely recognized as a prose poem in spite of the fact that it was written prior to 1821. Nodier was perhaps somewhat more aware of the technical innovation he was making than was Chateaubriand, but in both cases it seems much more subconscious than conscious.

For both, foreign poetry in French prose translation may well have played a large role in the way the two authors developed their style, bridging the gap between prose and poetry. Nodier's early translations of the Illyrian poet Djordjević, for example, may have played just such a major role. The comparison between Chateaubriand and Nodier can easily be carried further—the phenomenon is identical in the two cases: a great stylist whose poems are undistinguished and whose true poetry is in prose.

How have the critics approached the poetic interpretation of Chateaubriand? Mainly with excuses. We can go back to the very beginning, and find Jules Janin indulging in a series of explanations in order to deal with the problem. Janin wrote the introduction to the volume of poetry in the Pourrat *Œuvres complètes*. There is no doubt that prefacing the collection of juvenilia to be found in that volume (followed by the only slightly more poetically prepossessing *Moïse*) was a thankless task. Janin does not attempt to hide the difficulty:

> ...Il n'est peut-être pas inutile de se demander pourquoi un si grand poète que M. de Chateaubriand... a mieux aimé suivre d'un pas ferme et sûr la haute et magnifique bannière de Bossuet, que de marcher sur les fleurs dans le grand chemin poétique tracé par Racine (Pourrat, p. 253).

Janin uses two arguments to explain this; first there is poetry in all of Chateaubriand's work, and second, there were more important things to do than write poetry. " En effet ", he says, " où n'est-elle pas, la poésie, dans cet immense recueil de tant d'éloquence et de génie? Elle est partout, elle éclate de toutes parts " (p. 249). And again he finds that the poetic ideas of Chateaubriand have served to inspire a whole generation:

> M. de Chateaubriand est le plus grand poète de notre âge; il est la grande intelligence du dix-neuvième siècle, il est la source intarissable de toute poésie; le premier il a donné le signal du départ, le premier il a indiqué la route, le premier il a désigné le but à toutes les grandes pensées du dix-neuvième siècle (p. 249).

Finally, Janin says simply: " C'est M. de Chateaubriand, le premier, qui a trouvé le style poétique de notre âge " (p. 249).

All of this, however, is merely an elaboration of the idea which will be at the basis of the " poetic prose " explanation: the work is not poetry, but contains poetic elements. But this still leaves unresolved the question of why he did not write more and better verse.

This choice of prose over poetry as form, leads Janin into a long discussion of Chateaubriand's motivation. Here Janin seems to reject any practical value of poetry:

> ...Tout poète qu'il était, M. de Chateaubriand a compris qu'il n'aurait pas toujours la permission de n'être qu'un poète; c'est qu'il a compris que tout était à faire et à refaire de son temps... et que son siècle avait besoin d'historiens et de poètes, mais qu'il avait encore besoin de moralistes, mais encore qu'il avait besoin d'orateurs, mais encore qu'il ne pouvait se passer de grands ministres, et de grands législateurs... (pp. 255-256).

After pursuing this line of argument for a certain time, he concludes: " voilà pourquoi il résolut en lui-même de refaire la prose française au profit de la royauté et de la liberté de son pays " (p. 259). He sums up the argument saying that Chateaubriand by being a poet would only have been another Abbé Delille, instead of the universal génie that his extrapoetical activities allowed him to become.

The basic fault here is making too great a separation between the genres of prose and poetry. In Chateaubriand's esthetics there seems to be no clear-cut distinction between prose and poetry on the subconscious level. On the conscious, however, there is indeed the traditional separation which seems to mystify Chateaubriand when he thinks about it.

So he too finds it necessary to explain and apologize in the biographical essay which forms the first volume of the Pourrat *Œuvres complètes*: " J'ai longtemps fait des vers avant de descendre à la prose " (p. 3). Nor has he any illusions concerning the value of these early poems: " Vous avez fait beaucoup de vers, me dira-t-on: soit; mais sont-ils bons? " (p. 4). He tries even harder to excuse himself by stating: " ...les bons écrivains en prose ont été presque toujours de méchants poètes " (p. 5). He too speaks of a conscious abandoning of verse: " je n'ai quitté [les Muses] que pour exprimer plus rapidement des vérités que je croyais utiles " (pp. 3-4). Again we find a view of poetry that would seem to be merely a divertissement barren of practical utility.

And yet at the same time, he constantly uses the language of poetry in speaking of himself and his works: he is the " ...père ... de toutes les poésies de notre âge... " (p. 39); his *Mémoires* are " un vaste poème... " (p. 40), qualified as " ce magnifique poème, qui sera un jour l'épopée française... " (p. 40).

Just as Chateaubriand was probably unaware of the quite particular nature of the passages in his writings in which he develops a kind of *mémoire affective*, it seems likely that on the subject of prose poems he was equally unaware, on the surface, of what he was doing.

Two lines of argument can serve to document the position of Chateaubriand as a prose poet. The first is the examination of a state of mind that allows an extreme fluidity between poetic and prose forms, a state of mind perhaps akin to that of Monsieur Jourdain before the maître de philosophie informed him that all writing is divided into prose and poetry, and all that which is prose is by definition not poetry. The second line of investigation is an attempt to identify actual prose poems in the work, at the same time attempting to assess the influence of French prose versions of foreign poems on the development of the genre in Chateaubriand.

An extremely interesting example of the fluidity of poetic form as Chateaubriand sees it is to be found in the *Abencérage*. The Spanish sources of this nouvelle have long since been widely known and documented. The far-reaching conclusions which may be drawn from them, however, have still not been adequately exploited.

The source of particular interest to us here is the Spanish *romance* of Abenámar:

> Abenámar, Abenámar
> moro de la morería,
> el día que tu naciste
> grandes lunares había!
> Estaba la mar en calma,
> la luna estaba crecida:
> moro que en tal signo nace,
> no debe decir mentira—.
> Allí respondiera el moro,
> bien oiréis lo que decía...

Literally translated the *romance* gives:

Abenamar, Abenamar, Moor of Moordom, the day you were born there were great portents! The sea was calm, the moon was full: a Moor born under such signs must tell no lie.—Then replied the Moor, well shall you hear what he said: I shall tell you, lord, although it cost me my life, for I am the son of a Moor and a captive Christian. When I was a boy my mother told me: I should tell no lie, for it was a great villainy; so ask, oh King, for I shall tell you the truth.—Thank you, Abenamar, for your civility. What castles are those? They are tall and shining! —That is the Alhambra, sir, and the other is the Mosque, and the other the Alijares, marvelously wrought. The Moor who made them earned a hundred doblas a day, and the day he didn't work he lost a like sum. The other is the Generalife, a garden with no equal; the other is the Torres Bermejas, a castle of great worth. —Then spoke King Don Juan, you shall hear what he said:—If you were willing, Granada, I would marry you, I shall give you as a dowry Cordoba and Seville.— I am already married, King Don Juan, I am married and not a widow: the Moor who has me loves me well.

The Spanish *romances* had become very popular in France in Chateaubriand's time; they were easily available in a translation by Sané (which was at times an adaptation rather than a translation), so that it is not at all surprising to find Chateaubriand utilizing the material in an attempt to add a bit of authentic local color to his tale. We are not even particularly surprised, given Chateaubriand's method of composition, to discover that he used only the second half of the *romance*, and added three more stanzas of his own fabrication.

> Le roi don Juan,
> Un jour chevauchant,
> Vit sur la montagne
> Grenade d'Espagne;
> Il lui dit soudain:
>   Cité mignonne,
>   Mon cœur te donne
>   Avec ma main.
>
> Je t'épouserai,
> Puis apporterai
> En dons à ta ville,
> Cordoue et Séville.
> Superbes atours
>   Et perle fine
>   Je te destine
>   Pour nos amours.
>
> Grenade répond:
> Grand roi de Léon,
> Au Maure liée,
> Je suis mariée.
> Garde tes présents:
>   J'ai pour parure,
>   Riche ceinture
>   Et beaux enfants.
>
> Ainsi tu disais;
> Ainsi tu mentais;
> O mortelle injure!
> Grenade est parjure!
> Un Chrétien maudit,
>   D'Abencérage
>   Tient l'héritage:
>   C'était écrit!

> Jamais le chameau
> N'apporte au tombeau
> Près de la Piscine,
> L'Haggi de Médine.
> Un Chrétien maudit
> > D'Abencérage
> > Tient l'héritage:
> > C'était écrit!
>
> O bel Alhambra!
> O palais d'Allah!
> Cité des fontaines!
> Fleuve aux vertes plaines!
> Un Chrétien maudit,
> > D'Abencérage
> > Tient l'héritage:
> > C'était écrit! [1]

What is surprising, however, even for Chateaubriand, is that the first half of the poem is not discarded, but had been turned into a dialogue between the Abencérage and his guide earlier in the story.

« Guide, s'écria-t-il, sois heureux! ne me cache point la vérité, car le calme régnait dans les flots le jour de ta naissance, et la lune entrait dans son croissant. Quelles sont ces tours qui brillent comme des étoiles au-dessus d'une verte forêt? »
  « C'est l'Alhambra », répond le guide.
  « Et cet autre château, sur cette autre colline? » dit Aben-Hamet.
  « C'est le Généralife, répliqua l'Espagnol. Il y a dans ce château un jardin planté de myrtes où l'on prétend qu'Abencérage fut surpris avec la sultane Alfaïma. Plus loin vous voyez l'Albaïzyn, et plus près de nous les Tours Vermeilles » (pp. 262-263).

This kind of flottement between poetic and prose form is extremely curious, especially since it is made even more significant by an inverse process which can be noted elsewhere. In the *Voyage en Amérique* on at least one occasion Chateaubriand took a straightforward narrative from one of his sources and made of it a " poem " which he presents in a prose version supposedly translated from a poetic Indian original [2].

Once again, this is typical of Chateaubriand's method: dissociation and synthesis. (It is noteworthy that in the dialogue portion of the ballad, he intermingles not only his own additions, but also a sentence from Swinburne). And indeed in the author's mind, on the conscious level, this may only have been a kind of labor-saving " utilisation des restes ". On the level of unconscious creativity, the result is however a dissociation of poetic thought and expression from poetic form. This is perhaps at the basis of the entire poem in prose technique as Chateaubriand developed it.

The role of translations as a possible means of penetration of the prose poem into the literary subconscious deserves much more attention than it has received. There is no doubt that Chateaubriand came into contact with this type of literature from the very beginning, and that he contributed to the genre with his own productions. The example cited above in relation to the *Abencérage* is but one of many. Whether the Sané translations (or rather adaptations) had been known to Chateaubriand before he started the *Abencérage* is not clear, but even had he seen the translations only as part of that preparation, this would place the contact early in his career, since long years separated the composition and the publication of the nouvelle.

But it is possible to push this contact back even further, to a date when all that Chateaubriand had written were a few youthful verses, a date at which he had not yet written a prose poem. This first contact came with the preparation for the trip to America. Readers of the *Mémoires* will recall the scene in which M. de Malesherbes' encouragement results in an uninhibited enthusiasm on the part of Chateaubriand. He and M. de Malesherbes poured over all of the available books of travels. One of these, one on which Chateaubriand was to rely perhaps most heavily in his writings, was the *Voyage en Amérique* of Father Charlevoix [3]. What particularly interests us here is that Charlevoix presented a number of Indian songs or chants, in prose translation, easily recognized as a kind of primitive poetry. The impression made on him by these primitive poetic expressions must have been great indeed, judging by the use he was to make of them in future writings. Using these authentic Indian " poems " as models, he constructed by analogy, Indian poems of his own, drawn from a multitude of sources, none of them poetic [4].

Obviously this was not the author's first contact with prose translations of poetry. There must have been endless examples antedating the first contact with Charlevoix; but the influence of Charlevoix is certain and can be documented.

The influence of the prose translations of the *Iliad* and the *Odyssey* on works such as *Les Natchez* and *Les Martyrs* is also significant, if only to the extent that they provided a prose form for the epic.

When near the end of his career Chateaubriand was to translate Milton's *Paradise Lost* he chose to do a prose translation. It must be admitted that the author was racing against time to fulfill a commission, and the task of making a French translation in verse would seem to him to be an endless task, so that perhaps in that case his choice was dictated. Yet the preface to the translation deserves some attention, since we see there the reflection of Chateaubriand's philosophy of translation: absolute fidelity to the original (a philosophy which was hotly contested when the tanslation was published, in an age which still considered that foreign literature needed to be adapted to the French taste). Clearly fidelity to the tone and the content were paramount in Chateaubriand's mind, and fidelity to form was a secondary consideration. This is an important attitude for creating the atmosphere which must necessarily pre-exist for the concept of a prose poem to take root.

Chateaubriand did not find rhymes easily. Mme de Chateaubriand in her cahiers recalled one incident of an impasse in finding a rhyme (for the Combien j'ai douce souvenance...). The particular incident referred to may be anecdotal, but the difficulty seems certain, especially since it is reinforced by the occurrence in Chateaubriand's poetry of a large number of rhymes which are not particularly felicitous.

The proper atmosphere was therefore created both by literary models and by the author's own predisposition. The only task that remains is to seek for conscious prose poems in the works. We have already seen definite examples in the Indian song imitations. Another incontestable example of a conscious attempt to give poetic form to prose is the description of the Florida storm to be found in the *Voyage en Amérique* (our ed., I, 188 ff). Although the typography is not preserved in all subsequent editions, a tribute to the typesetter's lack of understanding of the author's intentions, the description is arranged as if it were a poem. There are five paragraphs of approximately equal length, set apart from one another by double spacing. The five " stanzas " of the " poem " are moreover set off from the rest of the text by similar spacing.

Perhaps one of the best arguments for the existence of prose poems in Chateaubriand is the ease with which he can be anthologized. There is not the slightest difficulty in excerpting short passages from any of the works, from the *Essai sur les révolutions* to the *Mémoires;* each excerpt, if properly chosen, forms a self-contained unit, with no necessary relation to the rest of the text. A literary entity, sometimes descriptive, sometimes narrative, thus exists, one which with the greatest of ease can be classified as a prose poem.

In his *Cahiers du Sud* article " Chateaubriand ou rien " [5] Raymond Jean reminded us of the theories of poetic analysis of Coculesco [6]. It is absolutely amazing to see the effect produced by a simple arrangement of Chateaubriand's texts as poems written in stanzas made up of lines of varying length. Here even the distinction between poem in prose and verse poem becomes blurred. We can only be astonished by the almost unbelievable modernity of the texts presented in this fashion—an arrangement which does not do violence, certainly, to Chateaubriand's intentions. His addiction to public readings of his texts proved on the one hand that his orientation was toward sound, not toward a typographical arrangement on a printed page. Further, Coculesco's examination of the variants of *Atala* proved that the pauses, represented by the ends of lines in Coculesco's arrangement, were a constant preoccupation of the author.

Here are some of the results of Coculesco's arrangements:

> La nuit était délicieuse.
> Le génie des airs secouait sa chevelure bleue,
> embaumée de la senteur des pins,
> et l'on respirait la faible odeur d'ambre,
> qu'exhalaient les crocodiles couchés sous les tamarins des fleuves.
>
> La lune brillait au milieu d'un azur sans tache,
> et sa lumière gris de perle descendait
> sur la cime indéterminée des forêts.
>
> Aucun bruit ne se faisait entendre,
> hors je ne sais quelle harmonie lointaine
> qui régnait dans la profondeur des bois:
> on eût dit que l'âme de la solitude
> soupirait dans toute l'étendue du désert.

Or again, a pershaps even more striking example:

> O mon jeune amant!
> je t'aime comme l'ombre des bois au milieu du jour!
> tu es beau comme le désert avec toutes ses fleurs et toutes ses brises.
>
> Si je me penche sur toi,
> je frémis:
> si ma main tombe par hasard sur la tienne,
> il me semble que je vais mourir.
>
> L'autre jour le vent jeta tes cheveux sur mon visage,
> tandis que tu te délassais sur mon sein;
> je crus sentir le léger toucher des esprits invisibles.

This typographical arrangement which forces us to attack each fragment separately and read it for its intrinsic value, instead of rushing rapidly through a " descriptive " or " narrative " text, reveals all the force of the poetic image and expression.

Perhaps to a certain extent, as we have suggested, Chateaubriand was uncomfortable in the framework of traditional poetry for reasons of technical shortcomings: the difficulty of finding useful and unobtrusive rhymes. But this is only symptomatic of the need he felt subconsciously of a vaster canvas than that afforded by traditional poetry. He had a need to go beyond what had been done, to investigate new horizons in poetry, exactly in the same way that he had dreamt of discovering the North West Passage. The answer was a retention of a traditional but renovated poetic content unfettered by the restraints of traditional prosody.

In all probability Janin was right in saying that Chateaubriand as a traditional poet might have been ranked with the Abbé Delille. Janin did not realize the extent of his condemnation—actually he had a rather good opinion of Delille, but the accuracy of the condemnation is almost beyond dispute. Chateaubriand's own particular genius demanded liberty. His frequent praises of political liberty were only a reflection of his basic need for artistic liberty, an artistic liberty whose needs he did not consciously realize fully, since he frequently paid a surface obeissance to tradition and form, but everywhere Chateaubriand transcends this surface impression to create a poetic vision that demands he be recognized not as a poetic author but as a poet.

Richard SWITZER
University of Wisconsin

Notes

[1] *Atala, René, le dernier Abencérage* (Paris: Garnier, s.d.), pp. 320–321.

[2] This subject is discussed in more detail in our article " Chateaubriands' sources in the *Voyage en Amérique* ", *Revue de littérature comparée*, XLII (1968), 5–23.

[3] For the details of the borrowings, see our critical edition of the *Voyage en Amérique* (Paris: Didier, 1964).

[4] Details of this technique are to be found in the *RLC* article.

[5] L (1960), 207–212.

[6] Pius Servien [Coculesco], *Lyrisme et structures sonores* (Paris: Boivin, 1930).

CHATEAUBRIAND AND NAPOLEON: HISTORY, POETRY OR BOTH ?

In writing the *Mémoires d'Outre-Tombe* Chateaubriand had the great misfortune to follow rather than precede Rousseau. *Les Confessions* had transformed the very idea of what memoirs should be, for they were not even really memoirs so much as revelations of Rousseau's innermost thoughts and sentiments. Rather than a history of a life, *Les Confessions* present the history of a soul. And henceforth the man who would commit his deeds and works to paper for the enjoyment or edification of posterity would be expected to emulate Jean-Jacques.

One can scarcely imagine an undertaking more alien to Chateaubriand. Here was a man who envisaged his life, and consequently his life's story, not as an exposé but as a monument. *Le beau* is on a higher plane and is truer than the merely *vrai*. In a letter to Joubert Chateaubriand clearly stated his purpose in the *Mémoires:*

> Je n'entretiendrai pas... la postérité du détail de mes faiblesses; je ne dirai de moi que ce qui est convenable à ma dignité d'homme et, j'ose le dire, à l'élévation de mon cœur. Il ne faut présenter au monde que ce qui est beau. [1]

This idea, which runs counter to the conception most men now hold about what memoirs should be and do, is an important element in understanding what happened between Chateaubriand and Napoleon, what Chateaubriand said happened, and why there is so often a discrepancy between the two accounts. Few episodes of Chateaubriand's life have escaped scrutiny from critics, both malevolent and benevolent, who have sought time and again to ascertain what in fact did take place at a given moment: where did he travel in the New World, what was his political role during the Restoration and—not the least interesting of such questions—what was his actual relationship with Napoleon.

Few individuals receive such sustained comment by Chateaubriand, from incidental references scattered throughout the *Mémoires* to the lengthy treatment in Books 19-24. And few episodes in his life so well illustrate the diverse and often contradictory inclinations of Chateaubriand the man of letters and the would-be man of action. The interaction and conflict of the two personalities go far to explain the otherwise inexplicable reactions of Chateaubriand to his greatest contemporary. A superior man of letters

—a title surely no one here will contest—Chateaubriand also wished to leave his mark on society. He pointed with pride to not one but three careers: the traveler, the writer, the statesman, and while posterity may dispute his claim to the first and especially to the last, it is well to remember that Chateaubriand himself considered all three important, and especially the last.

Chateaubriand's self-image as a man of action—delusions of grandeur according to many critics past and present—undoubtedly constitutes the prime factor in the attraction of the one man to whom he consistently compared himself, and often in situations where comparison seems ill-placed if not irrelevant. For Chateaubriand, however, these parallels were neither, but translated the veritable fascination of the man who did what he dreamed of doing.

J'étais alors, ainsi que Bonaparte, un mince sous-lieutenant tout à fait inconnu; nous partions, l'un et l'autre, de l'obscurité à la même époque, moi pour chercher ma renommée dans la solitude, lui sa gloire parmi les hommes (188).

Napoleon quite literally haunted Chateaubriand,

Je comptais mes abattements et mes obscurités à Londres sur les élévations et l'éclat de Napoléon; le bruit de ses pas se mêlait au silence des miens dans mes promenades solitaires; son nom me poursuivait jusque dans les réduits où se rencontraient les tristes indigences de mes compagnons d'infortune... Napoléon était de mon âge; partis tous les deux du sein de l'armée, il avait gagné cent batailles que je languissais encore dans l'ombre de ces émigrations qui furent le piédestal de sa fortune. Resté si loin derrière lui, le pouvais-je jamais rejoindre? (739-740).

Nous revînmes en France presque en même temps, lui de Memphis, moi de Londres; il avait saisi des villes et des royaumes; ses mains étaient pleines de puissantes réalités; je n'avais encore pris que des chimères. (741)

Of Napoleon's importance to Chateaubriand then there is little doubt. But what of Chateaubriand's role vis-à-vis the Emperor? What allied the two? Chateaubriand claimed a mutual affinity :" il revenait quelquefois à moi par un penchant naturel... quelquefois j'inclinais vers lui par l'admiration qu'il m'inspirait " (537); and at least one contemporary confirmed it, " il s'en est fallu de bien peu que Napoléon et Chateaubriand fussent les meilleurs amis du monde. Leur génies s'entendaient en dépit de leurs caractères " [2].

Nevertheless a very brief summary of their relationship is not amiss, especially since critics are inclined to insist upon the lack of equilibrium in their rapports. The opportune publication first of *Atala* then of the whole of *Le Génie du Christianisme*, which neatly coincided with the First Consul's Concordat with the Pope and the official reconciliation of Church and State, has often been recounted. The " services " reaped the anticipated reward, which Chateaubriand duly received in the form of an undersecretaryship at the Holy See—surely a fitting post for France's most vocal Catholic. But despite his somewhat dubious past—he had after all emigrated and served in the royalist army—Chateaubriand proved to be the proverbial bull in the diplomatic china shop. He simply could not tolerate an inferior position. He was eventually offered another even more obscure post (but where he would have been in sole command) from which, without ever taking office, he resigned with great éclat upon hearing of the summary arrest and execution of the duc d'Enghien.

From this time (1804) dates Chateaubriand's self-imposed and rather truculent estrangement from the Empire—self-imposed because Napoleon treated him with more mansuetude than Chateaubriand would have us believe, even to the point of foisting his candidacy on a most unwilling Académie Française. Truculent because Chateaubriand variously spurned these advances and accepted them, perpetually flirting as it were with a swain who would not accept Chateaubriand on his own terms. For essentially Chateaubriand refused to accept Napoleon's definition of Chateaubriand's possible role in the Empire while Napoleon declined Chateaubriand's definition of this role. " Mon embarras n'est point d'acheter M. de Chateaubriand, c'est de le payer ce qu'il s'estime ", Napoleon is reported to have remarked [3].

Chateaubriand's biggest error according to the Emperor, and the one which accounts for his alternate courting and spurning of Napoleon's gestures in his direction was his assumption that superiority in one realm assured ability in another [4].

Yet though Chateaubriand was certainly playing a role, and the one he wished to play, there is evidence that he was fully aware of his rather contrary attitude toward the Empire. When his imprudent acceptance speech for the Académie Française was refused, " l'ongle du lion était enfoncé partout, et j'avais une espèce de plaisir d'irritation à croire le sentir dans mon flanc " (649). When he was reproached for amusing himself in this game, Chateaubriand's almost jocular reply indicates that he did not perhaps take his self-imposed role quite so seriously as most of his statements would lead one to believe, " Oui, je ne le nie pas... j'aime à sentir sa griffe, et comment ne serais-je pas ravi de sa persécution en voyant les preuves d'intérêt qu'elle m'attire? Comment ne serais-je pas fier de voir tant de belles mains s'armer pour me défendre? " [5]

Yet it would be wrong to attribute Chateaubriand's opposition to the Empire solely to personal pique and frustration at not playing the grand role to which he felt entitled and of which he dreamed. Chateaubriand's criticism was also rooted in a basic ideological conflict with a system of government generally alien to his principles. Capable of pamphleteering, he could also present a reasoned critique of a regime admired for its grandeur, but detested for its tyranny.

Chateaubriand saw not one but two Napoleons, or rather he perceived Napoleon as separate from Bonaparte. " Mon admiration pour Bonaparte a toujours été grande et sincère, alors même que j'attaquais Napoléon avec le plus de vivacité " (868).

Thus what appear as irreconcilable contradictions—his statements when compared to his actions at various points in his career—can in fact be understood as logically resulting from this dichotomous perception of Bonaparte-Napoleon. Bonaparte the great leader, the man who fired the imagination of a whole continent, " le poète en action " as Chateaubriand called him, versus Napoleon the despotic emperor, the tyrant who chose to ignore the hard-won freedoms of the French Revolution and even more, the traditional principles of honor and duty. The vehement denunciations of *De Buonaparte et des Bourbons* do not invalidate the more retrospective judgments contained in works less dictated by the passions of the moments; they do, however, place them in perpective.

Another distinction essential to an understanding of this episode in Chateaubriand's life is that despite his many disclaimers of interest in personal advancement, Chateaubriand was definitely ambitious and certainly aspired to great deeds. And these aspirations of course constitute an important ingredient in his attraction to Napoleon. Balzac wished to do with his pen what Napoleon had done with his sword, but Chateaubriand dreamed of rivaling the emperor on his own battleground. Whence the perhaps excessive flattery of the dedication of *Le Génie du Christianisme*. Whence also the manoeuvering and the intrigues for recognition by Napoleon (and later by Louis XVIII).

By this standard Chateaubriand was a failure, albeit a magnificent one, at what he himself had set as his goal in life. It would not do, however, for Chateaubriand to admit deficiencies, and this intransigence helps explain the many passages in the *Mémoires* designed to justify his conduct—his advances to and retreats from power—and to gloss over the bald fact of his relatively (compared to Napoleon) lackluster political career. Such passages, and they are legion, serve to substantiate the image Chateaubriand wished to convey of himself. These embellishments—literally—of the stark and unflattering reality (" il ne faut présenter au monde que ce qui est beau ") have generated enormously unfavorable comment, both past and present. Of course Chateaubriand exaggerated, but it was for drama—think for example of his marvelously sinister description of the First Consul's altered physiognomy after the execution of the duc d'Enghien: " ses joues étaient dévalées et livides, ses yeux âpres, son teint pâle et brouillé, son air sombre et terrible... une intelligence supérieure n'enfante pas le mal sans douleur " (533-534). An air of mystery surrounds the past event, which is then interpreted in light of future significance. This type of prophecy in reverse is responsible for much of the beyond-the-grave, often lugubrious atmosphere pervading the *Mémoires*. Of course he distorted facts, but it was for the sake of beauty; Chateaubriand did not simply portray reality; like any good poet, he created it. When we read almost any novel of the *Comédie humaine*, we marvel at Balzac's fantastic imagination. But is not somewhat the same response appropriate as well to a reading of the *Mémoires d'Outre-Tombe?* One may certainly judge Chateaubriand the man and find him wanting, but in place of this sterile, solely negative preoccupation with distortions of reality, the literary critic would do better to concentrate on what Chateaubriand created. *Les Mémoires d' Outre-Tombe* are less a document of a life than an ideal projection of that life. If life could not conform to the ideal, literature could, and in Chateaubriand's hands, did.

From this more lofty vantage point Chateaubriand appears not as a falsifier of reality but as a creator of myths. His remark that Napoleon at St. Helena " n'est occupé qu'à faire son apologie, qu'à justifier son passé " (999), applies equally to Chateaubriand himself. Whence the part myth, part reality of Chateaubriand the martyr braving the persecution from the tyrannical Emperor, a modern Sertorius defying his latter day Sylla, a Tacitus revealing the decadence of Nero:

> L'historien paraît chargé de la vengeance des peuples. C'est en vain que Néron prospère, Tacite est déjà né dans l'empire...
> Si le rôle de l'historien est beau, il est souvent dangereux; mais il est des autels, comme celui de l'honneur, qui, bien qu'abandonnés, réclament encore des sacrifices... Nous ne doutons point que, du temps de Sertorius, les âmes pusillanimes... ne trouvassent ridicule qu'un citoyen obscur osât lutter seul contre toute la puissance de Sylla. Heureusement la postérité juge autrement les actions des hommes.[6]

Chateaubriand used these imprudent comparisons in his 1807 *Mercure de France* article: " Si Napoléon en avait fini avec les rois, il n'en avait pas fini avec moi " (630). But we may note that if here as elsewhere Chateaubirand enhanced his own role, in so doing he inflated Napoleon's role as well, glorifying even by damning him—a negative glory undoubtedly, but glory nonetheless.

Beyond Chateaubriand's personal saga, however, is the poet-historian's meditation upon the man whom he saw as a " poète en action " (995). The section of the *Mémoires* devoted to a full-length treatment of Napoleon reveals a Chateaubriand less personally involved with the man whose exploits he undertook to describe and whose life he sought to judge.

For by 1839 Chateaubriand's perspective on Napoleon, like his view of his own life, was " d'outre-tombe ". He was able to survey the entire span of Napoleon, his rise and fall, the consequences, beneficent as well as nefarious, of his entire reign. Despite the growing Napoleonic legend, or perhaps because of it—" après avoir subi le despotisme de sa personne, il nous faut subir le despotisme de sa mémoire " (1008)—Chateaubriand was intent upon pronouncing judgment as an historian. " Il convient d'examiner cet homme à deux existences, de peindre le faux et le vrai Napoléon: ils se confondent et forment un tout, du mélange de leur réalité et de leur mensonge " (995-996).

And we can say that Chateaubriand took this task seriously and tried to be equitable. " Je m'attache à peindre les personnages en conscience, sans leur ôter ce qu'ils ont, sans leur donner ce qu'ils n'ont pas " (1005). When the historian must subject a personage like Napoleon to such analysis, his task is doubly difficult, not only because the primary documents of the Empire cannot be trusted—" la pensée fut bâillonnée " (1001)—but even more so because with time even the lies are transformed into reality. " Tel est l'embarras que cause à l'écrivain impartial une éclatante renommée; il l'écarte autant qu'il peut, afin de mettre le vrai à nu; mais la gloire revient comme une vapeur radieuse et couvre à l'instant le tableau " (1005). Moreover, many of those who wrote about the emperor falsified their descriptions by making Napoleon even greater than he was. " Napoléon n'a nul besoin qu'on lui prête des mérites; il fut assez doué en naissant " (1010). To Chateaubriand such sycophantry was far more of an insult than a compliment.

On the strictly historical plane how did Chateaubriand view Napoleon? Recognizing his forte, Chateaubriand lauded Napoleon's greatness in establishing a powerful and stable government, for having brought order out of chaos, for having subdued the anarchical elements in the midst of France, for having restored religion (a natural remark for the author of *Le Génie du Christianisme*), for his administration (" Sur laquelle nous vivons encore "—little did he think that France would be living on this administration over a century later!) and finally for imposing his will: " Il est grand pour être né de lui seul, pour avoir su sans autre autorité que celle de son génie, pour avoir su, lui, se faire obéir par trente-six millions de sujets à l'époque où aucune illusion n'environne les trônes " (1009-1010).

Bonaparte's contributions fill only half the tableau; his deficiencies must also be taken into account. One major deficiency identified by Chateaubriand is statemanship: his capture of the Pope, the Russian débâcle, the imprudence and folly that led to Napoleon's downfall. But for Chateaubriand Napoleon's greatest fault, his most heinous crime and the one which had the most repercussions on future generations of Frenchmen was rendering the French inapt for liberty. Under his reign Frenchmen lost the habit of freedom, they became accustomed to passive obedience, came even to desire subjugation. Since for the vicomte " sans la liberté, il n'y a rien dans le monde, elle seule donne du prix à la vie " (1007) this crime, though less visible than many of his other actions, was grave indeed, all the more so because of its incalculable consequences. An earlier episode in the *Mémoires* contrasts the positive achievements of George Washington with the principally negative ones of Napoleon. Washington gave his country its independence; Bonaparte ravished France of hers. Washington expressed and translated the needs and desires of his countrymen while Bonaparte imposed his own desires on his compatriots. Each was recompensed in kind; Washington's republic subsists, that of Bonaparte is no more (222-225).

Chateaubriand knew, however, that his protests were in vain, for Napoleon, unlike Washington, cannot be judged solely on historical grounds. No, he who would judge must probe deeper into the deeds and even more, into the lasting impression of the man who was Destiny itself for sixteen years (998), to see why he could exercise a tyranny even greater in death than in life, to see how " le faux Bonaparte " could become " le vrai ".

Bonaparte n'est plus le vrai Bonaparte, c'est une figure légendaire composée des lubies du poète, des devis du soldat et des contes du peuple; c'est le Charlemagne et l'Alexandre des épopées du moyen âge que nous voyons aujourd'hui. Ce héros fantastique restera le personnage réel. (1008)

And here, despite Chateaubriand's efforts to reduce his subject to assessable proportions, he was nonetheless obliged to contribute to the very legend he was combatting. For Napoleon is no ordinary man, he is of another race entirely, " la race des princes " (1003), dont " la gloire revient comme une vapeur radieuse et couvre à l'instant le tableau ".

Napoleon, Chateaubriand recognized, " était un poète en action, un génie immense dans la guerre, un esprit infatigable... C'est pourquoi il a tant de prise sur l'imagination des peuples... " (996). This is why Napoleon was even stronger in death than in life; his hold was not merely on men's minds or their actions, but also and especially on their imaginations. How? By surpassing all those conquerors who preceded him, by filling a decade with exploits that stagger the imagination, deeds so prodigious as to defy belief.

Chateaubriand closed his history of Napoleon with the exile on St. Helena, the shabby treatment by the English, with a slight reproach to Bonaparte for not having risen above such pettiness. Most of all, what this treatment conveys is the end of an era, an end too of a poem, the last days of a fallen god. " La vie de Napoléon lui-même est-elle autre chose qu'un poème? " (II, 166). He who was Destiny for so long had to yield to his own destiny. " Détaché de son temps, son histoire est finie et... son épopée commence " (1010).

As a postscript Chateaubriand recounted his trip, his pilgrimage we should say, to Cannes, where Napoleon had disembarked on his return from Elba. Chateaubriand was lead to contemplate more than the fate of the man whose life he had chronicled. He contemplated as well his own fate. Survivor of the past, Chateaubriand felt himself a relic, one who was destined at this moment as at other moments in his life to regard the disintegration of a world.

Témoin oculaire que je suis, de deux ou trois mondes écroulés... Pourquoi ai-je survécu au siècle et aux hommes à qui j'appartenais par la date de ma vie? Pourquoi ne suis-je pas tombé avec mes contemporains, les derniers d'une race épuisée? Pourquoi suis-je demeuré seul à chercher leurs os dans les ténèbres et la poussière d'une catacombe remplie? Je me décourage de durer. (1033)

In conclusion what we see in Chateaubriand's Napoleonic adventure is that no more than anyone else could Chateaubriand remain immune to the fascination of Napoleon. Yet he tried and to a large degree succeeded in separating the man from the myth, more perhaps than for his own life. For posterity, however, the interest of this episode and this record is less historical than psychological and especially literary. The interplay of forces between these two men brought out especially well the many facets of Chateaubriand's personality: the would-be statesman who dreamt of great deeds and whose dreams never materialized; the aristocrat who defended his honor and that of his class at all costs; the advocate of freedom resisting tyranny; the monarchist drawn to an emperor; the actor with *panache;* the idealist who tried to live his ideal; the maker of myths who created a myth of his own life and of Napoleon's as well; and finally the writer, the poet who determined to leave a record of all this (and much more) to posterity. And for posterity the peculiar quality and particular value of this record is to see two legends in the making, Napoleon's and even more so Chateaubriand's.

Priscilla P. CLARK
University of Illinois at Chicago Circle

Notes

[1] *Mémoires d'Outre-Tombe* (Edition " La Pléiade "), I, 525–526. All further citations will be to volume one of this edition with pages only given in the text.

[2] Sophie Gay in *La Presse*, 15 August 1849, cited by Pierre Moreau, *Chateaubriand, l'Homme et la vie; le Génie et les livres* (Paris, 1927), p. 112.

[3] Mme de Rémusat, *Mémoires*, cited by J. Lemaître, *Chateaubriand* (Paris, 1912), p. 236.

[4] Metternich, *Mémoires et Documents*, I, 309, cited by A. Cassagne, *La Vie politique de François de Chateaubriand* (Paris, 1911), p. 117.

[5] Sophie Gay cited by Cassagne, p. 345.

[6] " Sur le voyage pittoresque et historique de l'Espagne, par M. Alexandre de Laborde", *Mélanges politiques et littéraires* (Paris, 1850), pp. 47, 483 (partially reprinted in *MOT*, I, 570).

ITINÉRAIRE DE CHICAGO A JÉRUSALEM

Tout d'abord, si vous avez pris la peine de regarder le titre imitateur que porte ce récit, je vous prie de ne point y voir de ma part la moindre prétention à des talents chateaubrianesques.

Deuxièmement, je voulais d'abord dans ma communication suivre les pas de mon illustre devancier dans leur ordre original; mais cette idée s'est vite avérée peu pratique, tout simplement parce que moi, je ne les ai point suivis dans cet ordre lors de ma visite en Terre Sainte.

Donc, ce que je vais vous offrir, ce sont mes impressions de l'aspect actuel de certains lieux que Chateaubriand a visités entre le 1er et le 16 octobre 1806 — c'est-à-dire il y a 162 ans, presque jour pour jour — et que moi j'ai vus au mois d'août 1968 [1]. Permettez-moi de remarquer en passant que, dans l'*Itinéraire*, l'auteur d'*Atala* parle presque sans exception de choses vues, ce qu'on appelle vues, comme le fait l'Orgon du *Tartuffe* dans d'autres circonstances. Ce n'est pas, je crois, une observation oiseuse car, n'en déplaise aux mânes de Chateaubriand, on n'en peut pas dire autant de son *Voyage en Amérique!*

Mais revenons enfin à nos moutons, ou plutôt à nos itinéraires. Dans ses *Mémoires d'Outre-Tombe*, Chateaubriand dit: « J'ai toujours rêvé le pèlerinage de Jérusalem ». Faire ce pèlerinage, c'est-à-dire en tant que pèlerin chrétien, n'était pas le seul but de son voyage — il s'en fallait de beaucoup; après tout, la Terre Sainte, en 1806, est très à la mode. Moi aussi, j'avais longtemps rêvé ce même pèlerinage, mais avec les sentiments d'un Israélite. En 1951, trois ans après la création de l'Etat d'Israël, j'avais bien fait, avec ma femme, un voyage de six semaines en Terre Sainte. Mais dix-sept ans avaient apporté à ce petit pays des progrès prodigieux, et, à la famille Springer, assez d'économies pour qu'elle pût s'offrir un deuxième pèlerinage. Et puis, la miraculeuse victoire israélienne dans la guerre de six journées contre les Arabes — survenue en juin 1967 — avait mis l'Etat d'Israël plus à la mode que jamais, et, notons-le, non pas seulement pour les Israélites.

Donc, ayant tout arrangé par l'intermédiaire d'une agence de tourisme — luxe que Chateaubriand, hélas, n'avait pas à sa portée — nous quittons Chicago pour New York le dimanche 4 août 1968.

Mme de Chateaubriand, elle, n'accompagne son mari que jusqu'à Venise, d'où ce dernier s'embarque avec son valet Julien pour Trieste, qu'il quitte ensuite sur un bateau autrichien. Moi, j'emmène en Israël non seulement ma femme, mais aussi deux fils: Eliot, âgé de douze ans, et David, petit gosse de deux ans et demi dont les gamineries vont souvent distraire nos compagnons de voyage en autocar.

Le pauvre Chateaubriand met six jours à aller en bateau de Rhodes à Jaffa; après, il se trouve installé dans une cellule de l'hospice des pères, « simple maison de bois bâtie sur le port »; la famille Springer, après un vol d'une douzaine d'heures de New York, atterrit à Lod, non loin de Tel Aviv, et se trouve transportée en taxi particulier à l'Hôtel des Rois à Jérusalem, logement climatisé ayant tout le confort moderne.

Pour sa visite de la Terre Sainte, Chateaubriand a un entourage qui se compose de Julien, son valet; de Jean, son interprète grec; et d'un guide turc, Ali-Aga; et, au besoin, d'une escorte de plusieurs Arabes. Tout le monde, d'ailleurs, est armé. Nous, le lendemain de notre arrivée, c'est-à-dire le 6 août, montons dans un autocar pour nous joindre au groupe de touristes dont nous allons faire partie pour trois semaines. Pour toute arme, je suis muni d'une caméra et, pour le petit David, il y a une poussette pliante et des vêtements de rechange. Nos deux guides ne sont ni français, ni grecs, ni turcs, mais israéliens: le premier, le conducteur de l'autocar, est un homme grisonnant et fluet qui s'appelle Mottke, version diminutive de Mordecaï; c'est lui qui va, avec une expertise souvent ahurissante, contourner les angles aigus des chemins en pente raide, alors que l'autocar semblera prêt à culbuter dans l'abîme.

Notre deuxième guide se nomme David Friedman, bel homme d'une soixantaine d'années, venu d'Autriche en Israël en 1936. Assis sur un tabouret près de Mottke, son petit microphone à la main, il se montrera cicérone spirituel et intelligent, doué d'une patience intarissable pour les questions intarissables de ses clients, et surtout pour celles de M. le professeur Springer qui, son exemplaire de l'*Itinéraire* ouvert devant lui, s'obstine à lui poser des colles sur tous les endroits dont Chateaubriand fait mention.

L'autocar s'arrête d'abord près du tombeau de Rachel, à Rama, non loin de Bethléem, village où il n'y a presque pas d'Israéliens. Nous commençons à descendre; mais entre nous et ce tombeau s'interpose une véritable phalange de gamins arabes, mendiant, nous agaçant, piaillant comme une couvée de moineaux affamés. Il s'attachent à nos trousses en brandissant leurs pauvres marchandises: des cartes postales, de tout petits stylos à bille qui ne durent qu'un jour, des figues fraîchement cueillies, du jus de pamplemousse non glacé — il fait, incidemment, une chaleur de 90 degrés (Fahrenheit) — et surtout des chapelets dont la longueur démesurée et les grains en bois verni feraient les délices de nos *hippies* et *yippies*. Pas moyen d'esquiver cet essaim d'enfants sans des refus fermes et brusques, car si on succombe à un de ces petits importuns, on devient sur-le-champ la proie d'une douzaine d'autres.

La tombe de Rachel reste aujourd'hui cet « édifice carré, surmonté d'un petit dôme » décrit par Chateaubriand, ayant par derrière un beau jardinet. On entre dans un vestibule voûté et assez bas, où l'on rencontre deux phénomènes qui jurent avec la sainteté de l'endroit. Dans un coin est assis un soldat israélien en faction; et, aux murs, on voit toute une liste d'exhortations priant les visiteurs de se comporter d'une façon révérencieuse et de prendre garde à la propreté. On y voit aussi une liste d'heures d'ouverture. La présence du soldat nous rappelle la guerre toute récente dans laquelle les Israéliens, après dix-neuf ans, ont arraché ce tombeau aux Arabes qui, eux aussi, vénèrent la matriarche Rachel; et les exhortations ont été peintes aux murs en hébreu et en anglais à cause des milliers de touristes qui, comme nous, viennent en foule à ce lieu depuis juin 1967.

De ce vestibule nous débouchons sur une grande salle dont les murs sont tendus de belles tapisseries orientales, et au milieu de laquelle se trouve un grand cercueil couvert de velours bleu foncé. Ici, nous nous mêlons à une foule grouillante de nos coreligionnaires qui chantonnent des psaumes et des prières à l'intention de Rachel; ces sons d'une dévotion sincère n'excluent pas le ronronnement des appareils photographiques. Cependant, l'autocar nous attend: nous sommes bientôt à Bethléem, ville où naquit le roi David. Il faut nous contenter de la regarder par les fenêtres; elle aussi a trop récemment appartenu aux Arabes pour que les Israéliens risquent encore d'y promener des touristes. Bethléem, où Chateaubriand ne voit, auprès de quelques ruines, que des oliviers et des figuiers « clair-semés sur un terrain rougeâtre », est aujourd'hui une ville florissante de 80 000 habitants, où se dressent beaucoup de maisons neuves, bâties en pierre d'un jaune rosé.

C'est le lendemain, le mercredi 7 août, que commence le tour de Jérusalem elle-même. Il nous tarde surtout de nous trouver dans la « Ir Ha-atikah » — c'est-à-dire dans la Vieille Ville, où sont le Mont des Oliviers, le Mont du Temple, et l'ancien quartier juif, endroits dont nous avons été exclus entre 1948 et 1967.

Dès dix heures du matin, l'autocar, conduit par l'imperturbable Mottke, gravit les hauteurs du mont Moria, pour entrer ensuite dans la vallée de Josaphat jusqu'à l'angle oriental du mur de la ville. Chateaubriand, se trouvant dans ces lieux, s'aperçoit que « le torrent du Cédron [qui] passe au milieu, est à sec une partie de l'année; dans les orages... il roule une eau rougie. ... L'aspect de la vallée de Josaphat est désolé ». Le torrent du Cedron n'a pas changé; mais là où il n'y a, en 1806, que le sol rougeâtre qui le colore, on voit aujourd'hui des cèdres.

Pendant que nous nous repaissons les yeux de ce spectacle, arrive un Arabe menant un petit âne: pour une *lira* israélienne, c'est-à-dire pour 35 ⊘ on peut monter sur le dos de cet animal et s'y faire photographier par ses amis; c'est de la bonne couleur locale, après tout! Tous les passagers de l'autocar s'y refusent, à l'exception de notre petit David; ne sachant pas résister à la prière exprimée par ses yeux brillants et ses bras tendus, je le hisse sur le dos de l'âne; et nous voilà immortalisés dans un instantané, lui, l'Arabe, l'âne — et moi. En 1806, les aga turcs demandent tribut pour la permission de traverser leurs domaines, et les bédouins arabes ont coutume de dévaliser les voyageurs; en 1968, on a affaire à leurs arrière-petits-fils, qui vous vendent leurs oripeaux et qui se font photographier avec leurs ânes.

Une fois l'Arabe et l'âne partis, je me mets à regarder un des panoramas immuables de Jérusalem. Pour le décrire, je n'ai qu'à citer l'*Itinéraire:* « La vallée de Josaphat semble avoir toujours servi de cimetière à Jérusalem;

on y rencontre les monuments des siècles les plus reculés et des temps les plus modernes; les Juifs viennent y mourir des quatre parties du monde ». En quoi Chateaubriand a toujours raison: mon beau-père, qui habite Jérusalem, a tout récemment retrouvé dans ce même cimetière, la pierre tombale de son grand-père; lui-même, après l'époque hitlérienne et un séjour derrière le rideau de fer, a préféré s'installer en Terre Sainte au lieu de suivre en Amérique ses deux filles, seules survivantes de ses sept enfants; il compte sans doute qu'on l'enterrera un jour auprès de son aïeul.

L'autocar descend ensuite dans la vallée pour s'arrêter près de deux sépulcres voisins, ceux d'Absalon, fils favori du roi David, et du prophète Zacharie. Ma caméra à la main, je me hâte de les regarder de près: ce sont les mêmes masses carrées que Chateaubriand a vues en 1806, taillées dans la montagne, formées chacune d'une seule roche, ornées de « colonnes d'ordre dorique sans cannelure », l'une surmontée d'« une pyramide triangulaire », l'autre en « une pointe... recourbée... comme un monument chinois ». Je me joins à plusieurs autres personnes qui grimpent l'escalier à demi écroulé menant à l'intérieur de ces monuments; nous n'y rencontrons qu'une lourde fraîcheur gâtée par une forte odeur de moisi, un réseau de grottes obscures qui font frémir, et un deuxième escalier, celui-là menant au sommet des monuments, mais dont la pente est tellement raide que personne n'ose s'y risquer. Revenu à l'autocar, j'annonce au guide Friedman que je viens de voir l'intérieur du tombeau de Zacharie. « Je vous demande pardon, M. le professeur », me riposte-t-il avec son plus aimable sourire. « Si votre M. de Chateaubriand a pris ce bâtiment-là pour le sépulcre de Zacharie, il s'est un peu trompé. C'est celui d'Absalon ». Rien de plus vrai! notre écrivain a confondu ces deux tombeaux, erreur que j'aurais évitée, moi, si j'avais apporté avec moi l'ouvrage de Mlle Bassan!

L'après-midi, nous nous rendons à Jéricho, en passant par Béthanie. Chateaubriand a remarqué qu'il « n'y a plus de roses et de palmiers à Jéricho »: cela a pu être vrai en 1806, mais le Jéricho de 1968 est bien autrement florissant. Nous traversons les collines de l'ancienne Judée, dont l'aridité se prolonge à perte de vue, lorsque soudain nous voyons surgir devant nous une ligne de dattiers entremêlés de bougainvilliers aux fleurs violettes ou écarlates.

L'autocar s'arrête devant une petite boutique comme il y en a tant en Israël: on y trouve des boissons froides — du jus d'orange, du jus de pamplemousse, du Coca-Cola — et, bien entendu, des cartes postales. Le propriétaire arabe nous fait bon accueil, car notre grande soif lui est très profitable. Chateaubriand, à Jéricho, avait son guide, le Turc Ali-Aga qui, étant le gouverneur de la ville, le conduisit dans ses Etats; nous n'avons, nous, que M. Friedman, qui nous invite tous à gravir un monticule voisin où l'on est en train de faire des fouilles, et où les archéologues ont déjà découvert des traces d'une civilisation plus ancienne de neuf siècles que celle des Hébreux qui avec Josué conquirent Jéricho. Mon *Itinéraire* toujours ouvert, je demande à M. Friedman si on sait toujours où se trouve la « source dont les eaux autrefois amères furent adoucies par un miracle d'Elisée ». « Mais sans doute, » me dit-il. « Cette source est aujourd'hui l'emplacement de la station de pompage de Jéricho! Je regrette que nous n'ayons pas le temps de nous y rendre ». Mais avant de nous ramener à l'autocar, il nous indique du doigt la ville, qui s'étend au bas du monticule; et à l'horizon, il y a la ligne d'arbres marquant les rives du Jourdain. La frontière entre Israël et le royaume de Hussein se trouve au milieu du fleuve; selon l'itinéraire établi l'autocar doit retourner à Jérusalem en côtoyant le Jourdain, mais on est forcé de renoncer à ce projet, car il y a eu tout récemment des échanges de coups de feu tout près de Jéricho.

Le 7 octobre 1806, Chateaubriand, accompagné d'Ali-Aga, du drogman Michel et de ses domestiques, gravit à cheval la montagne de Sion, qui est, dit-il, « d'un aspect jaunâtre et stérile »; c'est là que se trouve, entre autres monuments, le tombeau de David. C'est le 8 août 1968 que, mes fils ayant besoin de repos, je reste seul à l'hôtel avec eux jusqu'à l'après-midi; vers deux heures, nous rejoignons ma femme et le reste du groupe au Mont Sion. J'ai cru bien faire d'apporter la poussette du petit David pour l'aider à gravir cette hauteur; mais une fois arrivé, en autobus public, au pied du mont, mon fils Eliot part d'un grand éclat de rire, en quoi je lui donne raison; pour atteindre au sommet, il nous faut monter un escalier d'une centaine de marches! Je replie la poussette, je la passe à Eliot qui va la porter, et, pestant contre ma propre imprévoyance, je prends David sur mon bras gauche. Ainsi chargés, nous arrivons enfin — tout essoufflés bien entendu — au sommet du Mont Sion. Il y a une cour dallée qui mène à la grotte de David. C'est sans doute la même petite salle voûtée décrite par Chateaubriand. Le public est séparé du tombeau par un grillage de fer assez bas; sur le cercueil, qui peut avoir sept pieds de haut, et qui est couvert d'un drap de couleur marron, on a placé une douzaine de très vieilles couronnes d'argent. Un rabbin, homme mince d'apparence fort orientale — il a le teint basané des Juifs originaires du Yémen — se tient debout derrière le grillage pour expliquer l'histoire du tombeau et pour prononcer des bénédictions à la mémoire de nos chers morts, pour lesquels nous allumons des cierges. Il y a auprès de lui un coffret destiné à recevoir des contributions faites à l'intention de certaines œuvres charitables.

C'est vers huit heures et demie dans la soirée du 5 octobre 1806 que Chateaubriand arrive à la mer Morte, qu'il quitte le lendemain matin à cinq heures. Voici quelques-unes de ses impressions:

> Nous suivions, entre les dunes de sable, les fissures qui s'étaient formées dans une vase cuite aux rayons du soleil. Une croûte de sel recouvrait l'arène, et présentait comme un champ de neige, d'où s'élevaient quelques arbustes rachitiques. Nous arrivâmes tout à coup au lac... Aucun bruit, aucune fraîcheur ne m'avait annoncé l'approche des eaux...
>
> Il était nuit close: la première chose que je fis en mettant pied à terre fut d'entrer dans le lac jusqu'aux genoux, et de porter l'eau à ma bouche. Il me fut impossible de l'y retenir. La salure en est beaucoup plus forte que celle de la mer, et elle produit sur les lèvres l'effet d'une forte solution d'alun. Mes bottes furent à peine séchées, qu'elles se couvrirent de sel; nos vêtements et nos mains furent en moins de trois heures imprégnés de ce minéral.

Cette description, à peu de détails près, reste valable aujourd'hui. Mais la science moderne et — avouons-le hautement, le tourisme, — ont rendu la vie à cette redoutable mer Morte, qui est censée contenir dans ses profondeurs les villes corrompues de Sodome et de Gomorrhe. On y arrive après une descente graduelle mais inexorable ; étant à 1290 pieds au-dessous du niveau de la mer, elle reste l'endroit le plus bas du globe. Mais malgré la chaleur accablante et la sécheresse effrayante du sol, on aperçoit bientôt une série d'auges où l'on est en train de dessécher les eaux salées de la mer Morte pour en extraire de la potasse.

Voilà pour la science. Quant au rôle du tourisme, nous voici arrivés tout d'un coup aux rives de la mer Morte. Et là, comme si nous nous trouvions au bord du lac Michigan, M. Friedman nous indique un bâtiment où nous pouvons nous rafraîchir, prendre une douche, et mettre nos maillots de bain. Quand j'en sors, je croise un homme d'apparence grotesque ; son corps est enduit, depuis les épaules jusqu'aux genoux, d'une sorte de boue qui ressemble fort à de la poix. A ce qu'il paraît, cette boue est en réalité une espèce d'argile qui soulage les douleurs de l'arthrite et des rhumatismes ; on peut en ramasser à pleines poignées au fond de l'eau, pour peu qu'on s'éloigne un peu de la rive.

Je m'aventure enfin dans cette fameuse mer, mais avec peine. Près de la rive, le fond se compose de cristaux de sel durcis qui ont la grandeur de gros cailloux ; cela fait mal à la plante des pieds. La température de l'eau est assez élevée. On m'a bien dit qu'il est impossible de ne pas flotter dans la mer Morte, à cause du sel ; mais, n'étant pas bon nageur — tant s'en faut ! — et ne voulant pas risquer de faire entrer dans ma bouche ni dans mes narines une seule goutte de cette eau pour ainsi dire brûlante, je me contente de m'asseoir dedans, à quelques pieds de la rive ; il s'agit de pouvoir dire ensuite que je me suis réellement baigné dans la mer Morte. Et en effet, « baigné » est le mot juste, car il ne me manque qu'un morceau de savon pour que cette singulière expérience ressemble tout à fait à un bain tiède — pris, rappelons-le, dans une « baignoire » remplie de grands cailloux de sel ! Je m'en fatigue vite et je vais prendre une douche pour me débarrasser de la mince couche de sel dont mon corps est recouvert.

On le voit bien, mon itinéraire en Terre Sainte n'a pas été dépourvu de petites aventures piquantes ou cocasses. Mais il y en a une, survenue, elle, dans la vieille ville de Jérusalem, qui m'attriste chaque fois que je me la rappelle.

Nous côtoyions à pied les ruines du palais d'Hérode ; tout d'un coup, un petit Arabe boiteux se met à courir auprès de moi, me priant de lui acheter, pour un dollar américain, le chameau en bois verni qu'il me tient littéralement sous le nez. Je refuse poliment sa marchandise ; mais, comme il s'attache à mes pas avec un grand acharnement, j'ai recours à la méthode protectrice que M. Friedman nous a recommandée d'adopter en pareille circonstance : je lui fais la sourde oreille, marchant droit devant moi sans même le regarder. Bien que j'agisse à contre-cœur, je ne tiens pas à me donner le beau rôle ici, tout au contraire, car j'ai beau ressentir contre ce gamin le mouvement de dépit de celui qui veut en avoir pour son argent et qui n'aime pas qu'on cherche à le voler ; j'ai beau avoir été agacé, à plusieurs reprises, par pas mal des semblables de cet enfant, j'ai beau, étant Israélite, éprouver des émotions négatives à l'égard des Arabes en général, dans mon for intérieur je me dis que ce pauvre estropié, qui a une jambe plus courte que l'autre, est peut-être le seul soutien de sa famille. Et d'ailleurs, que me fait à moi un dollar de plus? Pour lui, un dollar, c'est une forte somme. Du coin de l'œil, je m'aperçois soudain que l'enfant, qui peut avoir dix ans, est soutenu dans sa persistance par un autre plus âgé que lui, qui le pousse vers moi, qui le harangue, qui le brutalise un peu. M'endurcissant toujours, je réussis enfin à m'éloigner un peu de l'estropié. J'entends un cri derrière moi, puis un vacarme épouvantable; je me retourne. Le petit, à force de courir après moi, vient de tomber et de casser une jambe au chameau de bois; et son compagnon, dans un accès de colère sauvage, est en train de le rouer de coups de poing dans le dos, dans la nuque, en pleine figure, enfin partout. Navré, écœuré, je commence à rebrousser chemin pour donner quand même un dollar au pauvre gosse; mais je vois arriver deux hommes arabes qui écartent son persécuteur, le relèvent, essuient ses larmes, et s'éloignent avec lui. Moi, j'en suis réduit à rester là, le cœur gros, seul avec mes bonnes intentions tardives et mes inutiles regrets.

Chateaubriand, pendant son itinéraire, est témoin, lui aussi, de la misère que le despotisme des Turcs a imposée tant aux Arabes qu'aux Juifs et aux chrétiens:

> Entrez dans [Jérusalem], rien ne vous consolera de la tristesse extérieure: ...des bazars voûtés et infects achèvent d'ôter la lumière à la ville désolée; quelques chétives boutiques n'étalent aux yeux que la misère; ...dans un coin à l'écart, le boucher arabe égorge quelque bête suspendue par les pieds à un mur en ruine...

Cette misère, il faut bien en convenir, existe encore chez beaucoup des Arabes de Jérusalem, mais le gouvernement israélien fait son possible pour l'alléger, en tâchant d'absorber les Arabes dans une économie qui va toujours grandissante.

Il ne me reste qu'à terminer ce récit en vous rappelant le passage de l'*Itinéraire* où Chateaubriand, voyant la désolation de Jérusalem, cite le *Livre des Lamentations* du prophète Jérémie — passage où, heureusement on ne reconnaît guère la Jérusalem actuelle:

> Comment cette ville, si pleine de peuple, est-elle maintenant si solitaire et si désolée?... Les rues de Sion pleurent, parce qu'il n'y a personne qui vienne à ses solennités; toutes ses portes sont détruites... et elle est plongée dans l'amertume.

Or, Jérusalem n'est plus solitaire ni désolée; ses rues regorgent de ceux qui viennent à ses solennités, et de très loin; ses portes sont rebâties; et, au lieu d'être plongée dans l'amertume, elle a l'air tout allègre. Et je me crois permis de conclure qu'un Chateaubriand ressuscité, voyant tout cela, s'en réjouirait beaucoup.

Morris SPRINGER
Roosevelt University

Notes

[1] A ce propos, je tiens à remercier vivement mon ancien ami, M. Richard Switzer, de m'avoir indiqué le savant ouvrage de Mlle Fernande Bassan, *Chateaubriand et la Terre Sainte*, auquel je suis redevable pour une foule d'indications indispensables qui m'auraient échappé autrement.

CHATEAUBRIAND, RÉVOLUTIONNAIRE POLITIQUE

Par sa fidélité inébranlable au roi et par sa défense constante du trône, Chateaubriand s'est montré toujours un solide légitimiste. La postérité, malheureusement, a eu tendance à confondre l'image du légitimiste avec celle du conservateur. Cette confusion est en un sens excusable puisque c'est sous l'égide de Chateaubriand qu'est né le journal *Le Conservateur*, qui est sans doute à l'origine de l'emploi de ce terme dans le vocabulaire politique moderne. Mais une distinction entre les deux concepts de légitimiste et de conservateur n'en demeure pas moins nécessaire, car on peut être légitimiste sans pour cela être véritablement conservateur. Lorsque les frères Hugo fondent peu après *le Conservateur Littéraire*, ce n'est pas pour y développer une conception *statique* de la littérature. Chateaubriand, tout en étant légitimiste n'était pas un vrai conservateur si nous comprenons par ce terme, comme le définit le Littré, « celui qui est opposé au parti qui poursuit le renouvellement des sociétés ». Tandis que les significations et connotations évoquées par le terme conservateur ont beaucoup changé, son sens fondamental de celui qui s'oppose à tout changement reste toujours valable. Chateaubriand donc ne peut être considéré comme conservateur ni par rapport à la politique actuelle ni par rapport à celle de son époque.

Cependant ceux qui veulent voir en Chateaubriand le conservateur refuseront tout de suite de l'envisager autrement. Sa vie, diront-ils, sert de témoignage en faveur du conservatisme. Il ne faut que regarder ce qu'il a fait, ses véritables actes, et nous y verrons l'impossibilité de réfuter sa position conservatrice.

Prenons comme échantillon trois exemples qui sont souvent employés pour soutenir son conservatisme: d'abord, sa défense inlassable du trône; ensuite, sa démission après l'exécution du duc d'Enghien; et en troisième lieu, son vote en faveur des lois d'exception. Ces faits sont corrects mais discutables comme argument en faveur du prétendu conservatisme de Chateaubriand. Il est vrai qu'à partir de 1814 Chateaubriand était un défenseur ardent du trône, mais que se passait-il entre 1802 et 1804? Peut-on oublier la première préface au *Génie du Christianisme* dont la péroraison a été rendue célèbre par Sainte-Beuve:

Je pense que tout homme qui peut espérer quelques lecteurs rend un service à la société en tâchant de rallier les esprits à la cause religieuse; et dût-il perdre sa réputation comme écrivain il est obligé en conscience de joindre sa force, toute petite qu'elle est, à celle de cet Homme puissant qui nous a retirés de l'abîme. [1]

Puis cet hommage n'étant pas assez flatteur, Chateaubriand compose une autre dédicace pour l'édition de 1803, qui par sa nature encore plus obséquieuse ne laisse rien à deviner quant à l'effet désiré:

> On ne peut s'empêcher de reconnaître dans vos destinées la main de cette Providence qui vous avait marqué de loin pour l'accomplissement de ses desseins prodigieux. Les peuples vous regardent; la France, agrandie par vos victoires, a placé en vous son espérance depuis que vous appuyez sur la Religion les bases de l'Etat et de vos prospérités. Continuez à tendre une main secourable à trente millions de chrétiens qui prient pour vous au pied des autels que vous leur avez rendus. [2]

Ce n'est pas par hasard que Napoléon a nommé Chateaubriand secrétaire d'ambassade à Rome. Et le voilà, le royaliste ardent, au service de l'Empire! Chateaubriand a trahi sa cause. Naturellement cette interruption de fidélité, malgré sa courte durée, exige que nous modifiions notre idée d'une défense *constante* du trône, mais à l'exception de cet épisode il faut avouer que pour la plus grande partie de sa carrière Chateaubriand a agi en bon légitimiste. Ce qu'il faisait cependant ne correspondait pas toujours à ce qu'il pensait. Parallèlement à ses actes il faut examiner ses œuvres, ce qui révélera un tout autre visage de cet homme complexe. Il y a sans doute entre l'homme d'action et le penseur une divergence considérable, et nous avons à décider ici dans les questions politiques lequel va fournir la base de notre opinion.

Considérons d'abord les motifs des actes de Chateaubriand. Pourquoi a-t-il réagi si différemment dans sa vie et dans ses œuvres? Est-ce qu'il agissait par pure volonté ou par devoir? Voilà la question essentielle, car c'est dans ce mot devoir qu'on trouve la clé de cette énigme. Chateaubriand aimait s'imaginer comme le serviteur fidèle de l'Evangile, et il tenait à ce qu'on reste fidèle à soi-même pour la raison qu'il donne dans ses *Réflexions politiques:*

> Tout homme qui suit sans varier une opinion est du moins excusable à ses propres yeux: un républicain de bonne foi, qui ne cède ni au temps ni à la fortune, peut mériter d'être estimé, quand d'ailleurs on n'a à lui reprocher aucun crime. [3]

Il y a ici plus qu'un soupçon de sympathie envers le républicain, et il est également curieux qu'il ait choisi le mot républicain quand il aurait pu dire aristocrate, traditionaliste, ou dandy; ou en somme Chateaubriand lui-même. Bien qu'il voie de bonne heure la mort prochaine de l'aristocratie, il ne peut jamais oublier sa propre naissance. La déclaration célèbre qui se trouve dans les *Mémoires d'Outre-Tombe*, «Je suis né gentilhomme», est gravée dans son cœur, et il sent le besoin de s'excuser parce que son penchant naturel n'était pas aristocratique. « Gentilhomme et écrivain j'ai été bourboniste par honneur, royaliste par raison, républicain par goût » [4]. Les liens familiaux qui l'ont si fortement attaché à l'aristocratie, à la monarchie, et à la religion catholique, ont insinué chez lui un sentiment d'honneur qui ne lui permettait pas de suivre son tempérament d'indépendance. S'il n'avait pas été obsédé par cette notion de fidélité, aurait-il satisfait ce goût d'indépendance? Evidemment la question ne comporte pas de réponse; mais, que son inclination soit assez forte est démontré par le fait qu'il voulait faire l'apologie du républicain. Il est évident d'ailleurs par le nombre de fois qu'il en parle, que ce conflit d'intérêts le gêne, mais en restant fidèle au roi il pouvait quand même se respecter tout en s'excusant de ne pas suivre sa propre volonté. A ce sujet M. Le Savoureux cite Chateaubriand: « Maintenant si les rois tombent, je leur reste fidèle par honneur plutôt que par goût: la vie n'a quelque dignité que dans son unité et sa droiture »[5]. Alors on peut dire que Chateaubriand s'acquittait d'un devoir dans ses actions plutôt que de satisfaire sa volonté.

Le motif ayant été examiné, passons ensuite aux actes eux-mêmes. Chateaubriand les a-t-il commis de plein gré ou à contre-cœur? Quelles sont les circonstances qui entourent ses actes? Nous avons dit que Chateaubriand était un défenseur assidu du trône, mais est-ce que l'idée du trône était la même pour lui que pour les ultra-royalistes, c'est-à-dire le trône de l'ancien régime? Certainement pas. Chateaubriand exprime clairement dès les *Réflexions politiques* que le roi devrait régner sur le *territoire* et non sur le peuple:

> Est-il plus noble d'ailleurs que le roi soit, par son titre, propriétaire des Français (Roi des Français), que propriétaire de la France (Roi de France)? Ne vaudrait-il pas mieux qu'il possédât la terre que l'homme?[6]

Soulignons en passant que cette distinction entre le « Roi de France » et le « Roi des Français » sur laquelle Chateaubriand insiste, existe déjà en 1814. En 1830 Louis-Philippe est proclamé Roi des Français, et c'est cette déclaration qui évoque la critique la plus sévère de Chateaubriand et qui provoque sa démission comme Pair de France:

> Ne pouvant prêter serment de fidélité à Louis-Philippe d'Orléans comme roi des Français, je me trouve frappé d'une incapacité légale qui m'empêche d'assister aux séances de la Chambre héréditaire.[7]

Aux yeux de Chateaubriand cette proclamation représente non la garantie de la liberté mais soit son usurpation soit sa perte dans l'anarchie éventuelle. Seul, le roi de France peut assurer la continuité de la liberté, et en tant que gardien de ce trésor le roi devrait se rendre compte de sa position spéciale. Dans le *Rapport fait à Gand* en 1815 Chateaubriand maintient fortement que l'efficacité du gouvernement aussi bien que la popularité du roi reposent sur son adoption de la Charte et de sa garantie de la liberté. Chateaubriand suggère même à travers ses éloges et son éloquence que son propre dévouement dépend de l'accomplissement de ces deux conditions. Puis l'année suivante dans *La Monarchie selon la Charte* Chateaubriand dessine très nettement la position du roi:

> La doctrine sur la prérogative royale constitutionnelle est que rien ne procède directement du roi dans les actes du gouvernement; que tout est l'œuvre du ministère...
> Le roi dans la monarchie représentative est une divinité que rien ne peut atteindre... s'il y a erreur, cette erreur est du ministre, et non du roi.[8]

Donc pour Chateaubriand le roi est intouchable, mais au lieu de régner comme une puissance de fait il est le symbole de la nation, la base de sa stabilité, et le gardien de sa liberté. Chateaubriand désire être fidèle, mais il évite soigneusement toute déclaration catégorique qui l'obligerait à soutenir n'importe quel gouvernement royaliste. La monarchie doit être constitutionnelle, et là il se sépare clairement de la majorité de ses compatriotes ultra-royalistes.

En ce qui concerne l'assassinat du duc d'Enghien, la démission de Chateaubriand est davantage une attestation contre la tyrannie de Napoléon qu'une manifestation de sa loyauté aux Bourbons. Bien que ce soit une affaire assez complexe et que les sentiments éprouvés par Chateaubriand au fond de son cœur soient impossibles à vérifier, on est obligé de mettre en relief certains faits. D'abord on ferait bien de se rappeler qu'à ce moment Chateaubriand se trouve volontairement dans l'emploi du Premier Consul. Deuxièmement nous savons de ses *Mémoires* que Chateaubriand ne connaissait ni le duc d'Enghien ni son père, le duc de Bourbon; et il aurait dû connaître celui-ci, car ils s'étaient abrités ensemble pendant un orage à Londres. La raison en est tout simplement que Chateaubriand ne s'était pas présenté. Nous ignorons si cette négligence était volontaire ou non, mais si Chateaubriand avait toujours été ainsi dévoué aux Bourbons, se serait-il conduit ainsi? Nous croyons que non. Puis dans le cas de son fils, le duc d'Enghien, il nous semble un peu curieux que la mort d'un inconnu ait pu susciter des émotions si violentes. N'est-ce pas plutôt le flagrant délit d'injustice de la part de Napoléon qui cause la révolte de Chateaubriand? La décision arbitraire du Premier Consul avait, il est vrai, choqué tout le monde. Même Mme de Staël, ennemie avouée de Bonaparte, avait peine à croire « à la possibilité d'un tel forfait »[9]. Pour Chateaubriand cet incident marquait la corruption de toute morale et la détérioration de toutes les qualités qui distinguaient un homme supérieur. Mais si Napoléon n'avait pas fait exécuter le duc d'Enghien, Chateaubriand aurait sans doute continué à le servir, ce à quoi un vrai conservateur n'aurait jamais consenti. Tout en étant un signe de sa fidélité au trône, la démission de Chateaubriand était davantage une démonstation de sa haine de la tyrannie.

Dans le cas des lois d'exception il y a aussi des circonstances atténuantes. C'est en 1815 que Chateaubriand a voté les mesures proposées par le ministre: la suppression de la liberté individuelle, l'instauration des cours prévôtales, et la répression des cris séditieux; mais à ce moment il était absolument nécessaire qu'il soutienne la cause des ultraroyalistes; il fallait montrer de la solidité dans le nouveau gouvernement. Sa propre campagne contre ces mesures devait attendre jusqu'en 1819, date à laquelle il proteste avec véhémence et sans relâche contre ces lois d'exception. Mais on peut facilement comprendre comment Chateaubriand avait pu voter ces lois en 1815 en pensant qu'elles ne seraient que provisoires.

Quant à cette divergence, donc, entre la vie et la pensée de Chateaubriand on peut voir qu'il se sentait plus libre dans ses écrits que dans ses actions. Pour lui il fallait toujours choisir entre son amour de la gloire et son sens profond de la tradition. Comme Pierre Clarac l'a dit dans un article des *Cahiers du Sud* de 1960, « Un devoir d'honneur le lie aux Bourbons; mais la gloire, elle, ne peut lui venir que de cette jeunesse dont Béranger est l'idole »[10]. Dans sa conduite il a toujours choisi de suivre l'honneur, et cette fidélité à un certain principe lui servait à se justifier. Dans ses œuvres cependant Chateaubriand pouvait s'exprimer librement sans avoir à choisir entre deux voies. Cette raison seule suffit à donner plus de poids aux œuvres qu'aux actions, mais il y a aussi une autre raison pour baser notre opinion sur ses œuvres. Il est certain que l'influence de Chateaubriand, écrivain, était plus étendue que celle qu'il aurait pu avoir par sa conduite personnelle. Le public qu'il a atteint par ses œuvres était sans doute plus considérable que le nombre de gens qui ont suivi chaque action de sa carrière. De plus, ses œuvres l'ont mis en contact constant avec le public, tandis qu'un acte est quelque chose qui se termine et qui est vite oublié. Donc, si on est obligé de choisir entre les actions d'un homme né aristocrate, nourri dans la tradition monarchique, et pénétré de tout ce qui est noble, et sa pensée qui est le produit d'une intelligence supérieure, qui marque une indépendance d'esprit, et qui prévoit l'avenir avec une perspicacité surprenante, on va certainement juger la position de cet homme d'après sa pensée et non pas selon ses actions. La première est plus attachée à la raison et les secondes se trouvent plus près des émotions et des préjugés de naissance. Enfin il est évident que nous baserons notre opinion sur ses œuvres.

Comment donc Chateaubriand apparaît-il comme libéral ? Ce n'est certainement pas dans le sens d'un Constant ou d'un Guizot dont les idées politiques étaient beaucoup trop bourgeoises pour être acceptables pour Chateaubriand. Le parti libéral tel qu'il était constitué à l'époque jouait avec l'idée de la démocratie, système que Chateaubriand était loin d'approuver. D'après lui ce n'était pas le peuple qui devait gouverner mais les « honnêtes gens » ou l'élite intellectuelle du pays. Mais fallait-il être champion de la démocratie ou partisan de l'extrême-gauche afin de pouvoir être libéral ? La démocratie favorisée par le parti libéral était pour la France à ce moment une doctrine non seulement libérale mais extrémiste; et le libéralisme doit-il toujours être extrême ? Bien sûr que non. Le système préconisé par Chateaubriand se composait d'un large libéralisme, dépourvu de tout élément radical, qui renfermait tout ce qu'il y avait de meilleur dans l'héritage français tout en ouvrant la voie à l'avenir. Tandis que le roi devait toujours régner comme chef titulaire du pays, la classe dirigeante, les ministres et le parlement, avaient énormément de possibilités pour se développer; jusqu'à quel point même Chateaubriand ne se rendait pas compte.

Le système de monarchie constitutionnelle proposé par Chateaubriand, étant bien connu et basé sur celui de l'Angleterre, n'a pas besoin d'être développé ici. Ce qui est beaucoup plus important pour nous se trouve dans l'esprit des deux documents, *Les Réflexions politiques* et *La Monarchie selon la Charte*. Violemment opposé à toute activité révolutionnaire mais incapable de cacher un certain enthousiasme pour les résultats qui peuvent en sortir; voilà la position paradoxale de Chateaubriand. Sans approuver les moyens il n'est pas du tout hostile au but:

Des autorités imposantes ne prouveraient pas que des peuples doivent renverser leur gouvernement... mais quand les peuples ont changé de constitution au milieu d'une révolution violente, si la nouvelle constitution se trouve être dans les formes regardées comme les plus belles par un Lycurgue, un Aristote, un Platon, un Polybe, un Tacite, cela doit donner de la confiance: on peut croire qu'on ne s'est pas tout à fait trompé. [11]

Il ne peut pas non plus admirer ceux qui participent à une révolution, mais il ne trouve pas leurs raisons si odieuses quand il déclare,

La religion, base d'un nouvel édifice, la Charte, et les honnêtes gens, les *choses* politiques de la révolution, et *non les hommes* politiques de la révolution; voilà tout mon système. [12]

Finalement sa condamnation de la Révolution est considérablement affaiblie par son optimisme.

Les excès d'un peuple soulevé au nom de la liberté sont épouvantables; mais ils durent peu; et il en reste quelque chose d'énergique et de glorieux.
Les révolutions et les malheurs ont des résultats heureux, lorsqu'on sait profiter des leçons de l'infortune. [13]

Donc c'est une vision optimiste qui demeure comme sa dernière constatation dans les *Réflexions*. La question n'est pas de savoir si Chateaubriand désirait un retour à l'ancien régime ou non, mais le fait qu'il apercevait l'impossibilité de son rétablissement et qu'il voyait dans la situation actuelle l'occasion de créer un nouveau gouvernement qui apporterait à la France la stabilité nécessaire.

Pour atteindre ce but il était toujours en train de proposer des mesures libérales. Il menait avec acharnement une campagne pour la liberté de la presse; il déplorait l'établissement d'un ministre de la police générale et les lois d'exception, et il adressait sans cesse des reproches au gouvernement pour son imprévoyance. En un mot c'était un homme qui cherchait constamment à changer, à innover, et à transformer; ou en bref, un libéral au sens le plus large du terme. Il était *pour* et non *contre* le renouvellement de la société. La plus grande différence entre lui et l'extrême-gauche n'était pas le principe mais son application, et en particulier la vitesse avec laquelle le renouvellement doit s'effectuer. Comment Chateaubriand pouvait-il être conservateur quand « pour lui le changement est la loi du monde », comme l'a dit Pierre Clarac dans les *Cahiers du Sud*[14].

La question qui va sûrement se poser maintenant est la suivante: si on considère Chateaubriand comme un libéral, pourquoi en 1818 a-t-il fondé *Le Conservateur?* C'était avant tout une tentative, sincère de sa part, pour mettre au jour, pour défendre et même pour lutter en faveur de la cause des royalistes. Cette cause, définie par lui-même, se trouve dans la devise du journal; pour « le roi, la Charte et les honnêtes gens ». Il voulait surtout persuader les royalistes de la nécessité d'adopter la Charte et de plaider la cause de la liberté de la presse; mais il voyait aussi dans *Le Conservateur* un organe pour combattre les idées radicales répandues dans la *Minerve*, journal de l'extrême-gauche. Comme rédacteurs Chateaubriand a rallié autour de lui les royalistes les plus distingués: Villèle, Lammenais, Bonald, Castelbajac et d'autres. Leur but était de discuter la constitution et de souligner les avantages de ce système, tout en espérant convaincre non seulement les royalistes dans les Chambres, mais aussi le public éclairé. Il semble cependant que Chateaubriand ne se soit pas rendu compte que les autres n'étaient pas aussi sûrs que lui. Pourtant, il admet dans ses *Mémoires* que l'engagement de Villèle était moins fort que le sien. En tout cas, il n'a pas pensé à la possibilité de discussions qui mettraient en question le libéralisme de la Charte, et il n'a pas reconnu non plus qu'une fois commencées, de telles discussions ne pourraient pas être facilement arrêtées. Malgré tout, ce journal a réussi à établir une opinion plus favorable des royalistes. Mais en réalité Chateaubriand a créé inconsciemment un précédent qui dépassait de loin ce progrès des royalistes. Avec son journal en opposition à la *Minerve* Chateaubriand a créé la situation pour laquelle il luttait, celle de la liberté de la presse. Il n'a pas vu que l'agitation causée par les débats et les discussions mettraient plus d'accent sur les questions politiques du jour et ainsi augmenteraient et l'intérêt et le nombre d'opinions. Aveuglé par ses idées de justice, de morale, et de noblesse, Chateaubriand était incapable de voir qu'une fois lâchée, cette liberté ne pourrait pas être canalisée, sa direction étant imprévisible et son aboutissement, impossible à pressentir. Pour illustrer l'effet général de ce journal dans une perspective historique, citons l'article du Larousse du XIXe siècle, qui tout en montrant des préjugés énormes en faveur de la gauche, a quand même une certaine valeur :

> Dès le début, ce journal commit une singulière imprudence. Le seul mot de liberté le faisait tressaillir, et cependant, il attaqua ses adversaires avec une telle vivacité qu'il fut impossible de limiter à lui seul le droit d'exprimer son opinion. Il avait été fondé pour s'opposer à tout progrès, et le premier résultat qu'il obtint fut de faire renaître la liberté de la presse.

Et plus tard dans ce même article nous lisons,

> Singulière destinée! *Le Conservateur* voulait fermer à jamais la porte à la liberté, et c'est lui qui l'introduisit de nouveau dans la presse ; il prêchait le gouvernement absolu, et, en inaugurant la prérogative parlementaire, il préparait une forme nouvelle de gouvernement empruntée de l'Angleterre. Enfin, il voulait soutenir la royauté, et, plus que tout autre journal, plus que la *Minerve*, son ennemie, il contribua à amener une révolution qui devait renverser le trône.

Les injustices de cette citation sont parfaitement évidentes, mais il est bien vrai en fait que c'est *Le Conservateur* et sa lutte continuelle pour la liberté de la presse qui ont déclenché le mouvement de revendications libérales qui a fini par exploser pendant les journées de juillet 1830.

Quand on regarde la carrière politique de Chateaubriand on est censé voir chez lui l'homme d'action plutôt que le penseur; celui qui par ses actes s'est presque toujours montré royaliste plutôt que celui qui combattait sans cesse pour une constitution libérale. C'est lui qui voulait un roi qui gouverne la France et non les Français et qui réclamait partout la liberté de la presse. S'il est vrai qu'il ait démissionné après l'exécution du duc d'Enghien, qu'il ait toujours insisté sur la nécessité de la prérogative royale, et qu'il ait voté les lois d'exception; il est aussi important de se rappeler qu'il n'avait rien de commun avec la majorité des ultra-royalistes; qu'il était même l'objet de leur mépris; qu'il proposait continuellement des mesures libérales, et que plus tard il a protesté longuement contre les lois d'exception et contre l'établissement d'un ministre de la police générale. Si dans la vie il a pu sembler être du côté réactionnaire il était plutôt dans ses opinions un modéré qui cherchait à concilier les deux partis de la France et un libéral dans la mesure où il luttait constamment pour des changements et des innovations. Nous rejoignons ici le jugement exprimé à un autre propos par M. H. Le Savoureux:

> Il ne faut pas s'arrêter aux événements qui ont pu provoquer tel article ou tel discours, mais distinguer la fidélité de Chateaubriand à l'idéalisme libéral enseigné par Malesherbes, la continuité de ses inspirations profondes à travers les incidents de la politique. Chez lui l'épisode cache le fond. [15]

Patricia Joan SIEGEL
Carleton College

Notes

[1] Sainte-Beuve, *Chateaubriand et son groupe littéraire*, Classiques Garnier, éd. de Maurice Allem, tome I, p. 224.
[2] Préface à l'édition de 1803.
[3] Chateaubriand, *Œuvres complètes*, Paris, Garnier Frères, tome VII, p. 62.
[4] Chateaubriand, *Mémoires d'Outre-Tombe*, manuscrit de 1826, Bibliothèque de la Pléiade, éd. de Levaillant et Moulinier, Paris, 1966, tome I, p. 1129.
[6] H. Le Savoureux, *Chateaubriand*, Editions Rieder, Paris, 1930, p. 62.
[5] *Œuvres complètes*, *Réflexions politiques*, tome VII, p. 76.
[7] *Mémoires d'Outre-Tombe*, tome II, p. 473.
[8] *Œuvres complètes*, tome VII, p. 163.
[9] *Mémoires d'Outre-Tombe*, tome I, p. 569.
[10] *Cahiers du Sud*, tome L, N° 357, september-octobre 1960, pp. 184–185.
[11] *Œuvres complètes*, *Réflexions politiques*, tome VII, p. 93.
[12] *Œuvres complètes*, *La Monarchie selon la Charte*, tome VII, p. 259.
[13] *Œuvres complètes*, *Réflexions politiques*, tome VII, pp. 91, 114.
[14] *Cahiers du Sud*, p. 184.
[15] *Cahiers du Sud*, p. 206.

THE POETICS OF DISCONTINUITY IN
LA VIE DE RANCÉ

At the end of Book Two in *La Vie de Rancé* one reads the following paragraph:

> Dans ces premières années de la retraite de Rancé, on entendit peu parler du monastère, mais petit à petit sa renommée se répandit. On s'aperçut qu'il venait des parfums d'une terre inconnue; on se tournait, pour les respirer, vers les régions de cette Arabie heureuse. Attiré par les effluences célestes, on en remonta le cours: l'île de Cuba se décèle par l'odeur des vanilliers sur la côte des Florides. « Nous étions, dit Leguat, en présence de l'île d'Eden: l'air était rempli d'une odeur charmante qui venait de l'île et s'exhalait des citronniers et des orangers. »

A rapid comparison of Chateaubriand's text with its sources shows that its principal ideas and even its basic metaphors are not Chateaubriand's or were originally composed by him in a different context. As you look again at the text let me read to you in order its five major sources.

The first half of the first sentence resembles closely the *Mémoires* of Mlle de Montpensier, a minor source for *La Vie de Rancé:* " les quatre *premières années* se passèrent sans que personne *entendît parler de* lui ". This is the first half of the basic fact.

Then in the second half of the first sentence, from Le Nain's *Vie de Rancé*, one of the principal sources, comes the governing metaphor: " le *monastère* de la Trappe *répand* sa bonne odeur sur les provinces les plus éloignées ".

The next sentence recalls a passage referring to Eden in Chateaubriand's own translation of *Paradise Lost:* " les vents du nord-est apportent, loin en mer, les *parfums* du Saba du rivage aromatique de l'*Arabie Heureuse* ".

The third sentence is reminiscent of a manuscript fragment of Chateaubriand's: " On n'est pas toujours à cette heure de la vie où l'on respire *l'odeur des vanilliers* dans *l'île de Cuba* ".

And finally, as Chateaubriand himself indicates, there is the quotation from Leguat, which in Leguat's *Voyage* reads: " Nous vîmes terre ... on voulut se flatter de la douce pensée que ce pourroit être *l'Isle d'Eden...l'air étoit* parfumé *d'une odeur charmante qui venoit de l'Isle et* qui apparemment *s'exhaloit* en partie *des Citronniers et des Orangers* qui y sont en grande abondance ".

Despite this diversity of origins, most of which have been revealed for some time in Letessier's critical edition of *La Vie de Rancé* (Paris: Didier, 1955, II, 213-14), I think one feels the paragraph to be as characteristically Chateaubriand's as possible. Even when it is closest to its foreign source—in the supposed " quotation " from Leguat—slight changes reveal the presence of the master: omission of needless precisions, apocopation that makes it possible to end on the poetic idea of lemon and orange trees, reordering of the rhythm. For the principal art of Chateaubriand, here as often elsewhere, lies in the putting together, that is, it is the art of composition.

It is an art that rests on freedom of association and the extraordinarily skillful use of a special kind of ellipsis. We may best come at this ellipsis by watching the unfolding of the thought in the paragraph.

The topic of the paragraph appears to be the spreading fame and widening gracious influence of the Trappist monastery under Rancé's reform. Expanding Le Nain's cliché image, the comparison of this developing influence to perfume determines the paragraph structure: " sa renommée se répandit " is, as it were, its subject and predicate. The image itself is so commonplace that the fact that Rancé and La Trappe are nowhere mentioned after the first few words strikes no reader as odd.

Yet the structure of the paragraph is really not all that simple, for by the end the paragraph no longer seems to mean what we first suspected. The initial sentence, the topic sentence in form, is a direct and factual statement of the apparent subject, followed by an ordinary metaphorical sentence and a half developing the idea to what would normally be its conclusion. The rhythms also lead to this natural conclusion: three approximately equal movements in the topic sentence define the state of affairs, before giving way to a more complex structure. The first half of the second sentence, unbroken by punctuation, repeats the thought in imaged language. The second half, of approximately equal total length, has a three-part, increasing rhythm—I keep Chateaubriand's suggestive punctuation—leading majestically to the " Arabie heureuse " on which the sentence falls. The matter-of-fact two-part falling rhythm of the first half of the third sentence concludes an expected development.

But here is a colon, and not a period and paragraph ending. From here on the movement begins anew; suddenly the reader's imagination flies away to new lands. No longer does the author talk of monastery or " effluences célestes ": now it is a more terrestrial Florida, trees, exotic voyages. On reflection we know he is still speaking of the odor of sanctity that permeates the atmosphere far from the Trappist house, developing the Eden image suggested by the " Arabie heureuse ". But we fail to reflect, and these less clearly attached images, breaking into the paragraph with a new rhythmic pattern, seem gratuitous and absolute, assuming mysterious portentousness.

Some of their " poetry " comes of course in part from the conventionally exotic picture they bring before the mind's eye: the names and trees of America, the bowers of Eden; some of the effect comes from the mounting rhythmic pattern of the final phrases, the concentration of effects, the emphasis on the most sensuous words already noted. Yet the peculiar force of the paragraph comes, I think, from two factors that counter the reader's normal expectations from a prose paragraph. First, Chateaubriand moves us, subtly and abruptly, from a most ordinary and matter of fact first term of a comparison to an infinitely more inviting second one—one that by its very charm tends to draw to itself the burden of meaning of the entire paragraph. The paragraph ceases to be a statement illustrating the reputation of Rancé's monastery and becomes rather an illustration of the power of fragrance. But the change to the new development is made by an abrupt juxtaposition of not necessarily related ideas; instead of a logical transition there is only a moment of silence indicated here by the colon. The reader is thus constrained to furnish himself the transition for the widening analogy; forced to account in himself for the sudden turn of events; forced as it were to be himself a poet. Such a sudden change, from reading " for facts " or " for understanding " into a more active participation, is a largely pleasurable phenomenon, quite like what most of us enjoy so much in reading the so-called " hermetic " poetry of the later nineteenth and twentieth centuries.

Let me read to you another example from *Rancé*, perhaps showier, with an even clearer transformation in the course of the paragraph from the apparent subject of the topic sentence to the " real " subject developed specifically at the end.

Mlle de Scudéri était la grande romancière du temps, et jouissait d'une réputation fabuleuse. Elle avait gâté et soutenu à la fois le grand style, accoutumant les esprits à passer de *Clélie* à *Andromaque*. Nous n'avons rien à regretter de cette époque. Mme Sand l'emporte sur toutes les femmes qui commencèrent la gloire de la France. L'art vivra sous la plume de l'auteur de *Lélia*. L'insulte à la rectitude de la vie ne saurait aller plus loin, il est vrai, mais Mme Sand fait descendre sur l'abîme son talent, comme j'ai vu la rosée tomber sur la mer Morte. Laissons-la faire provision de gloire pour le temps où il y aura disette de plaisirs. Les femmes sont séduites et enlevées par leurs jeunes années; plus tard elles ajoutent à leur lyre la corde grave et plaintive sur laquelle s'expriment la religion et le malheur. La vieillesse est une voyageuse de nuit: la terre lui est cachée; elle ne découvre plus que le ciel. *(ed. cit.*, I, 34–35).

This paragraph shows little of the directness and clarity of development we traced in the case of our initial paragraph. Several subjects—Mlle de Scudéry, the *grand style*, *Lélia*, George Sand's morals—precede the only one really developed by the author: the transformation of perspective occasioned by old age. To determine the " real " subject the context helps little, for this passage occurs within a section devoted to various habitués of the Hôtel de Rambouillet, in an effort to show Rancé's roots in society. Mlle de Scudéry is quickly abandoned—with no contextual justification—for George Sand, Mme Sand for Chateaubriand himself, and them all for the axiomatic and lyrical double conclusion, in the loose, rambling manner characteristic of *La Vie de Rancé*.

The brusque transitions of this paragraph and the association of Mme Sand and the effects of aging can be partially explained by an earlier form of the passage found in the *Mémoires d'Outre-Tombe* (*ed. Pléiade*, II,

892-95). There three paragraphs of one chapter begin with remarks concerning the author of *Lélia*, develop them in an image, and then jump to a new development illustrating metaphorically the sageness and calm of the old. These paragraphs about George Sand in the *Mémoires* have nothing whatever to do with Rancé, but they abound in references to the aging Chateaubriand. In grouping parts of them now in one new paragraph Chateaubriand creates a jarring assortment of ideas and images which by their very hiatus jolt the reader into an appreciation of the effects of time. It is moreover a kaleidoscopic variety of images—the Dead Sea, the provision of fame held in store for the famine to come, youth seducing women, a lyre, a traveler—images catching up the experience of an aging author. Several of them are indeed of so striking a nature that they tend to draw the reader's attention to themselves rather than to the end of the development. But there can be no doubt that the relative weight of the paragraph's parts, like the theme, direct the reader to the final statement.

And this wandering progress, from Mlle de Scudéry of Rancé's day, through the famous woman writer of Chateaubriand's time, to Chateaubriand himself, is certainly the key to *La Vie de Rancé* and all its disorder. Chateaubriand's introduction of himself into the paragraph comes not completely as a surprise: it is announced by the " nous " and completed by the " comme j'ai vu " of the Dead Sea image. The abrupt changes of direction force the reader to feel the inconsistency of all human life and desire a calmer, retrospective conclusion. We begin, I think, to work out a real " meaning " for the paragraph that runs something like this: one turns to religion in old age, from the flesh to the spirit, as Rancé turns from worldly pleasures to solitude and meditation, as his profane memorialist turns from his life to Rancé's. Chateaubriand scents the fragrance of the true Eden:

> ...As when to them who sail
> Beyond the *Cape of Hope*, and now are past
> *Mozambic*, off at Sea North-East winds blow
> *Sabean* Odors from the spicy shore
> Of *Araby* the blest, with such delay
> Well pleased [he] slack[s] [his] course...
> (Milton, *Paradise Lost*, IV, 159–164)

One notes with glee that Milton in these words refers to Satan's voyage to Eden! Chateaubriand is concerned with the ultimate victory of Paradise.

Again, however, the force of these developments—specific to general, historical to abstract, Mlle de Scudéry to us, Rancé to Chateaubriand— is increased because of the juxtapositions in which the reader must figure out the meaning of the sequence. This paragraph is one of the best examples of the staccato technique that annoyed Sainte-Beuve, who complained that in *La Vie de Rancé* Chateaubriand " jette tout ... et vide toutes ses armoires " (*Chateaubriand et son groupe littéraire sous l'empire* [Paris: Classiques Garnier, 1948], II, 320). We no longer demand the kind of ordered, smooth continuity in composition that Sainte-Beuve sought: if indeed we do not rather seek out the contrary.

This kind of paragraph, opening out suddenly towards a wider meaning by means of the contrast of sentences, ideas, and images that at first seem disparate, is a development, I think, of a much more conventional form, a paragraph where a series of factual observations is concluded with a statement of general import, a maxim, an image or sudden little tableau. Chateaubriand writes, for example, in a famous paragraph of the *Mémoires d'Outre-Tombe* (*ed. Pléiade*, II, 149), about his lack of ambition. Can anything make it worth one's while even to get out of bed in the morning? Pause, change of sentence, then: " On s'endort au bruit des royaumes tombés pendant la nuit, et que l'on balaye chaque matin devant sa porte ". The abruptness of change in human affairs that is the subject of the concluding sentence is well served by the abruptness of its introduction. The epigrammatic form of that sentence breaks the rhythmical continuity of the paragraph preceding, contributing to the effect. The density of the image and the jar of rupture of continuity, here from a cliché—something worth getting up for—to a startlingly original image—the pieces of fallen kingdoms swept up each morning—again force the reader to participate in developing the sense of the metaphor. It is mostly the political nature of the subject, the workaday world suggested by the vocabulary, that gives us the feeling we are reading prose: but the structural technique leads toward what we have already seen in clearly " poetic " passages.

Such sudden expansions or generalizations of an idea draw much of their effect from the magnificent generosity of their proportions. Chateaubriand composes equally effective and striking paragraphs on variations of this method, such as its inversion—the silence or sudden break preceding a narrowing of vision or scope, leading to an impression of irony, disappointment, dashed hopes—or he leads us to an expansion without a break in continuity. Here is a kind of transitional form between the paragraph ending in a grammatically conventional simile and the surprise effect we are concerned with; in the following paragraph of *La Vie de Rancé* there is technically no break, continuity being provided by the "comme" of simile.

...Un homme s'étant égaré entendit une cloche sur les huit heures du soir: il marche de ce côté et arrive à la Trappe. Il était nuit; on lui accorda l'hospitalité avec la charité ordinaire, mais on ne lui dit pas un mot: c'était l'heure du grand silence. Cet étranger, comme dans un château enchanté, était servi par des esprits muets dont on croyait seulement entendre les évolutions mystérieuses (*ed.cit.*, II, 193).

The " château enchanté " does more than merely enhance or illustrate the passage: if it did only that it would be a rather poor simile, with too many inappropriate connotations. It rather interrupts the description of the monastery with a not particularly Catholic suggestion that spiritual achievement is magical; such an implication does fit however very well the inner portrait of Chateaubriand that I think we now understand *La Vie de Rancé* to be.

The type of paragraph composition I have been discussing is by no means the only kind found in Chateaubriand's work: indeed it is relatively infrequent even in those works where it is found most often, drawing much of its effect (rather like the " Romantic " alexandrine in this regard) from its very difference. This disjointed, surprising, evocative structure tends to be a sign of emotional tension, when the author's subject leads him to one of those themes—death, the effects of age, passing time, silence, the shifting perspectives of historical events, in general, any manifestation of impermanence—that regularly get special treatment. Nor indeed is it found in all kinds of Chateaubriand's works. Except for the ironical variation, it is absent from the polemical or political works. It is rare also in the literary works of what was once considered Chateaubriand's great period —the 1800's, *Atala* through the *Itinéraire*.

This style of paragraph composition—found characteristically at the end of chapters and books—appears most often in the first and the last works: the *Essai sur les révolutions* of 1797, the *Mémoires* and *La Vie de Rancé* of the later years, the most directly autobiographical works. All Chateaubriand's poetic effects for emotional intensity are clustered in them. Other kinds of discontinuity in composition are also found in them—indeed I think it may be shown that discontinuous composition is there one of Chateaubriand's most characteristic tendencies. The " Nuit chez les sauvages de l'Amérique " forms a curious but appropriately serene ending to the *Essai sur les révolutions*. The structure of *René* also rests on the immediate confrontation of different kinds of material necessary in the total plan. The *Mémoires d'Outre-Tombe* insert between Chateaubriand's story of beginning the writing of those *Mémoires* and his stormy career as a restoration politician a whole history of Napoleon. *La Vie de Rancé* deals only occasionally with Rancé. Such composition by juxtaposition, peculiarly sympathetic to Chateaubriand, may no longer be explained as the result of only partially assimilated sources or contradictory and irreconcilable aims of the pagan and sensual author of the *Génie du Christianisme*.

The " poetry " we have been observing in certain of Chateaubriand's paragraphs is a poetry of discontinuity. A discontinuity too frequent not to be conscious, although the exact way in which the author arrives at it is hard to demonstrate: Chateaubriand scrupulously destroyed his manuscripts. Mme Durry has, however, commented one item of a manuscript notebook that appears to reveal the author consciously suppressing a transition in order to arrive at the poetic leap we have been considering. The fragment, noted on a scrap of paper: " Andilly traduisit les pères du désert comme Rancé la vie du solitaire [Dorothée] d'autant plus curieuse pour moi que j'ai vu le désert d'[Ascalon] Gaza et les trois palmiers que me montrait mon guide " (Marie-Jeanne Durry, *La Vieillesse de Chateaubriand*, [Paris: Le Divan, 1933], I, 523). *La Vie de Rancé* arranges this observation in a paragraph almost as mysterious as a Rimbaud *Illumination* and as strangely beautiful:

> D'Andilly n'avait laissé à Rancé que l'histoire de Dorothée à traduire: c'était un mauvais grec du troisième siècle, difficile à entendre, et dont il n'existait qu'une paraphrase infidèle. J'ai vu entre Jaffa et Gaza le désert qu'avait habité Dorothée: il n'y avait point les soixante-dix palmiers et les douze fontaines (*ed. cit.*, II, 286).

Plunged abruptly from one kind of reality—that subject to measurement, analysis, inspection, delimitation—into another—the past, the imagined, the ideal—the reader of these paragraphs, like Marcel with the *madeleine*, experiences a liberation, a joyous freedom from contingency. Is this another of the ways in which Chateaubriand announces a new poetic sensibility? I am struck by the parallel between this kind of composition and the lyric technique of André Chénier as analyzed by Sainte-Beuve in the fourteenth *pensée* of Joseph Delorme. In Chénier's style Sainte-Beuve notes the conjunction of two elements which form an effect much like that of the paragraphs we have observed. First, instead of the kind of abstract or metaphysical and sentimental word eighteenth-century poets favored, Chénier uses a picturesque *mot propre*: he says, " lac bleu," not " lac mélancolique ". But then, on occasion, he adds

quelques-uns de ces mots indéfinis, inexpliqués, flottants, qui laissent deviner la pensée sous leur ampleur... C'est comme une grande et verte forêt dans laquelle on se promène; à chaque pas, des fleurs, des fruits, des feuillages nouveaux; des herbes de toutes formes et de toutes couleurs; des oiseaux chanteurs aux mille plumages; et çà et là de soudaines échappées de vue, de larges clairières ouvrant des perspectives mystérieuses et montrant à nu le ciel. (*Vie, poésies et pensées de Joseph Delorme*, éd. Antoine [Paris: Nouvelles éditions latines, 1956], p. 147).

Charles A. PORTER
Yale University

CHATEAUBRIAND AND FRENCH POLITICS OF THE 1830's AND 1840's

Inserted in the *Vie de Rancé*, published in 1844, is an admirable description of the château of Chambord. Following the description, Chateaubriand seems to allow his thoughts to wander from Abbé de Rancé's attendance there upon Gaston d'Orléans to the castle's presentation in 1821 to the newborn Henri, Duc de Bordeaux, to events of the moment centering around the claims advanced by the prince, now usually called the Comte de Chambord, to the French throne. Whether the author's transitions were as accidental as they appear or whether, on the contrary, he had in mind a very clear purpose in momentarily abandoning his topic to treat another one is not certain, but, whatever the case, the section devoted to his recent visit with the prince in London in November and December, 1843, is important as being one of the final chapters in Chateaubriand's political career.

To understand why Chateaubriand may have desired to introduce a rather extensive section on the pretender to the French throne, let us examine several aspects of French politics at the time the *Vie de Rancé* was being written and when it was published.

For some time a conclave had been planned by the Legitimists. Eventually it was decided to hold it in London. The objective was to assemble the scattered Bourbonist remnants around the person of the Comte de Chambord and there whip them into a cohesive, enthusiastic spearhead to recapture the lost crown. The event was well advertised, and whatever prominent Bourbon supporters could attend were expected to do so. The presence of so important a public figure as Chateaubriand was deemed essential, particularly if he could be coaxed to write one of his famed pamphlets [1].

However, the author did not accept with alacrity. On the contrary, warned by his wife to avoid a snare, his acceptance was preceded by astute maneuvering on the part of the Comte de Chambord and his suite and by reasonable reluctance on that of Chateaubriand to involve himself in the group's activities. His reluctance, aside from Mme de Chateaubriand's warnings, was based in part on the belief that such activities were useless but also on the strained relations that had existed between Chateaubriand and the persons who surrounded the prince during his formative years.

The prime mover in the rapprochement that now came about between the exiled court and Chateaubriand was Abbé Serre, vicar—later curate—of the parish of Saint Thomas d'Aquin in Paris and an habitual caller at the apartment in the rue du Bac, where the writer had settled in 1838. A zealous adherent to the Bourbon cause, the vicar in 1841 assumed the task of getting Chateaubriand, if possible, to write a pamphlet in the pretender's behalf. This he did with Chambord's knowledge and with the active connivance of two of the prince's counsellors, the Duc de Lévis and Comte de Pradel. Time went by, nonetheless, and no pamphlet appeared. In the main this was due to the fact that the conspirators were too discreet... No one ever quite spelled out to Chateaubriand what was expected of him. To be sure, the conspirators did not know how disinclined he was at that moment to produce the desired pamphlet. This was the period when he wrote his friend Hyde de Neuville, " J'honore les rois mais je n'écris plus pour eux " [2]. Meanwhile, Serre continued to visit Chateaubriand and to bide his time. On his advice, Chambord decided to initiate a correspondence with the author. Finally, when the prince's call to attend the conclave arrived, it was accepted.

Chateaubriand seems nevertheless to have considered London an inauspicious location. Serre listed several reasons for this. All of Chateaubriand's British friends were dead, he pointed out. Moreover, in the *Congrès de Vérone* Chateaubriand had taxed the British with having tried to thwart the French invasion of Spain in 1823. According to Serre, Chateaubriand considered the British as enemies and he declared that the author would not be at ease in their midst. In fact, his distaste for the British was represented as such that it would be impossible to detain him in London for more than a few days at the most. Serre then pointed out that the more protracted Chateaubriand's visit with the prince could be made, the more brilliant would be its publicity value on the Continent. To conclude, he proposed instead a meeting in Holland and a tour of Germany.

If Chateaubriand was as opposed to London as a site for the tryst as Serre maintained he was, his reasons were not quite those which the vicar had in mind. It is true, as Serre stated, that as foreign minister Chateaubriand had clashed with the British cabinet over the French invasion of Spain to rescue Ferdinand VII. He seems, however, to have retained no ill feeling towards his British opponents of that day and time. Whatever disinclination Chateaubriand entertained towards London in 1843 should be attributed rather to the hostile attitude assumed by the British with regard to the pretender and his claims. This attitude was based upon a new entente with the French and had been sealed by Queen Victoria's recent state visit with Louis Philippe at Eu. The results of this modern version of the Field of the Cloth of Gold were to prove no more durable than those produced by Henry VIII's meeting with Francis I. But for the moment, all was peace and cooperation, and on Guizot's representations Victoria declined to receive the Comte de Chambord. In all likelihood, Chateaubriand desired a more benevolent atmosphere for the Bourbonist convocation.

Whatever Chateaubriand's reasons, Serre insisted to the exiled court that London was a bad choice. The Duc d'Escars, a member of Chambord's suite, replied on 6 November that it was too late to alter plans for the event, stressed London's convenient location, and added that Chateaubriand's presence was indispensable [3]. On the 14th Serre tried once more, with no more success than before, to avoid the rendezvous that had been selected. This time he urged the selection of Edinburgh or Berlin as alternatives. The Scottish capital appears to have been at least considered, for the Earl of Shrewsbury, who had heard of the project, extended an invitation to Chateaubriand to be his guest while in Scotland [4]. But in the end the decision to hold the conclave in London was adhered to.

With this preparation behind him, and warned by his wife to make no rash commitments [5], Chateaubriand left Paris with his secretary Julien Daniélo on 18 November, arriving in Boulogne the 21st. The crossing was made during the night of the 22nd. Chateaubriand's departure and return were scrutinized in such minute detail by the French authorities that Henriette Guizot was able to send word to Mme Récamier the moment he landed on the homeward trip [6]. An ovation awaited him in London by the assembled Bourbonists. Upon his arrival at the prince's headquarters at 35 Belgrave Square, a letter from the Comte de Chambord, who was to arrive sometime later, made him welcome and placed at his disposal an apartment in the prince's house.

For Chateaubriand the London rally was at once a triumph and a disappointment. He was surrounded by the adulation of both the prince and the prince's circle, plus that of individuals who, like himself, had made the trip to London to attend the meeting. He writes in the *Vie de Rancé* of excursions in London where he endeavored to call to the pretender's attention the spots of interest which he himself, after an absence of two decades, could hardly recognize. Since he was almost ill when he arrived, the Comte de Chambord served as his nurse, the reader of the *Vie de Rancé* is told. Chateaubriand was pleased. " Quand l'orphelin entrait, j'essayais de me lever; je ne pouvais lui prouver autrement ma reconnaissance. A mon âge on n'a plus que les impuissances de la vie. Henri a rendu sacrées mes misères; tout dépouillé qu'il est, il n'est pas sans autorité [7]... ".

Whether or not Chateaubriand considered a Bourbon restoration feasible at this time is hard to determine. His letters while in London seem to vacillate, as he listened to all the talk. He wrote Mme Récamier on 29 November that not only in France but in all other countries where it existed, the institution of monarchy would soon vanish. Several days later, on the other hand, he appears to have thought that Chambord's ambitions had a better chance of being realized, and his spirits soared.

As he had perhaps anticipated, the Comte de Chambord was snubbed by Queen Victoria and the British government. The queen went so far as to be out of London at the time the pretender arrived [8]. This circumstance no doubt accounts for an otherwise obscure sentence in the *Vie de Rancé*, one of those used to introduce the whole London episode. Having mentioned that he had been called to London to see the prince and that he had acceded to the request, Chateaubriand adds, " Henri m'a donné l'hospitalité dans une terre qui fuit sous ses pas ", the " terre qui fuit sous ses pas " being a reminiscence of the icy treatment Chambord received at the hands of Victoria and her cabinet [9].

Abbé Serre had predicted that Chateaubriand could not be detained in London, and he was correct. On 6 December the author set out, crossed the Channel, and next morning was on French soil once more.

Immediately upon Chateaubriand's return, Serre renewed his importunities aimed at the writing of a brochure of some kind. To the vicar's impotent vexation, Chateaubriand still declined. His reason is not clear, but it may be that he was acting upon Mme de Chateaubriand's advice. When he told the Comte de Chambord that he did not wish to remain outside the Bourbonist movement's activities, he did not commit himself, after all, to any concrete plan of action. He had renewed his partisanship in the cause but had promised nothing. Perhaps he realized that attending the London demonstration had created such a sensation in the press both at home and abroad that he could advance that cause no more with a brochure than he had already done with his mere presence at the council.

But it is also very possible that Chateaubriand did indeed intend to write in the Comte de Chambord's behalf. Not a brochure, however—that would be taken at face value as a piece of polemics—but something more subtle and aimed at a wider audience.

When he returned to France the *Vie de Rancé* was near completion. Knowing the power of his name, Chateaubriand was aware that the too modest words of the introduction, " Je ne serai lu de personne ", did not apply to his contemporaries. He knew that the book would be read by many persons. Readers to whom it would never occur to touch a pamphlet would probably not wish to miss the author's latest venture into pure literature. What better way, then, to set the Comte de Chambord and his claims before this public than by inserting him unobtrusively into the almost finished *Vie de Rancé*, especially if here and there in the work sly innuendoes ridiculing Louis Philippe could also be interpolated? The furore in the press over the London demonstration was still recent enough that Chateaubriand could count upon a certain current events appeal for the section dealing with the pretender. For more or less the same reason, he could also count upon being understood *à demi mot*, obviating the need for a detailed examination of political questions which might arouse the censorship and which had gotten him into trouble before. In a word, not only would a separate tract reach a smaller audience, but it would not even be needed in view of the stir created in the press by the London meeting.

In the *Vie de Rancé*, the Comte de Chambord episode arises out of Rancé's attending Gaston d'Orléans at Blois at the time of Gaston's last illness. Rancé possessed a priory near Chambord and occupied it while in attendance upon his patron. Already Chateaubriand had availed himself of this fact to introduce into the text a splendid description of Chambord. Now he was to use Chambord as his point of departure for mentioning the Comte de Chambord and the conclave in London, thus preventing public interest in the event from tapering off, as Mme de Chateaubriand seemed to think it would do [10]. At the same time, Chateaubriand would acquit himself of the task which the Bourbonists evidently wished to impose upon him. On the whole, then, it is quite possible that the insertion in the *Vie de Rancé* of a passage on the Comte de Chambord was intended by Chateaubriand as an opportune compliance with the party's apparent desire that he write a pamphlet in its behalf. To be sure, not all Bourbonists realized what Chateaubriand may have been doing, least of all Abbé Serre.

Comte Frémy, treating Serre's role in the rapprochement between the author of the *Vie de Rancé* and the Comte de Chambord's suite, ended with the trip to London. Frémy was partial to Serre and could be suspected of not having wished to show how Serre's intervention actually ended. He concluded with the statement, " L'abbé Serre avait accompli sa mission, et, après avoir ramené le grand écrivain aux pieds du roi, il rentrait avec sa modestie habituelle dans l'ombre du sanctuaire " (Frémy, 352).

It was not quite so simple. Had Serre made a modest withdrawal at this time, some of his political intimates would have been in a less desperate situation a short time later. Elated with his quasi-success in accomodating Chateaubriand and the Comte de Chambord, Serre resumed his correspondence with the prince's suite and, in doing so, overreached himself and all but ruined them all. The dénouement of the Serre incident occurred in the summer of 1844, after the *Vie de Rancé's* publication. At this time a number of Bourbonist conspirators were arrested and brought to trial. The Duc d'Escar's premises were searched in connection with the event, and in the search one or two of Serre's letters were discovered. The content of these letters was used as evidence in the trial, and naturally the press quoted them.

One of the letters is especially interesting. Addressed to the Duc d'Escars, it was written only three days after Chateaubriand's return from London. In it Serre deplored the author's unwillingness to write a pamphlet as such and outlined a plan of action to be pursued in the future with a view to extracting the maximum cooperation from him.

What Serre had in mind amounted to extortion. He proposed that the author be held " on the leash " by means of a continued correspondence with the Comte de Chambord. Further, he recommended that, at a proper moment, the letters be made public in the Bourbon press. Thus inculpated, Chateaubriand could perhaps be induced thereafter to do whatever he was told. In the event he declined, some credit would already have accrued to the cause through the use of his name.

As for Mme de Chateaubriand, Serre urged that all the Bourbons' resources be used to win her over. " Nous avons le grand besoin de Mme de Chat... ", he wrote. " Elle est persuadée que son mari doit sa réputation à ses conseils. De là jugez combien un billet du prince et un petit cadeau apportés par Mme la duchesse de Lévis, qui s'aquitte si bien de toutes les commissions qu'on lui donne, nous feraient de bien! Par ce moyen nous fixerions l'inconstance de notre homme, et nous aurions en mains un aiguillon qui le tiendrait toujours en haleine ".

The... modest... contents of Serre's letter were a revelation to the Chateaubriand household. Mme de Chateaubriand must have realized that the " priceless " bracelet for which she had thanked the Comte de Chambord in December had been neither more nor less than a calculated ruse to win her support. When the letter was made public in the *Journal des débats* during the latter part of August, Serre tried to secure an interview with the irate viscountess in order to placate her if he could. She, however, appears to have considered the matter closed, for on 9 September she wrote that although Serre was still " threatening " her with a visit, she intended to do what she could to avert it.

Chateaubriand's own opinion had been expressed the day before to Mme Récamier. " Voilà l'affaire de l'abbé Serre terminée ", he breathed. " Grâce à Dieu, je suis sorti de ces misérables cancans royalistes avec les honneurs de la guerre... "[11] It is interesting to speculate upon what might have been said in the *Vie de Rancé* had Chateaubriand learned of Serre's indiscretions before the work went to press.

While he ridiculed the antics of the faction gathered about the prince, Chateaubriand did not waver, now or at any other time, in his devotion in principle to the claims of the Comte de Chambord. His correspondence with the prince continued, and Chambord never ceased to send his " compliments " to Mme de Chateaubriand. Good relations were maintained, and Chateaubriand accepted without hesitation the call to attend another council in Venice in 1845.

It seems to me very possible that Chateaubriand had a polemic purpose in the *Vie de Rancé* when he treated the Comte de Chambord and the London demonstration of 1843. The material above attempts to explain Chateaubriand's presence there and to account, on that basis, for one of the many digressions in the book. Chateaubriand's mind in this case probably was not wandering, as one might be inclined to suppose on a first reading. In adding this section to his manuscript, he was no doubt quite aware of what he was doing. It was intended, I incline to believe, as a weapon in the Comte de Chambord's bid for power in the 1840's. However that may be, of course, the real importance of the passage for the reader of today is that it serves as a codicil to the *Mémoires d'Outre-Tombe,* which the author had completed two years earlier.

Harry REDMAN, Jr.
Tulane University

Notes

[1] Elphège Frémy, *Le Comte de Chambord et Chateaubriand,* Revue hebdomadaire, X (1920), 168–188, 338–352, passim.
[2] Marie-Jeanne Durry, *Chateaubriand et Hyde de Neuville, ou trente ans d'amitié* (Paris, 1929), p. 113.
[3] Frémy, 347–349.
[4] See Marie-Jeanne Durry, *La Vieillesse de Chateaubriand* (Paris, 1933), I, 288.
[5] Céleste de Chateaubriand, *Mémoires et lettres de Madame de Chateaubriand,* ed. Joseph Le Gras (Paris, 1951), p. 500.

[6] Maurice Levaillant and Emmanuel Beau de Loménie eds., *Lettres à Madame Récamier* by Chateaubriand (Paris, 1951), p. 500.

[7] Chateaubriand, *Vie de Rancé*, ed. Fernand Letessier (Paris, 1955), I, 112.

[8] Marvin L. Brown, Jr., *The Comte de Chambord. The Third Republic's Uncompromising King* (Durham, N.C., 1967), p. 40.

[9] *Rancé*, I, 108. This circumstance may have colored Chateaubriand's comment upon a letter written by the abbé in which the English were roughly handled. Both the quotation from Rancé's letter and Chateaubriand's commentary were delected in the second edition of the *Vie de Rancé*. " Rancé ne rencontrerait peut-être pas aujourd'hui la même contradiction à ses doctrines, lorsqu'il dit : 'Nous avons eu les réjouissances nouvelles de la défaite des ennemis de Dieu [the English]. Je ne sais à quoi il tient que toute la chrétienté ne s'unisse pour achever l'œuvre qui serait la destruction entière de cet état de Satan ' ".

[10] Mme de Chateaubriand's letter to Clausel de Coussergues on 10 February 1844. Gabriel Pailhès, *Madame de Chateaubriand: lettres à Clausel de Coussergues* (Bordeaux and Paris, 1888), p. 104.

[11] Chateaubriand, *Lettres à Madame Récamier*, p. 513 and n. 2.

CHATEAUBRIAND, THE IDEA OF LIBERTY, AND LATIN-AMERICA

Probably the most famous discussion of Latin America printed anywhere in the world during the first half of the nineteenth century is the brief section entitled " Républiques Espagnoles " in Chateaubriand's *Voyage en Amérique*, 1827. As Alfonso Reyes percipiently observed, " la América de Chateaubriand es todo un criterio; un prisma bajo el cual contemplan y entienden a América los europeos de la primera mitad del XIX "[1]. Unfortunately, in this essay Reyes does not treat Latin-America at all, but limits himself exclusively to Chateaubriand's movements in North America.

A number of reasons may be offered to explain why Chateaubriand broached the subject of the Spanish republics. First of all, it was popular in French journalism of the time—witnessed by the founding in 1826 of the *Revue américaine*, a periodical concerned mainly with South America. The question of the recognition of new South and Central American republics was also being debated throughout the European powers; and France by recognizing the Negro republic of Haiti in 1825 had taken a significant step toward coming to terms with the realities of the new status of international politics. Chateaubriand during his tenure as minister of foreign affairs in 1823 and 1824 had paradoxically argued that the prosperity of liberal royalism in France, the policy with which he was himself associated, depended in large measure on the success of the emerging independent nations in South America. The relevant section in his *Voyage en Amérique* is in large measure a defense of this policy. It has also been considered evidence of Chateaubriand's " libéralisme grandissant "[2]. One might also interpret his defense of the new nations as one aspect of the paradoxical position into which he was forced by the exigencies of time—that of a grudging herald of a new age which he deplored. As he expressed it in 1825, " we must get along as in the past with the compass, gunpowder, and the printing press, and in our times, with the steam engine; it is too bad, no doubt, but that is the way it is, what can we do? "[3]. It must be clearly underscored at the outset, however, that whereas Chateaubriand spoke in his *Voyage* of Spanish " republics," in his political life he had sponsored Spanish " monarchies ", a highly important distinction.

The two major themes underlying Chateaubriand's discussion of South America are directly concerned with the justifying of his own policies as minister of foreign affairs. Such an intrusion of an individual political career into belles lettres is rare in French literature. Ordinarily it is generals who publish their memoirs, although English letters are known for such literary prime-ministers as Disraeli and Churchill as well as statesmen out of favor such as Bolingbroke.

(1) The underlying theme of Chateaubriand's discourse—one which may have been partly subconscious—is regret that French political influence had disappeared almost entirely from the western hemisphere. He expressed this in poetic prose in an earlier section of his *Voyage*, comparing the waning of French influence to the dying out of the Indians for whom France had felt brotherhood and compassion. " La France a disparu de l'Amérique septentrionale, comme ces tribus indiennes avec lesquelles elle sympathisoit " [4].

(2) Chateaubriand's more open and dominant theme appears at the end of this same paragraph —that liberty produces great benefits for human dignity when accompanied by religion. He promised to console his readers for the sad decline of French influence in the New World by unfolding a *tableau miraculeux:* " ils apprendront ce que peut la liberté pour le bonheur et la dignité de l'homme, lorsqu'elle ne se sépare point des idées religieuses, qu'elle est à la fois intelligente et sainte ".

The theme of liberty was of paramount importance in the literary milieu of the opening years of the nineteenth century, exalted as it was by exponents of virtually every political point of view. Entirely apart from the political propaganda of the American Revolution and the French Revolution, the theme of political liberty rested on a literary tradition extending back at least to the Glorious Revolution of 1688 in England. In 1694, Robert Molesworth published *An Account of Denmark* glorifying the concept of constitutional monarchy as envisioned by the Whig leadership and associating liberty with the Gothic or German political tradition. Montesquieu fell in with this notion, derived originally from Tacitus, of considering the northern lands as the cradle of liberty. In his explanation of the growth of the protestant religion, Montesquieu affirmed that the people of the north possess " un esprit d'indépendance et de liberté que n'ont pas les peuples du midi ", and that "une religion qui n'a point de chef visible, convient mieux à l'indépendance du climat que celle qui en a un "[5]. Paul-Henri Mallet, basing himself on Montesquieu, wrote of the northern people, in particular those of Iceland, "leur amour pour la liberté y paraît sans aucun nuage. ...Les Islandais guidés par un heureux instinct trouvent en débarquant dans une île déserte cette constitution si belle où la liberté est assise sur son vrai fondement, sur une sage distribution des différents pouvoirs " [6].

Mme de Staël's renowned theories concerning northern literature reflected the same concern for liberty. In *De la littérature considérée dans ses rapports avec les institutions sociales*, Mme de Staël insisted that northern poetry is far more suitable than that of the South to the spirit of a free people. " Independence was the main and unique good fortune of the Northern peoples. A certain pride of spirit, an indifference to life, generated by both the harshness of the soil and the gloom of the sky, were to make slavery unbearable " [7]. The friend and occasional collaborator of Mme de

Staël, Benjamin Constant, reflected similar sentiments in his " De la Liberté des anciens comparée à celle des modernes," 1819 [8].

In Germany, Immanuel Kant treated intellectual liberty in his famous famous periodical essay, *What is Enlightenment?* 1784. When a nation has liberty, he wrote, it is almost infallible. Kant's essay was a clarion call for the public use of reason, particularly in matters of religion. His attitude toward political liberty however was not far from that of Chateaubriand: " reason as much as you please, and on what you please, but obey! "

Chateaubriand's pairing of liberty with religion should serve as warning to the modern reader that his conception of liberty may not be at all equivalent to that generally accepted in either the eighteenth or twentieth century. The importance of inquiring into the definition of such abstract terms, Chateaubriand himself illustrated in a long quotation concerning the alleged illiteracy prevailing in Paraguay. A military captain in that land required in an election speech to define *liberty* for his unlearned auditors could think of no other definition than " faith, hope, and charity " [9]. Twentieth-century readers of Chateaubriand's *Voyage* are likely to slip into the error at the opposite extreme and assume that the trinity which Chateaubriand had in mind was that of liberty, equality and fraternity. As a matter of fact, Chateaubriand wrote in such a way that each reader could give the word *liberty* the meaning closest to his own political and intellectual system.

Let us try to see, however, exactly what the word implied to Chateaubriand himself. To him, there were two kinds of liberty, that which accompanies life in a primitive society and that which accompanies civilized life. The former he described as the " fille des mœurs et de la vertu ", the liberty coexisting with the infancy of people—that of the first Greeks, the first Romans, and the savages of America. Sophisticated liberty, on the other hand, that which he called " fille des lumières et de la raison," belongs to the old age of peoples, and is represented by the political liberty in the United States which had replaced the primitivism of the Indian [10]. If we limit ourselves to Chateaubriand's *Voyage*, we see nothing in his twofold definition of liberty which works against liberal democratic conceptions. Although the liberty, " fille des mœurs " perishes when it comes in contact with despotism and the centuries of brilliance and luxury; the liberty of civilization, " fille des lumières ", flourishes after centuries of oppression and corruption. " Les lumières ", far from fading with time, are on the contrary fortified by it, and represent the generative principle and inexhaustible source of liberty. Here Chateaubriand sounds like a *philosophe*. He even refers to his earlier *Essai sur les révolutions anciennes et modernes*, 1797, in which he was acquainted only with the " liberté fille des mœurs " and to his first impression of Philadelphia, disappointing because of the prevalence of luxury and frivolity. At this time he had not been aware of the liberty of civilization. But in 1827 he remarked, " Today one is no longer obliged to cultivate by oneself one's small piece of ground, to reject the arts and sciences, to have crooked nails and a dirty beard in order to be free ".[11]

Scholars have already noted that the great political idea of Chateaubriand's later *Etudes ou Discours historiques*, 1831, is that liberty should be the foundation of every kind of political regime [12]. With obvious reference to Montesquieu, he affirmed: " La liberté n'existe point exclusivement dans la république, où les publicistes des deux derniers siècles l'avaient réléguée d'après les publicistes anciens. Les trois divisions du gouvernement, monarchie, aristocratie, démocratie, sont des puérilités de l'école, en ce qui implique la jouissance de la liberté: la liberté se peut trouver dans une de ces formes comme elle en peut être exclue. Il n'y a qu'une constitution réelle pour tout l'Etat: *liberté, n'importe la mode*. La liberté est le droit naturel et non le droit politique ". This sentiment has been compared to the statement of Isaak Iselin in *Über die Geschichte der Menscheit*, 1764, " Freiheit ist eine reife und späte Frucht der tiefsten Einsicht in die Natur des Menschen"[13].

There can be no question moreover that Chateaubriand was in large measure influenced by the emphasis on liberty in the abbé Raynal's *Histoire philosophique des deux Indes*, and although Raynal's strident anticlericalism has little in common with Chateaubriand's piety, both writers associate liberty with Christianity [14].

In a political polemic published October 1825, Chateaubriand looked at his two classes of liberty from a perspective slightly different from that of his *Voyage*, contrasting the freedom of nature with the freedom of political legitimacy, concepts corresponding to his *liberté, fille de mœurs* and his *liberté, fille de lumières*. Before the French Revolution, he affirmed, tradition had established social stability or political rights on the authority of the throne, a *légitimité politique*; when this authority had been destroyed by the Revolution, each individual had to depend on himself, to rely on his own qualities, and in this sense each man possessed a *légitimité naturelle*, the source of the spirit of independence then reigning [15]. In this same article of October 1825, Chateaubriand declared that there exist two species of liberty—one belonging to *la jeunesse des peuples*, partaking of the virtue of innocence, a type of religious instinct; the other belonging to the maturity of nations, partaking of the virtue of philosophy, a type of intellectual development [16]. The first is obviously another way of looking at the *légitimité naturelle* as the second is a way of looking at the *légitimité politique*.

This article clearly indicates that for Chateaubriand in France, as for Edmund Burke in England, optimum political liberty is to be found under a monarchical form of government. He, nevertheless, expressed the principle in this 1825 article that the only means of preserving monarchy in France was to favor the republican system in America [17]. His point seemed to be that he had personally given up opposing the rise of republicanism in America. But in his *Voyage en Amérique*, published two years later in 1827, Chateaubriand's plan for South America still rested on the concept of monarchy. This circumstance may indicate that the section of his *Voyage* devoted to " Républiques Espagnoles " was written prior to 1825.

In summarizing his past policies in this section of his *Voyage*, Chateaubriand declared " je me laissai séduire à l'idée d'attacher mon nom à la liberté dans les colonies émancipées, et sans exposer le principe monarchique des Etats européens " [18]. This is apparently an expression of good will to everyone—to South America, to the United States, and to the monarchies of Europe—but the truth is that Chateaubriand had actively and consistently supported only the monarchical principle in South America over the republican.

The international policy with which Chateaubriand was willing to associate his name was that of separating various Latin-American nations from the Spanish Empire, but establishing them as monarchies rather than as republics. This was an old scheme, originating in the eighteenth century with the wily conde de Aranda as a consequence of the support which the Spanish monarchy had given to the republican United States of America. This paradoxical backing of a rising republic by a despotic monarchy had taken place largely because of the personal influence of Aranda. As a result of the French-Spanish-American victory over England, Spain gained extensive territory on the North American continent, but was unable to win back Gibraltar on its own soil. Shortly after the treaty of peace, Aranda realized that Spanish support of the revolting English colonies in America—even though it had been chiefly theoretical compared to the enormous material and financial contribution of France—had directly inflamed the independence movement in her own colonies [19]. In a significant report to his king, Carlos III, Aranda described the United States as a " pigmy ", temporarily needing the support of Spain and France, which would in short time grow into a colossus, engulf the Floridas, interfere in Mexico, and eventually aspire to the conquest of all the Spanish colonies in America. After the event, Aranda affirmed that the interests of France at the time of the North American Revolution had been similar to those of Spain even though the territory of the French colonies in the New World was then minimal. The true interest of both France and Spain, he declared, would have been to sit by and watch England and its colonies carry on the struggle to the exhaustion of both. The solution to the distressing situation for Spain at the close of the American Revolution he considered to be the setting up of three monarchies in the New World, one in Mexico, one in New Granada and Venezuela, and the other in Peru, all three of which would constitute part of a new Spanish empire with Carlos III functioning as emperor. Under Aranda's plan, France would be allowed commercial privileges in the empire, but England would be rigidly excluded. Later under the reign of Carlos IV, Godoy proposed an almost identical plan except that his was completely Spanish with no French commercial participation [20]. Similar schemes had even been given favorable consideration by leaders in the South American independence movement—as late as 1827 one being entertained by San Martín [21].

When Chateaubriand became minister of foreign affairs in January 1823, the Count Villèle, president of the French Council of State had enunciated a plan virtually identical with that of Aranda [22]. It was Chateaubriand's task to make it palatable to the Spanish monarchy. He argued that both Mexico and Peru in 1823 were still imperfectly separated from Spain and could be brought back into the empire. " By the exercise of care, reason, and skill ", he proposed, " it would perhaps be possible to establish in America great monarchies governed by princes of the House of Bourbon " [23].

In his *Voyage*, Chateaubriand joined his political notions concerning South America with his theory of liberty by suggesting that a greater degree of liberty, *fille des lumières*, could have been guaranteed had his policies been pursued. The Spanish colonies would have benefited tremendously by turning themselves into constitutional monarchies, he affirmed, both because of the inherent superiority of this system to republicanism and because of its particular appropriateness to the Spanish national character [24]. At the conclusion of the French expedition to Spain in order to reestablish absolute monarchy there, a policy for which Chateaubriand was in large measure responsible, he had been, he affirmed, ready to resign his portfolio, but he had stayed as minister of foreign affairs in the interests of the Spanish colonies. According to Chateaubriand, his South American policy failed primarily because it had been misunderstood by the English minister of foreign affairs, George Canning, who thought that France was actually trying to increase its own influence in America [25]. There is no reason, of course, for believing that these suspicions were unfounded.

Chateaubriand's notion of liberty for the South American colonies was close to that of a French royalist newspaper, *L'Etoile*, which on 1 January 1824, in opposing the Monroe Doctrine, declared that the Holy Alliance had as its object to restore liberty to the Spanish colonies, to release them from bondage as their brothers in Spain had been released from " the yoke of ambitious and greedy revolutionists " [26]. That is, a liberal constitutional government had been overthrown in Spain by foreign invasion and a reactionary monarchy had been restored. The concept of *L'Etoile* is equivalent to affirming that the people of Czechoslovakia in the summer of 1968 were liberated by their Russian brothers from the yoke of self-seeking liberals.

In his *Voyage* Chateaubriand makes the extraordinary assertion that the establishment of republics in Mexico, Colombia, Peru, Chile and Buenos Aires represented a danger for the United States [27]. He may have introduced this declaration as an indirect means of attacking the Monroe Doctrine, which he never mentions by name in his *Voyage*, but which, nevertheless, represented a major obstacle to his policy of setting up Spanish-American monarchies with French support. It may have seemed good propaganda for Chateaubriand to present the United States and the South American republics as rivals and potential enemies in order to discredit the motives of the Monroe Doctrine. The liberal press in France in January 1824, however, had defended the Monroe Doctrine as a check to the anti-revolutionary system which had ravaged most of Europe. In terms absolutely contrary to Chateaubriand's, the *Constitutionnel* declared that the free men of North and South America are members of a single nation, " and they declare to Old Europe that she shall not cross the sea to replace the yoke of former domination " [28].

Throughout his treatment of the South American republics, Chateaubriand attempts to give the impression that their intellectual level was extremely low, that the population was virtually illiterate and barbaric. For a royalist who had pursued an active policy of attempting to undermine these republics one could perhaps not expect anything different. Painting a black picture of intellectual development may seem to justify a past policy of opposing independence. According to Chateaubriand, " dans les républiques espagnoles la presque totalité de la population ne sait pas même lire " [29]. The mixture of Negroes, Indians and Europeans living in an easy servitude has engendered a languid populace. Even though slavery has been abolished, the people of Colombia have no other instinct but to live and serve others [30]. In addition to these general charges, Chateaubriand makes two specific references to intellectual backwardness on which to support his principle that when political education is retrograde, liberty is always in danger. (1) "...Sans un volume de l'histoire de Rollin, on n'auroit pas su au Paraguay ce que c'étoit qu'un dictateur, des consuls et un sénat. (2) A Guatemala, ce sont deux ou trois jeunes étrangers qui ont fait la constitution ".

Paraguay at that time was not one of the Spanish republics, but a dictatorship and known to be sealed off from the rest of the world. It was, therefore, a mystery to the rest of the continent, even to neighboring Buenos Aires. Chateaubriand supports his allegations concerning Paraguay in a note with extensive quotations from a French travel book by J. R. Rengger, who had spent six years in Paraguay, *Essai historique sur la révolution du Paraguay, et le gouvernement dictatorial du docteur Francis* (Paris, 1827). Chateaubriand, however, does not give the title of Rengger's work or suggest that the dictatorship in Paraguay had little in common with the republican form of government in other nations of South America.

Chateaubriand provides absolutely no documentation for his accompanying allegation that two or three young foreigners wrote the constitution of Guatemala. Indeed it seems to be completely without foundation since Guatemala showed evidence of the spread of education relatively early. The periodical *Gazeta de Guatemala*, for example, flourished between 1797 and 1810. When liberal forces in Spain in 1820 forced the government to accept liberty of the press, the Spanish governor of Guatemala made the same concession there, and two political periodicals began circulating, one which spoke openly for independence, *El Editor Constitucional*, and the other which opposed it, *El Amigo de la Patria*. Both were edited by natives. The question of the constitution of Guatemala is highly complicated. There were a number of proclamations and declarations between 1821 and 1824. On 17 December 1823, the basis of a future constitution for the Federal Republic was published. On 22 November 1824, the Republic was declared. It is impossible to know what document Chateaubriand was referring to [31]. Perhaps one has no right to say that he deliberately concealed evidence of political maturity and educational development in the more advanced Latin American republics, but there seems to be little doubt that he carefully selected materials to convince his readers that the Spanish colonies were intellectually unprepared for democracy.

Chateaubriand consistently makes comparisons between the high level of general culture in the United States and the low level in Latin America. He certainly cannot be condemned for observations of this kind. The contrast can be documented; indeed it had been noted by various contemporaries of Chateaubriand in South America. The Venezuelan patriot, Francisco Xavier Yañez, for example, considered the cultural tradition of the British colonies honorable, that of the Spanish colonies, detestable.

La república de Norte América fue fundada en su origen no por la conquista, sino por las transacciones del pacífico Penn. Los legisladores trabajaron en un siglo de luces; en un país en donde no tenían que luchar y vencer un poder militar, ni limitar una autoridad absoluta, ni tampoco despojar a un clero dominante de su poder, a una nobleza de sus derechos privilegiados, a una multitud de familias de sus fortunas ni de construir su nuevo edificio sobre despojos cimentados en la sangre [32].

A periodical of Buenos Aires, *El Censor*, 8 August 1816, drew a similar contrast:

Los ingleses y franceses fueron a puntos insulares o casi despoblados, mientras los españoles plantaron su despotismo militar en continentes variados, cuya población era en tiempo de la conquista, y sigue siendo en el día más numerosa que la de España. La policía colonial de los unos tendía a estrechar las afecciones de sus remotos compatriotas con leyes útiles y equitativas, costumbres ilustradas, e intereses equilibrados, mientras los otros sólo procuraban asegurar su perpetuo dominio con leyes prohibitivas y por sacrificios continuos a la ambición peninsular, así el americano era tratado como una vaca de que se alimentaba su señor.

San Martín, the great revolutionary hero of Argentina and Chile, expressed the same view as Chateaubriand—that the Spanish colonies lacked the intellectual maturity necessary for political liberty:

San Martín no ignoraba que todas las teorías de libertad, seguridad, etc., eran 'bellezas' sólo reservadas 'para los pueblos que tienen cimientos sólidos y no para los que ni aun saben leer y escribir ni gozan de la tranquilidad que da la observancia de las leyes' (carta a Guido del 28 de enero de 1816). 'Nosotros no somos capaces —repetía a Guido el 5 de enero de 1817— de constituirnos en nación por nuestros vicios e ignorancia' [33].

Chateaubriand, however, added another argument tending to disparage the Spanish colonies—that an impulse to obtain liberty did not originate indigenously, but political independence was forced upon them from the outside.

Les Etats-Unis se soulevèrent d'eux-mêmes, par lassitude du joug et amour de l'indépendance; quand ils eurent brisé leurs entraves, ils trouvèrent en eux les lumières suffisantes pour se conduire. Une civilisation très avancée, une éducation politique de vieille date, une industrie développée, les portèrent à ce degré de prospérité où nous les voyons aujourd'hui, sans qu'ils fussent obligés de recourir à l'argent et à l'intelligence de l'étranger [34].

... On voit donc que ces colonies espagnoles n'ont point été, comme les Etats-Unis, poussées à l'émancipation par un principe puissant de liberté; que ce principe n'a pas eu, à l'origine des troubles, cette vitalité, cette force qui annonce la ferme volonté des nations. Une impulsion venue du dehors, des intérêts politiques et des événements extrêmement compliqués, voilà ce qu'on aperçoit au premier coup d'œil. Les colonies se détachoient de l'Espagne, parce que l'Espagne étoit envahie; ensuite elles se donnoient des constitutions, comme les Cortès en donnoient à la mère-patrie; enfin on ne leur proposoit rien de raisonnable, et elles ne voulurent pas reprendre le joug. Ce n'est pas tout; l'argent et les spéculations de l'étranger tendoient encore à leur enlever ce qui pouvoit rester de natif et de national à leur liberté [35].

There is a certain amount of truth in Chateaubriand's portrayal of the independence movement in the Spanish colonies—some truth, but only a small part of the truth. One could argue in similar terms that because of the tremendous financial and diplomatic aid which the French monarchy gave the English colonists, the liberty of the United States was also imposed from the outside. There is some truth in this also, but it embodies a one-sided view which completely overlooks the widespread Enlightenment philosophy in the American colonies themselves. Nobody would seriously argue that the independence of the United States was imposed from without, and there is little more evidence to support a similar position in regard to the Latin American republics.

The Czar of Russia, Alexander I, who shared Chateaubriand's opposition to the Spanish republics, expressed in November 1823 a similar prejudice against them:

To acknowledge the independence of what? Of whom? Where are the governments? Which is the party that dominates? With whom should we treat? For the result of recognizing a country is the negotiation of treaties. Does one wish to compare the actual situation of southern America with the revolution in North America against England? There is no analogy between them... Where are the Franklins, the Washingtons, and the Jeffersons of southern America? [36]

A brilliant symbolic answer to this kind of argument was given by Simón Bolívar, shortly after his sister had written him an impassioned letter imploring him not to accept the title of emperor. " Te retiras a tu casa a ser sólo un benemérito ciudadano, dejando burlados a todos los que creen que ambicionas cetros y coronas; así lo creo y espero de tu ilustración y grandeza de alma, pues no sólo en la América del Norte se han de dar hombres grandes como Wáshington " [37]. Bolívar himself in refusing the crown affirmed: " Yo no soy Napoleón, ni quiero serlo; tampoco quiero imitar a César, menos a Iturbide. Tales ejemplos me parecen indignos de mi gloria. El título de libertador es superior a todos que ha recibido el orgullo humano " [38].

We have seen that one of the surprising omissions from Chateaubriand's discussion of the Spanish republics is any mention of President James Monroe's message to Congress on 2 December 1823, in which he laid down the famous Monroe Doctrine. The reason for this deliberate oversight is undoubtedly Chateaubriand's feeling that the president of the United States had overreached himself in ruling out the future intervention of European powers in the western hemisphere [39]. Chateaubriand even believed that all the nations possessing interests in the western hemisphere, especially Great Britain and France, should resist the presumptuousness of the American president [40]. The suspicion even entered his head that Monroe's declaration represented a joint understanding between England and the United States. This may provide another clue to the reason for Chateaubriand's reference in his *Voyage* to the British minister Canning as the major obstacle to the success of his Latin-American policy [41].

Certain aspects of Chateaubriand's analysis of the situation in the Spanish Republics were certainly sound. Regardless of which one of his definitions of liberty one accepts, his principle is valid that nations lacking political education inspire fears for the survival of liberty [42]. In this view he was backed up by several South American leaders. San Martín, for example, recognized that any group of men can conduct a war for independence, but a struggle for liberty requires education. " Para defender la libertad y sus derechos se necesitan ciudadanos, no de café, sino de instrucción, de elevación de alma y por consiguiente capaces de sentir el intrínsico y no arbitrario valor de los bienes que proporciona un gobierno representativo " [43]. It is significant that in 1816 San Martín favored a republic; ten years later he wanted a monarchy.

Another view expressed by Chateaubriand which may be supported by historical documents is that the clergy participated in the " grande corruption de mœurs " characteristic of Spanish-American society. According to Chateaubriand, " rien n'étoit plus commun que de rencontrer des ecclésiastiques entourés d'une famille dont ils ne cachoient pas l'origine " [44]. According to Chateaubriand's reasoning, the dissolute clergy had no desire for closer relations with Rome and, therefore, looked with a favorable eye upon national independence [45]. The charges levelled by Chateaubriand against the church in Colombia are reflected by modern historians: the clergy were recruited from outcasts of Spanish parishes and dissolute natives and the rule of celibacy was openly violated [46]. Some of the leaders of the independence movement moreover were former priests who had cast off the restraints of the Church. The abate Viscardo, author of the *Carta dirijida a los españoles americanos*, 1799, was an ex-Jesuit possibly in the pay of the English. Other priests who left their orders to enter political life were the Bolivian, Vicente Payos Kanki, and the Chilean, Camilo Henríquez. But one cannot assume with Chateaubriand that the priests in the independence movement were there primarily for reasons of sex. The intellectual reasons which they developed in their writings are valid whether written by active priests, ex-priests, or laymen.

In his remarks concerning the climate of Buenos Aires, Chateaubriand reflected commonplace notions of the eighteenth century concerning the influence of climate on human character. In 1688 Fontenelle had remarked in his *Digression sur les anciens et les modernes*. " On pourrait croire que la zone torride et les deux glaciales ne sont pas fort propres pour les sciences. ...On ne sait si ce ne sont point là les bornes que la nature leur a posées, et si l'on peut espérer de voir jamais de grands auteurs lapons ou nègres ". Although Chateaubriand warned against exaggerating the influence of climate, he applied Fontenelle's notion to Buenos Aires: " Un pays où les forces physiques de l'homme sont abattues par l'ardeur du soleil, où il faut se cacher pendant le jour et rester étendu presque sans mouvement sur une natte, un pays de cette nature ne favorise pas les délibérations du forum; ...sous le cercle polaire et sous la ligne, il y a des exigences de climat incontestables et qui doivent produire des effets permanents " [47]. Chateaubriand seems not to have realized that Buenos Aires enjoyed one of the most temperate climates of all the Latin-American nations he discusses. It is hardly necessary to expose the fallaciousness of his theories of climate or his appended notion that negroes will always be strong in South America if they do not become absolute masters [48].

Chateaubriand's discussion of the Spanish Republics reveals, in conclusion, that he was as prejudiced and superficial in writing on political science or sociology as in writing history. Critics have already pointed out that his *Etudes ou Discours historiques*, 1831, depend for the most part on documentation at second hand and that his quotations are generally sown hap-hazardly in order to fill the bottom of his pages for effect [49]. While he held the office of minister of foreign affairs, Chateaubriand had the power of commissioning his staff to do background research. A memorandum in his name shows that in 1824 he projected ordering an extensive study of all French official documents concerning Spanish-American countries [50]. Apparently the project was never carried out. Chateaubriand's discussion of the Spanish Republics shows no signs whatsoever of drawing upon any special reports or other materials available to him as foreign minister. His quotations are drawn mainly from two or three French and English travelers with obvious political motives for bias as Chateaubriand was well aware. Chateaubriand's notions of liberty obviously had little in common with those of the liberators of South America such as Martín and Simon Bolívar. Yet he gave the impression of surpassing them in tolerance and liberality by raising the question of whether Bolívar could succeed in imposing liberty as easily as he would be able to establish slavery [51].

From the purely literary perspective, Chateaubriand's twofold division of liberty has an important bearing on his relation to the concept of primitivism. Although frequently associated with the notions of the Noble Savage, Chateaubriand declared in the preface to *Atala*, "I am not like Rousseau an enthusiast of the savages". His emphasis on the liberty of civilization—*fille des lumières*—provides further evidence of his opposition to primitivism. Scholarship has even found links between Chateaubriand and the doctrine of progress enunciated by Condorcet [52] and he clearly affirmed in his polemical articles of 1825 that " Tout nous oblige donc à croire que l'espèce humaine marche à de nouvelles destinées " [53]. He undoubtedly sincerely felt that his policy of establishing monarchies in South America represented a step forward, and in his *Voyage en Amérique* he undervalued the social and cultural progress which the South American nations had already attained because he believed that they represented an intermediate stage between liberty—*fille des mœurs*—and liberty—*fille des lumières*.

A. Owen ALDRIDGE
University of Illinois

Notes

[1] Chateaubriand en América", in *Retratos reales o imaginarios* (México, 1920), p. 56.
[2] Pierre MARTINO, " A propos du *Voyage en Amérique* de Chateaubriand ", *RHL* (1909), 472-475.
[3] *Œuvres* (Paris, 1859), VIII, 119.
[4] Richard Switzer ed., *Voyage en Amérique* (Paris, 1964), II, 401.
[5] *Esprit des lois*, Livre XXIV, Ch. V.
[6] *Introduction à l'Histoire de Dannemarc*, 1755, I, 148, quoted by Thor J. Beck, *Northern Antiquities in French Learning and Literature* (New York, 1934), I, 74.
[7] Chapter XI, translated by Morroe Berger, *Madame de Staël* (New York, 1965), p. 181.
[8] *Cours de Politique Constitutionelle* (Paris, 1820), IV, 238-274.
[9] Switzer, II, 420.
[10] *Ibid* 412-413.
[11] *Ibid*, I, 91.
[12] Albert DOLLINGER, *Les Etudes historiques de Chateaubriand* (Paris, 1932), p. 204.
[13] See Thor J. BECK, *Northern Antiquities in French Learning and Literature* (1755-1855), (New York, 1934). I, 175.
[14] *Ibid*, pp. 274-275.
[15] *Œuvres*, VIII, 120.
[16] *Ibid*, VIII, 124-125.
[17] *Ibid*, VIII, 128.
[18] *Ibid*, II, 433.
[19] Nicolás García SAMUDIO, *La independencia de Hispano-América* (México, 1945), pp. 12-17.
[20] *Ibid*, p. 15.
[21] Enrique DE GANDÍA, *San Martín, su pensamiento político* (Buenos Aires, 1964), p. 76.
[22] W. S. ROBERTSON, *France and Latin-American Independence* (New York, 1939), pp. 262-263.
[23] *Ibid*, p. 261.
[24] Switzer ed., II, 430-433.
[25] *Ibid*, II, 433.
[26] ROBERTSON, *op. cit.*, p. 291.
[27] Switzer, II, 413.
[28] ROBERTSON, *op. cit.*, p. 292.
[29] Switzer, *op. cit.*, II, 417.
[30] *Ibid*, II, 418.
[31] For background concerning intellectual development in Guatemala, see Virgilio Rodríguez BETETA, *Ideologías de la Independencia* (Paris, 1926) and *Evolución de las ideas* (Paris, 1929). One of the best discussions of the early period is roughly contemporaneous with Chateaubriand's *Voyage*. I refer to Henry DUNN, *Guatemala, or the United Provinces of Central America, in 1827 — 8; being Sketches and Memorandums made during a twelve months residence in that republic* (New York, 1828).
[32] *Manual político del Venezolano* (Caracas: Academia Nacional de la Historia, 1959), p. 89.
[33] Enrique DE GANDÍA, *San Martín, su pensamiento político* (Buenos Aires, 1964), p. 76.
[34] Switzer ed., II, 424.
[35] *Ibid*, II, 426.
[36] W. S. ROBERTSON, *France and Latin-American Independence* (New York, 1939), p. 335.
[37] Quoted in Victor Andrés BELAUNDE, *Bolívar y el pensamiento político de la revolución hispanoamericana* (Madrid, 1959), p. 289.
[38] *Ibid*, p. 290.
[39] ROBERTSON, *op. cit.*, pp. 288-289.
[40] *Ibid*.

[41] Switzer ed., II, 433.
[42] *Ibid*, II, 418.
[43] GANDÍA, *San Martín, su pensamiento político*, p. 255.
[44] Switzer, ed., II, 418.
[45] *Ibid*, II, 430.
[46] See George EDMUNDSON, " Brazil and Portugal ", in *Cambridge Modern History*, IX, 252-253; also J. L. Mescham, " The Colonial Church ", in A. C. Wilgus, *Colonial Hispanic-America* (Washington, 1936), pp. 228-231.
[47] Switzer ed., II, 423-424.
[48] For a treatment of idealistic political ideals prevailing in Buenos Aires in the early decades of the nineteenth century, see Enrique DE GANDÍA, *San Martín, su pensamiento político*, p. 75. For a discussion of the salubrious climate of Buenos Aires, see Germán ARCINIEGAS, *The Green Continent* (New York, 1944), p. 369.
[49] Albert DOLLINGER, *Les Etudes historiques de Chateaubriand* (Paris, 1932), p. 352.
[50] W. S. ROBERTSON, *France and Latin-American Independence* (New York, 1939), pp. 352-353.
[51] Switzer, II, 423.
[52] DOLLINGER, *Les Etudes historiques de Chateaubriand*, p. 272.
[53] *Œuvres complètes*, VIII, 122.

CHATEAUBRIAND DRAMATURGE

Moïse, tragédie en cinq actes et en vers, accompagnée de chœurs, est la seule tentative théâtrale de Chateaubriand qui ait abouti. Une tragédie grecque — *Astyanax* — et une tragédie « romantique » — *Saint-Louis* — sont restées à l'état de projet.

Du vivant de Chateaubriand, ses admirateurs les plus fidèles émirent des réserves au sujet de *Moïse*; pourtant le célèbre Antoine l'a représenté avec succès en 1913, et Albert Camus comptait lui-même le monter [1]. C'est que, comme nous allons le voir, cette tragédie classique, commencée en 1811, n'était plus au goût du jour quand elle parut en 1831. Mais elle présente de grandes beautés pour le lecteur libéré du préjugé de la mode.

Quels avaient été les contacts de Chateaubriand avec le théâtre? Le premier, à dix ans, a été désastreux : une représentation du *Père de famille* de Diderot semble l'avoir dégoûté du drame bourgeois [2]. En revanche, dès l'âge de dix-neuf ans à Paris, il devient un habitué de l'Opéra et du Théâtre-Français [3].

Son amour de la musique et du théâtre classique — en particulier de Racine — explique qu'il ait décidé d'écrire une tragédie avec chœurs, à la manière d'*Esther* et d'*Athalie*. Son intérêt pour la Bible, qui s'est manifesté dès l'adolescence, justifie à lui seul le choix de son héros. Il a pu choisir l'épisode particulier qu'il présente ici, en souvenir du tableau *Moïse descendant du mont Sinaï*, dû à Benjamin West, Américain vivant à Londres, à qui leur ami commun Fontanes l'a sans doute présenté durant l'émigration [4].

Avant d'examiner la pièce, rappelons-en l'argument. Au pied du mont Sinaï, les Hébreux attendent Moïse, qui a disparu sur le sommet de la montagne depuis quarante jours. Le bruit court qu'il est mort, ce qui désole sa sœur Marie et son frère Aaron. Le fils de celui-ci, Nadab, est amoureux d'Arzane, prisonnière des Hébreux, veuve du roi des Amalécites. Moïse étant absent, il l'a sauvée du massacre ainsi que les femmes de sa tribu; maintenant qu'il le croit mort, il propose à Arzane de l'épouser, et de conduire les Hébreux chez les Amalécites, elle accepte et feint de l'aimer. Mais Moïse reparaît, seuls les Lévites sont restés fidèles à lui et à leur Dieu; les autres Hébreux, devenus idolâtres, ont pris Nadab pour chef. Moïse survient avec les Lévites au moment où Nadab va se prosterner devant l'idole, il la renverse et de colère brise les Tables de la loi; le peuple revient à Moïse. Condamnée à la lapidation, Arzane proclame sa haine à Nadab. Celui-ci, épargné par Moïse, est tué par la foudre céleste.

Ainsi, à un épisode biblique, l'auteur a mêlé une intrigue sentimentale. Son Arzane est inspirée de Judith et d'Armide. Sa présence lui permet — comme dans *Atala*, *René* et *Les Martyrs* — d'opposer le paganisme au monothéisme. Il déclare à ce propos dans sa Préface:

> Arzane, reine des Amalécites, environnée de jeunes filles de Tyr et de Sidon, adorant Astarté et les divinités de la Syrie, m'a mis à même d'opposer des fables voluptueuses à la sévère religion des Hébreux.

Pour le rôle entier de Moïse et pour les chœurs, François-René imite les livres saints:

> Le chant de la *Courtisane*, dans le chœur des Amalécites, est tiré du chapitre VII des *Proverbes* de Salomon [...]. Le chœur du troisième acte rappelle le XVIIe psaume, [...] et le chœur du IVe reproduit le cantique de Marie après le passage de la mer Rouge.

Retraçons maintenant la lente genèse de l'œuvre. La première rédaction a duré du début de mars 1811 au 30 mai 1812, donc quinze mois. Aussitôt terminée, l'auteur commence à la lire dans les salons; il la retouchera jusqu'à sa publication qui n'aura lieu qu'en 1831. Pourquoi ce long délai? Chateaubriand rapporte, sans préciser de date, qu'il a proposé le rôle de Moïse au grand acteur de la Comédie-Française, Talma, qui l'a accepté, tout en suggérant des améliorations. Toutefois, quand l'acteur meurt en 1826, la tragédie n'a pas encore été soumise au Comité de lecture du Théâtre-Français.

En 1828, un concours de circonstances encourage l'auteur à tenter l'aventure. Il affirme que « les propriétaires » de ses œuvres (c'est-à-dire l'éditeur Ladvocat) le poussent à faire jouer sa tragédie. Celle-ci doit paraître dans les *Œuvres complètes*, dont l'édition est en cours, et l'écrivain saisit cette dernière chance de la représenter avant sa publication.

Juste avant de partir pour Rome en tant qu'ambassadeur, le 14 septembre 1828, Chateaubriand entame des pourparlers avec Sosthène de La Rochefoucauld, Directeur des Beaux-Arts, et le baron Taylor, Commissaire royal près le Théâtre-Français. Il pense que sa tragédie, un peu mièvre, ne peut être sauvée que par une production coûteuse comprenant: chœurs, musique et orchestre de qualité, et une décoration — digne de l'Opéra — qu'il décrit en ces termes en tête de la pièce :

> Le Théâtre représente le désert de Sinaï. On voit à droite le camp des douze Tribus, dont les tentes, faites de peaux de brebis noires, sont entremêlées de troupeaux de chameaux, de dromadaires, d'onagres, de cavales, de moutons et de chèvres; on voit à gauche le rocher d'Oreb frappé par Moïse, et d'où sort une source; quelques palmiers; sous ces palmiers le cercueil ou le tombeau de Joseph, déposé sur des pierres qui lui servent d'estrade. Le fond du théâtre offre de vastes plaines de sable, parsemées de buissons de nopals et d'aloès, terminées d'un côté par la mer Rouge, et de l'autre par les monts Oreb et Sinaï, dont les croupes viennent border l'avant-scène. — La scène est sous les palmiers, près de la source, à la tête du camp.

Comme il tient à être joué, il s'est engagé à assumer les frais de mise en scène, soit 15 000 francs, ce qui est un fait sans précédent. En revanche, La Rochefoucauld consent à donner les chœurs de l'Opéra. La musique est commandée à Halévy.

Craignant un échec, Chateaubriand est heureux de se trouver au loin au moment des représentations projetées, mais multiplie les recommandations à Mme Récamier. Il brûle de connaître le résultat de la lecture au Comité, qui reçoit l'œuvre à l'unanimité le 19 novembre. Mais les ennemis politiques de l'auteur se déchaînent contre lui dans la presse. Ses partisans, de peur que la tragédie ne nuise à sa carrière et à la leur, le convainquent de retirer sa pièce, malgré l'insistance de Taylor qui voudrait la faire jouer. Une lecture de la tragédie à l'Abbaye-aux-Bois, mal exécutée par l'acteur Lafon, ne rencontre qu'un demi-succès.

Quand, en août 1829, l'écrivain démissionne de son ambassade, son dernier poste officiel, il n'aura plus les moyens de subventionner des représentations de *Moïse*. Mais c'est surtout le triomphe du drame romantique, avec le succès de *Henri III et sa cour* d'Alexandre Dumas, le 10 février 1829, qui le pousse à renoncer à se faire jouer. Dans la Préface de la pièce, parue en 1831, il s'excuse ironiquement de publier « un ouvrage strictement classique ». En 1828, plusieurs personnes, dit-il, « désiroient encore voir donner *Moïse*, afin d'essayer une diversion en faveur de cette école classique [...], à laquelle je devois bien quelque réparation, moi l'aïeul du romantique ». Il détaille les mérites de son œuvre :

> Ces personnes espéroient quelque succès dans la pompe du spectacle de *Moïse*, la multitude des personnages, le contraste des chœurs, la manière dont ces chœurs (marquant le midi, le coucher du soleil, le minuit, le lever du soleil) se trouvent liés à l'action. Je pense moi-même [...] que la descente de Moïse du mont Sinaï, à la clarté de la lune, portant les Tables de la loi; que le chœur du troisième acte avec sa double musique, l'une lointaine dans le camp, l'autre grave et plaintive sur le devant de la scène; que le chœur du quatrième acte, groupé sur la montagne au lever de l'aurore; que le dénouement en action amené par le sacrifice; que les décorations [...], que cette variété de scènes donneroit peut-être à *Moïse* un mouvement qui manque trop [...] à la tragédie classique.

Il se félicite d'avoir introduit des chœurs plus souvent déclamés que chantés.

Pourtant il a retiré sa pièce car ses amis lui ont affirmé que ses vers ne valaient pas sa prose, et surtout que le temps n'était plus propre « aux ouvrages entachés de classique et de religion », que le public ne voulait plus que:

> de violentes émotions, que des bouleversements d'unités, des changements de lieux, des entassements d'années, des surprises, des effets inattendus, des coups de théâtre et de poignard.

Que penser de cette tragédie? Elle est composite: cet écho un peu affadi d'*Esther* et d'*Athalie* s'orne d'un héros et d'un décor romantiques. La pièce est encore plus dépouillée que celles de Racine, et devient trop statique. Les deux seuls événements sont la disparition et le retour de Moïse.

Celui-ci n'apparaît qu'au troisième acte, et c'est l'amour de Nadab pour Arzane qui est au premier plan. Or la psychologie très simple des personnages ne suffit pas à retenir notre intérêt. Chateaubriand a fait d'Arzane, dit-il, une « diablesse », hélas elle révèle dès le début à sa confidente qu'elle se joue de Nadab, et nous prive d'une surprise finale quand, avant de mourir, elle clame sa haine à son amoureux. Elle se laisse platement adorer, et déploie sa séduction seulement quand Aaron veut empêcher son fils de l'épouser.

Le mélancolique Nadab, ayant exprimé sa passion à Arzane, conserve presque immuablement ses sentiments. Son originalité provient de son romantisme, qui en fait un contre-pied du héros cornélien. Voici en quels termes Nadab s'adresse à sa bien-aimée :

> Laisse-moi m'enchanter d'innocence et de crime,
> Connoître mes devoirs sans te manquer de foi,
> Apercevoir l'abîme et m'y jeter pour toi.

Toujours plus exalté, Nadab ajoute peu après :

> [...] j'adore mon supplice,
> Ma souffrance est ma joie, et je veux à jamais
> Conserver la douceur du mal que tu me fais.

Quant aux chœurs, ils ne participent pas à l'action, mais allongent les quatre premiers actes. Par souci de variété, l'auteur nous fait entendre successivement : les pieuses jeunes filles israélites, les lascives jeunes filles amalécites, les Lévites, puis ensemble les Lévites et les jeunes Israélites.

A côté de nombreux beaux vers tels que ceux que nous venons de voir, quelques-uns sont lourds, secs, ou même mauvais. L'auteur a retouché sa pièce pendant vingt ans, dit-il; il n'a pas dû y consacrer beaucoup d'heures par an, car les scories sont encore nombreuses. Notons en particulier les deux premiers vers du chœur des jeunes filles israélites :

> Imitons dans nos concerts
> Le pélican des déserts

Les critiques n'ont pas manqué, à ce propos, de mettre en doute les connaissances ornithologiques de l'auteur.

En 1834, *Moïse* va être enfin joué, mais dans des conditions lamentables, sur l'initiative du directeur du théâtre de Versailles, Carmouche, et malgré l'opposition de l'auteur. La pièce est présentée cinq fois à Versailles et une fois à l'Odéon. Pas un critique ne juge les représentations de sang-froid. Pour les admirateurs de Chateaubriand, comme Jules Janin, la tragédie a remporté un grand succès mérité. Pour les légitimistes, le spectacle a été mal monté parce que Louis-Philippe n'a pas voulu le subventionner. Les critiques anti-légitimistes ont beau jeu de souligner la faiblesse de l'interprétation, la laideur du décor, et de rapporter avec quelle explosion de rire le parterre a salué les initiatives de Carmouche. Le directeur n'avait-il pas imaginé de déguiser des figurants en chameaux, de faire lapider Arzane sur scène, et de représenter une apothéose finale de Moïse à l'aide d'une machine au fonctionnement incertain.

L'ombre inapaisée de Chateaubriand a reçu une satisfaction posthume, Antoine a donné, en 1913 à l'Odéon, trois brillantes représentations de *Moïse*.

Comme tous les écrivains du début du dix-neuvième siècle, Chateaubriand a succombé à la tentation d'écrire une pièce. On est heureux qu'il n'ait pas persévéré dans cette voie. La veine classique était épuisée, et les extravagances du drame romantique ne lui convenaient pas. Les vers de *Moïse*, qui feraient honneur à d'autres poètes, nous déçoivent venant de lui. Décidément c'est dans la prose que le tempérament poétique de Chateaubriand déploie le mieux ses enchantements.

Fernande BASSAN
Wayne State University

Notes

[1] *Théâtre, Récits, Nouvelles*, Ed. de la Pléiade, note sur " A. C. et le théâtre ", p. 1694.
Manuel de Dieguez, à la suite de ma communication, a évoqué une conversation qu'il a eue à ce sujet avec Camus, qui retrouvait dans ce *Moïse* deux thèmes qui lui étaient chers: ceux de la violence et du moindre mal.
[2] *Mémoires d'Outre-Tombe*, Ed. de la Pléiade, I, 56.
[3] *Ibid.*, I, 124.
[4] B. WEST (1738-1820). Cf. *Correspondance de Fontanes et de Joubert, 1785-1819* (pub. par R. Tessonneau, Plon, 1943), p. 28: Lettre de F. (à J., Londres, 20 janvier 1786), il y fait l'éloge du tableau de West: *Moïse descendant du mont Sinaï et portant les douze Tables au peuple hébreu*, après avoir visité l'atelier de l'artiste.

CHATEAUBRIAND'S AMERICAN RECEPTION
(1802-1870)

Howard Mumford Jones admits he " blithely assumed " in his *America and French Culture* of 1927 that it was a simple matter to assess American reaction to French *belles-lettres*. In the first half of the nineteenth century there was apparently little or no interest. This has been in the main the general, critical opinion on the subject[1]. If any interest was shown in a continental literature it was presumably focussed on Germany. Jones now feels, however, French Romanticism was a more important factor than generally considered and that one cannot dismiss lightly the " ideality of Chateaubriand "[2].

Much of the doubt raised by critics about the unlikelihood of any serious interest in French writers is traceable to the notion that religious and political distrust of French deism brought a rapid decline in the popularity of all literature from France. Such was not the case. Voltaire was no longer in vogue, but at the end of the eighteenth century the novels of Rousseau and Bernardin de Saint-Pierre were quite popular. This taste for sentimental works with a façade of morality and religion was to last well into the nineteenth century[3], a trend that worked in Chateaubriand's favor. Unlike the writers of the Enlightenment he did not suffer from the stigma of atheism. Instead he belonged to a new generation. The religious revival in France coincided with the renewal of evangelistic fervor in American Protestantism. *Atala* and the *Génie du Chistianisme* had many elements that would appeal to devout Protestants caught up in the Second Great Awakening (c. 1795-1835)[4].

A French bookdealer in New York of the early eighteen-hundreds, Louis Alexis de Caritat, must have been stressing the religious qualities of *Atala* to potential buyers. (He also had on his shelves Rousseau's *Julia* and Mme de Staël's *Delphine*.) Chateaubriand's fame evidently continued to grow[5]. By 1813 two prominent journals, the *Analectic* and the *General Repository*, assumed Chateaubriand was already a figure well known to Americans. His " popish fancy " was compensated for by his support of Christian values[6]. Protestant appreciation of Chateaubriand's contributions was expressed by the Reverend Henry Kett in Frederic Shoberl's 1813 translation of the *Génie du Christianisme*, an edition widely used in America. Kett commended to readers the " noble panegyrist of the Christian religion in general ". Offensive sections of Catholic propaganda had been deleted in the translation, but one could still enjoy Chateaubriand's exposition of the " soothing consolations " of Christianity [7]. Thus, suitably protestantized, there were no pitfalls for the unwary Protestant.

There was little danger that John Quincy Adams would be a victim. " Ingenious and pleasing " reflections of the *Itinéraire de Paris à Jérusalem* did not cause Adams to overlook the " vain-glory piercing through the veil of Christian humility ". That the *Itinéraire* had literary merit, Adams was willing to concede, but the Frenchman's propensity to compare himself with great figures of the past exasperated him [8].

Chateaubriand's reputation in America prompted the young George Ticknor to visit him as well as Mme de Staël in Paris in 1817. He found the French writer a serious person who seldom laughed. On topics of conversation to his liking he revealed much the same traits associated with his writing. " His general tone was declamatory, though not extravagantly so and its general effect that of interesting the feelings and attention, without producing conviction or changing opinion " [9].

Unconcerned about Chateaubriand's inordinate self-esteem or long-winded discourses Emerson in 1820 was busy jotting down in his journal quotations from the *Génie du Christianisme* that struck his fancy. To Emerson phrases describing nature and the universe as the " divine imagination " and the " imagination of the deity made manifest " embodied the views of a writer with a cosmic perspective [10]. (It is our opinion that Emerson never took the philosophical speculations of the French Romantics very seriously, although their language and imagery seemed to impress him.)

One writer on the then frontier was unrestrained in his enthusiasm over Chateaubriand. A grouchy preacher, Timothy Flint, hostile to the Eastern literary establishment and eager to promote a native literature in the West, was urging the study of both Chateaubriand and Lamartine in preference to continued subservience to England. In Flint's novel, *Francis Berrian, or the Mexican Patriot* (1826), the hero, a Harvard graduate with a yen for adventure, goes to Mexico to take part in the revolt against Spain. Once there he spends more time discussing Chateaubriand than he does fighting. His remarks to Doña Martha on the *Génie du Christianisme* assume the proportions of a classroom lecture with copious quotations from Chateaubriand's work [11]. To publicize his views on literature Flint founded the *Western Monthly Review* (1827-1830) in Cincinnati where he had ample opportunity to acquaint subscribers with *Atala* and the *Génie du Christianisme*. Flint insisted the French writer had been profoundly influenced by his visit here and to Chateaubriand's sojourn in America he attributed the " peculiar mental coloring " of the *Génie* and *Atala* [12]. As a clergyman Flint was fond of repeating Chateaubriand's notions on the relationship of religion to literature.

Another writer of the eighteen-twenties, Henry Whiting (1788-1851), a historian and biographer, composed *Ontwa*, a narrative poem on the American Indian clearly patterned after *Atala*. Whiting denied any deliberate imitation of Chateaubriand's " beautiful and pathetic little poem " [13], but had to admit, nonetheless, certain obvious similarities in *Ontwa* and its sequel *Sanillac*. To realists frowning upon Europeanized Indians Whiting replied that Atala would " have lost half her charm, had she been un unadulterated forest maiden " [14].

The reaction of Flint and Whiting to Chateaubriand formed part of a larger picture. This was the period when, in Julia Ward Howe's words' Chateaubriand was one of the few French writers " usually commended to young women " [15]. Magazines in the eighteen-twenties were acknowledging the fact of Chateaubriand's growing reputation in America. The influential *North American Review* (July, 1828) labeled the *Génie* " one of the remarkable productions of the age... equally interesting to Christians of all denominations " [16].

On the stage in the eighteen-twenties and thirties a number of plays on the noble savage seemed inspired by the general tone of *Atala*: Lewis F. Thomas' *Osceola*; Caroline L. Hentz's *Lamorah*; Alexander Macomb's *Pontiac*; Robert D. Owen's *Pocahontas* [17]. Owen's play was written as an almost religious form of protest against the rising popularity of Hugo's dramas in the United States [18].

Indians of the Chateaubriand variety were rejected by two novelists of the eighteen-thirties who capitalized on the American aborigine. James Fenimore Cooper assured his publisher he did not entertain such far-fetched notions [19] and Robert M. Bird dismissed Atala and Chactas as " beautiful unrealities " [20] One wonders why they protested in the first place unless Chateaubriand was having some effect on American taste.

Thomas Holley Chivers in the eighteen-thirties and forties composed several poems based on episodes in *Atala* [21]. Passages in Poe's poems, *To Zante* and *The Bells*, paraphrased lines from the *Itinéraire* and the *Génie*. Chateaubriand's description of bells as a harbinger of disaster is repeated by Poe:

> What a tell of terror, now, their turbulency tells! [22]

Chateaubriand's descriptive powers were capable of giving some American ladies a romanticized notion of their own country. *Atala* not once hinted at the vulgar inconveniences of frontier living. Caroline Matilda Kirkland's " floating visions " of woodland life resulted from important omissions on Chateaubriand's part [23].

But in an era of poor communications it was hard to dispel dreams fostered by Chateaubriand of a lush paradise in America's hinterland. The *New Yorker* of 1836 published a saccharine poem idealizing the author of *Atala* as a portrayer of a primitive, yet noble, couple, innocent victims of a cruel fate:

> The sire of Atala, pale child of Sorrow!
> Painter of Chactas' faith and René's gloom,
> Who from Hope's blasted flower no balm could borrow,
> And longed to burst the portal of the tomb. [24]

Nor was mention of Chateaubriand limited to " ham " poetry. His name could pop up in the most unlikely spots. The locale of *The South-West* (1835), one of many, blood-curdling, dime novels by Joseph Holt

Ingraham, is Fort Rosalie, " the principal scene of Chateaubriand's celebrated romance ", *Les Natchez*, and to prove his admiration of the author Ingraham devotes six pages to a lengthy quotation from the novel [25].

On the more serious side Chateaubriand was being recognized in America more and more as a responsible representative of French letters. He promised " a calmer and better day " to the *Select Journal of Foreign Periodical Literature* (1833) [26]. Samuel Osgood in the *Christian Examiner* (1839) considered Chateaubriand and Lamartine bulwarks against the " Satanic school " of writers:

In France Chateaubriand and LaMartine, in all their works, show their horror at the havoc, which the age has made with old ideas and feelings... many of the purer minds among the French rejoice to throw aside Victor Hugo and George Sand... to linger among the ruins, which the Genius of Christianity has consecrated... [27]

By the end of the eighteen-thirties the popularity of Hugo's plays and novels alarmed godly churchmen and the introduction of George Sand's works threatened to make a bad situation worse [28].

Serious American students of Chateaubriand did not consider him merely an author of morally acceptable books. During the eighteen-forties William H. Prescott in commenting on the *Essai sur la littérature anglaise* regretted it only afforded " glimpses of the happier style " of " earlier productions " [29]. Taking a different view, Longfellow, upon laying down the *Etudes historiques*, declared, " After all, old Chateaubriand is a glowing writer " [30]. Among historians Francis Parkman was reading Chateaubriand, one of the " authorities on the Indians " [31], and George Bancroft was comparing the *Génie du Christianisme*'s description of religious experience to George Fox's concept of the inner light. Bancroft also cited, in the 1843 edition of the *History of the United States*, *Les Natchez*, as a source of information on the American Indian [32].

One of the influential literary salons that arose in New York in the eighteen-forties was that of Anne Lynch Botta. Extremely fond of the French Romantics she gathered about her like-minded spirits, among them Mrs. Kirkland, Mrs. Howe, Poe, and an influential critic of the day, Henry T. Tuckerman. The latter espoused an easy-going school of criticism that exasperated Poe, but fitted the contemporary mood [33]. The sentiments and reactions of the cultured gentleman were to Tuckerman sufficient to judge the quality of a work. By his standards then Chateaubriand was an excellent writer. The first foreign author to make America assume a " poetical interest " to European minds, Chateaubriand had restored Christianity to its rightful place in literature. The " prose poems ", *Atala* and *René*, represented to Tuckerman the " flowers of his mind, terse beautiful, and embalmed in sentiment " [34]. As we shall see, Tuckerman evidently exerted a strong influence on Anne Lynch Botta and her salon.

On occasion Chateaubriand's unscholarly approach to religion drew the fire of theologically-minded Catholics and Protestants. In 1851 the cantankerous Orestes A. Brownson, a recent convert to Catholicism, while having no quarrel with the artistry of the " brilliant pages " of *Les Martyrs* and *Le Génie du Christianisme*, thought the theological inaccuracies " poorly atoned for by the charms of his style " [35]. The *National Magazine* (1856), an organ always alert to the papist threat, repeated the now conventional Protestant judgment that Chateaubriand was the only " religious and proper " author in an otherwise pagan country. Even then Protestants had to be alerted to the dangers of the " Catholic idyls ", *Atala* and *René*, and the *Génie du Christianisme*, better named " the genius of Popery etherealized " [36].

A few years before the Civil War a novel destined to precipitate that conflict had the following passage:

... The Mississippi! How as by an enchanted wand, have its scenes been changed, since Chateaubriand wrote his prose poetic description of it, as a river of mighty, unbroken solitudes, rolling amid undreamed wonders of vegetable and animal existence. [37]

The novel in question is Harriet Beecher Stowe's *Uncle Tom's Cabin*. One seldom, if ever, associates the puritanical and moralistic Mrs. Stowe with anything as frivolous as French Romanticism. In her youth, however, her response to Mme de Staël's *Corinne* was shockingly passionate. It is not surprising, therefore, that Chateaubriand's description of the Mississippi would stick in her memory. Harriet, after all, belonged to the generation of genteel, young ladies nurtured, according to Mrs. Howe, on *Atala* and the *Génie du Christianisme* [38]. Harriet simply assumed that Chateaubriand was one French writer familiar to the average, informed reader.

Chateaubriand's name by 1860 was finding its way into a standard textbook, Anne Lynch Botta's *Handbook of Universal Literature*. After presiding over her salon in New York society for fifteen years and entertaining innumerable artists and celebrities, Mrs. Botta finally decided to put to practical use the information accumulated in conversations with writers and critics. Her salon included many francophiles among the regular attenders. To Tuckerman and others she doubtless was endebted for the remarks on French Romanticism in her *Handbook*. Not always pleased by the " brilliant beauties " of the *Génie*, Mrs. Botta became a little impatient with errors even a child could detect. Chateaubriand, nevertheless, could easily be forgiven such minor transgressions. To him readers were endebted for the " pensive religious feeling " of Lamartine and a salutary influence on Vigny and Hugo [39]. We should note here that Mrs. Botta and her group were enlightened for the times. They appreciated the merits of George Sand and Victor Hugo. Even the latter's plays and those of Dumas père, while distasteful to Mrs. Botta, received due recognition for their dramatic power.

After the Civil War American criticism of Chateaubriand achieved greater maturity with the assessment of James Russell Lowell. Trying to arrive at a fairly accurate notion of Lowell's opinion of Chateaubriand is an elusive proposition. One moment he castigates the " mere lackey of fine phrases " and the " arch-sentimentalist " who scared the wits out of his sister by threatening suicide. Then Lowell does an about-face to proclaim Chateaubriand one of the " great painters of ideal landscape " and credit him with discovering the primitive forest and recording " the solemn falling of a tree from natural decay in the windless silence of the woods " [40]. Impatient with Chateaubriand, the poseur, Lowell still held in high esteem his mastery of the word-portrait.

Melville, in the narrative poem *Clarel*, did not see in Chateaubriand Lowell's whimsical but brilliant stylist. Basing his judgement, instead, on the *Itinéraire* he grouped Chateaubriand with the defenders of religion in a materialistic and revolutionary society:

> Aye, and Chateaubriand, he too,
> The Catholic pilgrim, hither drew—
> Here formed his purpose to assert
> Religion in her just desert
> Against the Red Caps of his time.
> The book he wrote, it dies away;
> But those Septembrists of Crime
> Enlarge in Vitriolists today. [41]

Dismayed at this juncture of his life by the inroads of scientific materialism Melville harked back to a happier time earlier in the century when the spirit of religious revival was in the air and associated that spirit with one of its most eloquent European spokesmen.

In their reactions to Chateaubriand Melville and Lowell reveal the principal reasons for the generally favorable reception accorded him in nineteenth century America. He was a distinguished author from abroad who grasped the beauty of the American wilderness and expressed it in a manner few native writers could hope to equal. Unlike writers of the French Enlightenment he brought to devout Protestants a stirring message concerning the eternal values of Christianity. Thus circumstances favored the spread of his fame. His influence did not stop there. Through his prestige he in all probability did much to win a wider acceptance of French Romanticism and ultimately French literature as a whole in a puritanical society.

Charles LOMBARD
University of Illinois at Chicago Circle

Notes

[1] Howard Mumford JONES, *America and French Culture* (Chapel Hill: University of North Carolina Press, 1927); *Ideas in America* (Cambridge, Mass.: Harvard University Press, 1944); *Theory of American Literature* (Ithaca: Cornell University Press, 1948).
[2] *Ideas in America*, p. 291.
[3] James D. HART, *The Popular Book* (New York; Oxford University Press, 1950), pp. 10-40.
[4] See my article " American Attitude Towards the French Romantics ", *R L C* (July-Dec., 1965), pp. 358-371.
[5] George G. REDDIN, *An Early New York Library of Fiction* (New York: Wilson, 1940).
[6] *Analectic*, " Chateaubriand's Martyrs " (January-June, 1813), pp. 397-412; *General Repository and Review*, " Les Martyrs par Chateaubriand " (January, 1813), pp. 164-189
[7] *The Beauties of Christianity by F. A. de Chateaubriand*, translated by Frederic Shoberl, with a Preface and Notes by Rev. Henry Kett (London, 1811), pp. viii-xviii
[8] *Memoirs of John Quincy Adams*, edited by Charles Francis Adams (Philadelphia: Lippincott, 1874), II, 322.
[9] *Life and Journals of George Ticknor* (Boston: Osgood, 1876), I, 137-139.
[10] *The Journals of Ralph Waldo Emerson*, edited by William H. Gilman et al. (Cambridge: Harvard University Press, 1960), I, 6, 46.
[11] Timothy FLINT, *Francis Berrian, or the Mexican Patriot* (Boston: Cummings, 1826), pp. 131-133.
[12] FLINT, " Génie du Christianisme ", *Western Monthly Review* (1827), p. 609.
[13] Henry WHITING, *Ontwa, the Son of the Forest* (New York: 1822), p. v.
[14] WHITING, *Sanillac* (Boston: Carter, 1831), pp. iii-iv.
[15] Julia Ward HOWE, *Reminiscences* (New York: Houghton, Mifflin, 1900), p. 206
[16] *North American Review*, " Politics of Europe " (July 1828), p. 231.
[17] Ralph Leslie RUSK, *The Literature of the Middle Western Frontier* (New York: Columbia University Press, 1925), I, 432-425.
[18] Robert Dale OWEN, *Pocahontas* (New York: Dearborn, 1837), pp. 16-17.
[19] Roy Harvey PEARCE, *The Savages of America* (Baltimore: The Johns Hopkins Press, 1953), p. 211.
[20] Albert KEISER, *The Indian in American Literature* (New York: Oxford University Press 1933), p. 152.
[21] Thomas Holley CHIVERS, *Virginalia, or Songs of my Summer Nights* (Philadelphia: Lippincott, 1853), p. 70.
[22] *The Works of Edgar Allan Poe*, edited by Edmund Clarence Stedman and George Edward Woodberry (Chicago: Stone, 1895), I, 24; 176-177.
[23] Caroline Matilda KIRKLAND, *A New Home — Who'll Follow* (New York: Francis, 1839), p. 83.
[24] *The New Yorker*, " Chateaubriand ", (July 13, 1836), p. 289.
[25] Joseph Holt INGRAHAM, *The Southwest* (New York: Harper, 1835), II, 16, 226-231.
[26] *Select Journal of Foreign Periodical Literature*, " Present State and Prospects of French Literature ", (July, 1833), pp. 1-35.
[27] Samuel OSGOOD, " The Satanic School in Literature and its Reformers ", *Christian Examiner* (November, 1839), pp. 152-153.
[28] " American Attitude Towards the French Romantics ", pp. 358-371.
[29] William H. PRESCOTT, *Biographical and Critical Miscellanies* (London: Bentley, 1845), pp. 40-44.
[30] *Life of Henry Wadsworth Longfellow with Extracts from his Journals*, edited by Samuel Longfellow (London: Kegan, 1887), II, 27.
[31] *The Journals of Francis Parkman* (New York: Harper, 1948), I, 324.
[32] George BANCROFT and Charles BOTTA, *History of the United States from the Discovery of the American Continent to the End of the Late War* (Edinburgh: Fullerton, 1843), p. 330.
[33] *Memoirs of Anne C. L. Botta*, edited by Vincenzo Botta (New York: Tart, 1894).

[34] H. T. TUCKERMAN, *Characteristics of Literature* (Philadelphia: Lindsay, 1849). II, 233, 273; *Thoughts on the Poets* (New York: Francis, 1846), pp. 51-52; 165-166.
[35] *The Works of Orestes A. Brownson*, edited by Henry F. Brownson (Detroit: Nourse, 1883), xiv, 214. (from Brownson's *Quarterly Review*, October, 1851).
[36] *National Magazine*, " Impressions of Travel in France " (January, 1856), pp. 138-140.
[37] *The Writings of Harriet Beecher Stowe* (Cambridge: Riverside Press, 1896), " Uncle Tom's Cabin ", I, 187.
[38] See my article " Harriet B. Stowe and French Romanticism ", *C L A Journal* (March, 1968), pp. 236-240.
[39] Anne C. L. BOTTA, *Handbook of Universal Literature* (Boston: Ticknor, 1860), pp. 289-301.
[40] *Works of James Russell Lowell* (Boston: Houghton, Mifflin, 1892), III, 63-64; II, 236-237.
[41] Herman MELVILLE, *Clarel*, edited by Walter E. Bezanson (New York: Hendricks House, 1960), p. 193.

CHATEAUBRIAND AND THE PHILOSOPHES

Despite the impressive accumulation of Chateaubriana in the past ten years there is still one area worthy of further exploration. While most critical works devote space to describing the Rousseau-Chateaubriand rapport in the context of the development of Romanticism, little attention has been paid to the latter's relationship to and massive commentary upon the *philosophes*. This is somewhat surprising in that luminaries such as D'Alembert, Montesquieu, Helvétius, Bayle, d'Holbach, Diderot, Voltaire and of course Rousseau figure so often in the pages of his *Œuvres complètes*. The numerous remarks which Chateaubriand makes about the encyclopedists as a school constitutes a significant and important portion of his polemic.

Several attitudes characterize his stance vis-à-vis the *philosophes*. As one who sought to return the light of Christianity to the French nation he was naturally opposed to the exgressions of the free-thinkers, and as a protagonist of nature and its beauties he was antagonistic to their granitic rationalism. In his role as statesman and historian he condemned the alleged superficialities of enlightenment historicism and charged the *philosophes* with complicity in the Revolution and the Terror. Yet despite his belligerence and occasional pettiness where the *philosophes* were concerned, he was able, as a writer of genius to recognize and acknowledge the greatness of the preceding century and even to evince a grudging admiration for some of those whose personal beliefs or lack thereof he condemned so violently.

The bulk of Chateaubriand's comments on the *philosophes* is found in the *Essai sur les révolutions anciennes et modernes* (1797) and the *Génie du Christianisme* (1802) but there are other important notations on the subject found in *Les Martyrs* (1809), *Voyage en Italie* (1803), *Shakspere ou Shakespear* (1801), *Sur la législation primitive* (1802) and the *Essai sur la littérature anglaise* (1836). Thus in works dealing with politics, religion and belles-lettres the author returns frequently to a discussion of enlightenment thinkers, their alleged depravity, and what is more significant, their insidious legacy.

For the purpose of organizational clarity we are dividing Chateaubriand's exegesis of the *philosophes* into four categories; individual *philosophes*, the encyclopedists, Rousseau and Voltaire.

INDIVIDUAL PHILOSOPHES

While reserving the major portion of his invective for the giants of the enlightenment lesser names also appear in Chateaubriand's *requisitoire*. Helvétius, for example, gains only two brief notes in the *Essai sur les révolutions* where he is described as an adulterer who obliged his valet to bring him a fresh mistress nightly, chosen moreover from " la classe honnête du peuple "[1]. He wrote children's books so full of sophistry that the most infantile scribbler could refute them (I, 548). Baron d'Holbach, identified only as the author of the *Système de la nature* appears in one of Chateaubriand's quotations from Voltaire in which the latter inveighs against atheism and d'Holbach's anti-theistic analogies (I, 577). One can appreciate Chateaubriand's delectation in enlisting the support of one *philosophe* to combat another. Although conceding Pierre Bayle's skill in dialectics, Chateaubriand is unhappy with the destructiveness in the latter's scepticism. " Il y détruit tous les systèmes des autres ", he complains, " sans en élever un lui-même " (I, 547). On the other hand Chateaubriand praises Bayle for destroying the philosophic basis of enlightenment thinking. Both he, Bayle, and Cicero condemned the atheist argument about the movement of atoms and accidental creation. " Nous aimons à citer Bayle aux athées ", announces Chateaubriand (II, 566).

Diderot is designated as one whose atheism rested on " mauvaises raisons " (I, 548). To place him and D'Alembert among France's greatest geniuses, he argues, would be perfectly ridiculous (I, 583 n.a.). Atheism, moreover is a proof of one thing only, the weakness of the mind and the mediocrity of talent. With evident satisfaction Chateaubriand quotes Diderot's self-condemnatory statement about his amorous pursuits at age sixty-two (I, 558). What better example, suggests Chateaubriand, can one have of the profligacy and immorality of the *philosophes*?

The only *philosophe* who emerges consistently in a favourable light in ths short disquisitions, is Montesquieu. In the *Essai sur les révolutions* Montesquieu is termed a brilliant refutation of the canard that belles-lettres and politics cannot coexist within one person. " L'auteur de l'Esprit des lois ", he argues, " est aussi l'auteur du Temple de Gnide " (I, 331). In the same paragraph Montesquieu is equated with Xenophon, Cicero, Caesar and the current English prime minister Canning—all noted for their combination of political skill and literary talents. Chateaubriand expresses tacit agreement with Montesquieu's apparent preference for a limited monarchy and quotes the latter's thoughts on the danger of excessive reasoning (I, 339). In the *Génie du Christianisme*, Montesquieu is described as a worthy disciple of Tacitus and the equal of Machiavelli (II, 323). Chateaubriand calls him the only real great man of the eighteenth century and declares that his two main works will live as long as the French language.

What of Montesquieu's pecadillos, his irreverent attacks on the papacy and Catholicism found in the *Lettres persanes*? Chateaubriand dismisses them cursorily as " une erreur passagère " a kind of tribute paid to the corruption of the regency. Moreover, he eventually expiated these small slights, Chateaubriand informs the reader. " Mais dans le livre qui a placé

Montesquieu au rang des hommes illustres, il a magnifiquement réparé ses torts en faisant l'éloge du culte qu'il avait eu l'imprudence d'attaquer ". His later more respectful views on religion were dictated both by intellectual maturity and the desire to leave a solid personal monument (II, 351). Chateaubriand is also enamored with Montesquieu's elevation of Christianity over honour in monarchies, virtue in republics and fear in the despotic systems (II, 520). In 1815 in *Opinions et discours prononcés... à l'ouverture du collège électoral à Orléans*, he cites Montesquieu in attempting to justify the right of the Church to own property (VIII, 206). If the Church cannot be financially independent then it will appear to the masses to be merely another form of taxation from which they derive no benefit.

In his short remarks on enlightenment thinkers, Chateaubriand's optic is seen to be greatly circumscribed by his personal predilections. Diderot, Helvétius, d'Holbach, and Condillac are treated with the condescension befitting petulant, atheistic troublemakers, who in addition, were moral reprobates. But Bayle and Montesquieu loom large because their religious propensities were more in accord with those of Chateaubriand. In the following section an analysis of his views on the encyclopedists will explain more clearly Chateaubriand's adversion to the more extreme *philosophes*.

The Encyclopedists

" Il serait impossible d'entrer dans le détail de la philosophie des encyclopédistes ", writes Chateaubriand at the beginning of Chapter XXV of his *Essai sur les révolutions*, " la plupart sont déjà oubliés, et il ne reste d'eux que la révolution française " (I, 548) [2]. Despite this disclaimer Chateaubriand presents a rather full account of the sins of the encyclopedists and those associated with the movement. Their chief error was their destructive spirit. They refused to even attempt to suggest a replacement for what they sought to demolish. Anyone can advance good reasons against something but rarely a good reason for it. While ready to grant that pre-revolutionary institutions were not exactly excellent, Chateaubriand scores the encyclopedists' *rage* against those institutions with the assertion: " quiconque renverse doit rétablir " (I, 548). " Cette société ", he writes of the *philosophes*, "disait avoir pour fin la diffusion des lumières et le renversement de la tyrannie: rien de plus noble sans doute; mais le vrai esprit des encyclopédistes était une fureur persécutante des systèmes, une intolérance d'opinions qui voulait détruire dans les autres jusqu'à la liberté de penser, enfin une rage contre ce qu'ils appelaient l'infâme, ou la religion chrétienne, qu'ils avaient résolu d'exterminer " [3] (I, 583).

As will be illustrated later in our discussion of Voltaire, Chateaubriand is fond of invoking parallels and antitheses when he wishes to elevate or belittle people. As for the encyclopedists, he challenges their claim to fame by comparing them with universally recognized geniuses who were ostensibly Christians. Newton, Locke, Bacon, Grotius are far better moral guides then the encyclopedists. The latter, moreover, propelled as they were by publicity seeking, often said things they really didn't believe. And in an extraordinary addendum Chateaubriand avers: "je ne sais si un homme est jamais parfaitement sûr de ce qu'il pense réellement ", apparently not realizing that this confession is as self-condemning as his attack on the encyclopedists.

According to Chateaubriand the public utterances of the *philosophes* stand in stark contrast to their private conduct. They write assuringly about the complexities of war, without ever having participated in one; they pontificate about natural man without having studied him except in Paris society; and after completing a chapter on luxury and on the evils of corruption and the despotism of the great they would go out to flatter the latter, corrupt womankind and partake of all earthly vices. On the personal behaviour of the encyclopedists, Chateaubriand expatiates with rancor, citing Mme de Rochefort's remarks to Duclos: " Voici de quoi composer votre paradis, du pain, du vin, du fromage et la première venue " (I, 559). Even Rousseau stooped to writing a letter to a woman in which he tried to prove with all the seduction of his eloquence that adultery was no crime. Of course, argues Chateaubriand, there is no malice in his exposition of the *philosophes*' vices: " A Dieu ne plaise que je révèle la turpitude de ces grands hommes, par une malignité que je ne trouve point dans mon cœur;... mais j'étais contraint, contre mon goût, de faire apercevoir ces différences parce qu'elles mènent à des vérités essentielles au but de cet Essai " (I, 560). What he possibly means is that what people do must be linked eventually with what they say. Ancient philosophers preached an esoteric doctrine to small groups; the modern ones taught a revolutionary faith to the masses. In the new edition to the *Essai sur les révolutions* he condemns the *philosophes* in even harsher terms:

> Je ne me suis point réconcilié avec les philosophes du XVIIIe siècle: j'ai très bien fait de les traiter comme j'ai fait dans l'*Essai*. Je ne puis souffrir des hommes qui croyaient qu'on peut rendre un peuple libre *en étranglant le dernier roi avec le boyeau du dernier prêtre*, et qui voulaient substituer, pour le triomphe des lumières, la lecture d'un roman obscène à celle de l'Evangile. Je crois avec joie qu'ils tombent tous les jours en discrédit parmi notre raisonnable jeunesse, et j'en augure bien pour l'avenir. L'incrédulité n'est pas plus une preuve de la force de l'esprit qu'une marque de l'indépendance du caractère. La superstition déplaît aujourd'hui, l'hypocrisie est en horreur, mais le siècle rejette également les turpitudes irréligieuses et le fanatisme philosophique. On traite gravement la liberté, et l'on a cessé de vouloir en faire une impie ou une prostituée (I, 560).

Chateaubriand's allusion to the *fanatisme philosophique* of the encyclopedists is a neat stratagem designed to show the latter as basically intolerant people. Indeed, he argues in the new edition, that they were the most intolerant of men. They were hypocrites on the question of human liberty and they misinterpreted their wounded pride and called it independent thinking. Similarly they explained their debased sexual mores as the return to the natural man and their anti-religious fulminations as the quintessence of wisdom. It was this epic self-delusion, charges Chateaubriand, which led not to the good in the revolution but the massacre of priests, the deportations to Guyana and the scaffolds. He holds the encyclopedists responsible for all that was bad in French society in certain parts of the *Objections sur la providence*. With sarcasm, Chateaubriand describes the *philosophe* reaction to the Gospels' message of brotherly love. Suddenly philanthropy became popular. Everyone was talking about " my brother the Negro ", " my brother the Japanese ". Yet never were there more Cains in France than during the ascendancy of the encyclopedists. " Ce qu'il y a de pis ", charges Chateaubriand, " c'est que ces philosophes débonnaires, qui étendaient leurs généreux soucis jusqu'aux habitants de Saturne, ne cessent... de dénigrer leur patrie " (VIII, 559). They were ready to praise the Congo in order to speak evil of France. And they had the gall to claim that they were reformers. What moved them to believe that it was necessary to demean a people in order to raise it? Why did they have to make France the laughing stock of the civilized world. " On révèle en secret à un ami ses défauts ", Chateaubriand admits, " mais on les cache au reste du monde " (VIII, 560). What Spanish, Italian, English or German writer ever sought to degrade his country in European eyes? That is the terrible legacy which the encyclopedists have left France. In the time of Bossuet, Fénelon and Fléchier, France was respected everywhere; today it is insulted. Those who loved their country so little made a revolution allegedly for the love of country! In the *Analyse raisonnée de l'histoire de la France*, Chateaubriand returns to the theme of hypocrisy in the *philosophe* tradition. There, pondering the inequities of slavery, he reminds the reader that while modern thought sees that institution as an unjust system the *philosophes*, those false champions of human liberty, saw nothing wrong with it. Yet these men were considered the freest and most enlightened men of their day.

Seen through Chateaubriand's somewhat distorted optic, the encyclopedists emerge as insincere, hypocritical men whose programme was characterized by infantile irreligion and anti-patriotic sentiments. Chateaubriand is particularly exercised by their allegedly corrupt sexual mores. Even Voltaire is charged with illicit caresses involving a Mme... at Ferney (I, 558). As a coalition of writers with similar interest Chateaubriand can find no redeeming qualities in their lives or works. Though they posed as guides for man's moral conscience and political activities, they vitiated their own unrealistic teaching by reprehensible personal conduct and benighted views on the grandeur of France, and the question of slavery. Their most grievous fault however, was their insensate hatred of established authority and their determination to abolish and destroy the contemporary political system. Yet with all their passion they suggested nothing to replace the edifice they sought to demolish.

Rousseau

Among the *philosophes* Rousseau is a case apart in Chateaubriand's lexicon. Like Montesquieu and to a lesser extent Bayle, Rousseau receives generally positive comment. This is primarily due to his sensitivity towards religious issues and his refusal to associate himself whole-heartedly with the philosophic coalition.

One of his first references to Rousseau comes in the *Essai sur les révolutions* where Chateaubriand compares him favorably with the Greek philosopher Heraclitus of Epheseus. Both were auto-didacts, who grew disenchanted with the evil of social institutions. They were similar in their condemnation of the so-called enlightenments as a balm for man's ills, and both had to seek refuge to escape the hatred of men. Chateaubriand feels, however that Rousseau exaggerated the persecutions he endured. And despite the criticism which some of his works attracted, one should not dwell overlong on his character defects. After all, asserts Chateaubriand, there was nothing in him which was basically odious. True, he had certain eccentricities such as the Armenian garb but these were not grave moral defects.

Rousseau's greatness, according to Chateaubriand, comes from his attempt to stem the tide of raucous irreligion which the encyclopedists sought to promote. " Jean Jacques avait beau crier d'une voix sainte ", he writes, " ' Peuple on vous égare; il est un Dieu vengeur des crimes et rémunérateur des vertus...' " (I, 584). Unfortunately the efforts of this " sublime athlete " were impotent against the tauntings of what Chateaubriand disparagingly refers to as " la secte athée ". In the same section he joins the name of Rousseau to Mably, Montesquieu and Raynal—men who attempted to enlighten those who had lost the kind of purity of soul so necessary in the fight for truth [4]. What is especially ironic, asserts Chateaubriand, is that the republican forces have mistakingly appropriated some of Rousseau's writings, such as the *Contrat social*, as their own, apparently oblivious to the fact that this work condemns their philosophy explicitly.

What drew Chateaubriand primarily to this " apôtre de Dieu et de la morale " was the latter's innate religiosity. The latter's *Confessions*, he considered as a kind of public sacrament. " Que de restitutions, de réparations, dit Rousseau, la confession ne fait-elle point faire chez les catholiques " (II, 27). Rousseau's testimony to the grandeur of religious passion is adduced by Chateaubriand in the *Génie du Christanisme* where he concurs with the former's view that even religious fanaticism is a great passion because it elevates man and makes him ready to sacrifice his own life. It has only to be channeled into productive areas in order to create sublime virtue. On the other hand the " esprit raisonneur " is a mundane, effeminate phenomenon which denigrates man and concentrates his passions on selfish ends. In this way it saps the foundations of society. " Rousseau est un des écrivains du XVIIIe siècle dont le style a le plus de charme", writes Chateaubriand admiringly, " parce que cet homme, bizarre à dessein s'était au moins créé une ombre de religion " (II, 350). While it is true that Jesus was not at the centre of his creed he did subscribe to the Gospel ideal. " Lui qui s'est élevé avec tant de force contre les sophistes, n'eût-il pas mieux fait de s'abandonner à la tendresse de son âme que de se perdre comme eux dans les systèmes dont il n'a fait que rajeunir les vieilles erreurs " (II, 350).

There are several mild strictures which Chateaubriand makes of Rousseau, including his conduct with Mme de Warens. He sacrificed the memory of this woman for the sake of a few eloquent pages. He, Chateaubriand, hopes never to betray friendship in a like manner. But even in this instance he mitigates the force of his criticism by universalizing Rousseau's rather odious deed and suggesting that: " tel est le danger des lettres: le désir de faire du bruit l'emporte quelquefois sur des sentiments nobles et généreux " (VI, 270).

What of Rousseau's literary qualities? In an early piece, the *Voyage au Mont Blanc* (1805), Chateaubriand expresses his inability to see the beauties of nature which Rousseau had attempted to describe. " Enfin, je suis bien malheureux ", he confesses, " car je n'ai pu voir dans ces fameux chalets enchantés par l'imagination de J.-J. Rousseau que de méchantes cabanes remplies du fumier des troupeaux, de l'odeur des fromages et du lait fermenté; je n'y ai trouvé pour habitants que de misérables montagnards, qui se regardent comme en exil et aspirent à descendre dans la vallée " (VI, 347). Chateaubriand is also unenthusiastic about the *Emile* and in a piece called *Sur la législation primitive* (1802) he grants the work a certain éloquence but deplores its outdated ideology. Any contemporary work on childhood, he asserts, would be preferable. Rousseau's ideas on the theatre which he expressed in the famous letter to D'Alembert, are not condoned by Chateaubriand but he does place them in the historical context of the Church's struggle with the alleged immorality of the theatrical world. " Pourrait-on faire un crime à l'Eglise d'avoir pensé sur la comédie comme le philosophe J.-J. Rousseau " (VII, 276).

In the *Essai sur la littérature anglaise* Chateaubriand sums up his attitude toward Rousseau in a passage comparing the latter with Byron:

Plaignons Rousseau et Byron d'avoir encensé des autels peu dignes de leurs sacrifices: peut-être, avares d'un temps dont chaque minute appartenait au monde, n'ont-ils voulu que le plaisir, chargeant leur talent de le transformer en passion et en gloire. A leur lyre la mélancolie, la jalousie, les douleurs de l'amour; à eux, sa volupté et son sommeil sous des mains légères: ils cherchaient de la rêverie, du malheur, des larmes, du désespoir dans la solitude, les vents, les ténèbres, les tempêtes, les forêts, les mers et venaient en composer pour leurs lecteurs les tourments de Childe-Harold et de Saint-Preux, sur le sein de la Padaona, et del Can de la Madona (XI, 785).

Although Chateaubriand uses the term *philosophe* on several occasions to describe Rousseau he is careful to situate him outside the mainstream of encyclopedist thought. In Rousseau's quasi-Christian sentiments, Chateaubriand feels that he has found a kindred spirit. As is the case with Montesquieu he is able to minimize Rousseau's moral and literary failings by emphasizing his struggle with the strong current of eighteenth century irreligion. Chateaubriand is not angered by Rousseau's lapses into venality; he is rather disappointed by it.

VOLTAIRE

Chateaubriand reserves the full impact of his hostility to the *philosophes* for Voltaire whom he calls " le patriarche de l'incrédulité ", and the man chiefly responsible for Europe's " rage impie ". Although recognizing the latter's genius he attacks him as the incarnation of the evils of the enlightenment. With Rousseau there is disappointment; with Voltaire there is a mixture of awe, frustration, indignance and violent antipathy.

The very first reference which he makes to Voltaire in the *Essai sur les révolutions* is illustrative of his complex and passionate attitude." Voltaire n'entendait rien en métaphysique "; he charges, " il rit, fait de beaux vers, et distille l'immortalité " (I, 548). It is Voltaire, we learn, who first popularized the cry " écrasez l'infâme " and immediately every second-rater joined in the insidious harangue. Chateaubriand objects to the way in which Voltaire brought his indictment of religion down to the masses. The Greek philosophers like Plato and Aristotle also advanced new doctrines but they did not directly attack their country's religions. Voltaire on the other hand, this Julian the Apostate in eighteenth century robes, made unbelief à la mode. With his " art funeste " he collected a batallion of selfish people and with the help of every literary trick they did battle with religion. Books favourable to religion were instantly pilloried while Voltaire's satires received accolades. So excessive was the assault upon religion that even Voltaire himself had to laugh sometimes at the zeal of his literary subalterns.

Because Voltaire lacked the Christian spirit, asserts Chateaubriand, his literary works suffer. What is missing most conspicuously from *La Henriade* is the Christian supernatural, an element which would have greatly improved the epic. The heroes of the poem may serve to illustrate Voltaire's philosophic tendencies but they hardly represent the true sixteenth century warriors. As for Voltaire's deity, Chateaubriand finds him to be sterilely Aristotelian, perhaps philosophically plausible, but aesthetically unattractive. " Voltaire a donc brisé lui-même la corde la plus harmonieuse de sa lyre ", explains Chateaubriand, " en refusant de chanter cette milice sacrée, cette armée des martyrs et des anges, dont ses talents auraient pu tirer un part admirable " (II, 159). The Christian saints are easily as endearing as the mythological figures from antiquity and Voltaire could have gained much, he claims, had he drawn inspiration from the sublime religious faith of France.

While granting that Voltaire stands with Racine as a great dramatist, Chateaubriand posits the factor of religion to explain the latter's superiority. " Si Voltaire eût été animé par la religion comme l'auteur d'*Athalie;* s'il eût étudié comme lui les Pères et l'antiquité; s'il n'eût pas voulu embrasser tous les genres et tous les sujets, sa poésie fût devenue plus nerveuse, et sa prose eût acquis une décence et une gravité qui lui manque trop souvent " (II, 160). Chateaubriand appears almost to be possessed with the idea that Voltaire could have been among the greats in French literature had he only been a convinced Christian. " Or, si notre siècle littéraire est inférieur à celui de Louis XIV ", he writes in the *Génie du Christianisme,* " n'en cherchons d'autre cause que notre religion. Nous avons déjà montré comment Voltaire eût gagné à être Chrétien: il disputerait aujourd'hui le palme des Muses à Racine. Ses ouvrages auraient pris cette teinte morale sans laquelle rien n'est parfait:... " (II, 349). Thus the uneveness of Voltaire's works, his errors, the disparities in style and judgment can be explained by one thing; he lacked the counter-balance of religion.

One of the most interesting stylistic devices which Chateaubriand employs to explain the paradoxical incongruities in Voltaire is the frequent use of Hugoesque antitheses, a few examples of which I should like to present schematically. In the left hand column is the positive assertion; in the right is the negative evaluation.

il édifie	et renverse (II, 160)
il élève aux nues le siècle de Louis XIV	et attaque ensuite en détail la réputation des grands hommes de ce siècle (II, 160).
tour à tour il encense	et dénigre l'antiquité (II, 160).
il poursuit à travers soixante-dix volumes ce qu'il appelle l'infâme;	et les morceaux les plus beaux de ses écrits sont inspirés par la religion (II, 160).
Tandis que son imagination vous ravit	il fait luire une fausse raison qui détruit le merveilleux, rapetisse l'âme et borne la vue (II, 160).
il charme	et fatigue par sa mobilité (II, 160).
il vous enchante	et vous dégoûte (II, 160).
il serait insensé	s'il n'était si sage (II, 160).
[il serait] méchant	si sa vie n'était remplie de traits de bienfaisance (II, 160).
Au milieu de ses impiétés	on peut remarquer qu'il haïssait les sophistes (II, 160).
Son amour propre lui fit jouer toute sa vie un rôle pour lequel il n'était point fait	et auquel il était fort supérieur (II, 160).
Il était très décidé en faveur de l'ordre social	sans s'apercevoir qu'il le sape par les fondements en attaquant l'ordre religieux.
c'est qu'en déclamant contre la religion	ses plus belles pages sont des pages chrétiennes (II, 328).
malgré ses imperfections	c'est peut-être encore, après Bossuet, le premier historien de la France (II, 329).
Voltaire n'a pas toujours cité faux	mais il est certain qu'il a beaucoup omis (II, 642).

Chateaubriand cites as paradoxical examples of Voltaire's literary craft the plays *Zaïre* and *Alzire*. The poignancy of the first play derives from the tension created by struggle between Christian morality and pagan permissiveness. Lusignan emerges as a totally believable character intent on convincing the princess to listen to the voices of her fathers. " Une religion qui fournit de pareilles beautés à son ennemi ", writes Chateaubriand, " mériterait pourtant d'être entendue avant d'être condamné " (II, 174). Only through the optic of Christianity was Voltaire able to exploit the tragic position of *Zaïre*. *Alzire* is similarly inspired by the presence of a Christian ethic. Voltaire is an ingrate to have condemned the religion " qui lui a fourni ses plus beaux titres à l'immortalité. Il aurait toujours dû se rappeler ce vers, qu'il avait fait sans doute par un mouvement involontaire d'admiration: Quoi donc! les vrais Chrétiens auraient tant de vertus! Ajoutons tant de génie " (II, 180).

And what of Voltaire as an historian? To support his criticism Chateaubriand cites Montesquieu's sally: " Voltaire n'écrira jamais une bonne histoire: il est comme les moines, qui n'écrivent pas pour le sujet qu'ils traitent, mais pour la gloire de leur ordre. Voltaire écrit pour son couvent " (II, 328). While not in complete accord with his evaluation Chateaubriand condemns Voltaire for having had the temerity to attack Bossuet and Pascal. He informs the reader that in the Voltaire-Pascal confrontation the triumph went to the Christian side. He does not, however, specify in what way. Voltaire's anti-Christian stance led him, in addition, to willful distortions particularly in ecclesiastical history. He tried for example to prove that there were very few Christian martyrs in the primitive Church despite the overwhelming evidence to the contrary found in such reputable historians as Tacitus. " L'auteur de Zaïre ", he complains, " a craint qu'on ne se laissât toucher par le tableau des souffrances des chrétiens; il a voulu arracher une couronne de martyre qui les rendait intéressants aux cœurs sensibles, et leur ravir jusqu'au charme de leurs pleurs " (II, 418).

It is this irreligion which is injurious in the long run to Voltaire's methodology in the historical works. The *Siècle de Louis XIV* is marred by Voltaire's tendentious selection of materials. Why did he, for example, omit the instructions which the French king prescribed for worthy monarchs? Because they call for fulfilling one's obligations to God, as well as honouring and glorifying Him. Naturally Voltaire hesitates to impart such information to his readers. His *Histoire générale*, is nothing but " une longue injure au Christianisme ". In this work he employs every kind of sophistry. He makes categorical assertions about questionable theses and denies facts which contradict his theories. Moreover, he mutilates and distorts these same facts. Chateaubriand cites as an example of Voltaire's bankrupt historical technique the latter's attempt to deny the authority of the apostolic succession, despite the eye-witness accounts of people like Saint Irenaeus. Similarly he, Voltaire, tries to suggest that Christians suffered very little under the Romans until the time of Domitian. Didn't Voltaire ever read Tacitus or Suetonius, asks Chateaubriand? What of the inscriptions found in Spain where Nero is thanked for having exterminated a new superstition? " L'article de Voltaire nous fait faire un triste retour sur cet esprit qui divise tous les hommes et étouffe chez eux les sentiments naturels. Que le ciel nous préserve de ces horribles haines d'opinion, puisqu'elle rendent si injuste! " (II, 645).

Chateaubriand becomes more charitable towards Voltaire when he moves from the latter's religious and historical essays to his more purely literary and personal endeavours. Thus he acknowledges his efforts, in introducing Shakespeare to France in the *Essai sur la littérature anglaise* and characterizes his initial criticism as an example of balance, taste, and impartiality. Chateaubriand also praises Voltaire's vast correspondence for its valuable record of a century's activities. " Lisez la première lettre " he asks in the *Analyse raisonnée de l'histoire de la France*, " adressée en 1715 à la marquise de Mimeure, et le dernier billet, écrit le 26 mai 1778, quatre jours avant la mort de l'auteur, au comte Lally-Tollendal; réfléchissez sur tout ce qui a passé dans cette période de soixante-trois années. Voyez défiler la procession des morts: Chalieu, Cideville, Thiriot, Algarotti, Genonville, Helvétius... " (X, 557). Voltaire's letters, asserts Chateaubriand, were for their recipients a kind of certificate of immortality.

The closest thing to an accolade which we find in Chateaubriand's comments on Voltaire figures in the *Analyse raisonnée sur l'histoire de la France*, where, after condemning Voltaire's waste of talent in the *Pucelle* Chateaubriand writes:

> Voltaire accomplissait une révolution dans les idées religieuses. Si l'irreligion était poussée jusqu'à l'outrage, si elle prenait un caractère sophistique et étroit, elle menait néanmoins à ce dégagement des préjugés qui devait faire revenir au véritable Christianisme. La grande existence de ce siècle est celle de Voltaire. Tous les souverains écrivaient à cet homme illustre, et étaient flattés de recevoir un mot de sa main: Ferney était la cour européenne. Cet homme universel, rendu au génie qui sapait à coups redoutables les fondements de la société alors existante, était caractéristique de la transformation prochaine de cette société. Et pourtant il est vrai que si Louis XV eût fait la moindre caresse au flatteur de Mme de Pompadour, que s'il l'eût traité comme Louis XIV traitait Racine, Voltaire eût abdiqué le sceptre; il eût troqué sa puissance contre une distinction d'antichambre, de même que Cromwell fut au moment d'échanger ce qu'il est aujourd'hui dans l'histoire pour la jarretière d'Alix de Salisbury: ce sont là les mystères des vanités humaines (X, 342-243).

From our contemporary vantage point we can view Chateaubriand's appraisal of Voltaire with a mixture of understanding and amusement. It is understandable that he saw in Voltaire the progenitor of anticlericalism which even in the days of De Gaulle exists in France. In this he joins Stendhal in condemning the legacy of irreligion which he left. But it is also somewhat amusing to watch Chateaubriand chide Voltaire for failing to incorporate the Christian spirit into his writings. He likes *Zaïre* and *Alzire* because that element is a factor in the plays despite the fact that Voltaire's dramas have not stood the test of time. But of the latter's iconoclastic *Candide* Chateaubriand has nothing to say.

Gustave Lanson, in describing Chateaubriand's character, remarks that pride was at the centre of his personality. While he was able to seize and appreciate the most profound of his own emotions, in others he could only grasp the dim outline of their silhouettes. This egocentricity doubtless explains his myopic view of the whole *philosophe* movement. For him the encyclopedists represented a monolithic coalition designed to destroy the Church and religion. In his eyes the eighteenth century had covered religion with ridicule and with the exception of Montesquieu and Rousseau, writers of that period led by Voltaire and his iniquitous coterie tried to give the impression that only imbeciles believed in religion. Chateaubriand's assault on the *philosophes* was part of the counter-attack. Only in one section does he glimpse with any acuity the grandeur of enlightenment and that is where he credits Voltaire with forcing Christianity to purify itself by the very outrageous nature of his attacks upon it.

Most of what he wrote about the *philosophes* is apologia. He employs every argument from the *ad hominem* to the aesthetic to discredit their influence. Diderot and Helvetius were debauched. Their atheism was a concomitant. Chateaubriand condemns their passion to destroy without building, forgetting that this of course is the kind of argument which every one uses to stifle criticism. He scores the discrepancy between the written opinions of the *philosophes* and their contradictory actions. He also tries to turn the tables on the enlightenment by charging that the *philosophes* were the real fanatics and apostles of hypocrisy and extremism, a thesis pursued most recently in a somewhat different direction by Arthur Herzberg in his *French Enlightenment and the Jews*. According to Chateaubriand, the enlightenment's plea for fraternity was a ploy not a conviction. Another argument employed by Chateaubriand is the appeal to patriotism. By criticizing existing institutions in France, he claims, the *philosophes* were not only blasphemers and revolutionaries, they were also traitors. Here Chateaubriand, it would seem, is coming dangerously close to a chauvinistic paranoia.

Chateaubriand's transformation of Rousseau from a nature-worshipping deist to a crypto-Christian is an interesting exercise in self-deception. But even in this context Chateaubriand cannot forget that Rousseau aligned himself, be it tangentially, with the encyclopedists. But while minimizing Rousseau's alleged moral and literary failings Chateaubriand maximizes his criticism of Voltaire. There is without doubt an element of personal rivalry here. Like Stendhal, Chateaubriand saw himself as the charismatic literary leader of his day. He conceived as one of his sacred roles the obliteration of Voltaire's irreligious legacy. He saw the confrontation as one between two giants who occupied similarly exalted positions in their respective generations. Chateaubriand's exegesis of Voltaire is then a kind of *noblesse oblige*.

In this meeting Chateaubriand is at his best and his worst. He displays cogency in delineating the paradoxes in Voltaire's writings. In his use of antitheses he enlightens the reader about the delicate strands in Voltaire's multi-facted personality. He is accurate in pointing out the very real weaknesses in Voltaire's historical techniques, and his ignorance of collateral testimonies in establishing historical fact. He is fatuous, however in his disquisitions on the absence of the Christian spirit in Voltaire. The same kind of argument could be turned around to ask if Chateaubriand would not have been a better writer if he had been inspired by the sobriety and balance of the rationalistic tradition.

Gautier once said that Chateaubriand had succeeded in restoring the Gothic cathedral to France, that is rehabilitating religion in France. From the perspective of Gautier in the nineteenth century this might have appeared so. A century after Gautier, however, we see that Chateaubriand's efforts were less than a complete success and that the *philosophe* tradition which he condemned with violence, continues to attract our attention and devotion.

Arnold AGES
University of Waterloo

Notes

[1] CHATEAUBRIAND, François René de, *Œuvres complètes*, Garnier Frères (Paris, 1861), I, 559. All quotations from Chateaubriand are taken from this edition. The orthography has been modernized throughout.

[2] In a later edition of his work Chateaubriand sought to modify his indictment by declaring that revolutions are not produced by people or books but by things. « Elle était inévitable; c'est ce que mille gens ne veulent pas se persuader. Elle provient surtout du progrès de la société à la fois vers les lumières et vers la corruption; c'est pourquoi on remarque dans la révolution française tant d'excellents principes et de conséquences funestes » (I, 549 n. 1).

[3] Chateaubriand notes also the curious attachment of Frederick the Great to the *philosophe* coalition, whose very programme called for the undermining of princely powers.

[4] In his notes to this section a mature Chateaubriand attributes the juxtaposition of Rousseau to these other figures as a youthful error.

AMOURS SAUVAGES, AMOURS CHRÉTIENNES:
QUELQUES PRÉDÉCESSEURS
PEU CONNUS D'*ATALA*

« Le Chevalier avait consulté avec soin les livres des voyageurs; il avait suivi les raisonnements des philosophes; il avait tout entendu, pour se former une juste idée du caractère de ces peuples nouveaux; et par ce moyen il avait cru pouvoir démêler ce qui appartient à la nature, d'avec ce qui est le fruit de l'éducation et de l'usage... Un voyage qu'il fit en Amérique... »

Ce passage du début de *L'Homme sauvage* de Mercier me semble résumer assez précisément la situation du jeune Chateaubriand alors qu'il s'embarquait en 1793 à la conquête du nouveau monde. Il avait 23 ans, et ses ambitions étaient historiques et géographiques plutôt que littéraires. Au point de vue philosophique, son siège était fait: il savait déjà ce qu'il voulait voir et comment il fallait le voir.

On a beaucoup discuté de l'authenticité des scènes qu'il décrit: je ne me propose pas de reprendre la question. Gilbert Chinard, autrefois, et le Professeur Switzer tout récemment, ont résolu le problème de façon définitive. Toutefois, on n'a peut-être pas assez dit que l'imagination créatrice du jeune auteur part presque toujours des textes de ses prédécesseurs: ce que Chateaubriand n'a pas vu, il l'a lu, et sa plume a combiné avec une ardeur égale et ses observations et ses souvenirs livresques. Peut-on reprocher à un poète les transformations qu'il fait subir à la matière qu'il traite? C'est lui reprocher d'être lui-même, c'est accuser Rimbaud d'avoir placé dans les incroyables Florides de ses visions des panthères fleuries — celles-là mêmes que Chateaubriand a « observées » au bord du Meschacébé.

Revenu en France, pris dans la tourmente révolutionnaire, accablé de chagrins personnels et de difficultés financières, le jeune homme va peu à peu transformer la moisson de ses souvenirs et donner au public la série bien connue de ses œuvres américaines. Ce qui m'intéresse aujourd'hui, c'est de souligner la parenté idéologique qui existe entre la première édition d'*Atala*, qui suit de près l'*Essai sur les Révolutions*, et les œuvres qui l'ont précédée.

Atala est fille des philosophes, alors que *René* est fils de Werther et de Saint-Preux. L'une sert d'illustration à des théories naturalistes souvent exposées, l'autre avec son angoisse romantique, avec son incapacité au bonheur, avec son égotisme féroce, prend sa place dans cette lignée d'enfants du siècle qui n'a pas fini de s'allonger.

Qu'a donc voulu faire Chateaubriand dans *Atala?* Comme la majorité des paraboles philosophiques du XVIIIe siècle, le roman porte un sous-titre révélateur : *Atala, ou les Amours de deux sauvages dans le désert.* On pense à *Zadig, ou la destinée, Julie, ou la nouvelle Héloïse.* Il a donc voulu illustrer la notion d'amours naturelles, contrariées, détruites au contact de la civilisation. Dans la préface de la première édition d'*Atala*, Chateaubriand nous dit : « J'étois encore très-jeune, lorsque je conçus l'idée de faire l'*épopée de l'homme de la nature*, ou de peindre les mœurs de sauvages en les liant à quelque événement connu... Il n'y a point d'aventures dans Atala. C'est une sorte de poème moitié descriptif, moitié dramatique : tout consiste dans la peinture de deux amants qui marchent et causent dans la solitude ; tout gît dans le tableau des troubles de l'amour, au milieu du calme des déserts, et du calme de la religion » (ed. Weil p. 5 et p. 7). Le thème n'était pas neuf et les ancêtres littéraires et historiques d'*Atala* sont nombreux. L'introduction au récit est traditionnelle. Quoique ce ne soit plus un conte fait à la veillée, ou un passe-temps de voyageurs réunis par un accident quelconque, nous retrouvons dans le couple assis de nuit dans une pirogue tous les éléments connus : un vieillard fait à un jeune homme dans un but didactique l'historique de ses amours ; on moralise sur cette aventure, on élargit le sujet par des peintures idéalisées d'une société pastorale, on en tire des leçons d'autant plus efficaces que l'histoire est plus touchante, que la réussite sociale semble plus complète. Le prologue et la conclusion encadrent soigneusement l'idylle par des descriptions exotiques qu'il convient cependant d'accepter comme authentiques. Le pittoresque grandiose des rives du Meschacébé, la majesté de la cataracte du Niagara, le cérémonial des Indiens qui y apportent leurs morts : tous ces détails donnaient au lecteur une émotion poétique immédiate et le sentiment satisfaisant d'acquérir des notions géographiques et ethnographiques nouvelles. Enfin l'auteur, en homme de bonne compagnie, ne dédaigne pas les allusions littéraires : Eschyle, la Bible, Ossian nous ramènent des forêts inconnues au monde familier de nos lectures habituelles. L'exotisme de Chateaubriand comme celui de Bernardin de Saint-Pierre, comme celui du Baron de La Hontan, a un pied encore sur la vieille terre d'Europe : le connu est le normal sinon le naturel. Chactas, sauvage civilisé, comme ses prédécesseurs littéraires, analysera pour nous ses aventures à la lumière d'un code de conduite et dans un style qui nous sont familiers. « Chactas ...sait [non-seulement] les langues vivantes, mais encore les langues mortes de l'Europe. Il doit donc s'exprimer dans un style mêlé, convenable à la ligne sur laquelle il marche, entre la société et la nature. Cela m'a donné de grands avantages, en le faisant parler en Sauvage dans la peinture des mœurs, et en Européen dans le drame et la narration ...si je m'étais toujours servi du style Indien, Atala eût été de l'Hébreu pour le lecteur » (Préface, Weil, p. 9).

Les techniques narratives sont également connues : nous retrouvons le double point de vue du narrateur âgé et du jeune amant. De plus, à travers les paroles de Chactas, nous entendons celles du Père Aubry ; celui-ci, un prêtre, a conseillé la résignation chrétienne au jeune Chactas comme le vieux Chactas guide René vers la sagesse. Cette succession de vieillards vertueux qui transmettent leur expérience de la vie à un jeune néophyte donne au récit une allure pastorale à la fois classique et biblique. Par le rhythme de ses phrases, son vocabulaire, le ton adopté par les narrateurs, *Atala* entre dans la poésie millénaire de l'Europe occidentale. La leçon qu'elle contient s'augmente du poids de tous les récits faits à l'humanité depuis toujours.

Cette double perspective adoptée par le narrateur, ces époques qui se chevauchent dans le temps, semblent, avouons-le, souvent artificielles et maladroites; elles entraînent parfois des erreurs de détail que Chateaubriand n'a pas toujours su éviter. Elles permettent cependant la présentation au cours d'une narration unique d'un double, ici, même d'un triple, point de vue. La complexité du récit le rend plus intéressant, le jeu des différents états de compréhension psychologique est plus varié, la démonstration philosophique, qui est le but ultime de l'auteur, est renforcée par ces échos qui se répondent d'une génération à l'autre. Marivaux, Prévost avaient déjà utilisé ces techniques avec bonheur.

Un autre avantage de cette présentation est que notre sensibilité — si facilement ébranlée à la fin du XVIIIe siècle — est épargnée. Dès le début du récit, nous comprenons qu'Atala est morte depuis longtemps et que la résignation douce de Chactas est l'attitude qu'il nous faut adopter. Les larmes que nous versons de concert avec le vieillard aveugle sont ces délicieuses larmes littéraires que Marivaux, Prévost, Rousseau, voire Voltaire avaient souvent fait couler. Le récit étant ainsi éloigné de nous dans le temps — dans le temps chronologique d'une part, puisque l'aventure se place au XVIIe siècle; et dans le temps fictif, puisque Chactas raconte la tragédie de sa jeunesse et décrit des fantômes — prend une valeur de symbole, d'évocation poétique et doucement mélancolique qui ne peut nous bouleverser profondément. Cette technique narrative précède le réalisme intégral. On peut la rattacher, semble-t-il, aux notions de bienséance, de politesse si nuancée, prévalentes à l'époque. Les auteurs prêtaient à leurs lecteurs une sensibilité à la fois délicate et aiguë qu'ils se faisaient scrupule d'émousser par une peinture trop brutale et immédiate des passions et des faiblesses humaines. « Le lecteur veut être ménagé », nous dit Marivaux dans son *Paysan parvenu* (ed. Garnier, p. 200). Cette politesse qui fut celle des grands romanciers du XVIIIe siècle, qui sera encore celle de Stendhal, allait être remplacée par des techniques de choc au moyen desquelles l'auteur cherche à nous faire partager les souffrances de ses héros, nous refusant ainsi le réconfort secret de pouvoir nous dire que nous pleurons sur des fantômes.

Si nous poursuivons notre analyse d'*Atala*, nous voyons que les rapports familiaux et les affections de famille sont également basés sur des conventions mises à la mode par la littérature de sensibilité. Chactas est orphelin, élevé par Lopez, un étranger. Ce fait donne au jeune homme l'excuse de connaître deux (trois dans son cas puisqu'il passe plusieurs années en France) sociétés différentes. Son père d'adoption, Lopez, va se trouver être le père sanguin d'Atala. Entre les deux héros, il existe donc cette situation un peu trouble, chère aux auteurs de l'époque: une amitié fraternelle et amoureuse. Bernardin de Saint-Pierre sacrifie au même goût quand il fait de Paul et Virginie des frères de lait, et Mercier dans *L'Homme sauvage* nous demande d'accepter comme naturelles les relations de son couple de sauvages à la fois frère et sœur et amants. Montesquieu, dans une des *Lettres persanes*, a posé la question philosophiquement en nous contant les aventures d'Aphéridon et Astarté; Diderot l'avait reprise dans *Le Supplément au voyage de Bougainville*. Dans *Cléveland*, dans *Paul et Virginie*, dans *Atala*, dans d'innombrables contes moraux et romans philosophiques, les auteurs effleurent le problème et jouent avec. Il n'est guère besoin de rappeler que l'affection coupable d'Amélie pour René va former le nœud, va cristalliser en quelque sorte la tristesse sans raison de celui-ci et la justifier.

La mort d'Atala est causée par son affection et son respect filials. Au moment de céder aux instances de Chactas, elle voit « des flammes sortir de la terre »: c'est l'enfer qui menace sa mère. Elle décide donc de se sacrifier. Ce thème de l'affection aveugle qu'un enfant doit à ses parents et de sa dépendance morale et psychologique envers « les auteurs de ses jours » se retrouve à travers toute la littérature de sensibilité. Il semblerait qu'à mesure que la conception de l'autorité d'un Dieu omniscient, d'un Roi tout-puissant s'affaiblit, les écrivains aient essayé, maladroitement pour la plupart — d'étayer l'autorité parentale et la notion de l'affection absolue que les parents inspirent automatiquement. Le chagrin désordonné de Julie, lors de la mort de sa mère, son attitude vis-à-vis de son père et de la promesse que celui-ci a faite en son nom illustrent nettement ce point. Baculard d'Arnaud, dans son roman, *Les Epoux malheureux*, nous demande de plaindre un héros qui ne peut accepter l'attitude hostile et intransigeante de son père. Le jeune homme, heureusement marié à une femme vertueuse mais qui a été actrice, compromet plusieurs fois son bonheur sentimental et l'avenir de ses enfants pour obtenir le pardon et le renouvellement de l'affection d'un père orgueilleux et borné. Ajoutons que si Atala s'empoisonne pour honorer un serment qu'elle ne comprend pas, elle est aussi victime d'un autre lieu commun de l'époque: si elle ne cède pas à ses sens — et cette sauvage est coquette et consciemment sensuelle autant qu'une Julie d'Etanges — c'est aussi pour ne pas compromettre sa dignité de femme, son « repos ». Les motifs profonds de sa conduite sont dictés par le code conventionnel d'une Marianne et d'une Virginie plutôt que par la passion qui détruit Zaïre.

Richardson dans *Paméla*, Rousseau dans *La Nouvelle Héloïse* avaient tous deux posé le problème de la femme écartelée entre son instinct qui la pousse à trouver un innocent plaisir dans ses premiers contacts avec un homme et les conventions sociales qui faussent et modifient cet instinct. Chateaubriand, dans sa jeunesse, admirait Rousseau et avait adopté certaines de ses théories, mais c'est plutôt le Rousseau des *Discours* et celui de l'*Emile* qui l'inspire; bref, c'est le Rousseau théorique et didactique que nous retrouvons en filigrane dans *Atala*. Les moiteurs douteuses de la chambre de Julie comme les attouchements vulgaires décrits par Paméla répugnent à cet esprit aristocratique. Atala, charmante Indienne qui ne l'est qu'à demi, puisqu'elle meurt dotée de la chevelure d'or d'une sylphide de légende, cette sauvage soumise aux lois d'un christianisme intolérant, cette passionnée qui trahit sa tribu pour un homme auquel elle ne veut pas céder, cette créature qui a su rester pure comme une fille de bonne famille en courant les forêts de la Louisiane, Atala est plus la représentation des rêves d'un jeune poète qu'une créature de chair et d'os.

Et donc, si nous voulons étudier la peinture de l'amour dans ce « poème », c'est vers d'autres récits aussi artificiels, aussi conscients de la démonstration à faire qu'il faut nous tourner. Les sources d'Atala ont été cataloguées depuis longtemps: sources classiques, Homère, Théocrite, *Daphnis et Chloé;* sources françaises lointaines, les essais de La Hontan, le *Télémaque;* sources littéraires plus récentes dans les œuvres de prédécesseurs immédiats français et anglais; sources historiques et autobiographiques; nous savons qu'Atala est un récit habilement composé de mille détails glanés ici et là. Je voudrais pour la seconde partie de mon exposé choisir parmi ces inspirations si variées un ou deux récits d'aventures sentimentales entre sauvages et civilisés et replacer Atala parmi ses devanciers idéologiques.

* * *

La conviction si fréquemment exprimée que la raison peut et doit dicter la conduite des hommes forme un contrepoint ironique à l'analyse si souvent reprise de la puissance de destruction et de désordre social inhérente chez l'homme dominé par ses sens. L'artificialité voulue, consentie de la vie de société au XVIIIe siècle, qui semblait à beaucoup inévitable et l'expression de la civilisation la plus raffinée, sera cependant attaquée par les moralistes et contrastée avec une vie « naturelle » au cours de laquelle les bons instincts des hommes, leurs sens « non-corrompus » s'exprimeront librement. Il est intéressant de noter, pourtant, que face à face avec leurs utopies, les philosophes n'ont jamais résolu le problème selon ses données premières. Les Troglodytes « crurent à propos de se choisir un roi », et nous partageons la déception angoissée du vieux Troglodyte qui s'écrie: « Votre vertu commence à vous peser ». Mais si, du point de vue politique, les utopies se soldent par une défaite, au point de vue sentimental, la situation apparaît plus complexe. L'amour dans ses manifestations les plus variées est étudié. On s'est lassé de la peinture minutieuse des hésitations bienséantes d'un cœur épris. On cherche à déterminer la part de l'instinct, la nécessité que les désirs physiques imposent dans une conduite, chez un individu normalement soumis aux conventions. Qu'est-ce qu'une *Manon Lescaut* sinon l'étude d'un homme qui, dominé par une passion toute-puissante, brise malgré lui les cadres de conventions qu'il accepte intellectuellement et auxquelles il revient facilement quand « la tranquillité renaît dans son âme »?

Pour ces écrivains, épris de systèmes, il était tentant de présenter une démonstration bien nette des effets de la passion en opposant les instincts d'un être libre et naturel à ceux, corrompus, d'un être civilisé, partant artificiel. Ce contraste a été établi d'innombrables fois dans la littérature romanesque de l'époque. Pourtant ces récits qui se succèdent, ces couples aux noms extraordinaires dont les aventures se déroulent dans des lieux exotiques parfois assez précisément décrits, restent pour la plupart, des récits de faux sauvages doués d'une psychologie et de réactions civilisées entachées de classicisme. Le sauvage — presque toujours un ex-sauvage — doit pouvoir s'analyser et juger ses expériences à travers cette civilisation qu'il condamne. L'éveil des sens chez ces jeunes gens est trop souvent décrit de façon stylisée et conventionnelle. C'est cependant ce que les auteurs apportaient de plus nouveau dans leurs démonstrations toujours un peu schématiques des émotions naturelles et artificielles. On sent à relire ces textes une certaine gêne chez l'écrivain: son vocabulaire le trahit, les traditions littéraires l'entravent. Il hésite à faire entrer dans le domaine des belles-lettres la description d'émotions qui appartiennent encore à la physiologie ou à la littérature libertine. Il a volontiers recours aux auteurs latins, il se laisse aller à un symbolisme anthropomorphique qui lui permet d'éviter des descriptions trop précises. Ceci est particulièrement vrai quand l'auteur parle des émotions d'une femme. Cette dernière, créature d'instinct, est exempte des préoccupations métaphysiques qui tourmentent l'homme. Elle arrive plus vite à une connaissance directe de ses désirs et la nature physique a sur elle un effet plus immédiat. Ainsi l'été torride qui dévaste l'Ile Maurice exaspère l'angoisse de Virginie adolescente et la conclusion tragique d'*Atala* est annoncée par un ouragan d'une violence inouïe.

A travers certaines maladresses, on perçoit pourtant un ton neuf. Mercier, dans *L'Homme sauvage*, décrit ainsi les amours incestueuses et innocentes de ses héros:

> Zaka, rouge de pudeur & d'amour, gardoit le silence. Un attrait invincible entrelaça plus étroitement mes bras autour de son col; nos yeux se rencontrèrent, nos lèvres en un instant s'unirent, & nos âmes s'échappèrent tout aussi rapidement sur le bord de nos lèvres; le feu de nos baisers confondit si bien les transports de nos cœurs, que nous n'avions plus besoin de mots pour les exprimer. Le teint de Zaka étoit animé des couleurs les plus vives: son sein palpitoit contre le mien; Zaka étoit l'innocence même, & ce fut elle qui m'éclaira. Le feu ardent dont j'étois consumé ne m'auroit point instruit aussi rapidement que le fit son amour: elle tomba égarée dans des plaisirs qu'elle ne connoissoit pas plus que moi, & que je devois à ses caresses. O moment d'ivresse & de volupté, vous ne sortirez jamais de mon cœur: je reverrai toujours la belle plaine, l'arbre qui nous prêta son ombrage, & la tendre Zaka, foible & abandonnée toute entière aux transports impétueux de mon amour. Je lui devois tout, une émotion profonde, voluptueuse, & une nouvelle lumière qui sembloient m'ennoblir à mes propres regards (éd. de 1784, pp. 63-64).

Dans *Paul et Virginie*, Bernardin de Saint-Pierre démarque *Daphnis et Chloé* pour décrire le bouleversement sensuel de Virginie:

> « Dans une de ces nuits ardentes, Virginie sentit redoubler tous les symptômes de son mal. Elle se levait, elle s'asseyait, elle se recouchait et ne trouvait dans aucune attitude ni le sommeil, ni le repos... Elle pense à l'amitié de Paul, plus douce que les parfums, plus pure que l'eau des fontaines, plus forte que les palmiers unis; et elle soupire. Elle songe à la nuit, à la solitude, et un feu dévorant la saisit. » (éd. Garnier, p. 134.)

Mais alors que Longus ne s'attarde pas sur cette période trouble, Bernardin de Saint-Pierre, comme Chateaubriand plus tard, nous demande d'accepter chez leurs héroïnes une ignorance de soi peu convaincante. Le héros sauvage analyse ses sensations et nous les fait partager, mais la femme les subit. Atala s'écrie: « Beau prisonnier, j'ai follement cédé à ton désir; mais où nous conduira cette passion? » (Weil, p. 44). Dans « Annette et Lubin », le plus célèbre peut-être de ses *Contes moraux*, Marmontel pousse ce paradoxe jusqu'à l'absurdité. Deux bergers, épris l'un de l'autre, s'aiment si innocemment qu'Annette ne comprend pas qu'elle est enceinte. Les moutons de Lubin et les siens ne lui ont rien appris. Les amours naturelles décrites dans un cadre idéalisé sont revenues par un détour au conventionnel, à l'artificiel, avec en plus une sensiblerie pleurnicheuse profondément fausse.

La conception de la vertu féminine chez ces filles de la nature dérive également des conventions des civilisés. Quand Zaka, croyant Zidzem mort, se convertit, elle n'a plus « sa raison », elle « était persuadée que son ignorance ne la sauvait pas du courroux céleste » (p. 239). Elle écrit une longue lettre à Zidzem et lui dit: « La rougeur couvre mon front; la honte est mon éternel partage... laisse-moi éviter de tomber dans les gouffres enflammés qui me menacent... » (p. 243).

Nous ne sommes pas loin des plaintes d'Atala, et Mercier avait raison de se vanter qu'Atala était en partie inspirée par Zaka.

Quand Virginie se laisse aller à confesser son amour pour Paul, elle considère que son aveu seul suffit à la rendre coupable: « O Paul! O Paul! Tu m'es beaucoup plus cher qu'un frère!... Maintenant je reste, je pars, je vis, je meurs: fais de moi ce que tu veux. Fille sans vertu! J'ai pu résister à tes caresses, et je ne peux soutenir ta douleur! » (p. 152). C'est ici, aussi, la réaction d'une civilisée pour qui le verbe, l'expression sont presque plus importants que la réalité.

L'intolérance religieuse, ou plus exactement les contraintes et les obligations que la religion établie imposent, jouent presque toujours un rôle important dans ces récits. Quoique Zidzem semble un instant accepter les foudres de l'Eglise, il garde cependant des doutes et ses « larmes arrosent le papier » en évoquant son enfance innocente et dépravée. Dans son désert, il avait appris de son père un déisme religieux et tolérant. Le contact avec la religion — celle des jésuites — entraîne la perte de sa femme-sœur et sa condamnation brutale par un évêque. Sa conversion est peu convaincante, il nous brosse en conclusion le portrait d'un sage plutôt que celui d'un chrétien:

« Je vis avec des livres et ma pensée. Aussi détaché du monde que désabusé de la chimère du bonheur, je tâche de rentrer dans l'état de la bonne nature, en conformant mes goûts à ses volontés, et en ne me permettant que des désirs simples et aisés à satisfaire. » (p. 258.)

C'est le directeur de conscience de Madame de la Tour qui force Virginie à partir pour la France, et c'est la pudeur excessive d'une jeune catholique bien élevée qui empêche celle-ci de se déshabiller — alors qu'enfant et innocente, elle abritait Paul dans son jupon sans penser à mal. Son ensevelissement à grand fracas est celui d'un personnage officiel: de la « Sainte » de l'île. Cependant les consolations que prodigue le vieillard à Paul sont plus celles d'un philosophe que d'un catholique pratiquant:

« Virginie existe encore. Mon fils, voyez que tout change sur la terre et que rien ne s'y perd. Aucun art humain ne pourrait anéantir la plus petite particule de matière, et ce qui fut raisonnable, sensible, aimant, vertueux, religieux aurait péri, lorsque les éléments dont il était revêtu sont indestructibles ? » (p. 220.)

Quant à Atala, si le son de la cloche du Père Aubry préserve presque miraculeusement sa vertu, sa mort ne suffit pas à convertir Chactas; et le Dieu présent à l'ensevelissement de cette «sainte» est celui de Socrate, celui à qui Voltaire adressait sa Prière sur la tolérance et qu'adorait le vicaire Savoyard au soleil levant:

« Le nom de Dieu et du tombeau sortait de tous les échos, de tous les torrens, de toutes les forêts... l'on croyait entendre dans les bocages de la mort, le chœur lointain des décédés qui répondait à la voix du solitaire. » (p. 193, éd. Weil.)

Est-ce à dire qu'on ne trouve pas de récits d'amours sauvages, non contaminées par la civilisation ? Je n'en connais point. Cependant un auteur, André Perreau, a tenté dans les *Lettres Illinoises* publiées en 1772, de faire le portrait d'un Iroquois amoureux de la fille d'un Commandant français posté dans l'Illinois. On trouve dans les lettres qu'échangent les jeunes gens avec les lieux communs que nous venons de discuter, un effort vers le réalisme, vers une conception honnête de ce que pourraient être les sentiments d'un sauvage, fort intéressant.

L'Indien Manza compare dans une lettre adressée à Sophie l'amour sauvage et l'amour civilisé:

« Ce que je sens pour toi est bien différent de ce que j'ai senti pour les femmes de ma Nation. Les Européens ont bien raison de dire qu'on ne s'aime pas chez nous. Liés par l'habitude et le besoin, on n'y ressent rien de ces délices que j'éprouve, on ne s'aime que pour se souffrir réciproquement. » (p. 12-13.)

Il me semble être d'une autre nature que mes compagnons, je les regarde à présent comme des Orang-Outangs, qui n'ont de moi que la figure. Ils n'aiment pas, ce ne sont donc pas des hommes ? Oui, je ne sens que je vis que depuis le moment où je t'ai vue. » (pp. 14-15.)

Malgré cette analyse raisonnée de son amour, Manza exprime ses sentiments en vrai sauvage: il « rugit », il se roule par terre, il dévore le sable trempé de ses larmes. Les hommes de sa Nation le calment en l'enfermant et en l'arrosant de sang d'ours. Sophie, elle, répond à ses déclarations incandescentes dans le style de Julie: « Rassure-toi, mon doux ami... Sophie... t'aime ».

Manza doit partir se battre avec sa tribu. Il rapporte en cadeau à sa maîtresse cinquante chevelures qu'il a arrachées sur les têtes des Iroquois. Sophie lui explique doucement que « les gens de ma Nation ne sont pas accoutumés à de semblables présents ... je te renvoye toutes tes chevelures, une autre fois ne t'en prive pas pour moi. Je te salue ... Va je t'adore, Manza ! » Malheureusement, l'auteur n'a pas su — ou pas voulu prolonger le portrait contrasté de son sauvage et de sa blanche. Le primitif Manza se civilise vite au contact de l'armée française; il se convertit, et après des développements peu originaux sur les préjugés et le droit à l'amour, Manza épouse Sophie.

Une fois de plus, nous nous trouvons en présence d'un récit qui illustre une thèse : Manza, qui commençait à nous intéresser par sa singularité, se transforme en sauvage — mannequin que l'auteur déguise au gré de ses théories.

Si, après avoir parcouru ces différents apologues, nous revenons à Atala, nous voyons à quel point le récit est traditionnel et utilise les méthodes narratives et didactiques qui le précèdent. Le fait que Chateaubriand ait passé quelques semaines au nord des Etats-Unis et qu'il ait transformé ses souvenirs de voyage avec un art et une imagination incomparables a abusé beaucoup de ses lecteurs sur l'originalité réelle du conte.

On aurait mauvaise grâce, cependant, de reprocher à Chateaubriand de n'avoir pas fait ce qu'il ne pouvait pas faire : les contemporains qui accueillirent avec enthousiasme le conte d'*Atala* comme les journalistes qui le critiquèrent acidement n'étaient ni les uns ni les autres capables de goûter une étude romancée sur le primitivisme telle que nous les aimons aujourd'hui. Les hardiesses stylistiques de l'auteur, l'exotisme de son cadre, l'évocation poétique de deux enfants de la nature descendant en barque d'écorce des rivières aux noms étranges : autant de nouveautés qui enchantèrent nos pères. Ajoutons qu'*Atala* fut presque tout de suite associée dans l'esprit des lecteurs avec une autre nouvelle américaine d'inspiration toute différente : *René*. Et *René*, c'est l'histoire d'une âme, ce sont les angoisses d'un héros qui « habite avec un cœur plein un monde vide ». Le romantisme de *René* a coloré *Atala* et l'a déformé.

Lire *Atala* « avec les yeux de Chimène », c'est trahir son jeune auteur, c'est nous priver du plaisir profond d'apprécier une belle fable dans son éclairage propre.

Hélène MONOD-CASSIDY
University of Wisconsin

THE ART OF AUTOBIOGRAPHY IN THE *CONFESSIONS* OF JEAN-JACQUES ROUSSEAU, AN APPROACH TO CHATEAUBRIAND

The present paper continues the search for the meaning of Rousseau by giving particular attention to his own definitions and distinctions [1]. It affords an account of the following topics closely related to the art of autobiography in the *Confessions*: verisimilitude and uniqueness; types of conflict and Rousseau's means of expressing them; the themes of affection, character, citizenship, and career. In closing, a short statement suggests lines of influence leading to Chateaubriand and French Romanticism.

Underlying most studies of the *Confessions* is the common-sense notion that Rousseau's main object was to make the disclosures about his life convincing [2]. He therefore aimed, as Temmer indicates, to communicate with the reader through a wealth of experiences everyone has shared. Evidence, to be sure, can be found to support this view. But to insist too much on the " shared experience " aspect of the *Confessions* means ignoring Rousseau's own words. He makes it clear the subject-matter is his uniqueness. He also spurns any pretext that he is able to be impartial, to put distance between himself as hero and as author. His style must vibrate to his emotional state at the time of the deed and at the time of its rediscovery: " mon style inégal et naturel, tantôt rapide et tantôt diffus, tantôt sage et tantôt fou, tantôt grave et tantôt gai fera lui-même partie de mon histoire " (I, 1154, *Ebauches*).

Rousseau is not trying to make his world convincing at the expense of either uniqueness or subjectivity. When he says the reader will find certain behavior incredible, he literally means it. His betrayal of Marion, his abandonment of Lemaître, his fascination into impotence by Julietta's deformed breast, his desire to be imprisoned on the Isle de Saint-Pierre are all beyond his own comprehension. The conspiracy against him, the " storm " which has engulfed him, is a mystery. To remedy the author's lack of objectivity and his inability to penetrate the significance of his uniqueness, the reader rather than the author must supply objectivity and establish meaning. Intentionally, Rousseau has made himself the patient, the informant, and has made the reader the doctor, the judge: " Je suis observateur et non moraliste. Je suis le Botaniste qui décrit la plante. C'est au médecin qu'il appartient d'en régler l'usage " (I, 1121, *Mon Portrait*). The author is to do no more than literally turn himself into a document for study, become the " première pièce de comparaison pour l'étude des hommes " (I, 3, 1120). The reader, as co-creator, finds the sense: " C'est à lui d'assembler ces éléments et de déterminer l'être qu'ils composent; le résultat doit être son ouvrage, et s'il se trompe alors, toute l'erreur sera de son fait " (I, 175).

Since Rousseau's representation of life is no more than unique feeling, uncurbed by adherence to a code, by the need to find shared impressions, or by a logical meaning he has imposed, it follows that he alone decides when expression is in accord with inner feeling. He must find the accent of truth, of sincerity, which may then sound in his words: " si elle n'y porte pas témoignage d'elle-même, il faut croire qu'elle n'y est pas " (I, 1123, *Mon Portrait*). To this data, the reader must make a contribution, analysis to principle, then synthesis to recreate the man of whom the author himself is unaware. Verisimilitude, therefore, if we are still to use the term, in addition to truthful style, has a second legitimate meaning, the relinquishing to the reader of all evaluation leading to definition of the author's uniqueness.

If this doctrine seems mainly negative, it is far from empty. It gives appropriate emphasis to differences within individuals, the basic source for any investigation of human nature: " Sa manière d'être intérieure... n'est connue que de lui " (I, 1149, *Ebauches*). The object is no longer the known and a convincing restatement of its significance in terms of resemblances between author and reader. To the contrary, differences are underlined. Through differences between informant and reader, the latter moves toward the unknown, possibly a new vision of mankind.

Rousseau's uniqueness can first perhaps best be introduced in terms of conflict at three different levels: within himself, between self and environment, between destiny and art. Internal conflict appears in the areas of the affections and of conscience. His expansive emotionality is intense, but so curbed by self-inhibiting timidity that he is filled with the absurdity of his amorous ambitions. As a result, the air of comedy or of the grotesque attaches to the role of fool or victim his hero in love must usually play (I, 76, 194, 441). There is extreme inner discord, too, in his moral activities. His conscience, lucid in seeing right, makes him aspire to right, yet is housed in a machine so pitifully weak that he is repeatedly subjected to humiliating defeats. Two other areas, one related to the nation, the other to personal philosophy, show him set against himself and also against his times. In an age of civic callousness, he yearns to be part of a *patrie*, or at least of a *pays*, but has a concept of the citizen so totally uncompromising in its defense of individual right that he renounces his own citizenship and is cast out by the two governments he had counted on the most for shelter. As for his personal philosophy, almost overnight because of a new vision received in middle age, he has renounced forever a life of calm to attach himself with total dedication to a highly controversial concept of truth.

This theme of his originality as division and rupture has a definite evolution. Internal dissention, namely expansiveness with timidity and sane conscience with great weakness, gradually finds its resolution in a degree of self-mastery, but at the same time there is aggravation of the more external dispute, liberty and truth opposed to conventional citizenship and opinion.

The relatively light atmosphere surrounding Jean-Jacques during the First Part has become by Book XII Rousseau beset and depressed by mystery and darkness.

The shift in emphasis from inward to outward struggle has been prepared by a more fundamental context, antagonism between destiny and art, introduced at the close of the first book in the contrasting views of the hero in youth, led by fate, blinded by his desires and fears, leaving the Geneva of Bossey and Ducommun, and the hero as an old man who sees in art's perspective the Geneva of his youth as paradise lost: " J'aurais passé à Genève... une vie paisible et douce... Au lieu de cela quel tableau vais-je faire? " (I, 43-44).

A climate of helplessness and suffering is attached to Rousseau's conflicts, the apparent side of his uniqueness, by regular and frequent use of the words destiny, fate, fatality, which represent all of the influences which have led him from the course hindsight tells him should have been into, instead, the life that had to be. These forces recur under three different forms. The first are the accidents of nature, the physical circumstances which have controlled him, like temperament of father and mother, his physique at birth, early conditionings of many kinds, the impact on his emotions of a cruel master, the spell cast by the first glimpse of Madame de Warens, the chance arrival of Bâcle, the intervention of other agents, Vitali, Madame de Larnage, Vintzenried, Grimm. His style often creates for such chance events a mood of foreboding. With reference to the raising of the bridge, which announces his departure from Geneva, he says, " je frémis en voyant en l'air ces cornes terribles, sinistre et fatal augure du sort inévitable que ce moment commençait pour moi " (I, 42). A second element of the destiny submerging Rousseau is social in nature. In spite of his distrust of the behavior and ethics of his day, he shows at times a strong inclination to bow to them (I, 344). The third kind of force binding his will operates through the automatic reactions within him, passions, delirium, revery, presentiment. Physical circumstance, social pressure, and his own automatic reactions seem to push Rousseau further and further toward a destiny he does not want, toward a certain fame, toward isolation. No damaging event can be explained for him except " par l'aveugle fatalité qui m'entraînait à ma perte " (I, 525).

Although this sense of submergence is strong, it is not total. Against destiny's mystifying weight, which he repeatedly admits, he is by his attitudes constantly in revolt. Weakness under pressure can be a justification for the shameful deeds he must confess. He reacts, however, with feelings of guilt, insists in other words on acting as if free. A philosophy of necessity would permit him to discard unpopular views of liberty and truth, seek success, make his fortune. He makes adherence to his own views a question of choice (I, 402). Revery, whether its content is future or past happiness, his states of delirium with visions of a new world, and his presentiments of disaster are further indication of his desire to escape from necessity.

To the prosaic observer, Rousseau unable to take the initiative with Mme Basile is just a victim of the conditionings of his youth, hopelessly submerged. Rousseau conveys this sentiment. Yet in terms of feeling there is also for him another dimension to the scene, for in his suspended desire, he finds an eternity of emotion, a satisfying experience transcending ordinary opinion's reality and permitting him to be completely himself. An essential theme of the *Confessions* is Rousseau's struggle to put his destiny into perspective, through his art to complete the world of daily action, success, and failure by his interior life of sentiment, by his own temporality.

For Rousseau, the basic validity of feeling as a medium in artistic communication can be understood by what happens in music. When the musician recreates in sound alone what he may have received through many senses, he is dealing ultimately in sentiment: " il ne représente pas directement la chose, mais il réveille dans notre âme le même sentiment qu'on éprouve en la voyant " [3]. If feeling is the substance of art, it follows that the strength of impression in the artist's rendering through one sense what he has known through others suggests a gradation among the arts. The force needed for this transference depends on " cette succession d'idées et d'impressions qui échauffe l'âme par degrés ". Painting by this standard is inferior in its imitation, " toujours froide ", since it lacks the succession needed to build the emotionality of the observer, since unlike music it says everything " au premier coup d'œil " [4]. The characteristics of music, primacy of its appeal to sentiment and reliance on the principle of succession, apply directly with some variance to Rousseau's art in the *Confessions*. Through sound, the musician evokes sentiments which correspond to those aroused in him and in other spectators by an event or object in nature. The autobiographer, too, is to deal primarily in feelings, but through his words he is to reproduce sentiments not inspired by any universally observable event or object in nature. He is to " faire connoitre exactement mon intérieur " (I, 278), to present his soul as object to be known by the reader for the first time, object hidden or incomplete as part of necessity, visible only through art, but capable of arousing in the reader new emotions comparable to those raised by a natural object seen for the first time.

As for a stirring succession of ideas and impressions, natural endowment permits Rousseau to give his memoirs this attribute. Basic to his theory of art is the conviction that he is memory more than action oriented, " les objects font moins d'impression sur moi que leurs souvenirs " (I, 174-175). His point is that for an action guided person each subsequent involvement with an event partially erases the memory of a previous involvement. In spite of the passage of time, enrichment of the inner being is prevented. Recounting his life at an advanced age, a man of this type might have few sentimental roots extending to the near past and even fewer to the remote past. For the memory oriented person, like Rousseau, the situation is very different. After a first involvement has occurred and passed into memory, that memory is more vivid than any subsequent action, so that memory of the subsequent action must always combine with a framework of memories already formed: " les premiers traits ...sont demeurés... ceux... empreints dans la suite se sont plustot combinés avec eux qu'ils ne les ont effacés ". The task of the artist, then, is to sort and sift his memories of feeling in order to find the most basic combinations, trace the deepening of these by subsequent layers, offer the entire evolution of his affective life in a valid hierarchy and sequence (I, 174-175). His soul may thus be made transparent by " la chaîne des sentiments qui ont marqué la succession de mon être " (I, 278). Since the feelings of operational life are identical, for Rousseau, to the feelings memory's image carries, they can be the same as art's recreation of them, the same as the feelings the reader may experience vicariously if he can be induced to relive Rousseau creatively.

If feeling is reality, time is largely psychological, dependent on the priority Rousseau gives some events over others as he brings to the surface the sentiments constituting his soul. Two main temporal elements control the materials. The first, basic to his theory and practice of art in the *Confessions*, is the unit of all feeling sequences, the ineffaceable moment, which endures, he believes, without loss and can be thus reproduced through art. An example is the injustice done him by the Lamberciers because of the broken comb: " Je sens en écrivant ceci que mon pouls s'élève encore; ces moments me seront toujours présents quand je vivrais cent mille ans " (I, 20). Although such identical recall of feeling is no doubt scientifically invalid, repeated allusion to the phenomenon imparts a quality of permanence to Rousseau's kind of reality, counteracts the traditional view of the fleeting, unstable nature of sentiment.

The complementing aspect of time is perspective, Rousseau's personal ordering, spacing, and accentuation of sentimental moments. An illustration is his summary of the Miss Vulson affair in several lines (I, 29-30). In this relationship he describes a series of separated moments, each indelibly imprinted in memory, but each replaced by a subsequent state: his immediate emptiness because of her departure; the tone of his letters a little later, which reveal " un pathétique à faire fendre les rochers "; his naive exaltation because of her return to Geneva, ostensibly to see him, " elle n'y put plus tenir "; his depression when she leaves again, " je fis longtemps retentir l'air de mes cris "; his rage upon learning of her marriage, her trip to Geneva having been for a wedding gown; his self-possession twenty years later when he sees her in the distance on the lake, " Je tressaillis à ce nom presque oublié ", but has the boatman alter course in his resolve not to renew a quarrel " de vingt ans avec une femme de quarante "; finally, the feeling of humor which envelopes the entire summary and indicates the author's emergence from necessity into time as perspective. Time in this sense, given in epitome in the Vulson episode, controls in the *Confessions* all of Rousseau's ineffaceable moments, except that Rousseau is not always so clearly emergent. His perspective often indicates, as in Book XII, an inability to rise decisively above his materials. The struggle between feelings of emergence and of submergence is then in close balance. Only his will to tell his story, to defeat his enemies with the truth, furnishes a limited sense of perspective.

Contributing to time as perspective are other emphases. The sense of time as the present is often strong, without relief except in imagination, because past time is for the most part regret and longing, youth in Geneva, Les Charmettes, the reality of which was often much less than happy, and future time is rarely hope, is usually fear, the present continued, particularly in Part II, fear of conspiracy, his enemies. The present itself is oppressive,

Rousseau trapped at San Spirito, obsessed with the enemies persecuting him after Book VIII. Attrition in time appears in the wear and tear of sentiments, Rousseau's feelings toward Maman during his first meeting when she is youthful, his despair at her later indifference, his regret at having neglected her, his sorrow upon receiving news of her death. Like present time, attritional time gives perspective an accent of submergence. Recurrence or perseveration in time appears in the operational continuance of sentiments from early to late in life, his devotion to Maman, his dedication to liberty. Suspended time characterizes his periods of complete freedom from pressure, episodes which have a timeless quality, life at Bossey, the day at Thône with Mlle Galley and Mlle Graffenried, his moments of revery with escape to the past on the Isle de Saint Pierre. Both time as recurrence and suspended time express emergence.

Objective, measured time is not ignored. The memoirs run from birth in 1712 to the year 1765. Rousseau mentions departures from this chronological order. The effect is to call attention to chronology even more. But the time grid serves principally to remind the reader that the events did have time and place coordinates. Subjective time in fact reigns within this apparent framework of objectivity. Rousseau influences the order of his feelings by omission or inclusion, which means books have different tempos. For example, all books of Part I are of roughly equal length in pages, but Book I covers sixteen years, Book II, nine months, III and IV eighteen months each, Books V and VI roughly twelve years together. Parts of books receive emphasis by their slow tempo. The first book has a relatively fast tempo, but there are two slow parts, one highlighting the gentle life with the Lamberciers, the other the tormented life with Ducommun.

Perspective, assisted by pseudo-chronology, tempo, oppressive present, attrition, recurrence, by suspended time, imposes on the ineffaceable moments of Rousseau's life an intimate psychological time.

The themes which best illustrate Rousseau's use of sentiment and time in the *Confessions* can be divided into four major categories: affection, character or virtue, the citizen theme, the career or artist theme, areas already briefly mentioned in terms of the conflicts representing Rousseau's uniqueness. The theme of affection includes these elements: expansiveness, the enemy, sexuality, friendship, love.

The enemy, basically insensitivity, compromises Rousseau's friendships. Sexuality is a threat or at least an obstacle to his loves. Yet the inclination to expansiveness is not thwarted. Four great friendships enhance his life, and Rousseau in love is the most important of the subthemes of affection. The presentation of his affective life is carefully controlled by temporal devices. Tempo is slowed during the descriptions of his friendships with Cousin Bernard, Altuna, M. de Luxembourg, and Milord Keith. Episodes during which time seems suspended occur regularly for the love theme from Book I through the Madame d'Houdetot affair of Book IX. Becoming stronger in Book VII, the enemy motif increases steadily to peaks at the ends of Books IX, XI, and becomes the mystery of Book XII, " l'œuvre de ténèbres dans lequel depuis huit ans je me trouve enseveli " (I, 589). For these periods very often time is involvement in the present. During the night and day of crisis over *Emile*, just before the flight to Geneva, tempo is slowed to an almost hour by hour description of events. The relief from this movement offered by the Luxembourg circle is weakened by Rousseau's feeling that the relationship has contributed to his downfall. The Keith friendship is insufficient to lighten the mood of Book XII. The climactic close of the affection theme as something positive, as expansiveness, occurs in fact in Book IX with the Madame d'Houdetot episode, during which a turning away from life to art appears. Rousseau's desire to find a love object is transformed into revery, then into artistic effort, preliminary setting forth of the characters of the *Nouvelle Héloïse*. Gradually, Madame d'Houdetot comes to represent Julie, " ce ne fut qu'après son départ que, voulant penser à Julie je fus frappé de ne pouvoir plus penser qu'à Madame d'Houdetot ". Art has assumed living form, but this form, Madame d'Houdetot, is also more essentially art's form, for she has been first remodeled by art: " je ne vis plus que Madame d'Houdetot, mais revêtue de toutes les perfections dont je venois d'orner l'idole de mon cœur " (I, 440). Expansiveness in the *Confessions* comes to mean basically discontent, the rejection of existing affection in search of an inner ideal, out of reach of sexuality, of the enemy in any form. In spite of the periods of suspended time, of time as recurrence in the persisting search for a higher expression of friendship and love, the perspective is one of emergence through truth only, rather than through emotional happiness, and the truth is basically the turning from life to art and the destruction of even art's ideal by opinion, slander, and the enemy.

The second category of sentiments, those related to character in its moral aspects, has a series of internally contrasting subthemes: guilt and innocence; weakness and strength; virtue and vice. Across the books the movement is from guilt to personal innocence, from weakness to strength, but also from personal conviction to a kind of defeat, because there has been withdrawal from the field of battle. From life as relationship of man and neighbor, in which vice and opinion are in ascendency, he retreats to the world of art, in which virtue in isolation may find adequate expression. Rousseau says that in the *Lettre à d'Alembert* (Book X), in the " ton singulier qui règne dans cet ouvrage ", its gentleness, he has expressed, as death seemed to approach, his regret at leaving his fellow men " sans qu'ils sentissent tout ce que je valais " (I, 496). After the catastrophe over *Emile* and during the flight to Switzerland (end of Book XI), the emphasis is again on resignation, on innocence isolated and at bay. His enemies should remember that his inclination in the midst of these disasters was to write *Le Lévite d'Ephraïm*, evidence of a " cœur sans fiel qui... s'en console avec lui-même " (I, 586-87). The perspective is in part one of moral emergence through his persisting goals of innocence, strength, and conviction, the equivalent of time as recurrence, and through the calm at Montlouis and during the flight to Geneva, periods of suspended time. But this ascent is always within a broader framework of submergence by the present in the form of pressure from false opinion and vice, submergence by the attrition felt in the ever-narrowing circle of his person to person contacts and of his everyday moral influence on other men.

The third category of themes represents Rousseau's efforts to become a useful member of the community, ultimately the good citizen. His recurring pursuit of this goal happens within a framework of attrition in time, since subthemes, shelter, exposure, and flight, follow one another with continual variation and degeneration in relation to his civic purpose. Shelter is either a rustic or highly sophisticated setting, provided there is timeless innocence, equilibrium, absence of pressure among the members of the group involved. Exposure is either of these settings accompanied by disruptive friction, time as submergence in the present. In spite of incest, Les Charmettes is for the most part shelter, until exposure begins with the death of Anet and is completed by Maman's infatuation with Vintzenried. Flight is the ending of one existence, whether exposure or shelter, and the search for new shelter, which may prove to be exposure, for example, flight from Les Charmettes to Paris.

The alternation of shelter, exposure, and flight is persistent through the books, the paradise of Bossey, the exposure to Ducommun, departure from Geneva, Maman's fleeting guidance in Book II, the exposure of San Spirito, the warmth of Madame Basile, the shelter of the De Roque household, which because of Marion becomes in turn exposure, flight with Bâcle from the sheltering promise of a career with the Gouvons, return to Maman, and so on. Rather than finding the life of an ordinary citizen sheltered within an existing nation, Rousseau lives the future envisioned by his art, with liberty the criterion, time as recurrence, with constant exposure and flight the rewards, time as present and as attrition. The outcome re-echoes the moods created by the affection and virtue themes. The impression the reader has of Rousseau's perspective or emotional state is partial emergence through his civic purpose, but within the shadow of a broader framework of submergence by benighted political regimes.

It has been Rousseau's destiny to test by his uniqueness the existing state of affections, morality, and politics. The final theme, which relates to Rousseau's career as writer, traces the formation and tests the validity of art's response to the challenge offered Rousseau by destiny. The question is whether or not he can believe in his power to create an art truly independent of opinion and capable of carrying the uniqueness of his struggle, whether its emergent truth can be communicated to a reader, made as real as or more real than the life, the destiny almost universally accepted by his fellow men.

The first phase of the career theme, predominant in Books I to VI, includes all of the allusions to his psychological and emotional roots, to the environmental factors conditioning his attitudes, to the probings by others, the Gouvons, numerous priests, who intend to help him find a trade or profession. The second, culminating in Book VIII, shows Rousseau groping toward an artistic career: his reading on his own, his study under numerous masters, and his association with men who helped form his literary judgment. There are allusions to his literary preferences, to events affecting his attitudes toward liberty, justice, religion. In a third and final stage, Rousseau has become the artist. He is aware of his own powers and limitations with reference to memory, imagination, and composition. From

Book VIII on, liberation of self is linked to the origin, writing, and fate of his literary works.

Belief in the power of art is expressed by the time techniques. Attrition characterizes the early abortive parts of the career theme, but after Book VIII recurrence appears in the will to express the sentiments of freedom, justice, and truth engendered by his opposition to existing institutions. Suspended time emphasizes important moments in his career, for example, his mention of the trance-like states relating to his production of the *First* and *Second Discourses* and of the *Nouvelle Héloïse*. The tempo is slowed during the description of his studies at Les Charmettes (Book VI), his moment of glory as the composer of the *Devin du village* (Book VIII), the description of his literary projects in Books IX, X, XI, his persecution during much of Book XII, the artist, alone and abused, yet not wavering in his will to make known his truth. The perspective, determination, yet doubt of his power to communicate, is expressed in the words of defiance, beginning " J'ai dit la vérité ", which bring the *Confessions* to a close (I, 656).

Three basic, sometimes overlapping themes have run simultaneously through the *Confessions*. First, uniqueness is defined in terms of conflict, enigma, mystery. Second, destiny, representing all of necessity's forces, restates uniqueness deterministically. At the most definitive level, expressing the data of sentiment and time, is art with its complementing theme, the objective, creative reader, and its illustrating themes, the affections, climaxing in Book IX (Houdetot affair); character, with peaks in X *(Lettre à d'Alembert)* and XI *(Lévite d'Ephraïm);* the citizen, climaxing in Book XII with the lapidation; the artist, exposing his form of truth from preface to final page. If the reader applies the judgements of his day, finds Rousseau simply " un malhonnête homme ", destiny with its connotations of insensitivity, corrupt opinion, oppressive status quo has won, self-liberation has been thwarted. In the *Confessions*, liberty is ultimately art. Tension is less between nature and culture than between destiny or necessity on the one hand and the artist on the other. Before the *Confessions*, the self for the most part had been defined negatively. Pre-social man's freedom from pressure was the standard utilized to measure society and its history. In his memoirs Rousseau moves inside the self, defines it in terms of private values, of idiosyncrasy. The overwhelming reality is necessity, the inevitable flow of events, forming, controlling, destroying society, its institutions, its peoples, compromising its individuals. Resisting necessity, but constantly threatened by reabsorption into it, is Rousseau's feeling of emergence through an inner, almost uncommunicable self which has engendered new concepts of nature, society, and the individual. The intuition, not given explicitly, but arising from the developing themes, is that his free primitive nature, his just contractual society, his own uniqueness may exist only within the artist, have no substance without his will, vanish back into necessity if his art, failing to involve the reader creatively in their formulation, does not attract him to the problems and values of uniqueness.

In discribing Rousseau's art of autobiography, it is necessary to point out four principal stages through which the reader must pass. The first removes him from the traditional verisimilar framework. He next enters a domain of rather mystifying idiosyncrasy and faces the challenge of understanding and explaining conflict rather than standing in judgment of it. He then follows the author's sentiments across a pattern of themes controled by temporal devices and style. During and after this initiation, he is asked as a final step to find significance objectively himself. Sympathy or hate would distort his vision, obscure the goal, Rousseau as he was. Art has presented no clear meaning known to the author. It gives no more than subjectively authentic clues to the content and fabric of his being. The author's demands on the reader are at an almost unattainable level, since identification between them, if detection of uniqueness is to occur, must rest only on a common search for meaning and place implicit in every human life, " démêler dans son propre cœur ce qui est de l'espèce et ce qui est de l'individu " (I, 1158, *Ebauches*).

It is hoped that in future studies a number of the major themes we have discussed may permit reinterpretation of certain aspects of Rousseau's other works and also prove to be lines of influence which lead productively to Chateaubriand and French Romantic writers: preoccupation with the non-verisimilar, with the unknown in human nature, hence with the creative reader; the kind of debate occurring within the individual and between the individual and environment; the use of destiny for mood and as concept; the theory of sentiment and the relationship of feeling to temporal elements; the destructive side of Rousseau's expansiveness, its tendency to reject existing affective life; the nature and result of the individual's moral confrontations; themes of shelter, exposure, and flight as they relate to the artist-citizen's posture and formation; art as bearer of a liberating vision or the tension between art and necessity.

Merle PERKINS
University of Wisconsin

Notes

[1] Page references in parentheses within the text are to the Pléiade edition, *Œuvres complètes*, I, Gagnebin, Osmont, Raymond and to the *Confessions*, unless another title is given.

[2] In a very useful article, " Art and Love in the *Confessions* of Jean-Jacques Rousseau ", Mark Temmer reflects this point of view when he refers to Rousseau's efforts to make " credible and convincing the story of his life " or speaks of his method as " an orderly succession of images drawn from a fund of experiences shared by all " (PMLA, LXXIII, June 1958, 215-220).[9]

[3],[4] *Œuvres complètes*, ed. Musset-Pathay, XIII, 1823-1826, 50-51.

RAISONS D'UNE FASCINATION :
LES INSTANCES DU CŒUR CHEZ CHATEAUBRIAND

Chateaubriand dont on a beaucoup dit et médit et sur lequel on s'est tant mépris, ouvre le XIXe siècle par un cri de nostalgie passionnée. Les trente petites pages qui composent René — y compris les deux pages essentielles du chapitre préface sur le *Vague des Passions* — contiennent quarante fois le mot *cœur*.

Or, malgré les apparences, Chateaubriand ne s'attarde pas à faire une psychologie du sentiment : là-même où l'effusion prend sa teinte la plus romanesque — dans l'épisode d'Amélie — le cœur n'est pas cette poche à larmes qu'en avait fait le XVIIIe siècle finissant.

S'il arrive à ce cœur constamment trop gros — non pas de ressentiments cachés, mais du surcroît d'espace qu'il ne cesse d'occuper — s'il arrive donc à ce cœur de fondre [1], c'est dans une telle tonalité de sensualité (mystique) que les images qui s'imposent au lecteur sont d'un tout autre ordre que celles que fait naître — comme le dit si bien Christian Dedet dans son article de *La Table Ronde* [2] — « un romantisme de benêts un peu moites ».

« Cette étrange blessure », qui est « nulle part et qui est partout » [3], cette « surabondance de vie », « ces ruisseaux d'une lave ardente » [4], autant d'images de la cornue cordiale, de ce soufflet aux lèvres sussurrantes qui gonfle jusqu'à l'envahissement l'univers de René : « Le cœur se retourne et se replie en cent manières, pour employer, dit Chateaubriand, des forces qu'il sent lui être inutiles » [5].

Lieu d'ouverture, de souffle et de passage, le cœur, tout à l'exercice de sa pneumatique, ne se donne pas d'abord chez l'auteur du *Génie*, au contraire de ce qui se passe chez Prévost, le Prince de Ligne et, plus tard, chez Stendhal ou Gobineau comme le nœud idéal d'une chaîne légère unissant, au-delà des préjugés de caste, de classe ou de dogme, c'est-à-dire au-delà de la morale courante, une véritable aristocratie du sentiment, laquelle pratique d'ailleurs avec beaucoup de virtuosité la périlleuse voltige qui consiste à faire rimer « esprit de finesse » avec « esprit de jeunesse ». Non, Chateaubriand ne s'arrête pas à ce qu'on serait tenté d'appeler la sociologie du cœur.

L'ordre de ses préoccupations n'est pas d'appartenir à la nouvelle classe des privilégiés du sentiment, ce privilège fût-il sublime, comme celui dont parle, dans *Manon*, Prévost [6], mais d'assumer une irrémédiable fascination, tout autre recherche que celle du cœur se résolvant finalement, pour Chateaubriand, en un irrépressible ennui.

« Expliquer mon inexplicable cœur », écrivait-il dans le manuscrit de 1826 des *Mémoires d'Outre-Tombe*. Tandis qu'au soir de sa vie, auscultant les exigences de sa respiration intérieure, il sent encore et toujours, comme le disait Sainte-Beuve, que « le besoin du cœur lui reste » [7].

Ainsi, dans son *Essai sur la Littérature Anglaise* (de 1836), il mettra lui-même l'accent sur la permanence quasi goethéenne de cette force palpitante qui, à travers tant de métamorphoses, ne cesse de le hanter.

« Inutilement je vieillis, l'énergie de ma nature s'est resserrée au fond de mon cœur; les ans n'ont réussi qu'à chasser ma jeunesse extérieure, à la faire rentrer dans mon sein. » [8]

Avant de devenir la vibration, le frémissement du temps à l'état pur qui aimante tant de diversités magnétiques dans la *Vie de Rancé*, avant d'emplir de son battement voilé de crêpe tout le livre III des *Mémoires d'Outre-Tombe*, le cœur occupe à la lisière intérieure des forêts — celle des clairières cachées — les grands espaces ombrés du *Génie du Christianisme*.

Souvenons-nous:

« Le voyageur s'assied sur le tronc d'un chêne, pour attendre le jour; il egarde tour à tour l'astre des nuits, les ténèbres, le fleuve; il se sent inquiet, agité, et dans l'attente de quelque chose d'inconnu; un plaisir inouï, une crainte extraordinaire font palpiter son sein, comme s'il allait être admis à quelque secret de la Divinité: il est seul au fond des forêts; mais l'esprit de l'homme remplit aisément les espaces de la nature; *et toutes les solitudes de la terre sont moins vastes qu'une seule pensée de son cœur.* » [9]

Très tôt dans les futaies remémorées de Combourg, Chateaubriand a chassé sur les battues profondes de Pascal. L'une des premières questions qu'il pose, la dernière, peut-être qu'on aurait pu surprendre sur ses lèvres usées, c'est celle-ci: «... qu'en résulte-t-il pour le cœur? » Les beaux délires ordonnés que nous aimons tant chez lui partent de là. Ce n'est pas par hasard qu'il pose cette question absolument centrale dans le livre IV du *Génie* intitulé précisément « Du Merveilleux... ».

Lieu d'un subtil contentement de soi par arrachement douloureux à soi, dans l'inachèvement de toute pensée, le cœur va devenir, chez Chateaubriand, l'objet toujours désiré, jamais circonscrit de l'aventure d'écrire.

Transposée dans un langage automnal, de chute crépusculaire, l'imagerie même de Pascal réapparaît. Le mythe du « roi dépossédé » surgit tout naturellement sous la plume de l'auteur de *René*:

« Un roi qui craint de perdre sa couronne par une révolution subite ne ressent pas des angoisses plus vives que les miennes... » [10]

Les litanies du cœur de René se développent à partir du tryptique pascalien: ennui, caractère double de l'homme, instinct secret qui le hante...

Curieusement, dans les *Mémoires d'Outre-Tombe*, Chateaubriand appliquera à ce qu'il appelle « le mystère du style » les termes mêmes qu'il employait dans *René* pour parler de la « blessure de son cœur »: « Le mystère du style, mystère sensible partout, présent nulle part »[11], dira-t-il. Termes que Pascal, pour sa part, appliquait à la réalité des choses, c'est-à-dire finalement à Dieu sensible au cœur, sphère dont le centre est partout et la circonférence nulle part[12].

Le jeu de la présence dans l'absence et, inversement, de l'absence dans la présence — si caractéristique de l'ancienne mystique du cœur — se trouve constamment réintroduit dans son œuvre. Exemple: la réflexion sur les *Natchez* qui conclut, ou presque, la seconde partie des *Mémoires*, insiste sur l'existence d'un ordre supérieur: celui du cœur poétique et chantant qui viendrait transcender les faits évoqués dans le récit:

« Mes deux natures sont confondues dans ce bizarre ouvrage, particulièrement dans l'original primitif. On y trouve des incidents politiques et des intrigues de roman; mais à travers la narration on entend partout une voix qui chante, et qui semble venir d'une région inconnue. »[13]

L'expérience mélancolique, si profondément ressentie par René qu'elle en demeure exemplaire, fait jaillir irrésistiblement l'image de la fontaine bouillonnante qui issue d'elle-même, retombe en elle-même:

« ... le vague même où la mélancolie plonge les sentiments est ce qui la fait renaître, car elle s'engendre au milieu des passions, lorsque ces passions, sans objet, se consument d'elles-mêmes dans un cœur solitaire. »[14]

Expérience négative d'un cœur qui n'a pas encore trouvé son langage:

« ... il me semblait que ma vie redoublait au fond de mon cœur, que j'aurais eu la puissance de créer des mondes. »[15]

Pareille activité, semblable jaillissement creuse l'être à sa source. S'inaugure alors un continuel mouvement d'ascension et de descente qui n'est que le mouvement même du cœur qui s'élève dans l'enthousiasme et qui retombe dans l'ennui, diastole et systole de la mélancolie dont Gide a pu dire — ô image de la fontaine — qu'elle était « une ferveur retombée ».

« Il me manquait quelque chose pour remplir l'abîme de mon existence: je descendais dans la vallée, je m'élevais sur la montagne, appelant de toute la force de mes désirs l'idéal objet d'une flamme future; je l'embrassais dans les vents; je croyais l'entendre dans les gémissements du fleuve: tout était ce fantôme imaginaire, et les astres dans les cieux, et le principe même de vie dans l'univers. »[16]

L'envol de l'adolescent, figure centrale du ballet solitaire de René qui brame ici comme un jeune dieu-cerf, cette figure si souvent citée, mérite qu'on s'y arrête encore.

Première constatation: la distorsion, la distension que cette expérience révèle entre le réel et l'imaginaire a pour effet d'accentuer le sentiment du vide.

Deuxième constatation: l'accentuation de ce vide produit un effet de « grossissement » comparable à celui qui serait créé par une lentille invisible[17]. Autrement dit, le cœur et le cosmos correspondent.

« ... toute ma vie, dit René, j'ai eu devant les yeux une création à la fois immense et imperceptible, et un abîme ouvert à mes côtés. »[18]

Ce vide cependant n'est pas tout à fait vide, s'il est permis de s'exprimer ainsi. Comme le Néant des mystiques, ce n'est pas le Rien. Semblable en cela au désir platonicien, et selon le vocabulaire même de Chateaubriand, ce vide est fils « d'indigence et de richesse ».

L'échec de l'imagination qui, d'un mouvement naturel, cherche, sans y parvenir, à embrasser la totalité de l'univers, la brisure mélancolique, le sentiment de la différence entre l'homme et le monde, d'un mot: le sens irrémédiable de la finitude humaine, portent en eux, paradoxalement, les germes du don, c'est-à-dire, ici, de la parole. Ainsi que le dira Rainer Maria Rilke, cet autre pèlerin du cœur, dans l'un de ses tout derniers poèmes:

> « ... un début scintille
> A toutes les brèches de notre échec. »

Instrument de la négativité, de l'approfondissement à la source, créateur d'un néant qui le maintient au-dessus du néant, le cœur chez Chateaubriand meurt et ressuscite perpétuellement, jouet de toutes choses [19], mais, par là même: *orchestrant toutes choses*. (« Notre cœur est... une lyre »). Il se produit, en somme, un usage, une usure du cœur changeant au profit du cœur immémorial et mémorisant.

A partir de là, on comprend le rôle que la mort jouera dans une œuvre comme celle-ci. Non point seulement décor de théâtre pour un esthétisme du délabrement, mais cause et support orphique de la transcendance poétique. Au centre de l'univers littéraire de Chateaubriand bat une « Absence » vivante, condition d'une vision en profondeur, comme au centre du monde ancien (Rome) l'existence des Ruines prédispose à une vue *par l'intérieur* de la Cité trouée d'arcades blessées, de restes suspendus, retournée — comme une forêt momentanément envahie par l'Histoire — à l'état de solitude ombragée par le souvenir.

Au sens propre il faut bien comprendre que pour Chateaubriand, il n'y aurait pas de vue pénétrante sans cette perforation du réel par la mort, sans l'indicible mélancolie du temps qui, comme le cœur, se retourne en lui-même, contre lui-même, pour se faire durée conquise:

« Les images favorites des poètes enclins à la rêverie, lit-on dans le *Génie du Christianisme*, sont presque toujours empruntées d'objets négatifs, tels que le silence des nuits, l'ombre des bois, la solitude des montagnes, la paix des tombeaux qui ne sont que l'absence de bruit, de lumière, des hommes et des inquiétudes de la vie. » [20]

Le temps, ressenti si souvent par Chateaubriand comme une déchirure, produit un effet de rupture qui met à jour un espace inverse, converti, un espace des correspondances (le mot se trouve, entre autres, dans la *Lettre à Monsieur de Fontanes*), un espace qui s'ouvre en dedans par de multiples échancrures résonnantes, fabuleux coquillage pénétré par le temps: « vocu-laire (naturel) des régions énigmatiques » [21].

Au fur et à mesure que Chateaubriand fait surgir sous nos yeux son « paysage », il approfondit pour le lecteur un espace intérieur qui est —à proprement parler — l'espace agrandissant du cœur. Comme le remarque Jean-Pierre Richard:

« ... il a évoqué ce moment magique de l'adolescence où l'espace de la vie semble soudain se creuser en tout sens devant la conscience désirante et où le futur se fait appel chantant, tentation, promesse... » [22]

Pour faire durer ce moment magique, Chateaubriand aura besoin, plus tard, des grandes cataractes de l'Histoire.

Manuel de Dieguez a pris soin de souligner la puissance de transmutation qui habite cette vocation brûlante de ferveur et qui n'est pas la simple faculté de rêver le monde.

Parlant du voyage en Amérique, il souligne ceci :

« ... l'exploration géographique, c'est d'abord, pour lui, un espace intérieur, une recherche de sa distance secrète, de sa perspective; la recherche d'un certain souffle à l'aide de telle vision de soi, un peu mythologique et fabuleuse... » [23]

Nulle part peut-être autant que dans le texte qui suit n'apparaît le privilège enveloppant d'un espace ouvert sur le cœur qui devient l'espace propre de l'appréhension du cœur :

« Le saccage des bûcherons paraissait plus tragique encore à ce moment de l'année où tout s'apprêtait à revivre. Dans l'air attiédi les rameaux déjà se gonflaient; des bourgeons éclataient et, coupée, chaque branche pleurait sa sève. J'avançais lentement, non point tant triste moi-même qu'exalté par la douleur du paysage, grisé peut-être un peu par la puissante odeur végétale que l'arbre mourant et la terre en travail exhalaient. A peine étais-je sensible au contraste de ces morts avec le renouveau du printemps; le parc, ainsi, s'ouvrait plus largement à la lumière qui baignait et dorait également mort et vie; mais cependant, au loin, le chant tragique des cognées, occupant l'air d'une solennité funèbre, rythmait secrètement les battements heureux de mon cœur. » [24]

L'interpénétration de la mort active et de la vie qui sourd, aboutit, dans la métamorphose, à une transfiguration élégiaque dont on sent bien qu'elle donne sa tonalité la plus sûre à l'univers de Chateaubriand; lequel ici, comme dans de nombreux autres passages, s'avère plus proche de Ronsard et de Monteverdi que de Chênedollé. L'es-trangeté — si l'on peut se permettre cet archaïsme — des bruits entendus vient de ce qu'ils sécrètent autour d'eux une enveloppe de silence.

La mort, la lumière, le silence, le sillage laissé par la parole en un chiffonnement d'étoffe précieuse qu'on ne retrouvera plus tard que dans la prose somptueusement simple de Maurice de Guérin, constituent les quatre points cardinaux de l'espace agrandissant du cœur chez Chateaubriand.

L'univers s'y trouve saisi en une résille de sonorités douces et profondes. Ecoutons ceci, par exemple : « Les ruines étaient décorées de ronces et d'ancolies safranées par l'automne, et noyées dans la lumière [25] ».

On a pu dire de l'écrivain qu'il parvenait à « traduire... de véritables sensations métaphysiques » :

« Lorsqu'on erre à travers les saintes et impérissables Ecritures, où manquent la mesure et le temps, on n'est frappé que du bruit de quelque chose qui tombe de l'Eternité » [26]

écrira-t-il dans la *Vie de Rancé*.

Parvenu aux bornes du langage, Chateaubriand musicalise sa pensée. Ainsi, à travers et par-delà les événements, les engloutissements, les ruptures, les accidents temporels, la Mémoire du cœur va diffuser la mélodie de la durée conçue comme profondeur du Temps, de même qu'une lumière issue de Giorgione, et retrouvée chez Claude, diffusera l'ombre de la forêt natale dans l'éclat de la poudre solaire. Prenons garde à ces moments où, chez Chateaubriand, le silence s'entend. Ce sont souvent les mêmes où la lumière se voit. Envers et endroit du même recueillement silencieux, les célèbres nocturnes, « les bleuités » [27] des nuits du Nouveau Monde, correspondent dans le jour, à ces moments moelleux, autres clairières du Temps, où la lumière semble devenue son propre songe.

« Les ombres ne sont jamais lourdes et noires; il n'y a pas de masses si obscures de rochers et de feuillages, dans lesquels il ne s'insinue toujours un peu de lumière. Une teinte singulièrement harmonieuse marie la terre, le ciel et les eaux: toutes les surfaces au moyen d'une gradation insensible de couleurs, s'unissent par leurs extrémités, sans qu'on puisse déterminer le point où une nuance finit et où l'autre commence. Vous avez sans doute admiré dans les paysages de Claude Lorrain, cette lumière qui semble idéale et plus belle que nature? eh bien, c'est la lumière de Rome ! » [28]

Songe d'un songe, puisque l'on peut parler de silence hanté, de lumière visitée, le regard que Chateaubriand pose sur le monde est une perpétuelle « invitation au voyage » vers « la vie antérieure », un pèlerinage aux sources du langage [29], de la parole musicale, dont Baudelaire dans une admirable page de son *Poème du Haschich* dit qu'« elle vous parle de vous-même et vous raconte le poème de votre vie: elle s'incorpore à vous et vous vous fondez en elle (en même temps que)... les mots ressuscitent, revêtus de chair et d'os » [30].

Par l'orchestration de la finitude: entrevoir le Jardin des Hespérides à défaut d'y atteindre, tel est le vœu secret de Baudelaire. C'était déjà celui de Chateaubriand. Ce sera, d'une certaine manière, celui de Rilke que nous nous permettrons de citer encore une fois. Dans les poèmes de la dernière époque, on trouve le mot « Weltinnenraum » que l'on peut traduire approximativement par « l'espace intérieur du monde », que le poète donne explicitement comme étant celui du cœur.

« Musique: haleine des statues, peut-être:
Silence des images. Langue
où prennent fin les langues, temps
perpendiculaire aux cœurs qui fondent.

Sentiments pour quoi? Métamorphose
des sentiments en quoi? En un paysage de sons.
Musique: pays étranger, cœur qui s'échappe
de nous. Espace le plus intime de nous-mêmes
qui, s'élevant au-dessus de nous,
nous expulse: départ sacré...

Notre intérieur
nous environne,
comme un lointain parfaitement exercé,

comme un revers de l'air,
pur,
immense,
inhabitable. » [31]

Détresse d'être séparé du monde, tendresse née d'une approche de l'intimité des choses, l'espace du cœur contient tout cela. Il est si l'on veut:

— la patience du silence mûrissant l'œuvre: « la fontaine narrative » [32];

— la commémoration aussi du plus intime: cloche intérieure à l'homme des jours de deuil et des jours de fête;

— il constitue enfin la matrice de l'imagination puisque, par lui, elle se fait source et qu'elle rend le poète contemporain des choses.

Pour préciser quelque peu ces approximations, on pourrait dire que le cœur, ressemblant en cela au *Grund* allemand, au fond, aux Mères goethéennes, constitue le lieu de la sensibilité (ou matière) pure, l'X indémontrable à partir duquel le poids de ce qui est dit, prend, au sens propre, toute sa gravité.

L'imagination s'enracine dans le cœur, condensateur et transformateur qui en fait ou de la perception (vers l'extérieur) ou de la mémoire vers l'intérieur. Le cœur recueille des souvenirs passagers et les abolit sous forme de *Durée*. A côté d'une fonction purement transitive, il est le lieu d'une force mémorisante (qui confère de la mémoire aux choses), et mémoriale.

Cette dualité inaugure un espace de jeu pur (ou transcendental) où fantaisie et imagination profonde se renvoient la balle, pour ainsi dire.

En la « segretissima camera del cuore », pour parler comme Dante, le Temps et l'Espace s'enracinent.

Dès les premières années du XIXe siècle, Chateaubriand aura rendu possibles, par son œuvre tout entière axée sur « l'enfance du cœur humain qui ne vieillit jamais » [33], *et* la formulation *et* la résolution de l'énigmatique équation proposée par Baudelaire selon laquelle « la profondeur de l'espace » serait une « allégorie de la profondeur du temps » [34].

A partir d'un certain seuil d'émotion poétique, le spectacle qu'on a sous les yeux, c'est du Temps soudain délivré, désenchaîné, enchanté et magifié par le ministère du cœur.

« Je ne suis plus que le Temps » dira Chateaubriand dans la *Vie de Rancé*, c'est-à-dire, comme il nous le fera comprendre à propos du Poussin des dernières années, un tremblement dans la lumière. La durée du cœur, c'est un temps qui se fait espace par décontraction joyeuse. C'est aussi un espace qui se resserre sur soi-même et qui se fait temps douloureux dans la mélancolie: la vue « allégorise », en quelque sorte, pour l'oreille interne, ou comme l'a dit Paul Claudel: « l'œil écoute ».

Il y a dans *René* une image à proprement parler fabuleuse et très connue cependant, pré-poesque et pré-baudelairienne, qui mérite d'être réinterprétée dans cette perspective:

« Quand le soir était venu, reprenant le chemin de ma retraite, je m'arrêtais sur les ponts, pour voir se coucher le soleil. L'astre, enflammant les vapeurs de la cité, semblait osciller lentement dans un fluide d'or, comme le pendule de l'horloge des siècles. Je me retirais ensuite avec la nuit... » [35]

(notons, au passage, que le « omnes vulnerant, ultima necat » des cadrans solaires du Moyen Age s'y enrobe de suavité quasi-fénelonienne).

Au cours d'une de ses innombrables promenades nocturnes dans la campagne de Rome, Chateaubriand entend la voix d'un rossignol.

« Il avait l'air, dit-il, de vouloir charmer le sommeil des morts » [36].

L'Enchanteur savait assurément que c'est là le privilège d'Orphée qui, en même temps, éveille les choses. Et qu'il y a dans ces mots, de très vieilles réminiscences. Orphée, né des forêts bretonnes, Chateaubriand a, pour ainsi dire, retrouvé une très ancienne lumière, une lumière qui joue dans les branchages de sa forêt natale comme elle jouera plus tard dans les cordages baudelairiens, une lumière de *déclin qui sauve*, et comme la parole d'une blessure qui guérit, la blessure du cœur et une lumière de Graal.

Ainsi que l'a parfaitement vu A. Hoog, « Le cœur... c'est la durée. C'est davantage encore — un rapport amoureux entre le visible et l'invisible, entre le désir et l'absence... *Cuer* dans la littérature de chevalerie devient tout ce que ne pouvait être *pectus, corda* » [37].

Dans la *Quête* du Graal, le cœur aussi pense. Outre l'appartenance commune à un horizon celtique, il y a dans le *Graal* une présence spirituelle de la forêt (Julien Gracq ne dit-il pas de Chateaubriand qu'il est une « âme née à l'ombre »?), une présence spirituelle, source des effrois, du mystère sacral et des aventures les plus difficiles, c'est-à-dire de l'*épreuve* par excellence. Epreuve qui, par contraste, prépare à l'éveil de la pensée, à la découverte, à la venue au jour de ce qu'on pourrait appeler la clairière ou la lumière du cœur.

Vue sous cet angle, l'image du labyrinthe (chez Chateaubriand, elle unit en elle la vision simultanée de la forêt, des rues solitaires, de la cathédrale, des ruines et des tombeaux) n'évoque-t-elle pas quelque rite de passage, d'initiation qui aboutirait à cette phrase prononcée par René : « Je me mis à sonder mon cœur » [38]?

La tentative de Chateaubriand fut-elle autre chose en définitive qu'une quête de l'intelligence [39] du désir? Son œuvre n'est-elle pas un essai d'élévation de la nature à l'ordre de la grâce, pour employer le langage des théologiens? Tant il est vrai que son vieux rêve féodal (trop aisément ridiculisé!) ne s'incarne pas dans des structures sociales qu'il méprisait souverainement mais bien dans une sorte de *theologia cordis* dont le sacrement essentiel serait l'imagination, enfin délivrée des bandelettes de son sommeil de mort et partie à la recherche de son propre langage, seul « monument » qui vaille pour un poète.

Serge GAULUPEAU
Brown University

Notes

[1] *René*, ed. A. Weil (Genève, Droz, 1947), p. 59.
[2] " L'éternelle jeunesse de René ". *Actualité de Chateaubriand* (*La Table Ronde*, février 1968) p. 32.
[3] *René*, p. 48.
[4] *Ibid*, p. 42.
[5] *Ibid*, p. 4.
[6] " Il y a peu de personnes qui connaissent la force de ces mouvements particuliers du cœur. Le commun des hommes n'est sensible qu'à cinq ou six passions, dans le cercle desquelles leur vie se passe, et où toutes leurs agitations se réduisent. Otez leur l'amour et la haine, le plaisir et la douleur, l'espérance et la crainte, ils ne sentent plus rien. Mais les personnes d'un caractère plus noble peuvent être remuées de mille façons différentes; il semble qu'elles aient plus de cinq sens, et qu'elles puissent recevoir des idées et des sensations qui passent les bornes ordinaires de la nature; et comme elles ont un sentiment de cette grandeur qui les élève au-dessus du vulgaire, il n'y a rien dont elles soient plus jalouses " (Paris, Garnier 1965) p. 81.
[7] *Chateaubriand et son groupe littéraire sous l'Empire*, 2 vol. (Paris, Garnier 1948) I, p. 278.
[8] Cité par M. J. Durry in " La Vieillesse de René ". *Chateaubriand — Le Livre du Centenaire* (Paris, Flammarion, 1949), p. 258.
[9] *Génie du Christianisme*, 2 vol. (Paris, Garnier-Flammarion 1966) I, p. 316. C'est nous qui soulignons.
[10] *René*, p. 43.
[11] *Mémoires d'Outre-Tombe*, ed. M. Levaillant, 4 vol. (Paris, Flammarion, 1948), II, p. 102.
[12] Vieille idée, reprise notamment, dès le XVe siècle, par Nicolas de Cuse.
[13] *M.O.T.*, II, p. 284.
[14] *René*, p. 119.
[15] *Ibid*, p. 46.
[16] *Ibid*, p. 42.
[17] Cette expérience d'agrandissement est authentifiée, en quelque sorte, par la vision des ruines: " Alors, par un jeu de l'optique, l'horizon recule... " (*Génie*, II, p. 42).
[18] *Ibid*, p. 32.
[19] Cf. à ce sujet les p. 6 à 12 du livre d'A. VIAL, *Chateaubriand et le temps perdu* (Paris, Julliard, 1963).
[20] Cité par J. M. Gautier dans son édition de la *Lettre à Monsieur de Fontanes sur la Campagne Romaine* (Genève, Droz, 1951) p. 33.
[21] *Vie de Rancé*, ed. F. Letessier 2 vol. (Paris, Didier 1955) I, p. 38.
[22] *Paysage de Chateaubriand* (Paris, Le Seuil, 1967), p. 7.
[23] *Chateaubriand ou le poète face à l'Histoire* (Paris, Plon 1963) p. 72.
[24] Cf. M. PRAZ, *The Romantic Agony* (Meridian Books, 1967), p. 30-31.
[25] *M.O.T.*, II, p. 109.
[26] *Vie de Rancé*, I, p. XLV.
[27] RIMBAUD, *Le Bateau Ivre*.
[28] *Lettre à M. de Fontanes*, p. 7.
[29] A demi conscient déjà dans *René*, où Chateaubriand déclare: " Je recherchai surtout dans mes voyages les artistes et ces hommes divins qui chantent les Dieux sur la lyre... " (*op. cit.*, p. 27).
[30] BAUDELAIRE, *Œuvres Complètes*, ed. J. Crépet (Paris, Conard, 1928), vol. 5, p. 52.
[31] *Poésie*, trad. M. Betz (Paris, Emile-Paul, 1959), p. 323-324.
[32] L'expression est de René Char.
[33] *René*, p. 43.
[34] *Op. cit.*, p. 52.
[35] *René*, p. 38-39.
[36] *M.O.T.*, III, p. 549.
[37] " Esquisse d'une mythologie française du cœur ", *Le Cœur* (Paris, Desclée de Brouwer, 1950), p. 194 à 196.
[38] *René*, p. 40.
[39] Au sens plotinien de lucidité, c'est-à-dire de lumière pré-voyante.

ADOLESCENCE
IN THE WORK OF CHATEAUBRIAND

Adolescence, and indeed childhood, occupies a limited space in French literature before Chateaubriand. Beaumarchais' Chérubin does reveal the awakening of sensuality and has a certain kinship with René: " je ne sais plus ce que je suis; mais, depuis quelque temps, je sens ma poitrine agitée; mon cœur palpite au seul aspect d'une femme; les mots *amour* et *volupté* le font tressaillir et le troublent. Enfin le besoin de dire à quelqu'un: *je vous aime*, est devenu pour moi si pressant que je le dis tout seul, en courant dans le parc, à ta maîtressse, à toi, aux arbres, aux nuages, au vent qui les emporte avec mes paroles perdues ". Obviously Beaumarchais uses a light-hearted tone in keeping both with his medium and his temperament. Nobody could call Rousseau's tone light-hearted, but, profoundly interesting as is his presentation of juvenile sensuality — Freud's infantile sensuality — it is, as a result of his very personal preoccupations, by its nature fragmentary. We all, to some extent, transform our early years, but Rousseau's powers, in this direction, were above average. Nevertheless it is true that the *M.O.T.* do owe a more considerable debt to the *Confessions* than Chateaubriand acknowledged.

Precursors Chateaubriand may have had, but in this field as in so many others, he is an innovator and, in one sense, at the origin of many contemporary novels which deal with adolescence—the mere enumeration would require pages, but we could mention *Le Grand Meaulnes*, *Le Mystère Frontenac*, and, in post-war years, *L'Opoponax* or *L'Adoration*.

The elements introduced by Chateaubriand are multiple but might be summed up by saying that his picture of adolescence is far more complete than anything which preceded it, and that it thus approximates to normal experience—if that adjective have any validity whatsoever in this field. This overall impression is greatly reinforced by the manner in which the works of fiction and the *M.O.T.* complete each other.

For far too long, critics, while admiring Chateaubriand's imagination and poetry, underestimated his intelligence. Indeed much of the savour of his work, and, I believe, the explanation of its survival, lie in the censorship which his mind exercised over his romantic traits. Thus while the lyric note is constantly to be heard in his evocation of his youth, it is interwoven with an objective realization of his characteristics. This is true even in *René* where the diagnosis provided by the hero himself and by Père Souël is extremely acute; it is far more true of the *M.O.T.* where the haunting nostalgia of memory and the supreme artistry with which it is expressed are joined to experience and a power of detached assessment.

Profoundly marked by his youth, he introduced this age into the very heart of his writings. The imprint left by that period was indelible; he was never to forget the setting of St. Malo and Combourg, the people whom he knew " in depth ", the very fundamental physical and spiritual changes which he underwent—changes greater than the normal since they heralded the emergence not only of a man but also of a writer's genius. Did time allow, and were it relevant to this subject, we could show it in every one of his works, from *L'Essai sur les Révolutions* to *Rancé*, from *René* to *La Confession délirante*. All his heroes, all his heroines bear the stamp of those incredibly beautiful, incredibly tormented years passed by the sea, on the moors, in the woods of Brittany.

Where his heroines are concerned, it is perhaps to be expected that they should be seen not so much in terms of themselves, as completely rounded personalities, but from outside. In years, they fall within the definitions of adolescence—sixteen or seventeen appears to have been the ideal female age where Chateaubriand was concerned—but frequently they seem more mature. An exception to this is Mila who has very little of the Indian (she is more like a Marivaux heroine)—but a lot of the inconsequence and charm of a girl moving from childhood to womanhood. The one really complete picture in this respect is not fictional: it is Lucile in the *M.O.T.* It would be possible, I think, for a psychiatrist, reading the description of the Combourg years, to foretell much of her future. Yet Chateaubriand's tone makes it quite clear that he has not, even in retrospect, the least idea that his sister was, at that date, already what we should term a neurotic. A modern writer might have deliberately sketched the childhood of the emotional introvert who would develop into the disturbed adult Lucile was to become. It is obvious that Chateaubriand shared his mother's admiration for tendencies which would now be recognized as danger signals. We can see how Lucile's life at home increased her symptoms: she was very much the youngest sister, of no account, dressed in her elders' cast-offs. E. Mounier's sketch of " l'émotif " in *Le Traité du caractère* almost echoes in clinical terms, what the *M.O.T.* tell us in different style: " l'émotif prend toutes choses 'à cœur' ... sa manière d'aller au bout de tous ses sentiments, avec un sérieux affectif total, de se passionner pour n'importe quoi, de rester longtemps vibrant ou blessé d'une seule minute de ferveur, l'épuise et le rend infiniment vulnérable ". And elsewhere Mounier says: " enfant, il est la proie de peurs nocturnes; timide, craintif, impressionnable à l'excès, il redoute la solitude comme il redoute la société ... à la puberté il est dévoré de pudeurs, de scrupules, d'inquiétudes sexuelles ... à peine quitté le nid familial, sa vie commence une dérive tourmentée ". Is not this the picture of Lucile at seventeen? " Tout lui était souci, chagrin, blessure... endormie elle avait des rêves prophétiques ". Mounier outlines the consequences of the overdevelopment of this form of temperament: " la névrose de l'angoisse... la mélancolie anxieuse... la neurasthénie... l'hystérie ".

Lucile, the adolescent, by her sex, was condemned to a more restricted existence than her brother; moreover, her character had a fundamental instability which his had not: it is not, therefore, surprising that her introversion led to persecution mania, melancholia, and an excessive concentration of her affections upon the few people whom she knew well, principally François René. Compared to the very complete portrait which Chateaubriand sketches of his sister, his heroines—Atala, Amélie, Céluta, Cymodocée, Blanca—appear two dimensional; they are seen rather from the angle of the hero than for themselves. The young girl, Lucile, lives in her own right, " avantagée de beauté, de génie et de malheur ", When we visit Combourg she remains in our minds and imagination, the inseparable companion of her brother.

Rewarding though a detailed study of Lucile would be, it is clear that if, in a limited time, we wish to evaluate the importance to be attached to Chateaubriand's presentation of adolescence, we must concentrate on his heroes—especially René—and, of course, on the author himself in the *M.O.T.* To some extent these sections are if not identical at least overlapping: while Chactas, René, Eudore or Aben-Hamet may not factually represent Chateaubriand, they do owe their being not indeed to events in his life, but to his emotional reactions and—as well as some literary sources —to what might be termed his fantasy existence—the stories with which we beguile ourselves and in which we play a role.

In his fiction, Chateaubriand naturally enough conformed to the tradition of the novel with its stress on narration. If we think of the *genre* today, we can realize, by comparison, the freedom to which it has attained. It is obvious, for instance, that *René* should have been the depiction of a " moment " in life: a lyrical and analytical presentation of adolescence, just as Hubert de Luze's *Cet Enfant émerveillé* deals with the psychological effects of puberty, or Claire France's *Les Enfants qui s'aiment* with the birth of love and desire. Not until he wrote the *M.O.T.* did Chateaubriand discover a form which left him untrammelled by accepted literary conventions. The very dubious welcome accorded by the public to that great work shows how far it was in advance of its time in conception.

The fact that he unquestioningly agreed that *René* should recount happenings as a necessary backcloth for the hero's mental, emotional and spiritual state is singularly relevant to our subject: it was clear that this work and the *M.O.T.* must provide the main source for a study of Chateaubriand's treatment of adolescence—but the resultant examination of the texts made it apparent that there is a considerable age gap between René and his creator. René usually experiences Chateaubriand's sensations and reactions when he is some four years older than his model. The main reason why this has not been adverted to—at least to the best of my knowledge—would seem to be the paucity of precise dates in the *M.O.T.* which corresponds—apart from the initial " sixteen years old "—to the omission of any definite reference to René's age. It would be difficult to give orally a detailed comparison: the chronologies which I have prepared will show how I arrived at my conclusion.

The reason for this discrepancy is, I assume, that Chateaubriand, feeling obliged, as I said, to " tell a story " did not conceive it possible to discover adequate material in the externally eventless life of an adolescent between 11 and 17. This provides I think, in great part, the explanation of the fact that, nowadays, *René* judged as a whole, compares unfavourably with the first books of the *M.O.T.*—a fact insufficiently justified by the *roman noir* trend of the last section, whether we consider the incest theme to be the result of literary influences or of a subconscious adolescent urge. The reader is, I believe, obscurely aware of the disparity between René's age and his physiological, emotional and mental development: that which is normal at thirteen is disconcerting at twenty. As you will see from the schemes, the phenomena which René experiences from his sixteenth to his twenty-first year correspond approximately to Chateaubriand's own evolution between eleven and seventeen.

The walks with Amélie do occur at the same age, 16, as Chateaubriand gives, in the *M.O.T.*, for the complete harmony which reigned between himself and Lucile, although this passage almost certainly telescopes other holidays at Combourg. These excerpts provide a good example of the difference between the two works: the author himself, at that period, attempts to write; he goes shooting, and for long expeditions through the countryside. *René* is far more stylized: the hero is allowed virtually no relaxation of tension; his literary efforts—" jeune, je cultivais les Muses " —are barely touched on.

It is after this opening point, however, that the chronology of *René* raises difficulties. As an example we might take the passage: " Quelquefois je rougissais subitement, et je sentais couler dans mon cœur comme des ruisseaux d'une lave ardente: quelquefois je poussais des cris involontaires, et la nuit était également troublée de mes songes et de mes veilles... " This fairly clearly corresponds to the passage in the *M.O.T.* which describes his awakening sensuality at the time of puberty, and, to a lesser extent, the crisis he later experienced when he evoked the Sylphide. Thus René at twenty is endowed with sensations and feelings which his creator knew at eleven and at sixteen. At the same period, René called " de toutes les forces de [ses] désirs l'idéal objet d'une flamme future "; but, as we just saw, when Chateaubriand brought the Sylphide into being, he was about sixteen; at sixteen, an adolescent might normally create an object for the passion born of his ideal and his sensuality—especially an adolescent leading as restricted an existence as François René. The position of a man of twenty, free to do as he chose, was different: we must assume that he would discover, as did Chateaubriand later, a less abstract method of satisfying his natural desires. In fact, the period summed up in the *M.O.T.* by " ce délire dura deux années entières " appears to cover approximately Chateaubriand's sixteenth and seventeenth years; the corresponding section in the short story occurs when René is twenty or twenty-one.

This discrepancy may partly explain the difference between René in the short story and in *Les Natchez:* in the latter work, irrational and often unconvincing as he is, he behaves as a man of his years; in the former he is credible only if we reject, as Chateaubriand does to some extent by his silence, his real age in favour of his mental and emotional one.

However, if we do make allowances for this gap, the *M.O.T.* and *René*, taken together, provide a most unusually complete picture of adolescence, and one which is strikingly recognizable when compared to the sketch provided by psychologists.

When Chateaubriand's sister, Bénigne, waxed indignant about her brother's presentation of their father, she had perhaps forgotten the difference in age between herself and the youngest member of the family. Their parents married late: when François was born, his mother, whose eleventh pregnancy it was, was 42, his father, 50. His parents could, in fact, have been his grandparents. His mother's menopause must have occurred at a vital stage in his development. Lucile, the nearest in age and character to him, was far from ordinary. Thus the circumstances of his upbringing inevitably created psychological strains which were bound to exacerbate the manifestations of adolescence.

It is clear from the *M.O.T.* that, at St. Malo, he went through the " group " period of childhood in a perfectly normal way. This is indicated, as well, in *René:* " Tour à tour bruyant et joyeux, silencieux et triste, je rassemblais autour de moi mes jeunes compagnons; puis, les abandonnant tout à coup, j'allais m'asseoir à l'écart, pour contempler la nue fugitive, ou entendre la pluie tomber sur le feuillage ". Here, as elsewhere, in the interests of unity, Chateaubriand has altered the experience, making René both older and more moody. The *M.O.T.* with Gésril and " les polissons "; the children's occupations, fights and mischief; François' humiliation at being badly dressed or having less pocketmoney than his comrades provide the material for a standard textbook account of this stage. While René, as we said, would appear to be older, Chateaubriand must have been about seven, since, when he was eight, the family went to live in Combourg.

The physical and psychological symptoms of puberty are very clearly, if delicately, indicated. The crisis was precipitated by François' reading of an unexpurgated Horace and *Les Confessions mal faites:* " D'un côté, je soupçonnai des secrets incompréhensibles à mon âge,... des charmes d'une nature ignorée dans un sexe où je n'avais vu qu'une mère et des sœurs;... je perdis le sommeil; la nuit je croyais voir tour à tour des mains noires et des mains blanches passer à travers mes rideaux;... Je cherchais en vain dans le ciel et l'enfer l'explication d'un double mystère. Frappé à la fois au moral et au physique, je luttais encore avec mon innocence contre les orages d'une passion prématurée et les terreurs de la superstition. Dès lors je sentis s'échapper quelques étincelles de ce feu qui est la transmission de la vie ". Chateaubriand, at this date, was eleven or so. René, as we saw, when he experienced very similar sensations, when " Une langueur secrète s'empara de [son] corps ", was supposed to be twenty.

It is not difficult to guess the nature of the sin which was the source of such embarrassment and remorse before François' First Communion. As Mounier says: " la première phase auto-érotique " usually takes place, for boys, between 11 and 14. The fact that this crisis occurred early must, as Chateaubriand himself saw, have added to the psychological disturbance caused by physical and mental changes. Moreover, for René, as for Chateaubriand the young man, religion had little real relevance, whereas the preteenage François had been brought up among very pious women: this fact undoubtedly added an increased tension and feeling of guilt to the phase through which he was passing.

This period was naturally the prelude to " le vague des passions " which *René* illustrates, but which is admirably shown in the *M.O.T*. As Chateaubriand says of himself: " Tout devint passion chez moi, en attendant les passions mêmes ". At the time of Julie's marriage, when he was 13, he had already been troubled by the beauty of Thérèse de Trojoliff. From this, from " la belle étrangère " who, by accident, pressed against him at Combourg, and especially from his dimly comprehended dreams there originated the Sylphide: " ...je m'étais un mystère. Je ne pouvais voir une femme sans en être troublé; je rougissais si elle m'adressait la parole... Quand on m'aurait livré les plus belles esclaves du sérail, je n'aurais su que leur demander: le hasard [la belle étrangère] m'éclaira ". Chactas, like René an adolescent in attitude if not in years, has, at twenty or twenty-one, very similar reactions: " Moi qui avais tant désiré de dire les choses du mystère à celle que j'aimais déjà comme le soleil, maintenant interdit et confus, je crois que j'eusse préféré d'être jeté aux crocodiles de la fontaine, à me trouver seul ainsi avec Atala ". This timidity, coupled with a passion, frightening because not understood, in contradiction with the still existing purity of a protected childhood, is characteristic of the middle teens—we could think of Yves Frontenac, or the young people of *Les Enfants qui s'aiment*.

The Sylphide is the expression in a sixteen year old boy of that passion which had no possibility of discovering a real object; it is the phenomenon which Mounier describes as " une opération à vide, antérieure à l'amour vécu ". " L'enchanteresse par qui me venait ma folie était un mélange de mystère et de passions: .. Je me troublais à son sourire: je tremblais au son de sa voix; je frémissais de désir, si je touchais ce qu'elle avait touché. L'air exhalé de sa bouche humide pénétrait dans la moelle de mes os, coulait dans mes veines au lieu du sang ". It would be a pity if the impalpable beauty of expression and rhythm of the Sylphide passages obscured the force with which they render the physical as well as the emotional and mental transformations of adolescence. It is, of course, impossible to be sure to what extent time caused experience to modify memory. In *René*, however, the idea is the same, even if the expression be more abstract: " je l'embrassais dans les vents, je croyais l'entendre dans les gémissements du fleuve; tout était ce fantôme imaginaire, et les astres dans les cieux, et le principe même de vie dans l'univers ". In the *M.O.T.* we see also the alternation between self-deception and awareness of reality which is so typical of this age: " Tout à coup, frappé de ma folie, je me précipitais sur ma couche; je me roulais dans ma douleur; j'arrosais mon lit de larmes cuisantes que personne ne voyait et qui coulaient misérables pour un néant ". There is here a striking contrast between a powerful—but objectless—physical passion, and the reaction of a thwarted child, aware of his own self-illusionment. The moment of this further stage when " l'enfant disparut et l'homme se montra " seems to have been after the return from Brest when François was 15. The verb " se montra " suggests admirably the still intermittent nature of the manifestations of the adult.

I have spoken at some length of this physical and emotional phase because it is by far the most original, important and developed part of Chateaubriand's study of the adolescent. He did not, however, omit the other factors which include a growing awareness of beauty, a definition of the personality which is achieved often in revolt, as well as manifold uncertainties which, however much we idealize our past, make of it frequently a singularly uncomfortable age.

He was aware of the desire for creativity: both he and Lucile attempted to write, and, as is usual at this stage, their productions were certainly derivative. M. Debesse, who studied especially the " crise de créativité " writes: " Il y a les premiers essais tâtonnants de la 12e à la 15e année, puis les œuvres de la 20e année qui constituent, le plus souvent, l'adieu à l'adolescence. Dans le premier groupe, on rencontre souvent des poésies . . mais la part de l'imitation y est considérable ". The adolescent does not usually set down what he feels, but what he has acquired from those whom he admires. This hesitation about one's taste is very characteristic; it is, as well, disconcerting to adults who have forgotten their own fluctuating opinions and enthusiasms. René, who is almost entirely centered on the emotional, is far less complete than Chateaubriand who, despite the undoubted sexual crisis which he was traversing, did not make of it a full-time occupation.

The adolescent quest for a vocation is evident in both René and François, with the difference we have everywhere seen: the writer is more firmly rooted in reality than his creation. François' dreams of travel, preferably with the Sylphide, remain largely fantasy which he has little real intention of actualizing. This perhaps explains why René's voyages are cerebral rather than convincing. The two trips to Italy, once to see ancient Rome and later—as if time imposed physical barriers—to visit the modern country, show how literary was his inspiration. François' difficulty is that of the normal adolescent: he must have some occupation but, since neither his taste nor his potentialities are fully formed, the choice is difficult, and the conventional openings are not attractive. While François was certainly far from having a vocation in the religious sense, his approach to the problem of becoming a priest is more mature than René's sentimental religiosity. The uncertainty he shows in the *M.O.T.* is that which afflicts so many of the young: " je n'avais point voulu être marin, je ne voulais plus être prêtre. Restait la carrière militaire; je l'aimais: mais comment supporter la perte de mon indépendance et la contrainte de la discipline européenne? Je m'avisai d'une chose saugrenue: je déclarai que j'irai au Canada défricher des forêts, ou aux Indes chercher du service dans les armées des princes de ce pays ". Thus François' changes are a result of that aspiration to independence so usual in a youth whose freedom is circumscribed by his age and condition. His fictional counterpart has no such ties: in consequence, his hesitations, like his passions, occur in a vacuum. Here, as elsewhere, René is a simplified image of his creator: he is the fantasy part of Chateaubriand's adolescence: untrammelled—and unsupported—by the contingencies of ordinary life.

In this short talk I could have stressed the poetry of Chateaubriand's presentation of adolescence; but this would be a work of supererogation, especially where the opening books of the *M.O.T.* are concerned. I preferred to attempt to sketch the psychological reality which underlies the enchantment of that prose. While this may not be, and indeed is not, the most important factor, without that truth it is doubtful whether verbal beauty could survive. J. P. Richard has synthesized this dual contribution: " il a évoqué ce moment magique de l'adolescence où l'espace de la vie semble soudain se creuser en tout sens devant la conscience désirante et où le futur se fait appel chantant, tentation, promesse ".

Kathleen O'FLAHERTY
University College, Cork

Chronologie rapide de l'enfance et de l'adolescence de F.-R. de Chateaubriand

Né: 4 septembre 1768.
7 ans Jeux avec Gésril etc.
  Incendie (février 1776) (p. 40).
8 ans Départ de la famille pour Combourg (mai 1777). Une quinzaine plus tard: collège de Dol.
11 ans Lecture d'un « Horace non châtié » etc. (pp. 56-57). Troubles, tentations
12 ans Première Communion, jeudi saint, 12 avril, 1781. Mission à Combourg, juillet 1781.
13 ans Collège de Rennes, octobre 1781.
  Mariage de Julie. François-René troublé par la beauté de Thérèse de Trojoliff (Tronjoli dans les *M.O.T.*), avril 1782.
14 ans Envoyé à Brest comme « soupirant », après le mariage.
  On ignore combien de temps exactement il est resté à Brest, mais il semble être revenu à Combourg en 1783.
16 ans Retour définitif après son bref séjour au collège de Dinan, octobre 1784.
  Promenades, conversations avec Lucile qui l'encourage à écrire. Création de la Sylphide. « Ce délire dura deux années entières » (p. 94), 1783-1785. Tentative de suicide.
  « Une maladie... mit fin aux tourments » (probablement janvier 1785).
  Refus définitif de se faire prêtre, février 1785. Nouveaux désirs de voyage et d'aventures.
17 ans Lieutenant au Régiment de Navarre (août 1786).
18 ans Mort de son père, 6 septembre 1786.
  (Références: *M.O.T.* I: La Pléiade.)

Chronologie de René

16 ans (« Tantôt nous marchions en silence »),
  a) mort du père,
  b) le frère aîné hérite,
  c) René et Amélie vont habiter chez de vieux parents,
  d) « tentation » de la vie religieuse et décision de voyager.
  Il faut compter un minimum de deux ans pour ces événements, et on ne peut guère supposer que René parte seul pour faire un long voyage avant 18 ans.
18 ans Rome, la Grèce, l'Ecosse, et retour en Italie 1-2 ans.
19-20 ans Retour à Paris. Effort pour mener une vie sociale. Sentiment de solitude. Fréquentation d'églises. 6 mois-1 an.
20-21 ans « la chaumière », 3 mois (?), puis, l'automne, « l'hiver finissait »; la Sylphide; idée de suicide; arrivée d'Amélie; « plus d'un mois »; puis « trois mois se passèrent de la sorte ». Un an au moins.
21-22 ans Jusqu'aux vœux d'Amélie, même précipités, il faut quand même compter quelques mois. Après cela « la vente... les vents contraires me retinrent longtemps... » Donc, encore au moins un an.
23 ans Départ pour l'Amérique. 24-25 ans lorsqu'il devient l'ami d'Outougamiz (Outougamiz a 20 ans, et Céluta en a 17) (éd. Chinard *Natchez*, p. 154).

THE BALLAD OF MAJOR ANDRÉ

Sailing up the Hudson, Chateaubriand experienced one of the most charming scenes of his entire trip to America. A young lady was prevailed upon to sing the romance of Major André as the ship passed that spot on the shore where the unfortunate major was executed as a spy during the Revolution. Here is Chateaubriand's description of the scene as told in the *Essai sur les Révolutions:*

Je me trouvais embarqué sur le paquebot de New York à Albany par la rivière d'Hudson. La société des passagers était nombreuse et aimable, consistant en plusieurs femmes et quelques officiers américains. Un vent frais nous conduisait mollement à notre destination. Vers le soir de la première journée, nous nous assemblâmes sur le pont pour prendre une collation de fruits et de lait. Les femmes s'assirent sur les bancs du gaillard, et les hommes se mirent à leurs pieds. La conversation ne fut pas longtemps bruyante; j'ai toujours remarqué qu'à l'aspect d'un beau tableau de la nature on tombe involontairement dans le silence. Tout à coup je ne sais qui de la compagnie s'écria: « C'est auprès de ce lieu que le major André fut exécuté. » Aussitôt voilà mes idées bouleversées; on pria une Américaine très-jolie de chanter la romance de l'infortuné jeune homme; elle céda à nos instances, et commença à faire entendre une voix timide, pleine de volupté et d'émotion. Le soleil se couchait; nous étions alors entre de hautes montagnes. On apercevait çà et là, suspendues sur des abîmes, des cabanes rares qui disparaissaient et reparaissaient tour à tour entre des nuages mi-partis blancs et roses, qui filaient horizontalement à la hauteur de ces habitations. Lorsque au-dessus de ces mêmes nuages on découvrait la cime des rochers et les sommets chevelus des sapins, on eût cru voir de petites îles flottantes dans les airs. La rivière majestueuse, tantôt coulant nord et sud, s'étendait en ligne droite devant nous, encaissée entre deux rives parallèles comme une table de plomb; puis tout à coup, tournant à l'aspect du couchant, elle courbait ses flots d'or autour de quelque mont qui, s'avançant dans le fleuve avec toutes ses plantes, ressemblait à un gros bouquet de verdure noué au pied d'une zone bleue et aurore. Nous gardions un profond silence; pour moi, j'osais à peine respirer. Rien n'interrompait le chant plaintif de la jeune passagère, hors le bruit insensible que le vaisseau, poussé par une légère brise, faisait en glissant sur l'onde. Quelquefois la voix se renflait un peu davantage lorsque nous rasions de plus près la rive; dans deux ou trois endroits elle fut répétée par un faible écho: les anciens se seraient imaginé que l'âme d'André, attirée par cette mélodie touchante, se plaisait à en murmurer les derniers sons dans les montagnes. L'idée de ce jeune homme, amant, poète, brave et infortuné, qui, regretté de ses concitoyens et honoré des larmes de Washington, mourut dans la fleur de l'âge pour son pays, répandait sur cette scène romantique une teinte encore plus attendrissante. Les officiers américains et moi nous avions les larmes aux yeux; moi, par l'effet du recueillement délicieux ou j'étais plongé; eux, sans doute, par le souvenir des troubles passés de la patrie, qui redoublait le calme du moment présent. Ils ne pouvaient contempler sans une sorte d'extase de cœur ces lieux naguère chargés de bataillons étincelants et retentissants du bruit des armes, maintenant ensevelis dans une paix profonde, éclairés des derniers feux du jour, décorés de la pompe de la nature, animés du doux sifflement des cardinaux et du roucoulement des ramiers sauvages, et dont les simples habitants, assis sur la pointe d'un roc, à quelque distance de leurs chaumières, regardaient tranquillement notre vaisseau passer sur le fleuve au-dessous d'eux.

The affair of Major André appears to have had enormous impact on the public, to the extent of being a prefiguration of the modern-day Sacco and Vanzetti or Rosenberg cases. The public emotion was aroused, and there was a significant literary impact. Dozens of poems and songs were written and gained immediate popularity.

In honor of the bicentenary, Professor Roger Williams has composed the following song to the words of one of these poems contemporary with the events.

> Ah! Delia see the fatal hour, farewell my soul's delight,
> Oh! how can wretched Damon live thus banish'd from thy sight.
> To my fond heart no rival joys, supply the loss of thee,
> Ah! who can tell if thou my dear will e'er remember me.
>
> Alone, thro' unfrequented wilds, with pensive steps I rove,
> I ask the rocks, I ask the streams, where dwells my absent love?
> Tho silent eve, the rosy morn, my constant searches see,
> Ah! who can tell, &c.
>
> Thus while my restless, wand'ring tho'ts pursue their soft repose,
> Unwearied, may they trace the paths where'er my Delia goes;
> Forever Damon shall be there, attendant still on thee,
> Ah! who can tell, &c.
>
> Oft I review those smiling scenes, each fav'rite brook and tree,
> Where once I pass'd those happy hours, those hours I pass'd with thee:
> What painful, fond, memorials rise, at every thing I see:
> Ah! who can tell, &c.
>
> Let every rival vot'rist soon their soft address remove,
> Nor trace thee in thy new abode, to tempt thy soul to love:
> Yet, who can tell what sighing crowds, their tender homage pay;
> Ah! who can tell, &c.
>
> Think Delia, think, how deep a wound thy sweetly pointed dart,
> Thy dear remembrance left behind, has pierc'd a hapless heart,
> Think on the fatal, sad adieu, that severs me from thee;
> Ah! who can tell, &c.
>
> How can I speak the last farewell, what cares distress my mind,
> How can I go to realms of bliss, and leave my love behind.
> When angels wing me to the skies, I'd fain return to thee,
> Ah! who can tell, &c.

(Text courtesy of the American Antiquarian Society.)

THE BALLAD OF MAJOR ANDRÉ

Roger WILLIAMS
San Francisco State College

AMERICAN AND ENGLISH INFLUENCE ON CHATEAUBRIAND: AN ANNOTATED BIBLIOGRAPHY, 1950-1968 [1]

The forms adopted for this bibliography have been chosen to provide the greatest amount of information consistent with clearness and brevity. To this end, the forms of the H. W. Wilson Company were chosen for periodicals, and those of the Library of Congress for books, with some modifications.

Chateaubriand's name appears as C.. No place of publication is supplied for books published in Paris.

D'ANDLAU, Ctsse: Chelicothe ou C. n'a pas menti. Société Chateaubriand. Bulletin n. s. 1: 87 f., 1957.   1

Close examination of the controversy over C.'s assertion in *M.O.T.:* " [...] Nous repassâmes les Montagnes Bleues, et nous rapprochâmes des défrichements européens vers Chillicothi ". This Indian name means Counsel Site, or town. There were at least five of them.

BARTH, Gilbert (Rev.): An Unpublished C. Letter. Mod. Lang. Notes 79: 544 f., 1964.   2

Reproduction of a letter by C., 15-II-1836, and of the dedication to C. by author of *The Insurgents* (Phila., 1835).

BATAILLON, Marcel: Remarques sur la littérature de voyages. *In:* Connaissance de l'étranger. Mélanges offerts à la mémoire de Jean-Marie Carré. Didier, 1964. (Études de litt. étr. et comp., 50), 51-63.   3

Briefly remarks on *Voyage en Amérique*, Charlevoix and P. Le Petit's *Relation des Natchez*. Compares C. and other travelers.

BÉDÉ, Jean-Albert: C. et Washington: A propos d'une lettre récemment découverte. SCB n. s. 9: 18 f., 1965-1966.   4

Ralph Ingersoll Lockwood, author of *The Insurgents*, dedicated his book on Shay's Rebellion to C., who thanked him in a letter. There, C. alludes to his alleged personal interview with Washington in fervent terms. Despite this assertion, Bédé admits that meeting did not actually take place but that C. used poetic license in order to " stylize " his work and accounts of his life. In this case, typically, he obstinately alters truth so as to avoid contradicting a higher truth or verisimilitude, one on the artistic level.

BOOK, Truett: The Unacknowledged Source of a Chapter in C.'s Essai sur les Révolutions. Romance Notes 8: 190-96, 1967.   5

From Hume's account of Charles the First's arrest, trial and execution in his *History*, C. drew his ch. XVI of the *Essai*. Endeavors to show that the budding *Enchanteur* succeeds in " taking a rather impersonal document and transforming it into a dramatic, moving [and more concise] account [...] "

BRADY, Charles A.: From Brocéliande to the Forest Primeval: The New-World Quest of the Chevalier C.. Emerson Soc. Quart. 42:17-31, 1966.   6
    In long digressive introd. embraces vast panorama of Amer. 19th & 20th c. letters, under emblem of Forest Primeval. Affirms that wilderness mystique took firmer and earlier root in Brit. and on Continent than in U. S. On C. himself, little new for scholars. Yet written in a poetic spirit, it may suggest new projects to chateaubriandistes, *viz.* comparisons with Vergil's & Theocritus' eclogues, and with Poussin's paintings. C.'s influ. on the Amer. imagination is emphasized; down to Scott Fitzgerald & Faulkner.

BUTOR, Michel: C. et l'ancienne Amérique. NRF 11: 1015-31, 1963; 12: 63-77, 1964; 12: 230-50, 1964.   7
    Origin and meaning of *Natchez*. C.'s ideas on state of nature. Alienation of Europeans, inheritors of Bible & Antiquity, yet lacking direct experience in original conditions of this heritage. Also results in their inability to perceive cause-effect relationship between natural environment of Hebrews, Greeks & Romans and their Word. Amer. Indians had no such obstacle between their natural habitat & language. Butor was criticized for simplistic identifications, *viz.* René = C.; Amélie = Lucile. Thus, is titillated by, and titillates his readers with fashionable themes: « l'amitié amoureuse d'Outougamiz pour René », « l'érotisme si beau des Natchez, » and, naturally, incest.

CADDAU, Pierre: Atala et le voyage aux Amériques [sic] de C. ont-ils vu le jour dans les Voyages du Capitaine Cook? Figaro litt., Mar. 15, 1958.   8
    Superficial. Similarities of thought & observation averred as sources, but lacking in cogent demonstrations. Seemingly unaware of the source controversy & the quantity of ink that has flowed on this subject.

CHARLAND, Thomas: C. a-t-il immortalisé le Père Aubery? Rev. d'Hist. de l'Amér. Franç. 16: 184-87, 1962.   9
    Examines oft made Canad. claim that Fr. Joseph Aubery, s. j., missionary in Canada is C.'s Père Aubry. These claims were all uncritical and their lack of foundation is demonstrated. Affirms, however, that his model was P. Jogues, at least in certain details, from evid. found in C.'s *Corresp. gén.* (1: 67-68). Adds another source, P. Gabriel Lalemant.

CHINARD, Gilbert: Les Michaux et leurs précurseurs. *In his*: Les Botanistes français en Amér. du Nord avant 1850. CNRS, 1957, p. 281.   10
    On C.'s botanical pursuits.

CHRISTOPHOROV, Petr [Pierre]: C. à Jersey. Studi Francesi 7: 48-63, 1959.   11
    Well documented even intricate results of investigation of C.'s stay from Jan.-May 1793. A history of Jersey in 1793 as well as a biogr. sketch. Incorporated into his book of the following year. *See infra.*

— C. à Londres en 1796 avant la publicat. de l'Essai sur les Révolutions. SCB n. s. 3: 54 f., 1959.   12
    C. did not lie, as charged, when he claimed to have fallen from horseback in Bungay. Two ined. documents, attestations by two doctors that he was unfit for mil. svc. and eligible for monetary aid. Generous sum of 19 pounds per yr. from 1796-1800 enabled him to complete his *Essai.* See fuller art. in RHL, Apr.-June 1959.

— Où se trouvait le « garret » de C. et le cimetière qui lui faisait face? Rev. de Litt. Comp. 34: 438-42, 1960.   13
    Avers that C. certainly lived, in the 1790's, in a garret on Hampstead Rd. across from St. James Cemetery.

— Sur les pas de C. en exil. Ed. de Minuit, 1960. 278 p.   14
    Exhaustive & meticulous research results presented virtually unabridged. Brings us up to end of 1797 when C. was completing ms. on Amer. savages, and enjoying it, as well as transl. of Gray's elegies, *Tombeaux champêtres.*
    Bibliogr. & Index.

— C., Montlosier et le Courier de Londres, avec un texte retrouvé de C. RHL 61: 15-22, 1961. 15

Author located book review by M. of C.'s *Essai* in *Journal de Fr. et d'Anglet.*, Apr. 22, 1797. *Le Courier de Londres* thenceforth took note of his other pubs., notably, in 1801, *Atala*, and the following yr., *Génie*.

CLERC, Hélène Maspero: C., Peltier et le Royal Literary Fund. RHL 67: 111-14, 1967. 16

Peltier, counter-revolutionary journalist and émigré, friend to the needy C., as is known from *MOT* and Christophorov's book. He was the intermed. who succeeded in obtaining aid from Rev. David Williams, founder of the Fund, and, ca. 1799, philanthropist, deist and disciple of Voltaire and Rousseau. A concise biograph. sketch of him as well as Peltier in the 1790's.

COLLAS, Georges: Le Retour d'Amérique et l'émigration de C. Nlle. Rev. de Bret. 7: 161-65, 1953. 17

Loyalism of officer-nobleman to tottering king seen as motivating the hesitant and troubled C. to rejoin the cause at Coblenz. Adds conjecture that C. was involved in plot by La Rouërie. Convincing arguments vs. Martino's & Guillemin's supposition that C. incurred heavy debt in unsuccessful Scioto enterprise. Collas sees this debt in connection with the publicat. of the *Essai*.

CRUMP, Phillis, ed. Atala. René: Manchester, MUP, 1951, XXXVIII, 126 p. (French Classics). 18

[unable to consult].

GAULMIER, J.: Dans le miroir romantique. Informations et Documents, Dec. 15, 1956, 28-33. 19

America as seen by Fr. romantics.

GROSCLAUDE, Pierre: Malesherbes témoin et interprète de son temps. Fischbacher, 1961. 806 p. 20

New light on relations between M. & C.. Lists Amer. travel books in M.'s library which C. probably consulted. M. asked C. to bring back plants from U. S. for his garden. Pp. 463-97 on M.'s botanical work, as well as the chapter on his travels (pp. 498-535) will interest chateaubriandistes.

— Malesherbes et son temps. (Suite). Nouveaux documents inédits. Fischbacher, 1964. 212 p. 21

Ch. XII: "M. et l'émigration" concerns C..

HONIGSHEIM, Paul: The American Indian in the Philosophy of the English & Fr. Enlightenment. Osiris 10 [Henrico Berr Oblatum]: 91-108, 1951. 22

Subject of Amer. "Noble Savage" and how it fared at the hands of Engl. & Fr. empiricists and enlighteners, from Bacon to Condorcet. A serious, well documented study, but bearing little fruit. Analyses of Rousseau's et al ideas, attitudes on this topic will be mildly interesting to chateaubriandistes.

JACKSON, J. B.: New Evidence on C.'s Work in London. Mod. Lang. Rev. 49: 212 f., 1954. 23

1st pub. of petition by J. Peltier to the Lit. Fund on C.'s behalf. A little light is shed on his activity in London.

— Another C. Autograph in London. MLN 69: 334 f., 1954. 24

Evidence that C. actually rcvd. subsidy from the Fund.

JAFFE, A. H.: C.'s Use of Ossianic Lang., Comp. Lit. Stud's 5, June 1968. 25
[Not yet available at time of C. Congress].

JEAN, Raymond: « C. ou rien. » Cah. Sud 357: 207-12, 1960. 26

C. becomes poet in contact with America, seen not so much as a mine of source material, as a catalyst of an unknown exotic language. Not in the footsteps of Parny *(Chants madécasses)* but a new voice announcing the New World language of a Saint-John Perse.

KAHN, Ernest: C. in England. Contemp. Rev. (Engl.) 177: 157-61, 1950. 27

Oversimplifies, thus underestimates C.'s understanding of history & politics. Concentrates on "fascinating picture of England as seen by an artist & felt by a noble heart." Brief remarks on C., admirer of Shakespeare & Milton. Summarizes at greater length C.'s self-evaluation as compared with Byron. Also summarizes his views of Burke & Fox in 1792.

LEBÈGUE, Raymond: Problèmes de sources et d'influences: Atala et Les Tragiques. Journal des Savants 18-24, 1958. 28

C. knew Cook's *Voyages* well, alluded to them seven times in *MOT*. Invalidates claim of Caddau (supra, no. 8). Other sensible advice to the *apprenti-sourcier*.

— C. et Gallatin: Politesses et Frictions diplomatiques. SCB n. s. 2: 18-31, 1958. 29

Concise biogr. sketch of Albert G., Swiss-born U. S. diplomat, with bibliogr. notes. Followed by exchange of corresp. from late in 1822 to mid-1823 between Minister C. & Ambass. G. The latter, unsuccessful in his mission, requested his own recall from his govt. late in 1823. C.'s *Mémoires* involved as are his ambitious plans concerning Spanish America. Concludes that C.'s policy towards U. S. did not differ significantly from that of his predecessors. Also invites scholars to pursue this & other related questions: "Il nous manque un livre sur C. juge des États-Unis." [Summary of this art. *in*: RLC 33: 80-86, 1959.]

— C. révélateur de l'Amérique. CSud 357:173-82, 1960. 30

Cavalier dismissal of problems of itinerary and the like, "car, dans ces discussions, on perd de vue l'essentiel: l'œuvre litt.." Chooses Atala because *Voyage* & *Natchez* were publ'd too late to strongly impress Fr. reading public. Equally concerned with whether C. conveyed precisely to them the real N. America, and with reasons for French seeing it, subsequently, according to the image projected by C.. Thus does not concern himself with the intricate problem of genesis of *Atala*. What was new for *Consulat* readers was Indian vocab., pseudo-Indian idioms & imagery, basic anthropological tableaux of Indian life from cradle to grave. Asserts that botan. & zool. descriptions were accurate, for the most part. More important than realism was art and order. *Atala* pleased pre-romantics by its prudent balance of traditional & exotic elements. Melancholy tone found sympathetic ears in readers who enjoyed it between battles of Napoleonic Wars. C. prepared these readers for Cooper's frontier tales.

— Fragments d'un ms. aut. des Natchez. SCB n. s. 5: 20-29, 1961. 31

With the aid of a 2 p. doc. belonging to M. Chalvet, studies minute reworking by C.'n 1825-6 of first draft. C. eliminates repetit. of words, seeks to be more expressive, less pompous, and, above all, more condensed in style. Ms. is photographically reproduced & all variants are given in print.

— Poésie et Vérité: le voyage de C. en Amérique. SCB n. s. 8: 12-21, 1964. 32

Extending his publ. research of recent yrs., R. L. confirms that C. did not present "un récit immuable" of his trip. Insists that one must take into acct. C.'s elaborate changes ca. 1833 of itin. set up in 1825-6. This he does, concluding in part that C.'s interest lies more in the picturesque & pre-romantic quality of his scenery than in topogr. & autobio. exactitude. Contains sugg's for further study, e. g. "Il faudrait étudier la fortune & les avatars de ces images d'outre-Atlantique."

— Structure et But du Voyage en Am. de C. *In*: Mélanges Carré 273-85, 1964.   33
   Using Switzer's ed., R. L. analyzes structure in order to uncover intent of the sexagen. who publ'd journal of 23 yr. old traveler. Notes that C. prudently gave an impersonal tone to ¾ of the *Voyage* to forestall charge of lying. Re-reading 1st vers., C. was unclear as to where bare facts ended and the "embroidery" began, "entre ce qu'il avait lu & ce qu'il avait vu." Being Breton helped, claims R. L., citing Breton imagination of Renan *et al.*

— C. et le passage du n.o. SCB n. s. 9: 39-52, 1965-6.   34
   As Bédier did for the *Voyage en Am.*, so begins R. L. in re canceled NW Passage exploration. First, he chronologically classifies the principal relevant statements by C., from 1794 to 1827 ca. Then he comments on plan, endeavoring to ascertain motives of would-be explorer. Lacking accur. charts was at 1st ignorant of immense difficulties involved, but on arriving in U. S. had to abandon project which was for him an ideal. Yet for long time C. continued to feel a nostalgic longing for the not-quite-so-Frozen North. R. L. quotes the mariner & Chateaubr. scholar Cmdr. Rouch in ascribing to C. a knowledge of Artic superior to any other Fr. writer.

— Le Problème du voyage de C. en Am. JS 456-65, 1965.   35
   Largely a re-statement of no. 33, *supra*.

— Le Mythe des deux Floridiennes. *In*: Studi in onore di Italo Siciliano. Florence, Olschki, 1966. 2 v. 2: 609-22. (Biblioteca dell' « Archivum Romanicum », ser. 1, v. 86).   36
   To support his thesis, he considers four periods: from the *Essai* to 1826; the Voyage (1827); 1834; and the final editing of *M.O.T.* 1834 was capital for it was then that the Fla. maidens were first alluded to. Why? This episode, with a new itin., was doubtless invented by the artist to enable him to stand up to charges of ignorance &/or dishonesty leveled in 1833 & 1834 at him; this invention could confuse critics who would waste their time attempting to contradict him. From then on C. mentions the *Floridiennes* frequently in his writings on Amer., whether new or revised eds.. But why two Amer. Sylphides? In order to supply supposedly real models for both Atala & Céluta. Also compressed into this episode were personal & literary reminiscences of all sorts. The two *Floridiennes* were "songes en forme de femmes," in C.'s own words.

LE HIR, Yves: C. et la langue des Hurons. RLC 42: 103 f., 1968.   37
   Voy. en Am. poses problem of sources of Indian langs.. Corroborates Switzer's finding that Charlevoix was not the source. Shows that Migieu de Savigny's *Mélanges ling.* of 1756 & 1765 were a substantial source; also that the latter alluded to Abbé Prévost's *Hist. gén. des voy's* of 1759. Concludes by ref. to 1st one to conceive of a verse epic on Natchez (cf. Mémoires de M. Dumont, 1753).

LEHTONEN, Maija: L'expression imagée dans l'œuvre de C. Helsinki, Soc. Néophilologique, 1964. (Mém's de la Soc. Néoph. de Hels., 26).   38
   Stylistic analysis of all maj. wks. save *Natchez*. Studies main drafts & collates them for "Nuit d'Amér." (pp. 523-27). Four indexes are supplied: C.'s wks, authors cited, analytical index & images.

LETESSIER, Fernand, ed.: Atala. René. Les Aventures du Dernier Abencérage. Garnier, 1962. 404 p. (Classiques Garnier).   39
   Some fifty pp. of a very useful and well documented introd. taking into acct. all maj. quest's & problems. Cross-refs. to *Voy. en Am.*, *MOT*, etc. Biblio.

MCBRIDE, John de W. Jr.: America in the French Mind during the Bourbon Restor. DA 15 (1955), 417. Syracuse U., 1954. 404 p.   40
   Ch. 5: "C. & Republican America " presents "material [...] heretofore [...] neglected by scholars & emphasizes the C.-*Journal des Débats* anti-Villèle campaign of 1824-27, an important example of the invocation of America into the domestic quarrels of the Restor.." Annot'd bibliogr. of 600 items.

MÉNARD, Jean: Xavier Marmier et le Canada. Québec, Presses de l'U. Laval, 1967. 41
Concerning C., and also *Voy. en Am.*: pp. 66, 92-94.

REBOUL, Pierre: Le Mythe Angl. dans la Litt. Fr. sous la Restaur. Lille, Biblioth. universit. de Lille, 1962. 477 p. (Travaux et Mém's de l'U. de Lille, 1). 42

In exile, C. was attracted to Westminster, St. James & to Engl. gentlemen farmer's existence. Muted opposit. to Empire led to study & reflexion &, from 1814 to -18, Burke's & J. F. Frisell's influences are manifest. Myth of Old England with institutions of continuity, progress & well organized liberties is believed by C., but he is not for servile imitation. Shows that in the period between '18 & '27 C. was anglophile in domestic policy but anglophobe in foreign policy. Continued to disdain English materialistic mercantilism but ever admired her supple strength, thus resisting influ. of myth. Eventually saw the future of the world in terms of her history. More a philosopher of hist. than a historian. Bibliogr. & Index.

REDMAN Harry Jr.: La Mystérieuse « Louisianaise », Célestine Soniat. SCB n. s. 5: 47-51, 1961. 43

An alluring "Célestine," appears discreetly veiled in the last §§ of *M.O.T.* Motives for discretion appear to be delicacy & also hurt vanity. C. associated her with Atala on meeting her for the 1st time. H. R. asserts strong simil'y with Girodet's portrait of the dead A. in "Funérailles." Biogr. sketch given of Mme Soniat du Fossat of Baton Rouge & New Orleans [b. 1804, d. 1882]. In Paris entertained *inter alia* Lamartine & C.; wrote memoirs & C. corrected them (1833-34). Pet names: "la fille du désert," & "le vieux sachem." He wrote her: "Oh! Célestine, si je vous eusse connue plus tôt, mon Atala eût été plus belle." She drew interesting portrait of C. in letter to her friend: she thinks he is 60 when he is almost 69; he is short, rather stout, with an intelligent look, still a ladies' man, with the heart of a young man. C.'s possible jealousy.
[Same content *in*: Rev. de Paris 74: 77-81, 1967.]

RÉMOND, René: Les E.-U. devant l'opin. franç. (1815-1852). Colin, 1963, 2 v. 968 p. 44

Excellent ref. & source book for chateaubriandistes interested in C.'s observations & judgments on Amer..
Review: R. Lebègue in SCB n. s. 7: 85, 1963.

RICE, Howard C. Jr.: Man & Nature in the New World: A Check List of the Writings of Gilbert Chinard. Princeton U. Library Chron. 26: 147-96, 1965. 45

A "bibliographie raisonnée." G. C.'s writings since 1910. Pp. 154-56 are on C. & America: "Exoticism & Primitivism" pp. 150-53; "The Doctrine of Americanism," all are pertinent to the topics treated in the present bibliogr..

RICHARD, J.-P.: Paysage de C. Éd. du Seuil, 1967. 189 p. 46

Profound study into C.'s interiority (verbal), and not in biographical truth, obsessive themes of desire, ennui, transcendance & vacuity. Uncovers motivation of his escapism & volontary exile. In forests of Amer. C. encounters objects which " loin de se reculer devant sa main, ne demandent qu'à être cueillis par elle; et qui, une fois cueillis, ne sont pas [immédiatement] épuisés par le désir, mais lui offrent le champ d'un assouvissement presque infini. Émerveillante plénitude, révélation d'une immanence que proclament à l'envi tous les traits essentiels du paysage" (pp. 29 f.). However, beyond this dualism, J.-P. R. claims to see an essential third species upon which C.'s genius is founded: a hollow immanence. Also discusses C.'s landscape in the case-study of the famous, perhaps fictitious night spent in Westminster Abbey in 1793, & its bell-like tintinabulations in C.'s memory long afterwards (1822 & 1839). Sees *Martyrs, Natchez, Dernier Abencérage* as elaborations of the related themes of forbidden love and incommunicability between different civilizations. Discussion — largely in agreement — with Butor (*see* no. 7, *supra*) on theme of *métissage*. In ch. entitled "L'Histoire déchirée," formulates another theme, that of the "entre-deux."

SAGE, Pierre: Le « bon prêtre » dans la litt. fr. d'Amadis de Gaule au Génie du Christianisme. Geneva & Lille, Droz & Giard, 1951. 47

In ch. entitled "Le P. Aubry ou le Génie concordataire," avers that C.'s model must have been a Jesuit missionary in New World like Revs. Jogues & de Brébeuf. Does not appear as such in *Atala* because of Jesuits' ill repute in France. Accordingly, he appears in sympathetic role of missionary & hermit.

SCHLUMBOHM, Dietrich: Les Martyrs und die Kritik C.s an Milton und Tasso. *In*: Aufsätze zur Themen- und Motiv-Geschichte. Festschrift für H. Petriconi. Hamburg, 1965, pp. 111-34. (Hamburger Romanistische Studien, ser. A, v. 48). 48

Traces possible reminiscences of *Paradise Lost* by author of *Martyrs*. Sets up a parallel between the two epics. Concludes that Milton furnished C. with only a few scenes & one detail of theological structure, *viz*. Eudore's redemptive martyrdom.

STEEDMAN, David W.: C. & Christianity from *L'Essai sur les rév.* to *Les Martyrs*. DA 28, 1967, 244 A (Yale). 49

Asserts that when C. entered upper ranks of the *émigration* by achieving moderate success with his *Essai*, they, & particularly Fontanes, influenced him to abandon epic lauding man of Nature & to rally to Throne & Altar. This he did in the form of short apology for Christianity in order to counter Revolution's anti-Christian excesses. Next stage was expansion into a maj. opus, of which he detached one episode, *Atala*, a contradictory work, beginning as a Rousseauan hymn to Nature, ending in a Christian thesis.

SWITZER, Richard, ed.: Voyage en Am. Didier, 1964. 2 v. (Soc. Textes Franç. Mod.) 50

First crit. ed. of this work. In his own critique of the itin., ed. rejects as vain an oft-made distinction between "sources vécues" & the obviously false assertions, claiming that they are all, without distinction, characterized by C.'s impressionism.

Introd.: "Le véritable itinér. de C."
    I: "L'Itinér. établi par C.;"
    II: "————. interprété par les critiques";
    III: "Mises au point."
"Genèse et élaborat. du *Voy*."
"Les Sources"
"Hist. de la publicat."
"Établissement du texte" (1st ed. chosen.)

Indexes: I: cross-refs. to *Atala*, *Essai*, *Études hist.*, *Génie*, *Itinér.*, *M.O.T.*, *Natchez*, etc.
    II: Indian words
    III: C.'s sources cited in the crit. ed..

— C. & the For. Off.: Unpub. Corresp. Fren. Review 41: 319-25, 1967. 51

A homely authentic facet of C.'s life can be seen by the publicat. of this exchange of letters (1822-24) when C. was in diplomatic corps.

— C.'s Sources in the *Voy. en Am.* RLC 42: 5-23, 1968. 52

"C.'s sources [...] have been frequently studied, but almost always from the point of view of locating & identifying them rather than attempting to evaluate them [...], and trying to est. the process whereby C. made them his own. The extent & distribut. of the source materials, & especially the way in which he modified these orig. texts both stylistically & from the pt. of view of content, can be the key to the creative process in [C.]. [Here], where the process is not carried so far as in the novelistic works such as *Atala* & *Les Natchez*, the process is much clearer & more easily identified." — from author's résumé.

An opposite & apposite viewpoint to Lebègue's in item no. 30, *supra*..

WEIL, Armand, ed.: Atala. Edit. crit. Introduction, préfaces, texte définitif et variantes avec le texte orig. en append. José Corti, 1950, CXXVIII, 203 p. 53

Substantial introd. study by ed., who, unfortunately, did not follow up with annot. of text. Thus 50 yr. problématique of *Atala* could not be considered in detail within the text. Exhaustive collat. of variants.

WHITRIDGE, Arnold: C. & Tocqueville. Impressions of the Amer. Scene. History Today 13: 530-38, 1963. 54

Readable vulgarization but nothing new here.

Melvin ZIMMERMAN
York University, Toronto

Notes

[1] The work done for *A Critical Bibliography of French Literature*, volume IV. Supplement (Syracuse University Press, 1968), pages 221 ff., sub-section on Chateaubriand, in collaboration with A. O. Aldridge, is the point of departure of the present checklist.

Achevé d'imprimer le 30 octobre 1969
sur les presses
des Imprimeries Réunies S. A.
à Lausanne.